皮书系列

皮书系列

权威·前沿·原创

皮书系列

皮书系列

皮书系列

皮书系列

中国信息化形势分析与预测（2011）

主　编／周宏仁
副主编／徐　愈

ANALYSIS AND FORCAST ON CHINA'S INFORMATIZATION (2011)

社会科学文献出版社
SOCIAL SCIENCES ACADEMIC PRESS (CHINA)

法律声明

“皮书系列”（含蓝皮书、绿皮书、黄皮书）为社会科学文献出版社按年份出版的品牌图书。社会科学文献出版社拥有该系列图书的专有出版权和网络传播权，其 LOGO（）与“经济蓝皮书”、“社会蓝皮书”等皮书名称已在中华人民共和国工商行政管理总局商标局登记注册，社会科学文献出版社合法拥有其商标专用权，任何复制、模仿或以其他方式侵害（）和“经济蓝皮书”、“社会蓝皮书”等皮书名称商标专有权及其外观设计的行为均属于侵权行为，社会科学文献出版社将采取法律手段追究其法律责任，维护合法权益。

欢迎社会各界人士对侵犯社会科学文献出版社上述权利的违法行为进行举报。电话：010－59367121。

社会科学文献出版社

法律顾问：北京市大成律师事务所

信息化蓝皮书编委会

主编简介

周宏仁　1962年7月毕业于北京航空学院（现北京航空航天大学）自动控制系，1984年6月获得美国明尼苏达大学电机系控制科学博士学位。

1962年9月起，历任中国航空研究院工程师、高级工程师、型号线负责人；1984年10月起，任国家计划委员会委员，经济信息管理办公室主任，国家信息中心常务副主任兼总工程师；负责主持国家经济信息系统建设。其间，曾当选为四川省第六届人大代表、常委，第七届全国人大代表、外事委员会委员。

1990年5月起，任联合国经济与社会事务部跨区域高级顾问。其间，向数十个发展中国家提供过信息化政策、战略、技术和工程咨询，其战略眼光、专业水平、知识经验以及工作成果受到许多发展中国家政府和联合国有关部门的高度评价和表彰。

2002年2月至今，连续担任国家信息化专家咨询委员会第一届副主任及第二、三、四届常务副主任，专注于国家信息化战略研究，主持了许多重大课题研究，为解决我国信息化推进中面临的前瞻性、战略性、全局性问题出谋划策，作出了重要的贡献。其间，兼任联合国信息通信技术工作组高级顾问，中国信息协会常务副会长，多个省市信息化专家委员会主任或副主任；2008年9月，任北京邮电大学经济管理学院特聘院长。

在近半个世纪的学术和工程生涯中，出版了11种图书，包括专著、编著、主编和译著（英文3种，中文8种）。其中包括全球第一部全面研究和论述信息化问题的专著《信息化论》，“辉煌历程——庆祝新中国成立60周年重点书系”中的《中国信息化进程》（主编），以及作为“普通高等教育‘十一五’国家级规划教材”的《信息化概论》。

摘　要

信息化蓝皮书是关于中国信息化发展的、具有代表性和权威性的年度研究报告，每年讨论与信息化相关的各领域的热门主题，具有很强的前沿性和前瞻性，强调的是对于中国信息化发展状况、政策、战略、重大研究与工程项目的客观、公正、深入的分析评估和预测。因此，信息化蓝皮书与现有的关于中国信息化发展的各种出版物，如中国信息化发展报告、中国信息年鉴、电子政务蓝皮书等，在性质上和内容上互为补充，并不重复，重点在于满足国内外读者对于了解中国信息化发展状况的深度需求。信息化蓝皮书的各种分析、评估、预测和观点，坚持以相关的数据、信息和事实为基础，以社会科学研究的视角和方法，强调和突出理论性、实证性和实践性，为中国信息化工作者、企业家和相关政府官员，以及国际上冀望了解中国信息化进程的企业家、学者和政府官员所必读。

2011 年的信息化蓝皮书，以中国信息化发展的分析和预测为重点，主要内容涉及：总报告（全面提高信息化水平），信息基础设施（抓住机遇 加速我国宽带发展、中国信息系统领域的发展和展望、数据中心产业化势在必行），产业发展（黑龙江农垦信息化与现代农业融合发展、制造业“两化融合”的现状与展望、工业企业“两化融合”发展阶段水平与趋势分析），新兴产业（物联网的技术与应用、中国软件与信息服务业的发展、中国集成电路产业发展分析与展望、中国信息通信技术产业发展与展望、中国互联网发展情况分析与展望、电子商务服务业 崛起中的战略性新兴产业、华数集团与三网融合、低碳经济与绿色 ICT 技术），电子政务（电子政务效益评价与对策建议、互联网与电子民主在中国的发展、基于地理空间的政府信息资源共享服务体系），以及比较研究（中国信息化发展的区域比较研究、中国信息化发展水平的国际比较研究）。

Abstract

The Blue Book of China's Informatization is an annual research report on the development of China's informatization with panoramic perspective and authoritative viewpoints. The Blue Book devotes itself to providing the readers with an overall picture with respect to the status quo of China's informatization, in particular, the hot topics in ICT technologies, industries, and applications in various fields of China's economic, social, political and cultural domains, while putting emphasize on the new frontiers and forward-looking. As distinct from the other annual publications relevant to China's informatization, this Blue Book is characteristic of objectiveness, impartiality, and comprehensiveness when it makes comments on the situation, policies, strategies, research outcomes and critical engineering projects of China's informatization. In fact, the Blue Book aims at the needs of the readers who want to have an in-depth understanding of what is going on with China's informatization.

The year 2011 issue of the Blue Book puts stress on the analysis and forecasting of the development of China's informatization and covers a large number of areas.

As comprehensive studies (Part I), Zhou (paper 1) analyzes and studies the primary areas and tasks in terms of advancing China's informatization level for the next five years.

With regard to China's information infrastructure development (Part II), Cao (paper 2) discusses the main issues to stimulate broadband development in China, Guo and Chen (paper 3) presents the theoretic and applicational development of information systems domain in China and gives a forward looking with respect to the hot points in different research areas, and Zhou (paper 4) studies the trend of industrialization of data centers and discusses relevant policies and strategies to promote the development.

As far as transformation of traditional industries in China (Part III) is concerned, Xu、Wu and Wang (paper 5) introduces the development of modern agriculture in Heilongjiang Province of China and discusses its integration with informatization of agriculture cultivation, Yang (paper 6) discusses the status quo of the integration of informatization and industrialization in China's manufacture sector and emphasizes the future directions for further development, Liu and his colleagues (paper 7) phases the development of the integration of informatization and industrialization in China's industrial enterprises and analyzes the trends for the next five years.

With respect to the development of newly emerging industries (Part IV) in connection with China's informatization, Wu (paper 8) discusses the related technologies and applications of Internet of Things, Ni (paper 9) studies in depth the major issues to promote China's software and service industries development, Zhen and Xu (paper 10) presents the progress of China's integrated circuit industry and indicates the importance to formulate a favorable policy environment, Luo (paper 11) summarizes the development of China's ICT industries in the last year and presents a forward-looking, Mao (paper 12) analyzes the development of the Internet in China and expects that application innovation and e-commerce will become the main-stream on the Internet of China, Liang (paper 13) demonstrates that the service industry for e-Commerce in China is becoming a rising strategic and emerging industry and will have a significant impact on the development and transformation on China's economy, He、Zhao and Yang (paper 14) describe the progress and achievement of WASU Group, a well-known TV broadcasting and media company based in Hang-Zhou City of Zhejiang Province, in developing Triple-play, and Gao、Zhao and Li (paper 15) emphasizes the importance of low-carbon economy and green ICT to China's development and proposes that measures should be taken for the transformation of both the traditional industries by the means of ICT and ICT industries themselves.

In terms of the development of e-government (Part V) in China, e-Government Research Group (paper 16) presents a study report on benefit evaluation of e-government in China and puts forward a number of policy recommendation on the further development, Tao (paper 17) introduces the development of e-democracy in China with the booming of the Internet users, and Peng and his colleagues (paper 18) present a sharing and services system of government information resources based on geographic space, which is developed by the Beijing Municipal Government.

The Blue Book also pays attention to comparative studies both domestically and internationally (Part VI). Zhang、Chen and Li (paper 19) deliver a domestic comparative study on regional development levels of informatization in China, and Yang and He (paper 20) have carried out an international comparative study on informatization development level of China. Both of the papers can help the readers to better understand China's position in the world in terms of informatization.

序

《信息化蓝皮书——中国信息化形势分析与预测（2010）》于2010年5月出版以后，其原创性、实证性、前沿性、前瞻性、时效性、权威性都受到社会广泛的好评。虽然还有不少改进的余地，但是，总的看来，出版本书的宗旨基本上为读者所认可，即“就中国信息化发展的热门主题展开研究和讨论，包括中国信息化发展的形势与状况、政策与战略、理论与实践研究的优秀成果、重大工程项目等等，进行客观、公正、深入的分析和评估，以专家的视角和眼光，向国内外读者介绍中国信息化理论和实践研究的最新成果”。广大读者对于信息化蓝皮书的肯定，对本书的编委会和作者群是一个很大的鼓励，使我们更坚定了决心和信心。无论遇到什么样的困难，我们都一定要把这本伴随中国信息化进程应运而生的、关于中国信息化发展的、具有代表性和权威性的年度研究报告，继续编写好、编辑好、出版好，使本书能够以其独具的前沿性和前瞻性，为开阔中国信息化工作者的视野，提高中国信息化研究的水平，推动中国信息化的健康发展服务。

新千年的第一个十年，即2001～2010年，拜中国经济社会高速发展之赐，中国的信息化有了显著的发展和进步，不仅逐步覆盖了中国现代化建设的全局，也缩小了与发达国家的差距。这方面的情况，在2010年的信息化蓝皮书中已经有所反映，2011年的信息化蓝皮书又从不同的角度作了进一步的分析和评估。

2011年是新千年的第二个十年的开始之年，也是中国全面实施《中华人民共和国国民经济和社会发展第十二个五年规划纲要》的开局之年。可以预期，在未来的十年，中国信息化的发展将会有一个全新的局面。其主要特征就是：伴随着中国经济社会的持续发展和社会进步，信息化在中国现代化进程中所扮演的角色将更加重要而显著，中国的信息化水平将进一步地、全面地得到提高。这是毋庸置疑的。

如果说在新千年的第一个十年之初，即2001年前后，中国信息化面临的主要难点还在于社会各阶层对于信息化的重要性的认识的话，那么，十年以后的今天，情况已经发生了根本性的变化。十年前，中国信息化工作者的主要任务还是说服领导者和社会大众认识信息化对于中国现代化的重要性，务必要将信息化提上议事日程，要大力推进信息化；十年后的今天，中国信息化工作者的主要任务已经发生了变化，转变为告诉领导者和社会大众，我们应该怎么推进信息化。这种转变之所以会发生，一方面是因为今天中国经济与社会的发展和解决中国现代化进程中的各种问题，离开信息化已经寸步难行，信息化是解决中国现代化进程中所面临的各种难题的一把金钥匙，这已经在很大程度上成为全社会的一种共识；另一方面，从近年来中国信息化推进中广泛存在的盲目性和浮躁之风，我们不能不看到，很多人对于信息化的认识还停留在感性的层面，如果不把这种认识提升到理性的层面，就会走许多弯路，带来社会资源的巨大浪费。

本着这样的认识，2011 年的信息化蓝皮书在仍然以中国信息化发展的分析和预测为重点的同时，力求融入“怎么推进信息化”这个主题、厘清一些与信息化热点问题相关的概念，特别是在核心技术与新兴产业发展方面着墨较多。

本书在组稿、编辑和出版的过程中，得到国家信息化专家咨询委员会秘书处、社会科学文献出版社的大力支持和帮助，也得到各位编委、作者及其所属工作单位的关心、支持和协助，在此，谨代表信息化蓝皮书编委会向所有各方表示衷心的感谢！

由于成稿时间仓促，加之水平所限，本书中疏漏、错误之处在所难免，恳请各位读者不吝赐教。

周宏仁

2011 年 5 月 16 日

目录

ⅡBⅠ 总报告

BⅡ 信息基础设施篇

BⅢ 产业发展篇

BⅣ 新兴产业篇

B V 电子政务篇

B VI 比较研究篇

皮书数据库阅读**使用指南**

CONTENTS

B I Part I

B II Part II

B III Part III

B.IV Part IV

B.V Part V

B.VI Part VI

总　报　告

Part Ⅰ

B.1 全面提高信息化水平

周宏仁*

摘　要：本文就《中华人民共和国国民经济和社会发展第十二个五年规划纲要》中关于“全面提高信息化水平”的发展目标和内涵进行了研究和探讨，在分析其提出的国际国内背景的同时，对相关的一些重要而紧迫的领域进行了分析和讨论，如构建下一代的信息基础设施、促进两化深度融合、为改善民生服务、继续发展电子政务、向信息化高端发展等等。

关键词：“两化融合”　电子政务　嵌入式系统　第十二个五年规划

2010年10月18日，中共中央《关于制定国民经济和社会发展第十二个五年规划的建议》提出了我国在“十二五”期间“全面提高信息化水平”的建议。

* 周宏仁，1962年毕业于北京航空学院（现北京航空航天大学），1984年获美国明尼苏达大学电机系控制科学博士，现任国家信息化专家咨询委员会常务副主任、研究员，主要研究专业和方向为国家信息化战略、信息化与经济社会转型、电子政务、信息化管理等。

随后，十一届全国人大四次会议通过的《中华人民共和国国民经济和社会发展第十二个五年规划纲要》（以下简称为“十二五”规划）中的第十三章——“全面提高信息化水平”——明确设定了三个努力方向：构建下一代信息基础设施、加快经济社会信息化、加强网络与信息安全保障。“全面提高信息化水平”是中国政府基于对全球信息化发展形势的认识和把握，从现阶段中国经济社会和信息化发展的实际出发，为未来5～10年中国信息化的发展设定的一个目标和方向，具有非常重要的意义。

一 提出“全面提高信息化水平”这一目标的背景

过去10年，全世界信息化的发展验证了“大力推进国民经济和社会信息化，是覆盖现代化建设全局的战略举措”这一论述的正确性、准确性和重要性。中国的信息化不仅有了飞速的发展和进步，而且对中国的经济和社会发展作出了难以估量的贡献。展望未来的5～10年，中国信息化的发展仍然面临着新的机遇和挑战。

（一）全球信息化向高端发展

过去10年全球信息化的发展表明，信息化仍然是这个新世纪的主要时代特征，仍然是全球范围内推动经济和社会变革的主要力量，仍然是国家竞争力的战略重点和制高点。世界各国，特别是发达国家，纷纷根据信息技术和信息革命发展的新趋势，不断调整国家信息化的战略和政策。

全球信息化向高端发展的主要特征可以归纳为：可视化、泛在化、智能化。

可视化 电信技术早期追求的目标是在全球任何角落都可以“听得见（打电话）”，现在的目标则是在全球任何角落甚至在地球外层空间都可以“看得见（可视化）”。看得见不仅表现在人与人之间的通信方面，更表现在人对于物的管理和利用方面。正是这个原因，宽带和移动宽带网络的发展才成为世界各国瞩目的焦点。

泛在化 信息与通信技术的应用，最初是在一个一个的单位（点）内进行，如企业或政府开发的各种数据处理系统和管理信息系统。20世纪90年代初中期以后，由于互联网在全球的普及和广泛应用，人们开始利用网络在相关单位之间构造一个垂直的系统，形成了各种各样的“线”。现在，随着泛在网络，特别是无线通信技术和数字传感技术的发展，人们开始在区域甚至全球的范围内部署传感器、控制器和信息系统，使信息系统的泛在化（即无处不在）成为一个重要的特征，也就是实现由点到“面”的转变。

智能化 各种信息系统早期的目标只是信息的采集和分析处理，包括数据处理系统、管理信息系统以及各种形式的决策支持系统。现在则力图在信息系统采集的数据和信息的基础上，利用各种数学模型和算法，实现对对象、目标的智能化控制。所谓“智能交通系统”，就是一个典型的代表。

近年来，宽带和移动宽带、云计算、传感网、物联网、智慧地球、泛在计算、智能物理系统（CPS-Cyber Physical System）等新概念、新思想、新技术层出不穷，并在全球广为传播，充分反映了信息与通信技术及其应用在经过了几十年之后，正在向高端发展。从全球范围来看，世界各国都面临一个持续提高信息化水平的问题。无论哪一个国家，如果沉溺于信息化已经取得的成就，不致力于提高信息化水平，就很有可能在全球竞争中落败。

（二）中国信息化的发展

过去10年，中国信息化有了巨大的发展。与信息化相关的主要指标，增长10倍以上的有：移动电话用户数，由2000年的8526万户增加至2010年的8.59亿户；计算机拥有量由2000年的2200万台增加至2009年的2.2亿台，截至2010年底，估计超过2.6亿台；中国农村居民家庭电脑拥有量也增加了10倍，计算机向农村普及的趋势十分明显；网站数量由2001年初的26.5万个增加至2010年底的279万个。增长20倍以上的有：互联网网民数由2001年初的2250万人增加至2010年12月底的4.57亿人，互联网普及率上升至34.3%；IPv4地址数由2001年1月的1100万个增加至2010年12月的2.78亿个，中国成为全球第二大IPv4地址拥有国。2001年初，中国域名数仅为12.2万个，2010年12月为866万个，10年间增加了70倍。2010年底，中国国际出口带宽达到1099Gbps，而2001年初，中国国际线路的总容量仅为2.8Gbps，10年间增长了392倍。自2003年起，中国的网页数量基本保持翻番增长，2010年网页数量达到600亿个，年增长率超过78.6%。信息化的发展使现实生活不断向虚拟世界延伸，中国社交网站用户规模迅速增长，年增长率超过30%。网络游戏和视频服务年增长率在40%左右，使用率则在60%以上。

更为重要的是，中国经济社会各行各业已经开发的各种规模和不同种类的信息系统与上述指标相伴随而急剧增长。它们已经使一些行业，如金融、通信、民航等，成为真正的信息时代的产业，也使很多行业正在发生变化，如制造业、政府、教育等，信息和信息技术日益成为这些行业发展的基本支柱。此外，信息化的发展还催生了许多新兴产业，特别是与网络经济、电子商务和信息服务相关的现代服务业。

2006～2008年，中国信息化发展指数（IDI_{CN}）年均增长速度为13.30%，居世界第5位，是世界平均增长水平的2倍。中国在信息化的可接入性和可使用性方面，是全球进步最快的国家。然而，与世界各国比较，中国的信息化仍处于全球中间偏低的水平。2008年，瑞典IDI_{CN}达到1.048，继续位居世界第一；而同年中国IDI_{CN}为0.645，居世界第42位。根据国际电信联盟（ITU）《衡量信息社会发展2010》中的IDI_{ITU}指数进行国际比较研究可以发现，2008年中国的IDI_{ITU}指数水平在157个国家和地区中位于第79位，相比2007年下降了两位①。

对2002～2009年全国31个省、自治区和直辖市的信息化水平指数进行的另一种测度表明②，这一期间，我国整体信息化水平得到了很大的提高，全国信息化水平指数从0.6487增长到1.5458，高于同一时期GDP年均增长率（10.99%），累计增长率达138.28%。与此同时，我国区域之间的数字鸿沟指数则在2002～2009年间大幅上升，由0.21增长到0.57，平均年增长率达到15.05%，累计增长率为166.78%。这说明中国信息化的发展是不平衡的，经济发达地区赶超国际先进水平的步伐很快，而一些经济欠发达的地区，信息化水平虽然也在提高和进步，但速度相对缓慢。

中国信息化发展的实际说明，无论是将中国与国际上的发达国家相比，还是将国内欠发达地区与发达地区相比较，中国信息化发展的空间都十分巨大。在过去10年中国信息化全面发展的基础上，“全面提高信息化水平”确实是未来的5～10年内中国信息化发展的一个适时而中肯的、切合实际的目标。

---

① 参见本书杨京英、何强《中国信息化发展水平的国际比较研究》一文。

② 参见本书张彬、陈思祁、李潇《中国信息化发展的区域比较研究》一文。

二 构建下一代信息基础设施

“十二五”规划中提出，“统筹布局新一代移动通信网、下一代互联网、数字广播电视网、卫星通信等设施建设，形成超高速、大容量、高智能国家干线传输网络。”显然，构建中国下一代信息基础设施的关键聚焦在“统筹布局”四个字上，使有限的社会资源获得最大的经济社会效益，而不是各行各业自行其是，自谋其利。其中，宽带化、移动化以及IPv6的发展等成为构建下一代信息基础设施的几个关键问题。

（一）宽带化

几乎所有的信息化向高端的发展都指向宽带需求，这是人类走向网络时代的一个必然结果。宽带是“可视化”的物质基础。

目前，发达国家多以下行带宽100Mbps为2020年宽带化追求的目标。美国联邦通信委员会（FCC）在2010年3月15日发布的《连接美国——国家宽带计划》中，计划2020年美国至少有1亿的家庭实现下行大于100Mbps、上行大于50Mbps的宽带接入。德国政府提出的宽带战略目标是2018年50Mbps覆盖100%的家庭，2020年50%的家庭至少以100Mbps接入。韩国宽带普及率已达93%，平均速率为49.5Mbps；政府和业界计划于2012年前在全国建设“IT大运河”——基于全IP的有线和无线宽带汇聚网络（UBcN），有线网最高传输速度将达到1Gbps，无线网平均传输速度为10Mbps。澳大利亚国家宽带网计划是2010年90%的家庭能够实现100Mbps上网，余下的10%家庭可以无线接入。芬兰国家经济激励计划是2016年包括农村在内的每个家庭升级到100Mbps。2005年，日本通过e-Japan计划一期已使3000万家庭以30M～100Mbps接入；二期（2004～2010年）u-Japan计划则使宽带接入泛在化。

按照目前的数据压缩技术水平，传播一台高清电视节目IPTV（H.264），至少需要下行带宽6M～10Mbps，上行50Kbps；一台标清电视节目IPTV（H.264），至少需要下行带宽2M～3Mbps，上行带宽50Kbps；高速上网至少需要下行带宽2M～6Mbps，上行带宽521Kbps～1Mbps；网络游戏的下行和上行带宽均约为256Kbps～1Mbps；视频通信约需带宽为256Kbps～2Mbps；IP语音通信约需带宽为100Kbps①。因此，下行100Mbps、上行50Mbps的家用带宽，对于满足一个家庭多通道、多应用、高质量、高速度的通信需求是必要的。

虽然中国已经建成了广泛采用SDH和DWDM等先进技术的、覆盖全国的高速传输网，形成了世界上最大的传输网络，但是，就满足宽带化的需求而言，中国还有很长的路要走。一方面，对于宽带化的需求正在不断增长。根据中国互联网络信息中心（CNNIC）公布的数据，2010年12月，中国网络游戏用户规模为3.04亿，网民使用率为66.5%；网络视频用户规模2.84亿人，在网民中的渗透率约为62.1%。网络视频已经发展成为人们获取电影、电视、视频等数字多媒体的重要渠道。2010年，中国宽带网民达4.5亿，有线（固网）用户中的宽带普及率达到98.3%。另一方面，中国平均互联网网络连接速度仅为100.9Kbps，各省中，河南、湖南和河北的连接速度排名前三，分别为131.2 Kbps、128.2 Kbps和124.5 Kbps。显然，这样的连接速度远远不能满足用户的需求。因此，“十二五”期间，在全国范围内以下行20Mbps为宽带化的发展目标，是一个合理的选择；在中国一些比较发达的地区，如北京，也有可能以下行100Mbps、上行50Mbps为宽带化的发展目标。

（二）移动化

无线化、移动化是信息技术的一个重要发展方向，因为没有无线化就没有泛在化。相应的，移动宽带、移动互联网也成为移动化发展的重要问题。

1. 移动宽带

如果采用20MHz通道或天线阵列（MIMO），3GPP LTE理论网速为下行100Mbps、上行50Mbps。包括美国在内的许多国家准备在2011年开始LTE的替换。斯德哥尔摩和奥斯陆2009年12月首先开通LTE服务。在20MHz宽通道情况下，WiMax移动宽带无线接入可提供128Mbps下行和56Mbps上行的峰值数据速率。IEEE正在发展新的标准（IEEE 802.16m），以实现IMT-Advanced基站接收1 Gbps、手机接收100 Mbps的宽带服务。2008年11月，高通公司宣布放弃UMB（CDMA2000系列标准的演进升级版本）而改走LTE方向，目标是275

① 工业和信息化部电信研究院：《国家宽带信息基础设施发展战略研究》，《国家信息化专家咨询委员会研究报告》，2010年12月。

Mbps 下行和 75 Mbps 上行。

至于 4G 的发展目标，固定通道宽度 5M ~ 20MHz，可选至 40MHz。用户相对基站高速移动时的一般速率为 100Mbps，相对基站静止时为 1Gbps。此外还包括：世界上任何两点的数据速率不低于 100Mbps；异构网络间实现平滑转接；多网络间实现无缝互联和全球漫游；为下一代多媒体业务，如实时音频、高速数据、HDTV 视频内容、移动电视等，提供高 QoS（联网服务质量）服务；与现有无线网络标准及 IP 网络实现互操作性；家庭节点与固定互联网宽带基础设施互联。届时，人们将能够传输高质量视频图像，图像质量可以与高清晰度电视不相上下。

2. 移动互联网

2008 年，全球手机接入互联网首次超过台式机接入互联网，成为固定互联网向移动互联网发展的里程碑。2010 年，全球手机的数据通信量首次超过语言通信量，凸显了移动互联网在人们工作、学习和生活中占据越来越重要的地位。2010 年底，我国手机网民规模达 3.03 亿，较 2009 年底增加了 6930 万人，在整体网民中的比例从 2009 年末的 60.8% 提升至 66.2%。使用台式电脑上网的网民占 78.4%，仍然居于首位；使用笔记本电脑上网的网民为 45.7%。中国手机接入互联网的网民数还没有超过以台式机接入互联网的人数。

在移动互联网的发展中，特别受到关注的是移动万维网，即采用移动设备，通过浏览器或 Web 应用接入互联网的技术网络。因为，对用户而言，最方便的、最友好的就是，无论是用台式机或是手机上网，使用方法和习惯都能够保持一致，让人感觉不到有什么差别。因此，实现“无处不在的 Web”成为移动互联网发展的目标之一。当前，影响移动万维网发展的问题主要有两个：一是手机的互操作性，特别是手机操作系统的互操作性；另一个是手机作为一个接入平台的可用性，即尺寸太小、分辨率低、输入输出容量限制等。

（三）移动用户的发展

移动用户在全球的扩张速度很快。图 1 给出了 1997 ~ 2007 年间手机用户的增长状况①。由图 1 可见，2007 年的时候，发达国家与发展中国家的平均手机拥有率已经分别达到 97% 和 45%；而全球平均值为 49%。2010 年底，全球移动用

① http://en.wikipedia.org/wiki/Mobile_ Telephony.

户已经超过50亿，许多国家的手机普及率已经超过100%（见表1）。其中，移动宽带用户超过5亿，Ericsson预测，2011年底将再翻一番。2011年3月，中国的手机用户超过8.75亿，人均拥有量为64.4%；但是却低于印度的67.98%，也远低于被称为“金砖四国”的俄罗斯（151.9%）、巴西（110.35%）和南非（82.9%）。因此，中国移动电话和“移动化”的发展还有巨大的空间。

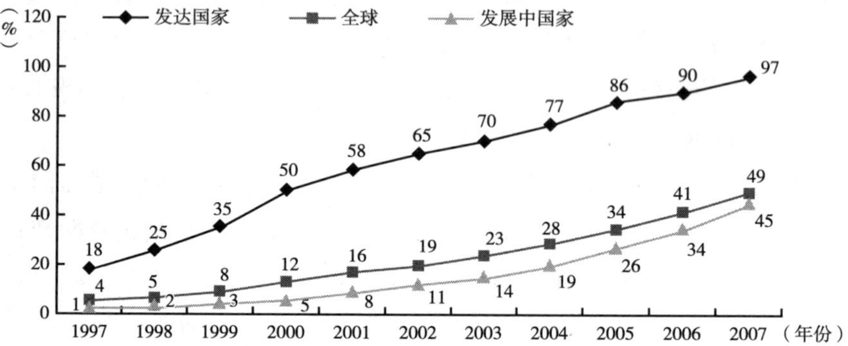

图1 1997~2007年间移动电话用户的增长情况

表1 全球部分国家移动电话数及人均拥有量*

序号	国家或地区	移动电话数（台）	人口（人）	占人口的百分比（%）	记录日期
	全　球	Over 5 billion	6909500000		2010年
1	中　国	875600000	1341000000	64.4	2011年3月
2	印　度	811589101	1210193422	67.98	2011年3月
3	美　国	302947098	310866000	96	2010年12月
4	俄　国	220550000	142905200	151.9	2011年2月
5	巴　西	210500000	190755799	110.35	2011年3月
6	日　本	107490000	127370000	84.1	2009年3月
7	德　国	107000000	81882342	130.1	2009年
8	意大利	88580000	60090400	147.4	2008年12月
9	英　国	75750000	61612300	122.9	2008年12月
10	法　国	58730000	65073842	90.2	2008年12月
11	乌克兰	54377000	46143700	117.9	2009年4月
12	西班牙	50890000	45828172	111	2008年12月
13	阿根廷	50409800	40134425	125.6	2010年
14	波　兰	47153200	38186860	123.48	2010年

续表

序号	国家或地区	移动电话数（台）	人口（人）	占人口的百分比（%）	记录日期
15	韩　　国	47000000	48333000	97.2	2009 年
16	南　　非	42300000	47850700	82.9	2007 年
17	荷　　兰	20000000	16515057	121.1	2009 年 11 月
18	澳大利亚	21260000	21179211	100.4	2007 年 6 月
19	沙特阿拉伯	46000000	27137000	169.5	2010 年 6 月
20	马来西亚	30379000	28250000	106	2010 年
21	智　　利	21000000	17094270	122.9	2010 年 12 月
22	葡 萄 牙	14500000	10632000	137.0	2008 年
23	中国香港	13264896	7008900	187.9	2010 年
24	比 利 时	11822000	10414000	113.6	2009 年
25	匈 牙 利	11833000	10020000	118.3	2010 年 9 月
26	保加利亚	10655000	7600000	140.2	2008 年
27	以 色 列	9319000	7310000	127.5	2008 年
28	丹　　麦	7000000	5543819	126.2	2008 年 2 月
29	爱沙尼亚	1982000	1340602	147.8	2009 年 4 月
30	立 陶 宛	4960000	3341966	148.4	2010 年 2 月
31	黑山共和国	1294167	672180	192.53	2009 年 12 月

*资料来源：http://en.wikipedia.org/wiki/List_of_countries_by_number_of_mobile_phones_in_use。

（四）IPv6（互联网协议 6）

按照目前的发展势头，“十二五”末期，中国的网民数可能增至 6 亿 ~7 亿，包括物联网在内的各种网络应用的快速发展，将大大增加对互联网地址的需求。2010 年 12 月，中国 IPv4 地址数量达到 2.78 亿；2011 年 2 月，IPv4 地址最终分发完毕。因此，由 IPv4 向 IPv6 的全面转换已经现实而紧迫地提上日程。

早在 1998 年 6 月，中国 CERNET 就正式参加了国际下一代互联网 IPv6 试验床 6Bone。2004 年，中国研制成功 IPv6 核心路由器。2003 年，中国开始发展“下一代互联网示范工程（CNGI）”，IPv6 进入了实质性发展阶段。2008 年北京奥运会期间，中国开始提供 IPv6 的商用服务，首次在奥运史上采用 IPv6 建立了主页。中国在下一代互联网的技术发展方面已有相当的基础。

谷歌在2008年11月发表的一项研究报告①中指出，IPv6在全球的使用仍然处于“婴儿”时期。使用率最高的国家是俄罗斯（0.76%），其次为法国（0.65%）、乌克兰（0.64%）、挪威（0.49%）和美国（0.45%）；中国为0.24%，日本为0.15%。从全球的发展来看，中国对于Ipv6的使用并没有走在世界的前列。

此外，作为全球网民最多的国家，中国目前分配到的IPv6地址数（63块，每块为2的96次方）排名全球第18位，尚不及巴西（6.5万块）的千分之一，约为美国（1.5万块）的1/238、德国（9800多块）的1/155和日本（8300多块）的1/131。

不难看出，中国虽然已经建成了目前世界上最大的基于IPv6地址的下一代骨干网络，但是，如果不能及时有效应对和加快下一代互联网的应用发展，中国可能会输在基于IPv6地址的下一代互联网的起跑线上。“起一个大早，赶了一个晚集”，我们已经耽误了几年的时间。加快推进下一代互联网（包括IPv6）的商用部署和未来网络的发展研究，是一个相当紧迫的任务。

三　促进两化深度融合

两化深度融合是“全面提高信息化水平”的一个重要方面，或者说是最重要的一个方面。中国经济的转型升级、经济发展方式的转变、国家核心竞争力的提升都有赖于中国现有各工业部门的信息化改造，有赖于信息化与工业化的深度融合。

事实上，传统工业的转型升级，不仅是中国现代化进程中遇到的最为关键、最为困难的一个问题，也是一个受到广泛关注的全球性问题。近年来，许多发达国家，如美国，都提出了再工业化（Reindustrialization）问题，目的是组织国家资源，改造过时的劣质产业，变衰退的或高污染产业为新兴产业或绿色产业。再工业化的过程是一个经济的、社会的、政治的过程，是一个国民经济复兴的过程。因为，对所有的工业化国家而言，传统的工业化已经失去了竞争力，付出了

① *Global IPv6 Statistics-Measuring the Current State of IPv6 for Ordinary Users*, Lorenzo Colitti (Google), RIPE 57 (Dubai, Oct 2008).

太高的资源能源和环境代价。当然，中国的问题更复杂和困难一些，与发达国家相比，中国的工业转型升级任务更为艰巨。

根据 IHS Global Insight 公司发表的报告①，2010 年中国制造业产值高达 1.955 万亿美元，在全球制造业总产值中所占的比例为 19.8%，而同年美国制造业产值仅为 1.952 万亿美元，在全球制造业总产值中所占的比例仅为 19.4%。就制造业产值而言，中国已经超越美国成为全球制造业第一大国。位于第三和第四位的日本和德国，制造业产值分别为 1.027 万亿美元和 6180 亿美元。报告同时指出，从制造业人均产值衡量，中国仅为美国的 1/8。换言之，美国 1150 万制造业工人创造的价值与中国 1 亿制造业工人创造的价值相当。这一方面是由于中国制造业主要集中在低附加值行业，而美国制造业则在高附加值行业领先世界；另一方面则是由于中国制造行业的劳动生产率目前仍远低于美国，特别是在制造业的信息化方面与美国差距仍然很大。

过去 10 年，中国的“两化融合”有了很大的发展。中国机械工业联合会 2008 年企业信息化抽样调查结果表明，机械行业 CAD/CAM/CAPP/CAE 普及率达到 84%，有 76.6% 的企业已经建立了办公自动化系统；89% 的企业建立了财务管理系统；76% 的企业建立了人力资源管理系统；64.9% 的企业建立了生产计划和控制系统；66.7% 的企业建立了供销存管理系统；64.6% 的企业建立了客户管理系统。这些重大进展已经在很大程度上改变了中国制造业的面貌。2004 年，国家信息化专家咨询委员会进行的一项研究②表明，21 世纪初，我国第二产业的全员劳动生产率大约只相当于美国的 1/30。按照上述 IHS Global Insight 公司的报告，中国的制造业劳动生产率已经上升到美国的 1/8，这是一个了不起的进步，也是中国多年来推动“以信息化带动工业化，以工业化促进信息化”和“两化融合”所取得的重大成就。

（一）重点行业、关键装备、核心技术

中国的“两化融合”，已经走过了一般号召的阶段。在国家层面，仅仅是一

① http：//www. chinadaily. com. cn/hqcj/zxqxb/2011 －03 －16/content_ 2033288. html.

② 国家发改委宏观经济研究院课题组：《新型工业化道路与粗放型经济改造——信息化与传统产业改造研究》，《国家信息化专家咨询委员会研究报告》，2005 年 1 月。

般性地推进“企业信息化”，抓一下企业上网、办公自动化或者企业资源计划（ERP）之类，已经脱离了现阶段中国信息化发展的实际和工业转型升级的需求。在下一个5~10年，中国的“两化深度融合”，必须以“重点行业、关键装备、核心技术”为引领，突出战略重点，争取在赶上和超过世界先进制造业水平方面有所突破，使中国成为一个制造业强国。

制造业可谓名目繁多。从手工制品到集成电路芯片，从服饰家具到巨型客机，无一不属于制造业的范畴。在推进两化深度融合的过程中，国家不能没有重点。所谓“重点行业”，就是要从所有的制造业中，选出那些能够显著提升国家软硬实力、加快提升国家比较优势、迅速强化国家竞争力的产业和行业，作为推进两化深度融合的战略重点行业。对于“重点行业”，国家需要动员全社会的力量，使其尽快实现转型升级；并且，通过重点行业的发展，带动其他行业“两化融合”水平的提升。

“两化融合”具有非常强烈的行业特征。不同的行业，所需要的信息化软硬装备和核心技术可能完全不同。在每一个行业中，都需要通过分析研究找出行业的“战略要点”，确定每一个可以利用现代信息技术提高劳动生产率的生产环节，并进而为其开发信息化的制造装备。这些处于“战略要点”上的装备，就是行业的“关键装备”。在推动重点行业两化深度融合的过程中，必须通过引进或者自行研制，尽快解决行业发展中必需的“关键装备”。当然，还需要为新一代的生产系统和装备提供信息化的仪器和检测设备。

对于每一个行业而言，信息化都会渗透到产品的研发、设计、生产、检测、管理、流通等不同阶段和过程。其中，真正的难点在于信息化的研发、设计、生产、检测装备和系统。他们是集工业化的“机械化、电气化、自动化”和信息化的“数字化、网络化和智能化”为一体，综合研究、设计和开发的结果，是科研和技术创新的成果。这类关键装备的研究、开发和生产，各有其自己的“核心技术”，不仅具有高技术、高成本、高投资、高风险的特点，而且带有很强的行业色彩，专业性很强，用户却相对有限，实际上不可能由每个企业自己去研究和开发，因为成本太高，风险太大。国家需要按行业组织一大批具有不同专业背景的研究机构和企业进行专门的研究和开发，再通过市场提供相关企业选用。因此，解决行业的关键装备和核心技术问题，需要政府从国家层面给予足够的关注和扶持，仅仅停留在一般的号召上显然是不够的。两化深度融合的核心技术，最为关键的其实就是嵌入式系统技术和工业软件技术。这两种技术，说起来简单，实际上却是以信息技术的形式凝聚了各个行业和不同学科的最新科学技术成就，在两化深度融合中扮演着关键的角色。

（二）嵌入式系统

20 世纪 60 ~ 70 年代，是计算技术发展的“主机时代（Mainframe）”。其后，是“微机 + 局域网时代”和“互联网时代”。许多学者认为，21 世纪将是“嵌入计算（Embedded Computing）”时代，对产业的改造意义重大而深远。目前，每年在 PC 中所使用的微处理器不过以百万计，而嵌入式系统中的微处理器则以 10 亿计。在许多领域，有或者没有嵌入式系统，成为“两化融合”有或无的标志，甚至是“两化”是否深度融合的标志。

随着信息技术的深入发展，嵌入式系统的应用越加广泛和深入，成为信息化与工业化融合最重要、最具有代表性的技术。如果我们将现有的各种生产装备或消费类产品中的嵌入式系统移去，我们就回到了传统的工业化时代，而所有的生产装备或消费类产品将不再能正常运转。因此，推动两化深度融合，从信息化的管理走向信息化的生产和信息化的最终产品，就必须大力推动在各种工业产品或物理系统中，寻找和识别应用嵌入式系统的机会，努力发展嵌入式系统。这种应用是无止境的。应用得越多、越广泛、越深入，“两化融合”的水平就越高，工业化的水平也就越高。所有搞工业的人，无论是工程技术人员、工人或者企业家，都要在脑子里装一个问号：什么地方可以用到嵌入式系统？

很多人以为嵌入式系统不过是一个芯片的设计或制造而已，其实不然。实质上，嵌入式系统是现代信息技术应用的一个特殊的领域，一个“专用计算”的领域。在许多应用场合，它就是一个专用的计算机系统，可能很简单，也可能极为复杂。应用嵌入式系统的主要难点在于确定根据什么来设计嵌入式系统，明确解决现有工业产品或物理系统的什么问题。需求明确之后，才能将信息技术与应用对象所特有的或专属的技术，如传感器技术、测量技术、控制技术以及相关专业技术等融为一体，在机械化、电气化、自动化的基础上，实现对于对象的数字化、网络化、智能化改造，达到提升对象性能或扩大功能的目的。因此，嵌入式系统的研发，关键在于认识和理解现有的工业产品和物理系统，找到利用和设计嵌入式系统的理论和方法，从而构造一个智能物理系统。

嵌入式系统的广泛应用催生了智能物理系统（CPS-Cyber Physical System）这个概念的诞生。显然，CPS 是一种系统的系统，计算部分（Cyber Components）嵌入于物理系统之中，与物理部分（Physical Components）一起工作，二者之间不断地交换信息，计算部分的计算过程与物理部分的物理过程同时运行。智能物理系统带来很多理论上需要研究的问题，呼唤在物理、工程科学与计算科学融合的基础上，发展新的系统科学。在未来的 10 ~ 20 年间，有可能发展成为一门新的科学，是一个备受关注的热点。

固然，嵌入式系统是以信息技术，特别是微处理技术为基础的。但是，如上所述，嵌入式系统的真正的核心和难点却并不在微处理芯片上。人们往往容易误以为嵌入式系统的设计就是芯片设计，其实不然。在对物理系统、产品或过程有深入的理解和掌握之前，在没有明确嵌入式系统的功能和性能需求之前，不可能设计出真正有用的嵌入式系统。此外，嵌入式系统由小到大，由简单到复杂，随应用的不同而差异很大。就大多数的应用而言，对微处理芯片的要求不一定很高。目前，性能要求较高的一些嵌入式微处理器，其性能水平也仅略高于英特尔公司 1999 年推出的通用微处理器——奔腾Ⅲ。因此，发展嵌入式系统的障碍往往不在微处理芯片上。

（三）工业软件

工业软件指的是专门为工业部门所使用的软件，属于应用软件这一大类。许多嵌入式软件也可以算作一类工业软件。工业软件从产品研发、设计、生产、检测、管理、流通等不同方面，实现生产和管理过程的数字化、网络化、智能化，在信息化与工业化的融合中，扮演着“融合剂”的角色。没有工业软件，就没有信息技术在工业部门中的应用，也就没有信息化与工业化的融合。像美国 B－2、F－22 这样的全球最先进的轰炸机、战斗机，数以亿计的零件可以在世界任何地方按照设计的精度实现“准时”制造，而装配起来却没有任何困难和问题，靠的就是一整套的工业软件。工业软件技术提供的面向产品全生命周期的、智能化、网络化、协同化、开放式的产品设计与制造平台，可以大大地提高产品全生命周期的劳动生产率。

工业设计软件广泛地采用模拟仿真技术，自动地将各种设计创意转换成数字草图和实物模型，并实现设计对象的可视化和数据共享；同时，通过高效和准确的数据交换，不仅强化零部件设计之间的沟通，而且自动校验设计的合理性、互换性和兼容性，从而大大加快新产品研发的速度。没有发达的嵌入式系统和工业软件产业，中国永远不会拥有自己先进的、信息化的装备制造业和其他相关产业。

工业软件有其自身的功能需求，具有强烈的多学科交叉的特点，不仅注入了本专业的各种最新的知识和技术，而且还将相关的材料、工艺、能源、经济、环境等知识和技术有机地加以组合，通过丰富的多学科知识库，为生产流程的各个环节提供技术支撑。工业软件也具有极强的行业特征。同样一个计算机辅助设计（CAD）软件，对于飞机、汽车、成衣等不同行业，内涵完全不同。因此，抓住行业特征开发工业软件，是一个重要的推进策略。

显然，工业软件不是一般意义的软件，而是科学研究和技术创新成果的软件表现。优秀的工业软件，学术、技术水平一定很高。工业软件（如各种二维、三维的 CAD 软件）的诞生至少需要经历四个阶段：①建模，即利用代数方程或微分方程建立对象的数学模型；②求解，即求得该数学模型的解析解或数值解；③算法，即将该数学模型的求解过程编制成一套计算步骤；④编程，即利用适当的计算机编程语言将算法变成软件。在每一个阶段中，往往都包含着科学研究或者技术创新的过程，复杂和困难程度的跨度很大，需要该行该业的科学家或技术专家的直接和长期的介入。没有行业“内行”的直接参与，仅仅依靠软件人员是永远开发不出高品质的工业软件的。有的管理者，也包括一些科学家和工程技术专家，往往认为工业软件的开发和生产不是发明创造，不是技术创新，在某种程度上鄙薄工业软件，以为“不足道”，这种认识阻碍着中国工业软件的发展。事实上，工业软件的研发过程相当复杂，是行业或学科科技成果软件化的一个艰巨的过程，需要高度的创造性和创新精神。国家必须从政策上鼓励、激励、促进科学家或工程技术专家与软件专家共同组成研发团队，合力开发工业软件。

很多工业软件的特点是：投入极大、用户极少、价格极高、制约性极强。以飞机设计专用的计算机辅助设计（CAD）软件为例，软件本身极为复杂，投入极大，市场极小，用户可能只有几个。看似“没有效益”，但是，没有这类软件，飞机设计的高效率、高质量和自主创新就无从谈起，更不可能设计和生产出任何高性能的、赶超世界先进水平的飞机。目前，中国几乎所有重要的工业软件都是引进的。要促进两化的深度融合，使中国的制造业向全球的高端发展，必须发展中国自己的工业软件。

“十二五”期间，有必要将嵌入式系统和工业软件的发展作为促进两化深度融合的战略重点，根据我国重点行业、关键装备、核心技术发展的紧迫需求，列出一个对促进“两化融合”有战略重要性的嵌入式系统和工业软件目录清单，有计划、有组织、有步骤地引进一批、消化吸收一批、自主创新一批。

四　为改善民生服务

过去10年间，经济领域对信息化的推进关注较多、投入较大，而社会领域对信息化的推进，特别是充分利用信息化提供的各种手段协助解决医疗、医保、社会保障、就业、食品安全等民生问题，则显得力度不够。现在，越来越多的人已经认识到，利用信息化手段可以在很大程度上缓解这些与老百姓切身利益相关的问题和矛盾。社会领域信息化的发展不仅对维护社会稳定、促进社会和谐意义重大，而且可以刺激信息化新兴产业的发展、创造更多的就业岗位、产生巨大的经济效益。

“十二五”期间，发展以改善民生为重点的信息化公益性社会服务，提高社会管理和服务的能力和水平，应该作为全面提高中国信息化水平的重要任务之一。针对社会发展、社会管理和民生领域的突出问题，全面推进社会信息化，特别是在公共服务、社会保障、就业服务、医疗卫生、食品药品管理、全民教育等领域取得显著的进展，应该是“‘十二五’信息化规划”区别于“‘十一五’信息化规划”的重要特征之一，其中，医疗和社会保障信息化的任务更为突出。

（一）医疗信息系统

医疗与卫生是世界各国极为关注的一个重大问题，也是一个非常困难和复杂的“老大难”问题。“老大难”主要难在医疗卫生资源的合理和充分利用。医疗体系中的各个环节都在尽力追逐各自利益的最大化，舞弊、欺诈、浪费、误诊等现象无处不在、层出不穷，医保费用剧增。原本有限的社会医疗卫生资源不能得到充分有效的使用，更谈不上社会公平。信息化可以最大限度地促进医疗资源的有效使用，提高医疗资源的使用效率，降低医疗成本，因而受到极为广泛地重视。医疗信息化的特征并不在于其技术，而在于它是一种新意识、新思维、新方法，是一种网络化全球化的医疗医保解决方案。

医疗过程的三个环节 一个医疗过程主要包括就诊、检查、治疗三个环节。有了病，首先是看医生或就诊；然后是进行各种检查，包括验血、查尿、X 光片、超声、CT 等各种手段；在检查的基础上，进行治疗，包括药物和各种手术治疗。就诊、检查、治疗三个环节在医疗的业务流程中实际上构成一个三角关系。

这三个环节各有其信息需求，例如在就诊环节向病患提供医院或医生的信息，包括医院和医生的营业执照、执业资格、信用评价；在检查阶段实现不同医院的各种测试、检验、化验、诊断报告在全国范围内的共享；在治疗阶段提供国家批准的药物和疗效数据库，制定各种药物的合理使用标准和规范。

这三个环节既相互独立，又相互关联。如何切断三者之间的利益关联或利益输送，是医疗体制改革中的一个重大问题。解决的办法不是仰赖医生或医院的社会道德或责任，而是要从体制机制上予以制止。

电子病历 病历是一个人一生生病和治病的历史，必将伴随人的一生。所有与医疗相关的业务活动，包括各种会诊的记录，都必须有一个完整的、详尽的记录，而这些记录必须数字化、计算机化。电子病历可以为患者本人提供一个终身的医疗记录，对患者获得准确的诊断和治疗极为重要。电子病历还改变了传统的医疗模式，是医疗信息化的一个首要的和关键的步骤。

电子病历具有巨大的医学价值和社会价值。隐去患者的真名实姓之后，患者信息的宏观统计和分析对于医学、药学和公共卫生和健康状况的监测具有不可估量的意义。电子病历还可以为不同的医疗部门和专业人员提供一个可以方便地共享病人信息的基础，为医学研究提供一个宏观分析的基础。电子病历还可以是循证医学的基础。通过建立一个可以帮助如何正确诊断和治疗病人的、信息不断更新的信息系统，可以向医护人员提供一个参考系，帮助他们判断如何利用最新的医学研究成果和知识，向病患提供正确的诊断和治疗。

推行电子病历需要解决几个基本问题。首先是电子病历的标准化。需要规范和标准的内容很多，从格式、内容、术语，各种检验、化验报告，直到处方的格式等等，都需要标准化和规范化。电子病历的标准化首先要求医学、医疗术语标准化，否则，计算机就不能自动识别，随后一系列的归类、测试、检验、化验、诊断、用药、诊断的决策支持等环节，都无法进行。没有标准的医疗术语，不仅电子病历无法建立，整个数字化的医疗信息系统的开发都困难重重；即使在一个医院或者一个城市建立起来了，也不能在大范围共享，医疗信息系统的经济和社会效益就会大打折扣。其次，推行电子病历，要求所有的医生、护士都必须熟练地使用计算机和医疗信息系统。第三，无论是电子病历还是医疗信息系统都必须对病人的隐私给予特别的关注和考虑。第四，传统病历数量庞大，对其进行数字化处理具有重要价值，但需要合适的策略逐步完成，并最终纳入医疗信息系统。

电子病历是医疗信息化的核心部分。在任何一个数字化的医疗信息系统中，首先必须解决的问题是为病人建立一份安全的、数字化的、计算机化的病历。不同医院的电子病历和各种测试、检验、化验、诊断的互认，是一个复杂的管理和法律问题。当然，使用共享数据所产生的后果的法律责任，包括原始数据的遗漏、错误等等，也必须予以明确。

全国一体化的医疗管理信息系统 中国推进医疗信息化的最终目标是建设一个全国一体化的医疗管理信息系统，使每一个公民都可以在全国任何一个医院或诊所就诊、检查和治疗，而病历可以在全国范围内根据患者的需要调用。

过去10年，中国的医疗信息化有很大的发展，许多医院都建立了自己的管理信息系统，病历也在逐步地实现数字化。医院信息化的发展，使各个医院逐渐培育了一支信息化的队伍，提高了医生和医院管理层的信息化素质，为建设一个一体化的全国医疗管理信息系统准备了条件，这是可喜的一面。但是，各系统标准规范不统一，医疗信息特别是病历信息不能共享，将成为一体化的全国医疗管理信息系统建设的巨大障碍。因此，尽早制定一个一体化的全国医疗管理信息系统的总体设计方案，制定和完善各种医疗信息化的规范和标准，乃是迫在眉睫的事情。

（二）医保信息系统

在社会保障系统中，当前最为重要和紧迫的是建设一个有效的医疗保障系统，通过杜绝或减少冒名顶替、营私舞弊、浪费资源、欺保骗保等等，最大限度地控制医疗资源的有效使用，提高医疗资源的使用效率，降低医疗成本。

患者、医生（医院）、医检、医治四者在医疗保险的业务流程中都将与医保部门发生关联，构成一个五角关系，其中，医保部门起着关键性的控制作用。

医保系统控制医院和医生　医院和医生必须参加医保部门制定的医保计划，同意医保部门的收费方案，接受医保部门的各种规定、治疗标准、报销标准。医院或医生不会向参加该医保计划的任何患者提供医保部门规定范围以外的服务，除非患者自己付费。医保部门向全社会提供参加其医疗保险计划的医院和医生名单，供患者选择。

医保系统控制医学检查　医保部门在前端要控制的是医生和医检的关系。医生提出的对患者进行检查、化验的要求，必须得到医保部门的认可，检查、化验所产生的费用才能够从医保部门按规定报销。检查、化验部门必须参加医保部门的医保计划，符合医保部门的收费规定。检查、化验部门没有医生处方和医保部门的认可，不会向任何患者提供服务，除非患者自己付费。

医保系统控制医学治疗　医保部门在后端要控制的是医生和药物及各种医学治疗的关系。医生开出的药方或治疗方案，必须得到医保部门的认可，药物以及各种治疗所产生的费用才能够从医保部门按规定报销。药房和医学治疗部门必须参加医保部门的医保计划，符合医保部门的收费规定。药房和医学治疗部门没有医生处方和医保部门的认可，不会向任何患者销售药品或提供服务，除非患者自己付费。

医保系统控制患者　采用信息化的手段，将每一个病人的每一次门诊、每一次检查、每一次用药或手术都记录在案，而无论病人什么时候、在哪一个医院就诊；同时，将每一个医生、每一个化验室、每一个医院的医疗活动记录在案，建立其医疗质量和诚信记录。这样，医保部门可以及时掌握每一个医保病人的身体状况；判断治疗方案、确定医疗过程的合理性，包括患者的就诊资格、病历和病程发展，确定合理的体检、化验、拍片需求，必需的药物和手术治疗；合理的医疗护理；医疗事故分析和责任追查；以及合理的医疗费用，从而有效地防范假冒就诊及各种舞弊行为。

有了这样的系统，病人可以在国内甚至国际上任何地方与医保部门签约的任何药店按处方取药。药店的管理信息系统与医保部门的信息系统互联，可以自动控制病人常用药（如高血压、糖尿病、冠心病等病所用药品）的取药时间和数量，并按照医保规定，自动完成病人药费的医保抵扣和计算应向病人收取的药费，将医保支付的药品费用直接送至医保部门报销。医生开药多了，药店可以拒绝。

药店还可以直接与病人的医生取得联系，为病人处方药品的续用和更新服务，并征得医保部门的同意。医生、药店、医保部门三者紧密联系，可以随时沟通。医生开的药太高档，药店可以提出质疑，申请医保部门审核。这套系统形成了病人、药店、医保部门三家相互制约和相互协作的格局，严格地防止了患者乱用药、用贵药、超量用药、为他人用药，对控制药品开支、堵塞漏洞、防止舞弊、节约医保开支，意义重大。

综上所述，患者、医生（医院）、医检（化验、检验）、治疗（药房），四者通过医保部门形成一个完整的医疗保险体系。前四者都是“当事者”，而医保部门是“裁判员”和监管者。显然，医保部门在医保信息系统中处于核心地位。因为，医保部门是最重要的利益攸关方。确定这个病可看不可看、该怎么看，这个费用可报不可报、能报多少，最后说话的是医保部门。谁来管这个“裁判员”和监管者呢？当然是代表全体公民的政府。医保部门必须受法律约束，受政府行政法规的管辖。

应该看到，无论是医疗信息系统，或是医保信息系统，都是以人为中心的；既不能以医院为中心，也不能以医检部门或药房或治疗部门为中心。同时，在以人为中心的医疗和医保信息系统中，病历处于核心的地位。但是，病历不可能散存在病人就诊的各个医院之中。因此，以地域或城市为基础，建设全国统一标准和规范的、集中式的公民病历中心，并将这些病历中心联网以实现信息交换，是一个必然的选择。

（三）其他社会领域

“十二五”期间，中国在社会领域需要建设的其他重要信息系统还有就业信息服务系统、重要食品和药品管理系统等等，这些系统的应用可以从根本上改善我国社会建设和管理的现状。此外，加快改革国民教育体系，加大教育信息化投入向农村的倾斜，促进优质教育信息资源的开发和共享等，也很重要。

五　继续发展电子政务

自 2002 年 7 月《国家信息化领导小组关于我国电子政务建设指导意见》将电子政务建设作为一个时期我国信息化工作的重点以来，我国以政府核心业务为主线的电子政务系统建设取得了巨大的成功，发挥了显著的经济和社会效益，也涌现出一批具有国际先进水平的重大信息系统。2002 年原国务院信息化工作办公室组建之初，曾经对 17 个中央部委的信息化情况做过调研，结论是在这些部委中尚没有一个真正意义上的管理信息系统。10 年后的今天，情况已经迥然不同。自 2002 年以来，中央投资建设了 40 多项电子政务工程项目，其中金关、金税、金盾、金卡、金财、金审、金保、金质、金农、金土等系统，不仅属于大规模的国家级管理信息系统，而且为支持我国经济社会快速发展和提高中央与地方各级政府治国理政的能力发挥了重要的作用，作出了巨大的贡献。现在，离开了这些系统，我国的国民经济系统已经无法正常运行。

（一）政府核心业务信息系统

中央政府各部委办公业务信息化的覆盖率从 2001 年的不足 10% 提高到了 100%；海关、税务、公安、国土、金融监管、社会保障等核心业务信息化的覆盖率已经接近 90%，有的部委如公安部、科技部等已达到 100%。就整体而言，中央政府的核心业务信息化覆盖率大约在 50%。18 个国家级重大电子政务工程项目共建设信息系统 70 多个，支撑的政府核心业务超过 100 项，其中多数信息系统已经在政府宏观调控、市场监管、社会管理和公共服务等关系国计民生的重大政府行政事务中发挥了重要的支撑作用。

2010 年，工信部对中央近 40 个部委电子政务的建设情况进行了调查。结果显示，绝大多数中央部委和省级政府部门的核心业务目前都有数据库支撑，覆盖率在 80% 以上。一批重要的国家级基础数据库已经基本建成，还有一批重要的国家级数据库正在建设，如空间地理基础信息库。这些数据库已经成为我国重要的基础公共信息资源。一些行业和地区还建设了公共数据平台，在数据统一管理和利用模式方面进行了有益的探索。

在地方政府层面，东部发达地区的省、市级政务部门核心业务信息化覆盖率普遍在 80% 以上，区县达到 50%；中西部的省、市级政务部门核心业务信息化覆盖率接近 50%，区县则多数处在起步阶段，覆盖率约为 30%。北京市 90% 以上的政府核心业务已经实现信息化，其“基于地理空间的政务信息资源共享服务体系”已经具有国际先进水平。北京、上海、广东、江苏、浙江等省市行政许可项目网络化处理率普遍达到 90% 以上，有的接近 100%。

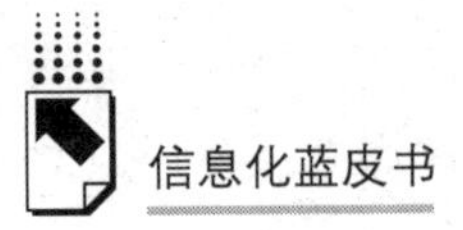

21 世纪的头 10 年中，中国电子政务的跨越式发展所取得的成就是巨大的。当然，就全面提高信息化水平而言，中国电子政务的发展空间还非常之大。

（二）建设决策信息系统

在电子政务系统建设的过程中，中央和地方各级政府开发和积累的海量数字信息资源，对于支持中央和地方政府各部门的业务活动，协助其更好地履行管理职能，具有不可替代的作用。目前，这些信息资源的潜能还远远没有得到充分释放。如何进一步开发和利用这些信息资源，为各级领导机关和决策部门服务，显著地提高政府的决策能力，是今后一个时期中国电子政务发展的重要方向之一。

信息系统的广泛应用和海量信息资源的实时存取能力，以及通信和网络技术所提供的便捷信息传输服务，已经并且将继续改变自工业社会以来所形成的传统的决策模式。管理信息系统所产生的各种各样的实时的数据和信息，直接来自业务活动的源头，也可以直接送到决策者的指尖。决策需要的数据和信息，包括各种根据决策需求设计汇总的统计信息和分析结果，都可以直接从数据库中获取和加工生成，不仅准确，而且可以通过必要的技术手段防止人为造假。能够提供这些功能的信息技术，就是决策信息系统。

显然，决策信息系统可以帮助领导人提高决策的信息性、科学性和自主性，帮助决策者实现“宏观管理的微观化”。“秀才不出门，全知天下事”，在信息时代至少部分可以成为现实。当前，我国在机遇与挑战并存的国际政治与经济环境中前进，各级政府不断地面对各种需要进行准确判断、快速应对和科学决策的问题。在这样的客观形势下，尽快开发能够及时、全面、准确地为领导决策提供有效信息支持服务的快速响应系统，使领导者得以随时掌握国民经济系统运行与社会发展的实际状况和发展趋势，了解中央各项政策和战略举措的落实情况及实际效果，显得十分重要。

决策信息系统是一个为领导者及其助手、秘书和相关工作人员服务的信息系统。根据领导者的信息需求，这个系统将现有的和即将建成的各种政府管理信息系统中已有的数据和信息，科学地加以归纳、整理和结构化，以“用户友好”的方式，呈送到各位领导者（包括他们的助手、秘书和相关工作人员）的手上。一些常用的、重要的、综合性的反映国家和地方经济社会运行状况的数据、信息和分析结果，还可以通过大屏幕显示器直接送至政府各主要会议室，供形势分析、政策研究等各种会议和讨论使用。当前，决策信息系统的主要内容可涵盖经济运行、社会发展和应急管理三个方面。对于领导者急需而现有各种政府信息系统中尚未生成的数据和信息，可以直接向各部门或重点企业提出要求，建立例行的报送机制，通过网络进入系统，及时提供服务。在发生应急事件，如自然灾害、安全事故、突发事件时，系统还可以通过各种视频监测网络，使领导者及时地、直接地观察各种应急事件发生的现场，支持领导者及时地做出判断和决策。

决策信息系统的建设主要基于我国电子政务近10余年来已经开发的、大量的各类政府和业务信息系统，通过充分利用其所积累的海量信息资源，达到有效地服务于各级领导者和决策过程的目的。因此，无论在适用技术、数据信息资源的获取，还是在信息安全等方面，都具有比较充分的可行性。

（三）公民参与和民主政治

过去10年，中国电子政务网络已经覆盖了全国所有的省（自治区、直辖市）、90%以上的市和80%以上的县。国家电子政务外网平台已经连接53个中央政务部门和31个省、自治区、直辖市和新疆生产建设兵团，以及1169个省级政务部门，成为我国规模最大的政务公用网络，外网建设的集约化效应开始显现。大多数省份如黑龙江、河北、青海、内蒙古、广东、陕西等都已建成省、市、县三级电子政务网络。广东省建立了全省统一的电子政务网络，基本上覆盖到县级单位。河北省构建了全省统一的电子政务网络平台，横向连通所有省直部门，纵向贯穿省、市、县三级。上海市已基本形成全市基础网络平台，覆盖市、区、街道三级的电子政务基础网络初步成型。

另一方面，中央和省级政府网站普及率已经达到100%，地市级政府网站普及率达到99.1%，区县级超过85%。大多数部委均在网站上设立了政民互动的窗口和交流平台，绝大多数省区市都开通了领导电子信箱和热线电话，很多政府网站设立了公众留言板，有些政府部门还开通了领导在线访谈，这些方式已经成为公众与政府部门直接沟通的重要手段。

电子政务网络和政府门户网站的建设，为促进政府与公民的互动、方便居民参与公共管理、发展社会主义民主政治创造了很好的条件，提供了新的手段和机会。近年来，随着中国互联网的快速发展、网民人数的急剧增加以及中央和地方各级政府的重视，电子民主在中国有了很大的发展[1]。网站论坛成为反映民意民智最集中最直接之处，而近年来快速发展的微博更进一步拓展了民众的表达方式。

孟子曰："得天下有道：得其民，斯得天下矣；得其民有道：得其心，斯得民矣；得其心有道：所欲与之聚之，所恶勿施尔也"。[2] 其中，最为关键的是要知道真正的民意是什么，知道了什么是民之"所欲"，什么是民之"所恶"，而后，为政者才知道什么该"与之聚之"，什么该"勿施尔也"。互联网和电子政务的发展，为为政者创造了史无前例的、最为有利的掌握"民之所欲"与"民之所恶"的条件。政府的政策和举措，出台之前可以广泛征求、准确把握民意；出台之后可以获得执行情况的反馈，适时地进行再调整。这样，政府治国理政的过程就由一个开环的、政府下达指令的过程变为一个闭环的、民众不断反馈的过程，成为一个公民与政府的互动、公民参与治国理政的过程，这是发展社会主义民主政治的重要方面。

中国电子政务下一阶段的发展方向之一，就是要以促进政府与公民的互动、方便居民参与公共管理、发展社会主义民主政治为己任，不断探索和形成一种适合中国国情、公民积极表达和参与、政府重视和吸纳民意的规范化和制度化的体制和机制。

六 向信息化高端发展

推动我国信息化向高端发展，对于赶上全球信息化发展的浪潮，全面提升信息化水平有重要意义。"十二五"期间，我国需要大力发展传感网、物联网、云计算、智慧地球、泛在计算等信息化的高端应用技术，在智能电网、智能交通、气象预报、地震监测、国土资源、水资源、环境监测、地理信息、现代物流等领域，既充分开发利用各类信息资源，又为提高国民经济和社会发展的智能化水平服务。

（一）物联网

物联网的雏形始自20世纪90年代初中期。1990年第一次海湾战争暴露了美

① 参见本书陶文昭《互联网与电子民主在中国的发展》一文。

② 《孟子·离娄上》。

国军用物资管理的严重问题。军需物资发了又送，重复投递，造成人力物力的巨大浪费，令美军后勤官员头痛不已。为此，美国防部和国防后勤局下决心开发基于射频辨识标签（RFID）和互联网技术的全军“联合后勤管理信息系统”，力求做到军中“一切资产可见化”，实现了军用物资适时、适地、适量投送以及运输信息的全程跟踪。随后，以射频辨识标签、数字传感器、嵌入式芯片、无线传输和互联网技术为基础的物联网技术开始向民用领域辐射扩展，物联网的概念也逐渐形成和发展。

物联网是互联网应用向“物”的延伸，开启了一场信息化的关于“物”的管理和利用的革命。国外有学者提出，利用互联网可以连接全球大约500亿～100万亿件物体，并跟踪他们的运动。显然，目前并不存在将全世界所有的物体通过网络连接在一起的需求，因为就全球范围而言，大多数物与物的相关性近乎为零。因此，在可以预见的将来，无论就全球、国家或地区而言，一定会出现很多个具有不同功能、不同用途的物联网，亦即很多个“物”的管理和利用系统，而不是一个全球互联的物联网。与此相对应，物联网的发展一定是应用驱动的，而不是技术驱动的。应用是物联网发展的灵魂。没有应用，就没有物联网技术和产品的市场，就没有物联网产业的发展，就没有市场、技术、产业三者协调发展的良性互动。

目前，我国物联网建设呈现出良好的发展势头，各部门、地方政府和企业对于发展物联网都很重视，积极性很高，呈现出“遍地开花”的现象，相应地推动了国家信息化向高端发展，形势是好的。中央和地方政府部门和多个行业正在进行物联网应用的探索和试点；不少科研单位和企业也积极研发物联网核心技术；在某些应用领域以及“点”和“局域”的范围内取得了一些重要的进展和成果。

总体来看，我国物联网尚处于发展初期，在一股热潮的表象之下，还存在一些值得重视的、深层次的问题和障碍。一是不少地方和企业还处在炒概念的阶段，忙于借此热潮，戴上“物联网”的帽子以“圈钱圈地”。二是一些地方和企业在没有真正理解物联网的内涵、没有辨识物联网具有重大经济社会效益的应用领域的情况下，盲目跟风，一哄而上，产品应用档次低、批量小、质量差，成本则居高不下。三是迄今为止，还没有开发出典型、大规模、系统化、覆盖全国的物联网应用系统，难以形成规模效应，不足以带动相关技术和产业的发展。四是在应用前景朦胧的情况下，很多真正希望进军物联网的企业由于不了解实际的应用需求，不知道如何参与和推进，有劲无处使。五是部门之间和产业链上下游之间沟通不足，“热炒”之下，一方面各地都加大投入，批钱批地，出现了盲目投入、重复建设的情况；另一方面，投入物联网核心技术研发的资源却因分散而显得严重不足，不能形成攻克核心技术的合力。

当前，推动我国物联网健康发展的关键，在于识别我国经济社会发展中对于“物”的管理和利用的紧迫需求，不失时机地开发那些既有利于我国经济发展方式转变，又有利于我国战略性新兴产业成长的重大物联网工程。近 30 年来，特别是近 10 年来，我国信息化的快速发展，使我国已经走过了在一个单位或局部范围内构建信息系统的初级阶段，具备了在全国乃至全球范围内采用各种最先进的信息技术，构建大型和超大型信息系统，向信息化高端发展的能力。在这样的大背景之下，我国物联网的发展要坚持走高标准、高效益、大系统、规模化的发展道路，不仅要着眼于“赶”，而且要着眼于“超”。这些规模化、系统性重大应用工程的开发和建设，不仅能够在全社会形成一种示范效应，厘清一些模糊概念，而且能够有效地引导相关核心技术的研发，建立具有自主知识产权的相关标准，并利用重大应用工程的规模效应，实现产品集成优化和产业链的贯通，促使相关产业的聚集和发展，培育跨行业、跨平台、跨应用领域的综合集成服务能力，推动现代服务业的发展。事实上，通过重大工程的实施，推动市场、技术和产业发展，也是近十年来我国信息化建设中一条成功的重要的基本经验。

当前，推动我国物联网健康发展可以采取的一个战略举措是，在“十二五”期间，在国家层面上，辨识和建设一批当前我国经济社会发展中对于“物”的管理和利用有着紧迫需求的重大应用工程项目。这些工程项目，应该具有显著的“大系统”特征：它们是系统的系统；纵向贯通到底，横向覆盖全域；业务上有集中统一、规范顺畅的流程和管理体制；技术上既有专业属性，又富有创新空间；产业上既能够形成较完整的链条，又具有显著的规模经济效益。以这样一批国家物联网重大应用工程为主线，我国物联网发展中的许多技术创新、产业发展、网络建设、标准制定、法律法规、安全管理等问题就有了明确的主攻方向，可以避免当前我国物联网发展中广泛存在的盲目性和随意性。

（二）云计算

20 世纪 90 年代中期互联网开始在全球普及之后，人们就一直在探索如何利用网络实现“计算能力”的资源共享。“云计算”并不是什么新的概念，而是这种探索的继续和发展。

早在20世纪90年代中期互联网趋于普及时，Sun公司就提出了“网络计算机（Network Computer）”的概念。其思路是从上网的前提出发，重新定义（即简化）“网机”的功能需求，通过尽量利用网上计算资源来降低“网机”成本，以实现更大范围的计算机普及和联网。经过两年多的实践，这个概念并不能为用户所接纳。一方面，用户对计算机的功能需求越来越强，而“网机”的思路与这个发展趋势背道而驰；另一方面，使用“网机”以后，通信网络的负载大量增加，而通讯费用则成为用户的巨大负担。“网机”的失败说明信息技术和应用的发展，并不简单地支持“简易终端”的概念。

21世纪初，随着P2P技术的发展，网格计算（Grid Computing）曾经一度炒得很热。网格计算的主要目的是为了科学合作而共享资源；同时，可以根据科学计算的需要，扩大资源共享的规模。有人认为，网格计算是继互联网和Linux操作系统之后信息技术领域内最重要的发展。但是，近年来网格计算并没有如预期的那样蓬勃发展。应该承认，网格计算不失为一个好的思路，确有其发展空间，但是，由于信息和信息处理固有的“个性”和“私密性”，网格计算在实践中遇到的阻力之大是不言而喻的。

在网格计算风靡之时，IBM网格计算的总经理霍克（Tom Hawk）曾经提出了“算厂（Computing Power）”的概念。他提出，利用互联网，计算能力可以像电力一样通过网络来调度使用。用户不需要知道计算能力来自何处，只要将计算终端插上电源即可。但是，“信息”作为一种资源毕竟与“电”、“水”、“煤气”等有本质上的不同。电、水、煤气是公用事业（Utility），而计算机所处理的数据和信息毕竟不是“公用事业”，而是具有极其鲜明的个性。“算力”虽然可以作为公用事业储存于“算厂”，但算力所处理的信息和信息处理的技术却具有很大的“个性”和“私密性”，未必都能储存于“算厂”。因此，关于“算厂”的概念最后也不了了之。

有人认为，通讯费用的急剧下降和网络宽带的急剧增加将使“网机”的概念有死灰复燃的可能。其实，通讯只是问题的一个方面，数据与信息的非公用性质才是问题的本质。“算力”带有公用商品的特征，数据和信息则完全不具有这样的特征。此外，信息技术的不断发展，使计算机的计算能力不断提高，价格则不断下降。这种发展的基本目标其实是将信息处理的能力赋予每一个个人，从而整体上增加全社会处理信息的能力。任何限制这种目标的技术，是与信息革命和信息技术发展的趋势不相容的，最后都不会被最广大的用户所接受。从这个意义上讲，网格计算和“算厂”等概念，都具有很大的局限性，难以经受实践的考验。今天，我们所见到的云计算的概念，与“网机”、“网格计算”、“算厂”等概念并没有本质上的差异。

与物联网在可以预见的将来不会是“一张网”一样，在信息化的天空（Cyberspace），云计算的“云”也不会是只有“一块”，而是大大小小、时聚时散、根据应用需求而构造的结构可能并不雷同的多个“云”。云计算是一种思想（Idea），而不是一个时代或一种技术标准。因此，在准备拥抱“云计算”之前，一定要深思熟虑，避免盲目性和浮躁情绪。用“云”还是不用“云”，用什么样的“云”，需要认真的论证，需要“应用驱动”。从目前的发展来看，“云存储”和“云服务”已经有比较成功的先例。前者如亚马逊（Amazon）公司率先开展的“云存储”服务①，后者如苹果公司的 iPhone 和 iPad 的 iTunes 服务。此外，在某些特定的环境条件下，云计算可能非常有用。例如，一个单位为了确保其数据和信息的安全控制，为了严格限制员工对于计算机的使用，同时，又为了降低成本，云计算可能是一个好的选择。因此，云计算能否顺利发展的关键在于能否识别云计算的重大应用领域和应用项目，而不在于是否盲目地率先发展各种应用目标和对象并不明确的所谓“云计算公共服务平台”。

（三）智慧地球

信息技术和信息革命的发展是一个连续的、不断演进的过程，是从数字化开始，向着网络化和智能化发展的一个过程，有其阶段性的特征。注意技术概念的厘清、技术应用的辨识，避免盲目跟随和浮躁之风非常重要。

数字化 当代的信息革命本质上是一场信息数字化的革命。信息化的进程是从数字化开始的，其起点可以追溯到 1951 年，美国普查局将艾克特（Presper Eckert）和穆克利（John Mauchly）在美国制造的世界上第一台商用计算机——通用自动计算机（UNIVAC）买去做人口普查的数据处理。此后，信息数字化的

---

① 参见本书周宏仁《数据中心产业化势在必行》一文。

进程伴随着信息化的发展，从来没有间断过。最初是数据、文字信息化了，而后发展到图片、语音和视频的信息化，并在此基础上发展出各种各样的信息采集、处理、存储、传播和利用的信息系统。但是，数字化的进程还远远没有结束。一方面，物理世界巨大而丰富多彩，要根据人类工作、学习和生活的需要将其数字化，还有十分漫长的路要走；另一方面，许多种类的物理世界的信息，如人类的嗅觉和味觉信息，人类还没有完全找到数字化的方法，数字化还将继续发展是没有疑义的。

网络化 网络化的进程可以追溯到1969年。当时，美国国防部开始研发ARPA网，意图建立一个可供美国全国范围内的研究人员共享各种理念的计算机网络。ARPA网是互联网的雏形，但并不是真正意义上的互联网，因为它连接的是主机，而不是网络。由于PC和微机的出现，Datapoint公司于1977年首先推出了ARC系统，成为全球第一个商用局域网。此后，局域网技术的发展不仅大大地推进了局域范围内网络化的进程，而且为互联网在全球的普及应用准备了条件。20世纪90年代初中期，互联网在全球蓬勃发展，才真正开启了网络化的新时代。网络化的进程也还远远没有结束。从地域来看，网络化由局域走向广域、全球甚至外层空间；由固定走向移动，再走向无处不在（泛在）；从对象来看，由人与人的联网走向人与物、物与物的联网，由各种类型的计算机之间和网络之间的联网走向它们与各种嵌入式系统的联网；从技术来看，网络带宽由Kbps级走向Mbps级，再走向Gbps级，使信息的传递更快、质量更高，也还远远没有走到需求的尽头。因此，网络化还将继续发展是没有疑义的。当然，网络化是以数字化的发展为前提的。没有数字化的网络不能算是信息时代或信息化意义上的网络，也是没有生命力的。

智能化 IBM提出的“智慧地球”的概念，本质上是追求人类社会各个领域的“智能化”的实现，是数字化、网络化之后，对于充分发挥计算机潜能的高层次应用的追求。人们已经开发了许多的信息系统。但是，只有数据和信息的采集、存储、处理、检索和利用，这些系统还不能算是智慧的或智能化的系统，只能说是实现了数字化。这些系统的联网应用，也不能算是智慧的或智能化的系统，只能说是实现了网络化。因此，不是在信息系统或城市、国家前面加上“智慧”两个字，信息系统或城市、国家就“智慧”了，就智能化了。

智慧的或智能化的系统，核心是“算”，而“算”正是计算技术的最大潜能之所在。对被研究的对象，如电网、环境、水资源、交通网络、物流运输等，首先构造其运行的数学模型，然后利用各种算法和软件，将相关信息系统（或传感网、物联网）采集的数据和信息送入模型进行处理和计算，从而得出控制或管理的最优化的解决方案，对对象进行实时或非实时的处理和控制，才是智慧的，或者智能化的实现。利用各种先进的数据和信息处理技术，提高数据和信息利用的智能化水平，如业务智能（BI），也是智慧化、智能化的一种表现。因此，智能化是信息化在数字化和网络化基础上向高端的发展，是一个漫长的、不断发展的过程。

全面提高信息化水平，既包括提高信息化的智能化水平，更包括提高信息化的数字化和网络化水平。智能化建立在数字化和网络化的基础之上。因此，在谋划某个领域、某个地区向着智能化发展的时候，一定要注意相关的数字化和网络化的条件是否已经具备，或者，使智能化必备的数字化和网络化环境和条件与智能化同步发展。我们不能盲目地追求智能化的发展，而忽视了作为智能化的基础的数字化和网络化的发展。

由于篇幅所限，本文上述各节仅就“全面提高信息化水平”的一些重要领域和问题进行了讨论。由于信息化是“是覆盖现代化建设全局的战略举措”，毫无疑问，“全面提高信息化水平”所涉及的领域和问题也远远不止于本文所讨论到的这些。

以“三农”问题为例，“全面提高信息化水平”就是一个重要而紧迫的任务。“十二五”期间，推进中国农业、农村、农民信息化的发展需要有一个新的思路，提升到一个新的高度。我们不仅需要在“面”上继续普及推广农村信息技术应用，利用农业、农村信息化的推进帮助农民增加生产，利用电子商务卖个好价钱，增收致富；更需要将重点转向利用信息化促进农业生产方式转变，加快农村经济社会转型和城镇化发展，其中包括：促进农村生产合作组织和各种农民协会发展；引导家庭生产经营向集约化、订单化的方向发展；培育发展专业化、市场化、信息化的农业社会化服务体系；同时，在加强农村公共服务能力建设，改进教育培训、医疗卫生、公共文化服务等方面，也需要有新的突破。过去10年，农业、农村信息化的发展对改变中国农村的面貌已经有了重大的影响，许多经验值得认真地总结。

事实上，为了加快经济发展方式的转变，加快中国的经济社会发展和现代化进程，中国的各行各业都需要有一个新的思路，认真研究自身“全面提高信息化水平”的方方面面，在“十二五”期间将各行各业的信息化提升到一个新的高度。

参考文献

周宏仁主编《中国信息化进程》，人民出版社，2009。
周宏仁主编《中国信息化蓝皮书》，社会科学文献出版社，2010。
周宏仁：《信息化论》，人民出版社，2008。
周宏仁：《信息化概论》，电子工业出版社，2009。
中国互联网络信息中心（CNNIC）：《中国互联网络发展状况统计报告》，2011 年 1 月。

信息基础设施篇

Part Ⅱ

B.2

抓住机遇，加速中国宽带发展

曹淑敏*

摘　要：进入21世纪以来，各国以高度的战略眼光重视宽带发展，凝聚全社会共识，大力推动宽带建设。美国、欧盟等纷纷在2010年发布了各自的宽带战略计划。我国一直对宽带的建设和发展保持高度的重视和支持，宽带基础设施的发展也有很好的基础，但也面临着一些困难与挑战。当前我国应适时制定国家宽带发展战略，加强宽带技术发展和基础设施建设，提升宽带应用的支持服务水平，推动我国宽带的科学可持续发展。

关键词：信息基础设施　宽带战略　绿色低碳产业

---

* 曹淑敏，管理学博士、工业和信息化部电信研究院副院长、教授级高工、国家信息化专家咨询委员会委员，兼任国家“863”信息技术领域专家委员会委员、中国通信标准化协会无线通信技术委员会主席、TD－SCDMA 研发与产业化项目专家组组长、宽带无线移动通信技术专家组组长，享受国务院政府特殊津贴，研究领域包括移动通信及信息通信领域技术、标准、政策等。

一　全球加快宽带部署，其对社会经济的强大推动作用得到公认

（一）宽带速率动态变化，基础网络和应用需求不断扩展

宽带是相对窄带的一个概念。ITU 将固定宽带接入速率设立为256Kbit/s，移动通信中将 GPRS、CDMA1X 高于 64kbit/s 速率称为宽带。国际上现有的宽带用户统计口径是基于宽带接入技术的，即将 DSL、Cable Modem、FTTX 等用户都统计为宽带用户。随着技术的发展，不同接入技术所能提供的理论带宽在不断增大，因而对宽带的界定也在动态变化。美国联邦通信委员会（FCC）2008 年 5 月调整了美国的宽带速率标准，将宽带高速服务的最低速率（下行）从原有的 200kbps 调整为 768kbps，上行确定为 200kbps。其调整主要依据用户使用业务的变化。FCC 认为，使用简单的浏览和邮件服务所需速率仅为 500Kbps，增加视频等多媒体宽带应用后需要 1Mbps 以上的带宽，而要进一步满足准实时的标清视频教学等业务时需要的带宽至少为 4Mbps，如果将准实时的多媒体流业务替换为实时的视频会议业务则所需带宽提升到至少 7Mbps。考虑到现阶段的业务需求，FCC 在 2010 年 3 月公布的《连接美国：国家宽带计划》中，将 4Mbps 作为宽带普遍服务的最低标准。2010 年 7 月，FCC 在《第六次宽带部署报告》中，明确更新了宽带定义标准，认为宽带意味着下载速率为 4Mbps，上行为 1Mbps，可以实现视频等多媒体应用，并同时保持基础的 Web 浏览和 E-Mail 特性。

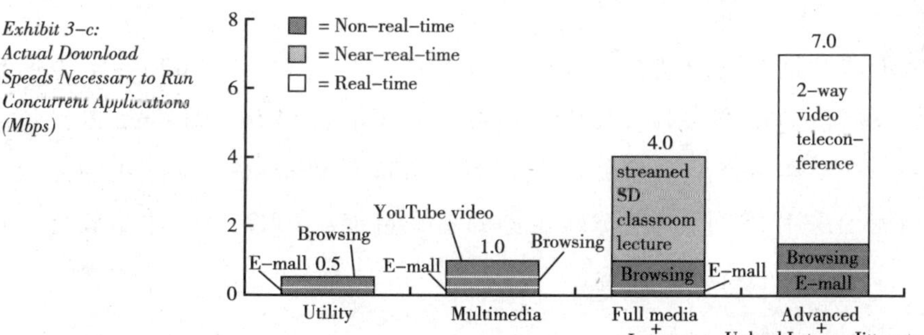

图 1　FCC 对多种业务所需带宽的调查

（二）宽带发展推动社会经济进步，对转变经济发展方式有积极作用

宽带直接拉动经济增长。特别是在后金融危机时代，宽带已经成为重要的经济增长点。根据世界银行对 120 个国家的经济分析，宽带普及率每增长 10 个百分点，能带动 1.3 个百分点的经济增长①，而且相对于发达国家，发展中国家和新兴工业国家中宽带互联网的带动作用更加明显。另据德国研究机构 MICUS 的研究表明，宽带对欧盟 27 个国家 GDP 贡献率（宽带对 GDP 贡献率 = 宽带产业的增量/GDP 的增量）平均达到 0.71%。其中对已经跨入知识经济的国家和地区，其宽带发展对 GDP 的贡献率达到了 0.89%，高出平均值 25%②。随着全球经济的发展以及未来更多的国家进入知识经济发展阶段，宽带在国民经济中将扮演越来越重要的角色。

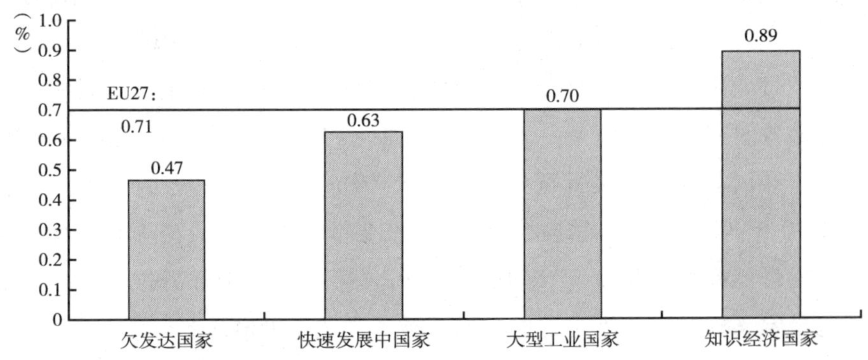

图 2　宽带对欧盟 GDP 的贡献率

宽带产业是低资源消耗的绿色低碳产业。据《SMART2020：实现信息时代的低碳经济》研究报告，ICT 的应用一方面能够提升自身产品和服务的能源效率，推动信息产业自身低碳化，另一方面可以提高其他行业的能效。该报告预测了采用 ICT 降低全球碳足迹的潜在可能：2002 年全球二氧化碳排放

---

① 世界银行：《2009 年信息与通信促进发展：扩大普及面、增加影响力》，2009。

② Dr. Martin Fornefeld，Gilles Delaunay，Dieter Elixmann，*The Impact of Broadband on Growth and Productivity*，2008.

量（以下简称碳排放量）为400亿吨，其中ICT产业的碳排放量为5亿吨。在不采取任何减排措施的情况下，预计2020年全球碳排放量将达到519亿吨，其中ICT行业自身碳排放量为14亿吨。在积极采取措施，利用ICT技术减少全社会碳排放量的情况下，ICT帮助其他行业的减排量达到78亿吨，是ICT产业碳排放量的5倍多。另外采取其他方式产生的减排量将为141亿吨，总体减排219亿吨，减排后预计2020年全球碳排放量为300亿吨，减排比为42%。

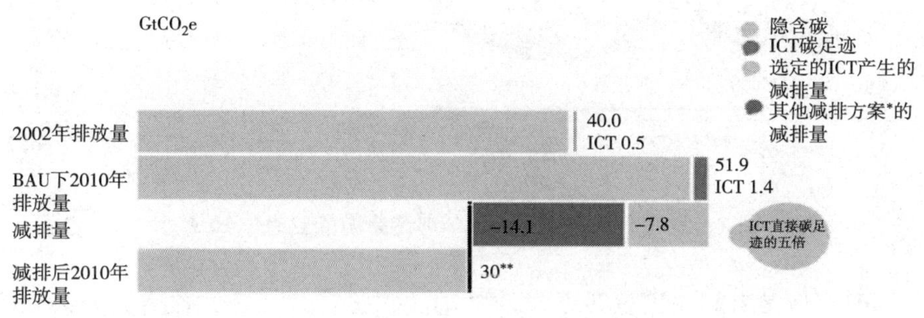

图3　全球碳足迹及其影响

资料来源：《SMART2020：实现信息时代的低碳经济》。

宽带创造就业，改善公共服务。在创造就业方面，宽带发展所创造出的现代服务业及高技术产业就业岗位具有相当的知识含量，并带动相关产业的发展，这对于促进就业特别是大学生就业、优化就业结构具有重要意义。据德国研究机构MICUS的研究表明①，在欧洲，宽带相关产业可弥补传统就业岗位流失并创造净增就业岗位10万个/年。欧盟每年减少的工作机会为131.9万个，其中由于商业服务领域生产力提高导致的工作岗位减少10.3万个，其他经济领域效率提高减少的工作岗位为49.1万个，由于经济活动的替代因素造成的岗位流失为72.5万个。欧盟每年因宽带相关的应用增长而增加的工作岗位有142.4万个，其中宽带对商业服务的替代产生工作岗位43.5万个，宽带在商业服务领域新型商业活动

① Dr. Martin Fornefeld, Gilles Delaunay, Dieter Elixmann, *The Impact of Broadband on Growth and Productivity*, 2008.

产生的工作机会 44 万个，宽带在其他经济领域的应用所带来的新就业岗位有 54.9 万个。宽带在经济各领域中的应用会弥补传统就业岗位流失，每年净增就业岗位 10 万个。

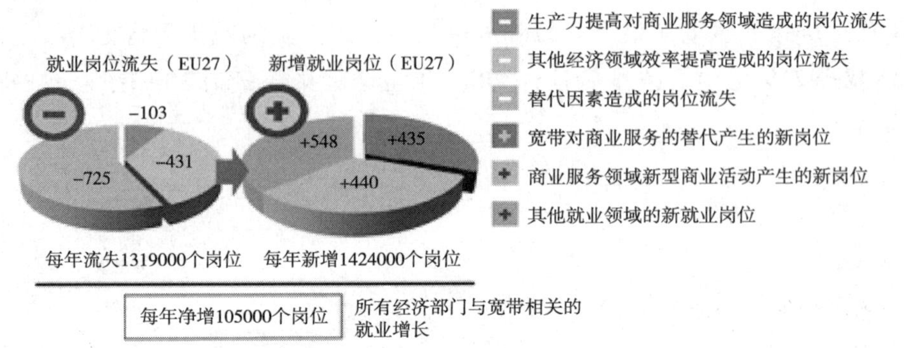

图 4　欧洲宽带相关产业每年创造新增就业岗位 10 万个

同时宽带是人们改进生活方式的基础。它正在改变公共教育、公共卫生保健、管理能源、公共安全等公共服务的模式，创新人们获取、组织和传播知识的方式。

此外宽带发展能够带动包括光纤制造、网络设备、计算机和家电等相关制造产业和现代服务业快速发展，并能够促进传统产业的升级改造，形成很强的产业链延伸与带动效应，实现效益倍增。

（三）国际社会加快宽带战略部署实施，国家支持力度空前

进入 21 世纪以来，宽带的基础设施地位逐步巩固，国际社会强化了宽带战略的制定和部署。许多国家陆续制定和出台了国家战略及政策，凝聚全社会共识，大力推动宽带发展。亚洲国家表现突出，日本通过实施 e-Japan、U-Japan 战略，韩国通过实施 e-Korea、U-Korea 等战略均实现了宽带加速发展和全球领先的目标。

2010 年以来，为应对全球金融危机、推动经济复苏并提升长远竞争力，美国、英国、欧盟、印度等国家在原来的基础上相继加快了宽带战略的部署实施，并将其纳入到本国的经济刺激计划中。美国在 2010 年 3 月出台了“连接美国：国家宽带计划”，确立了 2020 年的美国宽带目标，要求至少 1 亿个美国家庭以负

担得起的价格实际接入下载速率大于等于 100Mbps、上传速率大于等于 50Mbps 的宽带服务，确保互联网接入普遍服务水平达 4Mbps 的实际下载速度，确保各州覆盖 3G 无线网络，并以此作为发展四代移动通信 4G 的基础。同时美国政府利用公共财政的 72 亿美元投资，用于推动学校、医院等公共服务机构的宽带服务应用推广。欧盟也在 2010 年公布了“欧洲 2020 战略”，明确设立了 2020 年欧盟宽带目标，欧盟的接入速率全部大于或等于 30Mbps，其中 50% 或更多家庭的宽带接入速率大于 100Mbps。2010 年 12 月，英国发布了“超高速宽带未来”计划，印度也在 2010 年底提出了总投资达 130.4 亿美元的“国家宽带网”计划。各国提出宽带战略或发展计划，均旨在明确本国（或地区）的宽带发展目标，细化宽带发展政策和措施，并突出强化了国家（或地区事务联盟）在宽带发展中的角色，支持力度空前。据统计，全球已有 82 个国家出台或计划出台“国家宽带战略”。

二　我国宽带发展已有良好的基础

经过改革开放 30 余年的高速发展，我国网络基础设施实现了历史性跨越，建成了全球最大的通信网络，通信业已由改革开放初期制约国民经济发展的主要“瓶颈”发展成国民经济的先导产业与战略产业，网络已渗入到生产活动、社会活动和日常生活的各个领域和各个环节，成为重要的信息基础设施、基本生产要素、主要经济载体、公共服务平台和新兴文化传播途径，全面支撑了国家信息化进程，在改造传统产业、打造新兴支柱产业、改善政府管理和社会服务等方面发挥了重要作用，已成为像水、电、交通等一样不可或缺的关键基础设施。

当前，新一代信息通信技术的重大变革、国际形势的重大变化以及我国经济社会发展转型的根本需求为我国网络基础设施的发展提供了新的机遇，网络技术的日益复杂化和各国在网络空间竞争的日益激烈化也对我国发展新一代网络基础设施提出了严峻挑战。

我国已经形成世界一流、全球最大的网络，并正在向下一代通信网络稳步演进。我国已建成全球最大 IP 软交换网，骨干传输网已发展成为多路由冗余和多环网保护的高速高可靠网络。目前宽带接入以光纤到楼到小区为重点，接入光纤化快速推进。同时3G大规模商用，已覆盖全国大部分城市和重点县、乡镇，截至2010年9月，我国三大运营商手机上网用户总量达到4.8亿户，3G用户接近4600万户。无线宽带用户数达到1599万户，其中WLAN用户达到86.3万户、无线数据卡用户达到1512.8万户。IPv6的推进也有很大进展，已建成全球最大IPv6示范网络，形成较为完整的研发及产业化体系。

我国宽带普及率不断提升。截至2010年12月底，根据CNNIC统计，我国使用宽带的网民达到4.57亿人，占固网网民的比例达到98.3%，另根据工信部统计，注册的宽带接入用户数为1.25亿户，居世界第一；96.8%乡镇通宽带；以光纤到楼到小区为重点，接入光纤化快速推进；3G大规模商用，基本实现城市覆盖。

三 进一步推进我国宽带发展面临的问题

虽然我国宽带发展取得长足的进步，但是目前宽带发展还存在很多问题，要加速宽带的发展还面临很多挑战。

（一）我国宽带普及率低、速率低、费率高

截至2010年，我国注册的宽带用户普及率仅为9.6%，而OECD（经济合作发展组织）的数据显示全球平均水平是24.3%。在速率方面，据Point-Topic统计全球宽带接入平均水平为5.6Mbps，而中国平均下行速率仅1.8Mbps，排名全球第71位，不及OECD平均水平1/10①。另外，我国宽带市场竞争不够充分，资费比较高，平均每Mbps接入速率费用是发达国家平均水平的3~4倍。根据CNNIC在2011年1月19日发布的报告，利用IDC方式模拟测试，全国平均互联网接入速率仅为807.2Kbps，远低于可比的全球平均接入速度1843.2Kbps。下图对宽带网络的质量进行了对比，数据显示，我国的网络时延和丢包率都比较高，网络质量并不令人满意。

宽带网络作为国民经济重要基础设施，是软件与服务外包等产业的发展基础。目前，南京、无锡、苏州、常州等地相继建成了软件基地和信息服务外包园

① 2010年中国通信产业发展形势报告会会议数据。

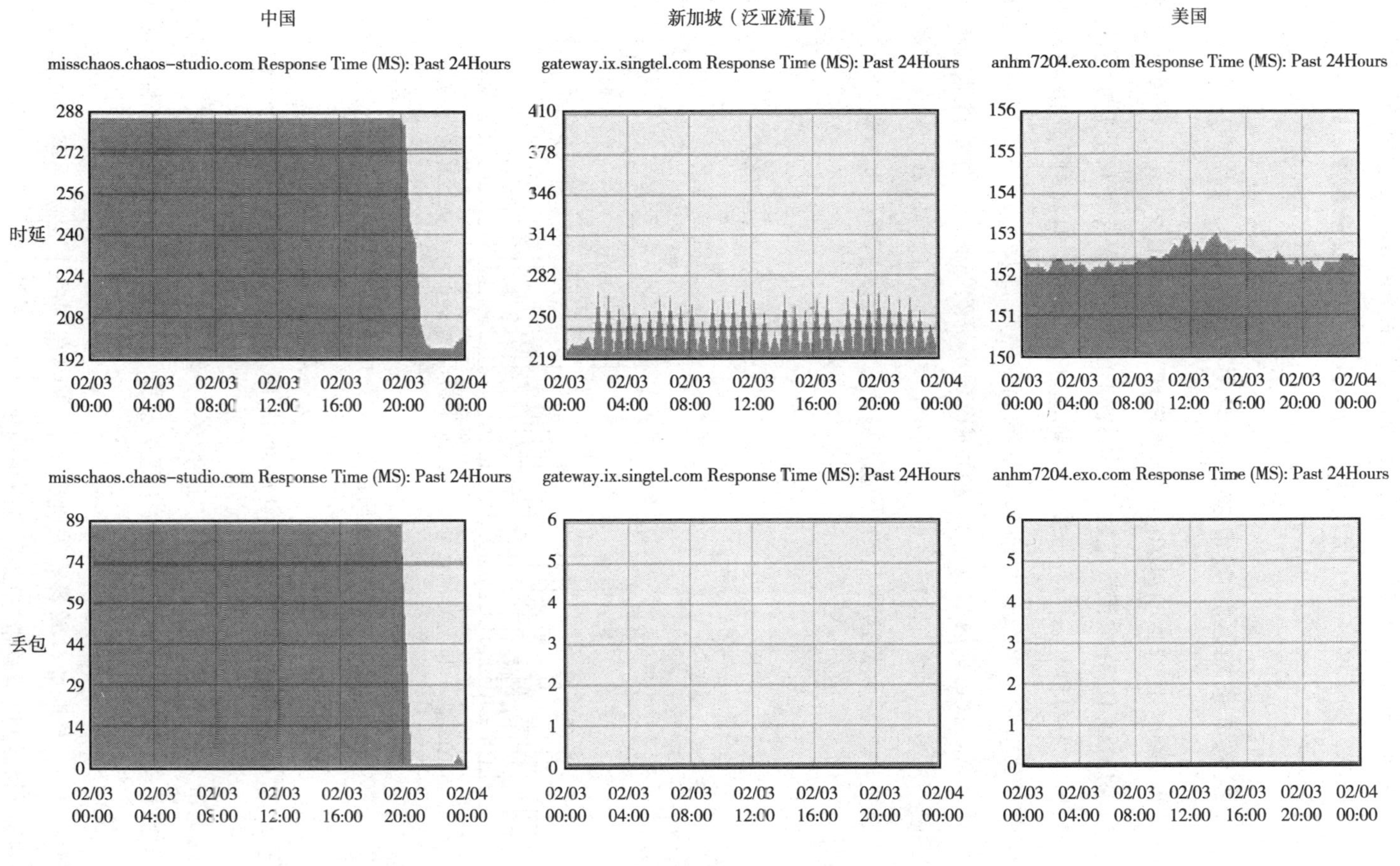

图5　宽带网络质量国际对比

资料来源：ITR（艾提科信公司）。

区。随着产业的发展，企业对国际通信出口带宽、网络时延、丢包率等提出了更高的要求。目前，宽带网络的性能、质量和资费不足以满足高端数字内容产业的发展，成为制约信息服务等相关产业发展的重要因素。

（二）我国宽带地区和城市发展不均衡

宽带在我国的发展存在明显的区域不平衡性，中西部地区的市场规模和宽带普及率与东部地区相比存在很大差距，不同省市的宽带普及率两极分化的情况也有加剧的趋势，北京和上海的宽带普及率都已超过 20%，但同时有较多省市自治区的宽带普及率低于 10%，目前东部地区固定宽带普及率为 13.3%，比西部高出 9 个百分点。农村地区的宽带基础设施覆盖率仍然偏低，并且农村地区上网仍以 ADSL 接入为主，城市网民数量是农村网民数量 2.6 倍，城乡之间的“数字鸿沟”正在进一步扩大，这将制约社会信息化水平整体提高，也不利于西部地区及农村地区的经济发展及转型。

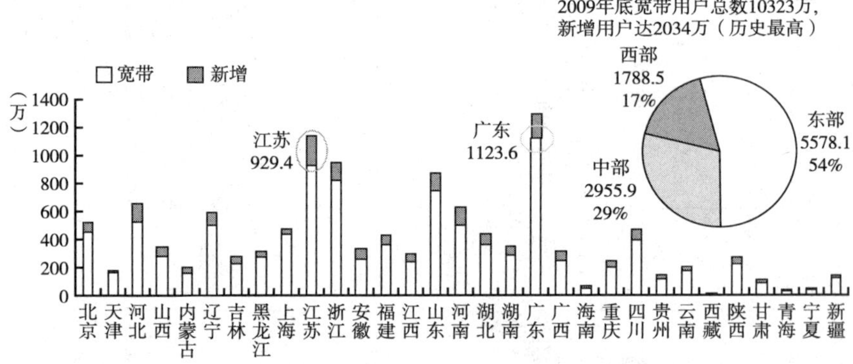

图 6　2009 年我国宽带用户地域发展状况

（三）宽带应用水平不高，生产型应用滞后

我国宽带应用偏重娱乐型应用，且同质化、低水平重复的情况普遍。电子商务、网上银行等生产型应用相对滞后，宽带服务于经济社会发展的基础性作用有待进一步提高。

此外，对于 IP 地址、域名等关键资源，我国在国际上也缺乏掌控能力，资源瓶颈将逐渐制约我国宽带基础设施的快速发展。

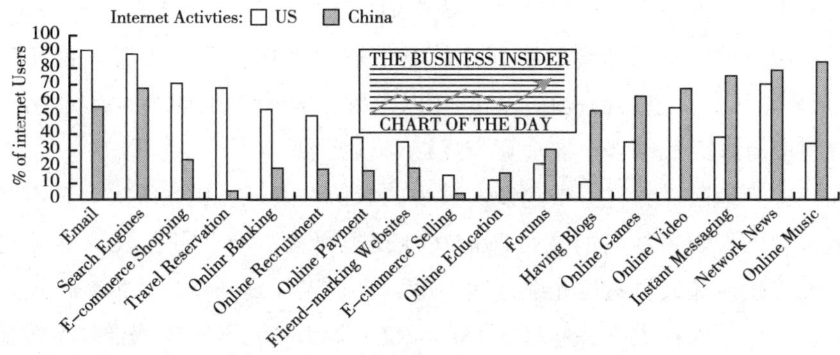

图 7　宽带应用对比

注：①根据《世界互联网项目》研究显示，在电子商务应用方面，中国的城市网民有63%从未进行网络购物，而美国近90%的互联网用户都有网络购物的经验；在网络银行和网上支付方面，发达国家使用率约为50%～60%，其中瑞典每月使用网上支付的网民超过70%，中国比例只有11%；新西兰每月使用网银业务的网民约78%，而中国只有22%。

②2008年我国电子商务交易总额达3.1万亿元，电子商务交易额仅占全球总额的1.8%，而同期我国GDP却占全球GDP的6%；而且，我国网络购物交易额仅占全国商品销售额1.2%，而美国为6%，韩国为14%。

③PicSource：Business Insider 2009.

四　发展我国宽带基础设施的重点环节

后金融危机时代，宽带已成为全球经济复苏的重要推动力之一，我国应抓住当前宽带基础设施演进的强烈需求和下一代互联网发展的重大契机，制定和推进有中国特色的“宽带中国”发展战略与实施方案，强化宽带作为重要基础设施的地位，弱化其商品属性，提升其公共服务的特性，加速网络升级换代，加快三网融合，深化普及应用，加强网络与信息安全设施，不断提升自主可控能力，推进信息通信网络和应用基础设施的发展，从而提升国家的信息化水平，将宽带在推动产业升级和迈向信息社会中的先导性基础性作用充分发挥出来。

（一）宽带基础设施建设

加大光纤宽带接入的发展力度，全面提升宽带速率。加快接入网络的“光进铜退”进程，利用EPON（以太无源光网络）、GPON（千兆无源光网络）等实用技术推动宽带速率大幅提升，在城市地区推进光纤到楼入户，未来 3 ~ 5 年内争取在城市地区基本达到发达国家的宽带速率平均水平，实现政企商务楼宇 100% 光纤通达，普遍具备提供 20Mb/s 以上的下行带宽的能力，结合无线移动通信等手段有线无线结合，实现宽带无缝连续覆盖。

加快边远地区、农村宽带建设。重视区域协调发展，优先解决、重点完善中西部地区和广大农村地区的宽带通信基础设施覆盖以及业务普及，推进宽带下乡，加大行政村和大自然村光缆通达力度，实现光纤到乡镇，宽带基本覆盖行政村和大自然村，农村家庭普遍具备 4Mb/s 接入能力，力争实现宽带基本覆盖行政村，逐步缩小地域和城乡发展差异，未来 3 ~ 5 年内宽带普及率争取达到 30% ~ 50%，逐步将宽带上升到普遍服务目标，实现宽带服务的普惠性。整合各类涉农信息资源，开发农村信息服务，推进农村宽带远程教育和远程医疗保健服务。

大力发展新一代宽带无线移动通信。顺应移动宽带化和宽带移动化的重要趋势，继续加快 TD - SCDMA 产业化步伐，推进 TD - SCDMA 增强型技术产业化和网络部署，加强 TD - LTE 技术研发，增强在国际标准制定中的主导权，完善 TD 宽带移动通信产业链，促进 TD - SCDMA 国际化运营，推动 TD - SCDMA 长远发展。同时统筹推进各制式 3G 技术向 LTE 和 4G 的发展演进，构建完整研发产业化能力，打造世界领先宽带无线移动通信产业。

（二）宽带应用支撑服务水平

加快宽带应用转型，进一步推动宽带与生产性服务业融合。将信息通信基础设施与工农业生产以及社会公共服务与管理相结合，推动宽带应用全面融入经济社会活动，推动宽带应用服务于我国工业化进程，全面提升我国宽带应用水平。

加快推进基于网络的公共信息应用平台建设。实施超大规模应用服务器网络共性技术研发，发展海量数据应用服务基础设施。加快互联网数据中心（IDC）新型架构和能耗标准制定，推动 IDC 绿色化。推进云计算基础设施建设，组织云计算服务示范，支持国内有条件企业建立第三方公共云计算服务平台。面向金融、物流、商贸流通、旅游等重点领域，构建电子商务交易平台等第三方应用服务平台。

（三）自主创新能力

支撑战略性新兴产业创新发展，需要提升我国宽带的自主创新能力，要抓住

当前信息通信技术发展创新和网络更新换代的机遇，以关键应用和核心装备为龙头，加大自主创新力度，强化产业链间技术关联协作与综合集成，努力攻克关键核心技术和产品，加大对宽带创新的支持力度，重点支持包括自组织网络、自学习网络、开放网络能力、开放网络 API 等宽带创新发展，带动包括云计算、自管理分布式网络、基于语义的互动网络（SSOA）等宽带业务平台发展，支持知识网络、物联网、用户自管理网络等宽带应用层面的创新。在继续提升网络装备国产化率的同时，带动元器件、芯片、操作系统等基础技术和高端路由器、高端服务器等重要装备核心技术的突破，实现我国宽带基础设施技术的全面自主可控发展。

（四）关键资源

对宽带建设发展关键资源的掌控，关系我国宽带和互联网产业的健康、高效、可持续的发展。不断增强我国宽带基础设施与信息安全保障能力，对建设安全可信的宽带网络具有重要意义。建议加强国家域名服务平台规划，跟踪 IPv6 对域名系统的影响。制定无线电频率资源统一规划，建立无线频率回收分配制度。同时加强 IP 地址资源储备，推动下一代互联网试商用。

五　加快我国宽带基础设施发展相关建议

（一）强化国家对宽带发展的战略指导

宽带是促进经济社会发展、促进经济转型和推动新兴产业创新的关键基础设施。我国经济转型和战略性新兴产业的发展也离不开宽带，迫切需要从宏观层面加强对宽带基础设施发展的国家战略指导。国家要统筹资源，抓好宽带的发展，首先要做好国家宽带发展的顶层设计，制定并发布我国的国家宽带基础设施发展战略。

国家宽带发展战略需要确定我国宽带发展的中长期目标、战略重点、战略举措和行动计划，强化宽带基础设施及相关产业统筹规划。战略由国家统一协调、引导，同时推动各行业、各地区分别推动制订落实有关战略和规划，并因地制宜制订各地宽带发展路线图，实现网络发展的协同协作、共建共享和互联互通。加强城乡规划、土地使用、水电配套等方面对基础网络设施和应用服务设施的支持，发挥各自优势，防止重复建设，提高网络效率。

（二）发挥政策引导对宽带发展的促进作用

我国可采取适当的财税政策，为宽带基础设施建设发展提供良好的资金支撑环境。重点对社区和公共机构宽带建设、先导性应用示范等给予资金支持；特别是对农村、社区、公共机构的宽带使用和中小企业利用宽带开展业务创新和信息化改造给予补贴。同时也对前沿技术、核心技术、共性关键技术研发以及示范性公共服务平台建设给予支持。同时可考虑调整和完善税收优惠适用范围和内容，将宽带服务和增值企业纳入高新技术企业和软件延续政策支持范围。此外建议对实施“光进铜退”企业销售铜缆获取的收入实行税收减免政策等。

（三）提升宽带应用程度并拓展宽带应用水平

以互联网、物联网和移动互联网应用为重点，建议设立针对社会民生和公共管理的宽带应用试验和推广项目，以市场为导向，强化政府引导，鼓励信息共享和信息深度应用，并在资费方面进行鼓励和补贴。同时建议设立针对生产型应用服务的示范和推广项目，发挥宽带在“两化融合”中的重要作用，重点支持能够有效提升生产效率、提升生产力的宽带应用创新。鼓励电子商务、电子教育等多种宽带应用的普及，并拓展宽带应用的领域。

（四）将宽带纳入到普遍服务范畴中

建议将宽带发展纳入普遍服务政策实施范围，强化政府部门公共服务职能和企业普遍服务义务，借鉴村通工程等各种综合补贴政策经验，逐步提高农村、公共机构和特殊人群的宽带网络覆盖和应用普及。同时创新普遍服务投入机制与运营机制，形成国家引导、企业为主、社会参与的多渠道普遍服务投资机制和以普遍服务基金为核心的补偿机制。在中西部农村基础网络设施和公共宽带信息应用建设方面给予政策扶持。

结束语

进入21世纪以来，各国都将宽带发展作为国家战略予以重视，对宽带在社会经济中发挥的重要作用逐步达成共识，宽带建设再度提速，并成为后金

融危机时代各国促进经济发展的重要举措。我国一直对宽带的建设和发展保持高度的重视和支持，宽带网络的发展也有很好的基础，已经成为全球宽带用户第一的国家，但宽带发展仍面临巨大困难与挑战。未来我国应适时制定和发布国家宽带发展顶层设计，继续加强宽带网络的建设，并提升宽带应用的支持服务水平，提升自主创新能力，以期宽带在我国社会经济发展中发挥更大的作用。

B.3 中国信息系统领域的发展与展望*

陈国青　郭迅华**

摘　要： 信息系统学科是伴随着信息技术在人类社会、经济、生活中的广泛应用和全面渗透而发展起来的综合性交叉学科。在过去的三十年中，我国的信息系统领域的理论和应用经历了三个技术时代的发展沿革，取得了令人瞩目的理论创新，也为推动我国信息社会、知识经济的提升贡献了重要的力量。本文回顾了我国信息系统领域产生背景和发展历程，总结了近年来的主要研究动向和学术成就，并展望了未来的研究热点与趋势，以期为学科发展、领域建设和相关实践提供借鉴和参考。

关键词： 信息系统领域　发展历程　学科热点　未来趋势

一　引言

在过去的半个世纪当中，信息技术的推陈出新和广泛渗透成为推动人类经济、社会发展的核心力量之一。自从 20 世纪 40 年代第一台电子计算机问世以来，个人电脑、互联网等重大技术革新引领了信息社会发展历程中波澜迭起的浪潮。近年来，以移动性、虚拟性、个性化、社会性、极端数据性为核心特征的新兴技术应用的出现，更是一幕幕地标志着又一个新时代的到来。

经济的全球化与信息技术的进步共同营造了一个崭新的商务环境。信息技术的全面渗透不断冲击着企业的经营活动、社会组织的运行方式以及人们自身的行

* 相关工作得到国家自然科学基金的支持（70890080）。

** 陈国青，博士，现为清华大学经济管理学院副院长、EMC 信息系统讲席教授、国家信息化专家委员、教育部管理科学与工程类学科专业指导委员会副主任，2006 年受聘教育部长江学者特聘教授，主要研究领域为管理信息系统、电子商务与商务智能、信息战略与管理。

郭迅华，博士，现为清华大学经济管理学院副教授、国际信息系统协会中国分会（CNAIS）副秘书长、《信息系统学报》助理主编，主要研究领域包括信息系统采纳、IT 与组织、电子商务应用。

为习惯。现代计算机和通讯技术已经紧密地融入了商务和生活之中，成为其不可分割的一部分。在这种融合的趋势下所产生的经营机遇和管理挑战，日益地引起了全社会的普遍关注与重视。一方面，信息技术和信息系统为企业带来了更为高效的生产及管理手段，实现了更高的灵活性和更强的反应能力，并创造了大量建立在“知识经济”基础上的新型商业机会；另一方面，信息技术的深入应用加快了经济运行节奏，使得企业面临着更为激烈的外部竞争以及日益上升的组织内部调整压力。在这种机遇与挑战并存的形势下，只有正确理解信息技术、信息系统与组织、管理之间的关系，才能有效地运用信息技术，使之成为改善管理、提升效率、获取竞争优势的促进因素和有效手段①。

在这样的环境下，信息系统学科作为一个交叉性的科学领域和专业化的学术力量应运而生，并在过去的数十年中取得了持续的发展和长足的进步。目前，信息系统学科已经成为管理科学门类中一个不可或缺的组成部分，在国内外学术界和产业界都形成了举足轻重的影响力。本文将在国际信息系统领域发展的大背景下，总结和介绍我国信息系统领域的发展历程和现状，并展望其未来热点和方向，以期为学科发展、领域建设和相关实践提供借鉴和参考。

二　信息系统领域概况

信息系统是涉及了计算机科学、管理科学、行为学、社会学等多个不同领域的新兴交叉学科。在欧美国家，从20世纪50年代起，电子计算机被引入到产业实践中，并迅速成为支持现代工业发展的有力的自动化工具，一些学者就开始意识到，计算机技术不仅是一个将工业生产及操作自动化的工具，还将对现代管理、企业组织结构及运作等产生深远而重大的影响。换句话说，在建立和使用信息系统时，我们并不仅仅是在改变一个系统，而是在改变组织的结构和文化以及人们思考和工作的方式②。然而在当时，对企业的非技术性的影响却是传统计算

① 王众托：《信息化与管理变革》，《管理科学学报》2000年第3期。

② Benbasat, I., and Weber, R., “Research Commentary: Rethinking ‘Diversity’ in Information Systems Research”, *Information Systems Research* 7: 4 (1996): 389 – 399. Nolan, R. L., and Wetherbe, J. C., “Toward a Comprehensive Framework for MIS Research,” *MIS Quarterly* 4: 2 (1980): 1 – 20.

机科学及管理科学都未曾研究过的。计算机技术在生产经营活动中的应用，需要一个新的、综合性的学科为之提供思想、方法和理论的支撑。于是，一些大学中的计算机专家和管理学者，都开始尝试把技术与管理相结合的探索。1967 年，美国明尼苏达大学成立了第一个“管理信息系统”专业的博士学位项目，这一般也被认为是信息系统作为一个独立的实体在学术界正式出现的标志①。

此后，信息系统学科在欧美各高校中如雨后春笋般兴起，并得到了社会各界的广泛关注，取得了令人瞩目的迅猛发展成就。如今，欧美绝大部分知名高校中均设有信息系统专业，为新经济时代培养了大量的综合型技术人才，学术研究成果也在经济发展、企业组织管理、商务经营活动中产生了极为深远的影响。信息系统仍然是一个相对年轻的学科，但它已经度过了婴儿期和成长期，正在逐步走向完全成熟②。

根据研究视角和方法的不同，信息系统领域的相关学术研究大体上可以被分为三个相互关联而又各具特色的方向，即技术研究、行为研究和经济研究。信息系统中的技术研究也被称作“设计科学”研究方向，注重根据人的生活和商务活动的需求，创造、设计出有效帮助人们提升生活质量和商务活动效率的信息技术应用系统；行为研究也被称作“组织学/社会学”研究方向，注重分析现代组织环境中人的心理、行为特征及其与信息技术之间的相互影响；经济研究则侧重运用经济学方法，探讨信息产品的经济属性以及信息技术条件下的市场结构特征，包括信息技术对宏观经济的影响等。

三　中国信息系统领域的发展历程

中国信息系统学科的发展沿革总体上如图 1 所示，其起源可以追溯到 20 世纪 50 年代的“科技情报”专业。1958 年，中国科学技术情报研究所招收了我国第一届科技情报专业本科生。“文化大革命”后，武汉大学图书馆学系于 1978

---

① Huang, W., Wei, K. K., and Watson, R. T.：《管理信息系统（MIS）：背景、核心课程、学术流派及主要国际学术会议与刊物评介》，《管理科学学报》2003 年第 6 期。

② Agarwal, R., and Lucas, H. C., “The Information Systems Identity Crisis: Focusing on High-Visibility and High-Impact Research,” *MIS Quarterly* 29: 3 (2005): 381–398. Myers, M. D.：《走向成熟：信息系统学科的演变》，《信息系统学报》2008 年第 2 期。

年开始招收科技情报专业本科生。1993 年国家教委颁布的本科专业目录，将“科技情报”改为“科技信息”。与此同时，为适应我国改革开放和信息技术发展的需要，经济信息管理专业于 70 年代后期创建，1978 年中国人民大学招收了第一批该专业的本科生。此外，社科情报专业、情报学专业、医学或农业图书情报专业等三个相近的专业经过演变与合并，在 90 年代初期形成了信息学专业。

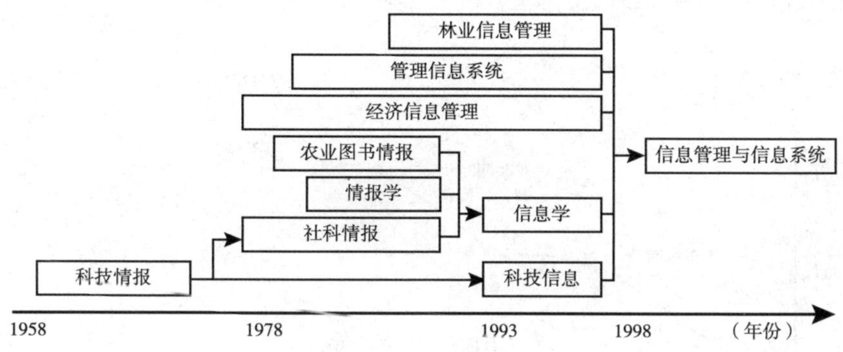

图 1　中国信息系统学科的发展沿革

20 世纪 70 年代末，管理信息系统专业由欧美国家引入到我国大陆。1980 年，清华大学首次试办管理信息系统本科专业。1998 年，教育部颁布了新的《普通高等学校本专科专业日录》，原科技信息学、经济信息管理、信息学、管理信息系统和林业信息管理 5 个专业统一归并为“信息管理与信息系统”专业，隶属“管理科学与工程”一级学科。通过几十年的发展，全国已有六百余所高校开设了“信息管理与信息系统”本科专业，同时，通过学科点建设也涌现出大量的相关专业的硕士和博士项目，为国家培养了大批高级专门人才。

从学术研究的模式特征上看，我国信息系统领域的研究，严格意义上说来起步于 20 世纪 80 年代。也正是在这一时期，计算机技术真正开始比较广泛地应用于工业生产和经济活动之中，我国的信息化应用拉开了“个人电脑时代”的序幕。此后，我国信息化进程经历了风起云涌的“互联网时代”，并于近年来开始迈入“新兴网络时代”①。在这一跨越 30 余年的发展历程中，我国信息系统领域

① Guo, X., and Chen, G., “Internet Diffusion in Chinese Companies,” *Communications of the ACM* 48: 4 (2005): 54 - 58.

的学术研究，也呈现出相辅相成的时代特征。

如图2所示，在开始于20世纪80年代的个人电脑时代之中，我国的改革开放刚刚起步，企业管理实践和管理理念总体上处于学习的阶段，信息系统领域的学术研究以及相关实践也呈现出以“探索、模仿”为主的特征，计算机科学、系统工程、软件工程、数学、运筹学等学科的理论和方法被陆续地引入到信息系统的相关研究和应用之中。

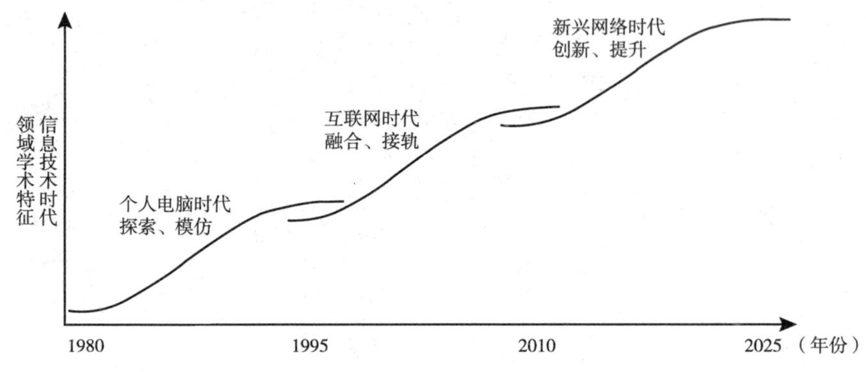

图2　中国信息系统领域学术研究的发展

在20世纪90年代开始的互联网时代当中，中国企业开始形成自己的理念和实践，从而逐渐产生了对西方管理思想的深层次吸收和融合。在这一时代中，信息系统领域的学术研究也呈现与国际相关领域融合、接轨的特征①。西方学术界的主流思想，特别是行为学派的理论和方法，在这一时期被广泛地引入我国信息系统研究之中，并与我国自身的国情特征、管理实践形成多方位的融合，推动许多中国学者运用国际学界的理论模型和研究范式，针对中国的经济、商务环境及企业现状，展开了大量深入实践的实证性研究②。

从2010年前后开始，信息技术的应用进入了新兴网络时代，以移动互联网、

① Chen, G., Wu, R., and Guo, X., “Key Issues in Information Systems Management in China,” *Journal of Enterprise Information Management* 20: 2 (2007): 198 – 208；沃伦·麦克法兰，理查德·诺兰，陈国青：《IT战略与竞争优势：信息时代的中国企业管理挑战与案例》，高等教育出版社，2003。

② 季绍波、闵庆飞、韩维贺：《中国信息系统（IS）研究现状和国际比较》，《管理科学学报》2006年第9期。

云计算、社会网络为代表的新兴技术应用，启动了信息时代的新一轮变革。此时，我国的经济发展和管理实践已经积累了丰富的经验，并形成了许多具有鲜明中国特色的思想和理念，企业的经营管理中越来越注重立足于中国文化、传统及当代特征的成功之道。在这一时代中，“创新”和“提升”将会成为我国信息系统领域研究与实践的主题特征。中国的信息系统研究将不局限于运用西方的理论和方法来解释中国的现象，而更注重于借助中国实践的丰富积累，发掘并构建蕴含中国特质的思想和理论，以服务于中国的未来发展，同时为进一步丰富人类知识的宝库，贡献出当代中国所独具特色的学术成果。

四　主要研究动向与创新

在过去的数年中，随着互联网应用的不断深化、以灵活感知为特征的物联网/传感网技术、以3G为代表的移动通讯技术、以泛在为特征的云计算等新技术的不断涌现和应用，使得企业面临着新一轮的挑战和机遇①，企业应用和行业动态上也呈现出一些明显的新趋势和新特征。

这些新趋势和特征主要呈现在两个方面。一方面，一些早已提出的概念和技术在现阶段仍然是企业和行业所关注和应用的重点，如CRM、商务智能技术、面向服务的体系架构（SOA）、身份识别与访问管理（IAM）、开源软件技术、IT外包、供应链管理（SCM）等。然而，虽然这些理念和技术早已提出，但是由于信息技术的快速发展和不断变革，以及企业应用的不断深化，这些领域仍然不断涌现出新的学术问题和应用挑战。另一方面，随着搜索技术、移动网络、虚拟化技术等的不断成熟，涌现出来一些新技术与新应用，如社会网络与社会计算，云计算、协同化软件与技术，新型电子市场与新兴电子商务等。这些新技术和新应用的涌现，不仅仅提升了企业运营的效率，更大程度上将转变企业运作和组织架构，从而需要研究和构建新技术和新环境下的企业管理理论和方法。

由于新技术的不断涌现，信息系统领域的研究和应用也不断产生新课题和新挑战，信息系统领域的研究人员除了围绕信息系统相关技术及管理行为开展研究，还越来越关注信息系统设计和使用所处的社会背景，从而呈现技术与管理并

① 王众托：《无处不在的网络社会中的知识网络》，《信息系统学报》2007年第1期。

重、注重社会文化环境的特点。根据信息系统与组织进行交互的不同层面，相关研究可归为五个主要方向：信息系统设计与开发、信息技术与个人、信息技术与团队、信息技术与组织、信息技术与市场①。虽然这些方向由来已久，然而其中的研究主题相比之前发生了或者正在发生不同程度的演变。

在上述五个方向中，信息系统设计的主要问题是设计和评价信息系统，使之能够支持组织的目标、采取行动使组织最终达到设定的目标。随着领域的发展，主要的关注点从传统的决策支持系统、智能系统、数据库建模与设计、信息系统规划、开发方法等方面，逐渐转移到以新概念、新技术（如商务智能、开源软件、协同技术、网络搜索、移动通讯、射频识别技术等）实现决策支持，以及新概念、新技术对信息系统设计和开发的影响上。此外，信息安全和风险管理也是当前信息系统领域关心的问题。

在信息技术与个人的研究层面上，主要问题是从心理角度研究人机之间的交互。在这一方面，信息技术的采纳行为一直备受关注，人们致力于从个人心理和文化环境的角度探讨个人接受或拒绝某种新技术、新系统的行为原因和外部影响因素。同时，网站设计也得到了大量的关注，研究者力图通过考察影响网站的可用性等因素，改善用户与网站系统的交互。计算机自我效能研究探讨个人对使用计算机能力的判断因素，及其对个人的技术接受、持续使用等其他方面的影响。随着电子商务的不断发展，个人作为网络消费者被研究人员所关注，除了对消费者行为模式的研究，网络欺诈与信任机制、个性化与隐私也成为重要的研究问题。

在信息技术与团队的相关研究中，关注点始于支持群体工作的各种系统（如群体支持系统、群体决策支持系统、电子会议系统）以及这些系统如何影响群体，后期逐渐转移到虚拟团队中的合作、互动、信任和自我效能感等方面。虚拟团队已经在研究开发、客户支持、产品设计等许多行业背景下得到成功的应用。近年来的研究热点包括：在借助信息技术形成的团队中各个成员如何进行知识的转化、发现和创造；如何建立和增强团队中的信任、避免和解决虚拟情境下的冲突、促使虚拟团队开展更有效的合作等课题。

---

① Sidorova, A., Evangelopoulos, N., Valacich, J. S., and Ramakrishnan, T., "Uncovering the Intellectual Core of the Information Systems Discipline," *MIS Quarterly* 32: 3 (2008): 467-482.

在信息技术与组织的研究中，传统上的重点研究问题包括组织对信息技术的采纳等，而近年来的领域关注点则包括信息技术给组织带来的竞争优势，如信息系统的战略角色、信息系统投资对组织绩效的影响、信息系统对供应链的影响等。信息系统外包中的成本分析、决策、信任、合同等也受到了相当的关注。另外，政府作为一类特殊的组织，也在采用信息技术的过程中不断地创新和演进。

而信息技术与市场和社会的研究，也正在成为一个新兴的重要方向。这方面的工作旨在诠释组织间利用信息技术进行交互对组织间的关系和整体市场带来的影响乃至对社会伦理等的影响。电子市场上的需求结构、服务、成本、价格、消费者行为和机制等都表现出了与传统市场不同的新特性。电子市场上的风险与信任机制、个性化与隐私等课题日益受到重视。进一步而言，信息技术对社会伦理和道德的影响也逐渐展现出来。

上述几个方面的研究并不是相互割裂的，而在内容上有着密切的交叉和关联。比如多次提及的信任机制，是在多个层面都被关注的问题。近年信息系统领域中引入的社会网络的因素也是上述几个层面都共同感兴趣的研究背景。例如，在社会网络背景下，个人技术接受、团队的合作、组织的信息技术采纳、市场上的消费者行为与传统情形相比都会产生变化，从而引起广泛的学术讨论。类似地，文化背景也是信息系统领域各层面的共同兴趣点之一①。这些研究主题如果从一个概括的视角来审视，可以凝练成为信息系统领域的更宏观层面（信息技术与社会）上的理论与应用探索。

近年来，我国学者在信息系统领域的研究课题主要体现在行为与技术两个维度上。行为维度关注“用”，即信息技术和信息系统的使用特征，企业和个人在采纳过程中的感知和态度，以及对于企业和个人要素的作用和影响；技术维度关注“造”，即信息系统中的信息是如何表达和处理的，知识是如何发现的，系统是如何构建的。行为与技术维度的研究以及科学问题的凝练多是管理问题驱动的，强调研究成果在管理理论和实践中的意义。在这两个维度上，相关研究工作已经取得了一系列具有较高学术水平和较大学术影响的成果，也得到了国际学术

① Guo, X., and Zhang, N., “User Attitude Towards Mandatory Use of Information Systems: A Chinese Cultural Perspective,” *Journal of Global Information Management* 18: 4 (2010): 1-18. Leidner, D. E., and Kayworth, T., “A Review of Culture in Information Systems Research: Toward a Theory of Information Technology Culture Conflict,” *MIS Quarterly* 30: 2 (2006): 357-399.

界的广泛关注。例如，商务智能中的知识发现与管理方法，以及电子商务建模方法和用户行为理论研究，均为近年来我国信息系统领域所取得的较为突出的学术创新。

具体说来，在商务智能中的知识发现与管理方法方面，我国学者做出了一系列重要贡献。其中，在关联知识的发现方法方面，提出了基于信息熵的关联分类方法，以构造简约和精准的关联分类器，同时提出了基于部分隶属关系结构的模糊关联规则挖掘方法，以丰富知识表达和语义概括能力；在基于优化的知识发现方法方面，提出了从多目标线性规划的视角来优化分类结果的理论和方法，以解决数据挖掘中不同数据同时分割的标准问题，有效提高预测可靠度和精确度；在高复杂性知识发现的数学建模方法上，提出了基于视觉认知的数据建模原理和新方法，并发现非欧氏框架下的正则化理论等；在知识管理的研究上，在显性知识和隐性知识表达与管理方法、知识系统工程理论构建等方面取得了重要成果。

在电子商务建模方法和用户行为理论研究方面，我国学者所开展的研究工作也取得引人注目的重要进展。其中，在电子商务建模及优化方面，针对广告策略选择、销售定价方法、网上拍卖与招投标、电子中介、电子商务的物流管理与配送策略、顾客需求与行为分析、商务流程建模和分析、网上采购与货源搜索等问题，建立了相应的数学模型和设计了相应优化决策方法；在电子商务订单处理、城区物流配送规划方法、电子商务商业信誉识别监控、网络零售商顾客绑定策略等方面，相关研究工作也获得了较为突出的成果；在电子商务的用户行为视角上，对移动商务中的用户采纳、用户信任转移和满意度等问题展开了深入研究，形成了移动商务消费者初始信任模型等重要理论成果。

五　主要发展方向展望

在当前的形势下，信息系统领域面临一系列亟待解决的重要课题。下面针对若干重要学科问题与方向进行简要阐述，包括面向极端数据的管理决策分析、信息系统安全与业务连续性管理、社会网络条件下的知识管理、基于云计算的 IT 服务外包、新兴技术引发的社会风险、新型电子市场的信息产品交易机制、新兴技术吸收与企业成长及演化规律等。

（1）面向极端数据的管理决策分析。互联网应用的不断普及、移动业务的

不断丰富等，都使得企业和组织所处的内外部环境中存在极端数据——数据海量性与数据富媒体性。这直接使得传统的信息系统建设方法、信息提取与搜索技术、OLTP 和 OLAP 分析工具乃至基于此的管理决策理论和方法都有待于进一步拓展。

在这种情况下所涌现出的一些重要学科问题包括：考虑网络分布式和协同化特征的，基于互联网的商务智能与知识发现技术；更为强调移动性的，在互联网和移动网络整合环境下的泛在计算和架构技术；关注语义网络和多媒体环境下的富媒体搜索技术、知识组织服务、用户体验行为感知和新型搜索引擎；社会网络特征下和基于搜索的精准营销及其业务推荐技术等。

（2）信息系统安全与业务连续性管理。在日趋激烈的竞争环境下，企业业务连续性的保障就显得尤为重要。而随着信息系统和电子商务在企业和组织中的应用越来越重要，企业对网络的依赖性也越来越高，因此如何提高信息系统的安全以更好地保障业务连续性就成为一个越来越重要的问题和挑战，急需新理论与新技术。

在此情况下所涌现出的一些重要学科问题包括：大规模网络中，病毒扩散的机制、模式以及管理控制的机制；新型电子商务环境中的信息安全标准和认证机制问题；移动网络环境下的保障移动业务连续性的信息安全标准和服务问题；云计算环境下的信息共享与信息系统安全和保障问题等。

（3）社会网络条件下的知识管理。Web 2.0 应用的兴起代表着 Internet 模式体系的一次升级换代，由原来的自上而下的少数资源控制者集中主导的体系，转变为自下而上的由广大用户集体智慧和力量主导的新体系。这种新体系最早出现于开源软件的开发模式中，2005 年以来在 Internet 上全面兴起，近年来逐渐被引入到企业组织的内部。在这一新兴的体系环境下，知识的创造、转移与共享呈现出与以往迥然不同的新形态，从而引发了国内外学术界的广泛关注。其中，知识创造主体的变化对传统知识管理理论的冲击尤为引人注目。进一步而言，当社会网络应用被引入组织内部之后，组织内的知识创造形式和知识管理体系也面临着创新性的变革。当前，以协作式知识创造为核心特点的“企业 2.0”（Enterprise 2.0）模式已经引发了学界和业界的浓厚兴趣。国内外的一些企业也已经在这方面开展了卓有成效的尝试。从长远看来，这种新型的知识管理模式将会对企业的技术创新以及竞争力的培育产生深远的影响，相关的研究议题也必将成为今后数

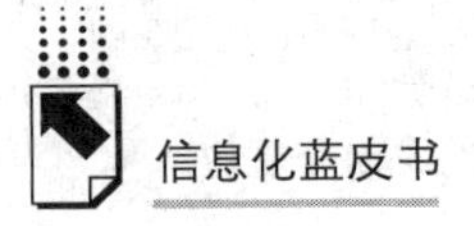

年中管理研究的一个重要方向。

这一方向上所涌现出来的种种新现象、新问题既是 Internet 应用实践所面临的现实挑战，也是有待于学术界深入探讨的重要学科问题。其中包括：由 Internet 用户大众所创造的信息和知识所具有的特征和模式；广泛联系的社会网络环境下知识的共享、转移、综合及再创造机制；来源于无处不在的用户实体的信息和知识的组织、提炼、检索和利用方式；大规模用户参与的行为规律；基于社会性 Internet 应用的语义网络等。

（4）基于云计算的 IT 服务外包。近年来，在分布式处理、虚拟化以及 Web 技术的支撑下，“云计算”应用体系逐渐趋于成熟，并迅速成为 IT 行业以及企业信息化建设领域的一个热点。在其渊源中，云计算与传统的服务器托管、应用服务提供模式（ASP）、软件即服务模式（SaaS）一脉相承，强调以集中化、随需而用的方式提供 IS 服务。这一模式将传统的 IT 外包推进到了一个全新的阶段，从而也为 IS 外包领域的研究带来了一系列重要的新课题。在这种新的模式下，企业信息系统能力的建设重点从产品的购买与实施转向了服务的获取，从而带来了决策形式、管理机制上的一系列转变。

由此引发的重要学科研究问题包括：信息系统服务品质的标准化保障机制；新型外包关系网络的管理模式；新型外包模式下产业结构的演变规律；云数据中心和云计算平台环境下的成本模型和财务管理模式；云计算下企业信息化价值创造机理等。

（5）新兴技术引发的社会风险。新兴技术应用及数字化衍生出许多如隐私权、信息存取权、知识产权以及信息错误责任归属等各种因利益冲突所带来的社会伦理和法律议题。信息产品不仅使得一些原本就存在的伦理和法律议题慢慢地在社会中发酵、扩散，同时它也带来一些新的相关议题。例如，采用数据挖掘技术获取和深度分析客户信息使得隐私与安全问题日益为人们所关注。此外，网络欺诈（Internet Deception）、信息过载（Information Overload）、网络沉迷（Internet Addiction）等也已成为新兴技术环境下的典型社会风险问题。再者，Web2.0 技术（如 Wiki、博客/微博等）的广泛商品化使得信息传播、社会责任等成为公众话题。随着这些问题在现实社会中的日益凸显，对其形成机理以及应对机制的研究，也必将成为信息系统与信息管理领域的一个重要发展方向。

在这方面，值得重视的重要学科研究问题包括：数据挖掘与分析技术应用环

境下的隐私保护机制；网络欺诈行为的特征性规律及防范机制设计；在线行为模式与信息过载特征的识别；网络沉迷现象的形成规律及应对机制等。

（6）新型电子市场的信息产品交易机制。随着移动网络与有线网络的整合，传统市场逐渐转向电子市场的势头越来越快。在电子市场上，无论是产权、软件等信息产品还是资产或合同标的等自身不是信息产品的对象，都可在电子市场上以信息产品的形式进行交易。这使得电子市场的规模越来越大，其影响力和重要性也越来越强。然而，由于传统市场的产品交易理论和方法不适用于新型电子市场，这样就产生了许多新问题，急需新理论与新技术。

在此情况下所涌现出一些重要的学科问题包括：信息产品评估机制和定价机制；社会网络环境中的电子商务参与者的信誉感知与交易决策机制；新兴电子商务环境下的信誉机理与信誉系统设计模式；移动网络环境下的新型电子市场交易机制；等等。

（7）新兴技术吸收与企业成长及演化规律。在新技术、新应用不断涌现的条件下，企业既拥有不断推陈出新的发展机遇，也面临着吸收、应用新兴技术的重大挑战。特别是对于信息化基础相对薄弱的中国企业而言，是否能在迅猛的技术发展过程中把握住机遇，借助于新兴技术实现跨越式的发展，一直是管理者和决策者所关注的一个具有重大现实意义的课题。在这方面，相关学术研究致力于揭示企业的内外部特征与信息技术吸收之间的内在联系，进而辨识新技术条件下的企业成长及演化规律，从而为企业的相关战略选择和组织设计提供参照。这一领域的研究工作已经有了较长时间的发展，但新兴技术条件下的研究，尤其是针对中国企业特点的研究，仍然具有其突出的学术前沿意义和实践指导价值，因而也将成为未来数年中的一个具有突出科学研究价值的方向。

在这方面，值得重视的重要学科研究问题包括：组织内部的信息技术采纳特征与扩散规律；新技术条件下企业信息化成长过程模式；中国社会文化背景下的企业信息技术吸收规律；技术吸收过程与组织战略、组织结构演变的内在联系等。

六　结束语

信息系统学科是伴随着新经济浪潮而诞生、成长的新兴学科，在数十年的发

展中，已经取得了丰硕的成果，形成了世界范围内的强大影响力，并在世界经济的发展历程中留下了浓墨重彩的篇章。中国的信息系统领域，也伴随我国改革开放、经济腾飞的伟大进程而发展壮大，也为这一进程中社会、经济的发展做出了不可磨灭的贡献，并开始形成融合了中国元素、中国特质的学术影响力。

信息系统领域的发展，应与信息技术的变革以及企业信息系统应用管理实践保持紧密的联系和良性的互动。本领域未来的发展，应紧紧围绕新兴技术的演进与个人、团队、组织、市场及社会的相互影响和融合而展开。在未来的发展中，仍应密切关注新兴技术、新兴应用所具有的新特征及其影响，并着重探讨其与业务的融合互动。同时，应进一步突出中国元素，重视结合中国社会、文化环境特点的研究。

长期以来，信息化建设一直是我国国家战略的重要组成部分，也是国家创新体系的重要平台。《2006～2020年国家信息化发展战略》的制定充分体现出信息化在我国经济、社会转型过程中的深远影响。党的十七大进一步提出“全面认识工业化、信息化、城镇化、市场化、国际化深入发展的新形势新任务”，突出了“信息化”在我国现代化建设进程中不可替代的地位。2011年，第十一届全国人民代表大会第四次会议上的政府工作报告及“十二五”规划草案中再次提出“坚持走中国特色新型工业化道路，推动信息化和工业化深度融合”的战略目标。可以预见，随着改革开放的进一步深入、社会主义现代化建设的不断推进以及经济全球化的持续发展，信息系统领域的人才培养和学术新知将在现代企业及其他经济、社会组织中扮演越来越重要的角色，为我国的社会主义现代化建设进程贡献更为重要的力量。

B.4
数据中心产业化势在必行

周宏仁*

摘　要：本文就数据中心的产业化趋势进行了研究。研究表明，随着信息化的快速发展，无论在全球还是在中国，数字化的信息量均呈现出一种爆炸性增长的态势。数据中心从分散走向集中，通过采用最先进的存储技术，进行一体化的数据存储、备份、冗余和控制管理，提供更为便捷、经济、安全、规模化的服务，已经成为一个全球性的趋势。为此，国家需要研究和采取的主要战略和政策至少包括：推进数据中心的产业化；规划全国数据中心产业布局；促进数据中心绿色节能；激励数据存储技术和服务创新；等等。

关键词：数字信息资源　云存储　数据中心

数据中心的概念起源于早期的计算机房和计算中心。目前一般指用于安置计算机系统及相关外部设备，包括数据通信、存储系统、备用电源、环境控制（例如空调、消防）和安全设备等等的基础设施。近年来，随着信息化快速地向人类经济社会生活各个领域的渗透和发展，特别是网络、视频和信息安全业务的急剧膨胀，全球和我国数字化的信息量均呈现出一种爆炸性增长的态势，对于数据中心的需求随之急剧增加。传统的、各单位自建数据中心的发展模式，由于受到能源、散热、场地、人才和成本的制约，已经难以为继。数据中心的产业化和第三方服务成为一个必然的趋势。

* 周宏仁，1962 年毕业于北京航空学院（现北京航空航天大学），1984 年获美国明尼苏达大学电机系控制科学博士，现任国家信息化专家咨询委员会常务副主任、研究员，主要研究专业和方向为国家信息化战略、信息化与经济社会转型、电子政务、信息化管理等。

由于需求庞大且与日俱增，数据中心正在发展成为一个具有战略重要性的新兴产业，成为新一代信息产业的重要组成部分。数据中心向着产业化的方向发展，也使信息资源与能源和材料并列作为人类三大要素资源之一的战略意义更加凸显。与数据中心建设和发展相关的政策、战略和布局问题，已经上升到了国家战略的层面。

一　全球数据量急剧增长是一个必然的历史性的趋势

近年来，随着信息化的快速发展，无论在全球还是在中国，数字化的信息量均呈现出一种爆炸性增长的态势。

美国南加州大学最近发表的研究报告①称，1986 年，纸式存储，如书籍和报纸，在全球信息存储总量中所占的比例为 0.33%，而 2007 年则下降至 0.007%；虽然按绝对值计算，在这 20 年间纸张的信息量仍然增加了两倍多。2000 年，数字存储第一次成为主流存储，约占全球信息存储总量的 25%，但仍有 75% 的存储信息是模拟格式，如录像带、X 光片和书籍。2002 年，数字化的信息量首次超过模拟格式的信息量；2007 年，全球已有 94% 的信息存储为数字格式，人类数字化的信息存储总量约为 295EB②，相当于 4040 亿张 CD，每年的增长速度达到 58%。

IDC 公司早在 2007 年就对全球的数字信息资源进行过调查研究③，结果表明，全球数字信息资源正进入一个前所未有的快速增长时期。IDC 测算，2006 年全球的数字信息量共约 161EB，大约是现有各种书籍所含信息量的 300 万倍；IDC 预测，2010 年全球的数字信息资源总量约为 988EB，平均的复合年增长率为 57%。IDC 报告所得结论与南加州大学的研究结果大体相同。

数据量的剧增带来数据存储需求的剧增。国际知名的咨询公司 Gartner 报告指出，2008 年美国企业存储阵列的购买总量为 5.83EB，而 2013 年则将达到 51.73EB，5 年间增加 9 倍。2009～2013 年，企业混合存储能力的总购买需求量

---

① 《全球数据存储总量达 295EB》，http://www.edu.cn，2011 年 2 月 10 日。

② 1EB = 一千 PB = 一百万 TB = 十亿 GB = 一万亿 MB。

③ 《研究显示 2010 年全球数字信息量达 9880 亿 GB》，2007 年 7 月 13 日，http://news.cnfan.net/yj/25957.html。

将是2008年的20倍，达到121.67EB，与2006年全球数字化信息的总量相近。这是由于企业的数据量由GB级增加到TB级后，正在迅速地向PB级发展。有专家预测，未来5年全球数据存储需求的复合年增长率约为35%～65%。因此，无论是需求方面还是供给方面，都可以验证全球数字化信息总量爆炸性增长这个大趋势。

过去10年，我国信息化飞速发展。与信息化相关的主要指标中，增长10倍以上的有移动电话用户数、计算机拥有量、网站数量；增长20倍以上的有互联网网民、IPv4地址数；增长100倍的有互联网域名数；国际出口带宽增长了近360倍；网页数量年增长率超过100%；社交网站年增长率超过30%；网络游戏和视频服务年增长率在40%左右，使用率在60%以上。

我国信息化的飞速发展，同样导致数据量的爆炸性增长。以国家数字图书馆为例，2010年9月，它拥有的23万种、46万册电子图书和全国各大报业集团的400余种核心报纸，总数据量约为460TB；预测到"十二五"末期，它的数字化信息资源总量将达到一万TB，5年内增加21.74倍。阿里巴巴的淘宝网，2010年12月每天处理的数据量为1000TB（1PB），每日净增数据量为100TB。换言之，淘宝网一年累积的数据量将是国家数字图书馆2015年数据总量的3.65倍；而随着电子商务的快速发展，淘宝网每日净增的数据量还在加速增长！我国数字化信息量的急剧膨胀，由此可见一斑。

由于信息革命的本质是一场信息数字化的革命，信息革命越深入，数字化的数据和信息就越丰富，存量就越多；而信息化的结果实际上是在我们生活的物理世界之外，不断地映射出一个与物理世界同态的数字世界。许多已经数字化的数据和信息，将会作为人类文明和知识财富积累的一部分永远保存；也有许多数字化的数据和信息，出于各种业务（例如人口、银行、社保、医疗）的需要，不仅几乎覆盖全民，而且可能要保存50～100年，甚至更久。因此，数据量的不断增长将是绝对的，数字世界的"规模"必然越来越大。当前这种数据量的爆炸性增长将是一个必然的、持续的、历史性的趋势，至少在相当长的一段历史时期（至少50年）之内，不会改变。这也是数据中心的建设和数据存储技术的发展受到全球广泛关注和重视的原因之一。

显然，这个数字世界的处理和建设并不仅仅是一个简单的数据中心建设问题。把这个数字世界"放在哪里"，如何在全球或全国范围内妥善布局，是人类需要研究的一个新课题，也是人类面临的一个新挑战，需要从全局的、发展的、历史的角度加以思考。

二　数据中心产业化势在必行

IDC 公司的研究表明①，2009 年中国各类数据中心和机房的总量约为 52 万个。其中，小于 100 平方米的小型数据中心和微型机房是中国数据中心市场的主要形态，全国 70% 以上的服务器安装运行于此类数据中心。与发达国家相比，我国数据中心的发展水平相当落后，与我国信息化急剧发展的形势极不相称。我国数据中心的状况大致分为以下两种。

一方面，由于技术、资金和人才等原因，不少中小规模的数据中心技术架构落后，资源调配能力低，管理与发展不协调，资源平均利用率仅为 20% ~30% ，普遍存在能效差、水平低、重复建设等现象。与此同时，数据中心的维护升级则由于技术复杂、成本高昂、运维困难、用户需求变化迅速等原因，难以跟上技术进步的步伐，无法实现可持续和科学发展。

另一方面，在许多由信息化所催生或快速发展的新兴产业，特别是金融、电信、政府、能源、交通、民生、网络经济、互联网服务、信息安全等行业，数据中心的发展则远远跟不上业务扩展和数据量爆炸性增长的需求。由于业务和数据集中管理所产生的需求的急剧增加、业务模式的不断变革和业务内涵的急剧扩展、网络视频信息等非结构化数据的急剧膨胀以及越来越高的信息安全和业务连续性要求所产生的数据备份需求，传统数据中心在规模、能耗、效率、资源整合、绿色成长、快速响应、信息安全等方面面临极为严重的挑战，已经不堪重负。

综合上述两个方面的情况，不难看出：一方面，许多地区没有足够的电力和冷却能力，甚至不断面临拉闸限电的危险，难以满足新一代高密度服务器和存储设备的需要；另一方面，面对存储需求的急剧膨胀，数据中心的容量增长却受到场地、空间的严重制约，扩容、发展等无从谈起。目前，一个上规模的数据中心

① 国家信息化专家咨询委员会、中国国际工程咨询公司研究报告：《全国数据中心布局研究》，2011 年 2 月。

三年的电能消费，大约就等于该数据中心的建设费用；数据中心建设的速度可能完全赶不上数据量和存储需求增长的速度；存储技术的快速发展和升级，使各单位的 IT 人才资源也捉襟见肘，根本无力应对。目前国内许多政府和企业数据中心已经陷入了营运危机，自建数据中心的路子已经走不下去了。但是，许多政府部门和企业仍然有着建设大规模数据中心的强烈欲望，中型（500～2000 平方米）和大型企业级数据中心（2000 平方米以上）增长很快。

从工业化的观点来看，各单位自建自用数据中心，是小农经济自给自足的做法。今天，这种做法的弊端已经凸显，完全不能适应信息化发展的客观需求。数据中心从分散走向集中，通过采用最先进的存储技术，开展一体化的数据存储、备份、冗余和控制管理，形成更为便捷、经济、安全、规模化的服务，已经成为一个全球性的趋势。目前，基于云存储技术①提供的数据存储服务，其效益大约为单位自建数据中心的 10 倍以上，产业化的优势非常明显。无论对于政府还是企事业单位而言，数据中心的发展都必须走产业化发展的路子，通过集约化实现对社会资源的有效利用。

近年来，全球第三方数据中心服务市场发展很快②。2008 年，全球第三方数据中心业务成交金额同比增长 43%，达 171 亿美元。2010～2014 年，拉丁美洲、英国的第三方数据中心市场将分别增长 61% 和 74%。2010 年 8 月，美国政府提出要用 5 年左右的时间，整合联邦政府的 1100 个数据中心，到 2015 年将撤销至少 800 个数据中心，转移部分政府数据业务至第三方服务。显然，数据中心的产业化正在快速发展之中，第三方服务逐渐成为数据存储的主流。

从我国信息化水平已经与全球平均水平相当这个事实出发，按“数字化信息总量也与全球平均水平相当”这个假设来估计，2010 年我国的数字化信息总量约为 205.2EB。如果按照各方预测的全球数字化信息总量增速（35%～65%）的中间值（即 48.5%）估计我国数字化信息总量的增速，那么 2020 年中国数字化信息的总量可能达到 10485.24EB，或约 150 亿 TB，人均约 10TB（人口 15 亿），正好相当于一个人脑的存储量。

---

① 云存储是一种以数据存储和管理为核心的云计算系统，数据一般存储在由第三方提供的服务器集群中，利用各种虚拟化和软件技术，使客户可以通过网络实现远程数据处理和安全管控。

② 国家信息化专家咨询委员会、中国国际工程咨询公司研究报告，《全国数据中心布局研究》，2011 年 2 月。

另一方面，按国际上当前数字存储技术的先进水平（平均150TB/机柜）测算，150亿TB的存储量大约需要1亿个机柜。为此，大约需要2.5亿平方米的机房面积和7.5亿平方米的数据中心建筑面积。由此可以判断未来数年我国数据中心建设的需求量有多大。

按照目前国际上云存储数据服务市场价（0.12美元/GB/月）的50%（即720美元/TB/年）计算，如果我国150亿TB的数据量有10%存储在商业化的数据中心，那么每年市场营收额大概在1.8万亿美元左右，或按现汇计算为人民币7万亿元以上。由此可以估计未来数年我国数据中心产业的规模有多大。

当然，考虑到未来存储技术的发展、存储密度的提高、存储成本的降低，上述关于2020年中国数据总量、存储需求总量机柜和机房面积需求总量以及市场营收额的测算，都略显粗糙，还有进一步研究的必要。但是，这些数据也足以说明将数据中心产业作为一个战略性新兴产业来认识和发展的必要性和重要性。

三　发展数据中心产业的政策和策略问题

毫无疑问，数据中心是国家经济、政治、社会、文化活动的核心资源和不可或缺的组成部分，将成为国家最重要的战略资产之一。及早将数据中心的规划和发展提上国家的议事日程，制定我国发展数据中心产业的政策和战略，不仅对于我国经济社会发展意义重大，而且会对我国国家安全和信息安全产生深远影响。这涉及的主要政策和战略问题至少有：推进数据中心的产业化；规划全国数据中心产业布局；促进数据中心绿色节能；激励数据存储技术和服务创新；等等。

（一）推进数据中心的产业化

在数据中心向产业化发展这个大趋势下，国家有必要尽快研究和出台一批推进数据中心产业化发展的举措。数据中心产业化的进程，不仅将推动我国数据中心产业的发展，也将带动我国现代服务业的发展。

首先，需要根据实际情况，从政策上逐步停止由国家财政投资兴建单位自用数据中心的做法，改为支持政府和企事业单位购买高效、节能、安全的第三方数据存储服务，形成数据中心产业发展必备的市场空间。同时，制定和完善政府对于数据中心服务的采购政策，使政府年度所需的数据存储费用列入国家财政预算，得到应有的制度保障。

需要制定相应的促进数据中心产业发展的财税和金融政策①。高等级数据中心的投入较大，目前全球顶级数据中心的造价大约为每平方米 1 万美元，我国的造价则略低。为了加快数据中心产业的发展，需要鼓励民间资本投入，有限制地引导外资介入，形成多元化、多层次的投融资机制，解决目前建设资金严重不足、发展迟缓的问题。需要加大对数据中心产业发展的信贷支持力度；集中整合工业类、科技类专项资金对于数据中心产业发展的支持；大力发展风险担保和租赁；支持优秀企业在国内外资本市场公开上市或发行企业债券，拓宽企业融资渠道，降低企业融资成本，努力构建支撑数据中心产业化发展的资本平台。

需要加快制定数据中心产业发展的国家标准和行业标准，强化数据中心安全性、可靠性要求和市场准入机制，加强数据中心建设项目的安全评估；启动和重点建设一批规模化的数据中心产业园示范区，通过集约化建设和规模化经营，实现技术水平和能效的提高；打造数据中心产业链，鼓励产业聚集发展，形成一批特色明显、类型多样、竞争力强的数据中心集群，使数据中心产业不断发展壮大。

需要为数据中心产业的发展创造良好的法律法规环境。包括：规范数据中心产业市场行为，避免垄断和恶性竞争；制定和完善与数据保护相关的法律法规，既维护经营者的合法权益，也保护企业的网络隐私和商业秘密；对公共数据、企业数据和个人隐私实施严格和严密的法律保护。

数据中心产业是发展新一代信息技术产业的重要方向之一，“十二五”战略性新兴产业的发展规划应该加快数据中心产业发展，做好产业布局，协调指导产业发展。

（二）合理规划数据中心的产业布局

高能耗和高致热是全球数据中心面临的两大难题，二者皆与数据存储密度的不断提高有关。全球数据中心的能耗大约占到全球 ICT 能耗的 1/4 强；而全球大

① 国家信息化专家咨询委员会、中国国际工程咨询公司研究报告，《全国数据中心布局研究》，2011 年 2 月。

多数的数据中心中，约63%的能耗与ICT设备的散热有关。因此，在能源丰富、气温较低的地区建设数据中心成为数据中心产业布局必须考虑的基本要素。目前全球最大的12家数据中心中，纬度在北纬35~45度的有6家；平均纬度则为北纬38.6度。

具有特殊资源的地区，或水资源丰富，或气候寒冷，或清洁能源丰富且价格低廉，成为全球很多大型数据中心选址的优先考虑，目的是节约巨额的散热成本。数据中心向地球南北两极的迁移成为一个全球性的趋势。谷歌和微软等企业将太阳能发电作为数据中心能源供应的首选；同时，为降低空调需求，拟在北极圈内建设数据中心机房。加拿大则充分利用多伦多市紧临安大略湖的优势，抽取安大略湖深层（约83米）冷水（4℃）制冷。目前，我国有些号称“火炉”的城市，正在建设或准备建设大规模或超大规模的数据中心产业基地，显然极为不智。

我国现有的数据中心大多集中在发达地区，有的甚至处于城市中心区域。五大国有商业银行数据中心和备份中心均集中选址在北京、上海。我国具有一定规模的228家互联网数据中心机房也主要分布在北京、上海、浙江、广东等地。这种布局的战略隐患十分突出：一方面，如果发生重大灾难造成各种信息系统的瘫痪，国家经济和社会的安全将会受到严重威胁；另一方面，从能源供给和消耗的角度来看，这种做法也很不经济。

从国家战略布局考虑，我国数据中心建设的重心应该放在黄河以北，尤其是温度适宜、能源充足、空间广阔、土地低廉的“三北（华北、东北、西北）”地区，应该将数据中心产业发展作为我国开发大西北战略的重要举措之一，这样可以为“三北”和欠发达地区创造发展新兴产业、转变增长方式、缩小数字鸿沟的巨大机会。数据中心产业基地应力求置于电厂附近，以节省电网建设成本、减少电力资源长距离传输发生的成本和损耗；更应支持充分利用太阳能、风能等绿色能源提供电能。

对于将设立于“三北”的数据中心的数据远送至华东甚至华南地区是否经济的质疑，中国联通研究院就光纤传输与电能传输的成本和能耗做了对比分析①，结论是：光纤传输的百公里建设成本仅为210万元，电能传输则高达2.4

① 童晓渝：《建立我国低碳型信息产业发展新模式的思考——在中西部能源大省建立“数据中心”产业基地》，中国联通研究院，2011年1月8日。

亿元；光纤传输的电力损耗为5.2千瓦时，电能传输则为25千瓦时[①]。显然，在“三北”地区建设大规模的“超级数据中心”，再利用宽带通信网络向华东、华南传输数据，以替代大量煤炭和电力向华东、华南的输送，也就是变“以电力网输送电能”为“以电信网输送数据”，可以大大减少资源浪费、节约空间和保护环境，不失为推动国家科学发展的良策。

（三）促进数据中心产业绿色节能

斯坦福大学的研究表明，全球数据中心的能耗在2000～2005年间翻了一番，2010年再增加75%。Gartner的调查显示，2007～2020年，全球数据中心的碳排放量将由80百万吨当量激增到340百万吨当量，直追钢铁、造船、飞机等产业。能源花费占IT预算的比例已经从8%激增到48%，电力和制冷问题成为数据中心面临的最大问题。在美国，3年的纯能源成本消耗已经等同于设备购置成本；在欧洲，3年的纯能源成本消耗甚至已经两倍于设备购置成本；在亚太地区，数据中心服务器的电力消耗以每年23%的速度递增，超过每年16%的世界平均增长水平。随着数据中心产业规模的不断扩大，绿色节能的紧迫性也日益突出。

数据中心的绿色节能水平一般以能源利用有效性（PUE）指标，即数据中心总用电量和IT设备用电量的比值来衡量。显然，PUE等于1为最好。目前，欧美数据中心的PUE值一般在1.8～2，而比较先进的雅虎在纽约洛克港的数据中心PUE值为1.08，谷歌全球数据中心的平均PUE值为1.21，被誉为“欧洲最佳数据中心”的微软在都柏林的数据中心PUE值为1.25。我国数据中心的PUE值一般为2.5，有的甚至达到3，远远低于发达国家高水平绿色数据中心的节能水平。我国数据中心的能耗成本已经占到实际运营成本的70%以上。

数据中心的高PUE值不仅带来耗电增加和运营成本的急剧攀升，而且产生沉重的碳排放量负担。因此，利用各种技术手段降低数据中心的能耗，已经成为一场必须进行的革命；制定数据中心绿色节能的政策已经尖锐地提上议事日程。发展数据中心产业必须同时以追求低PUE值为目标，打造更绿色高效的数据中

---

① 按数据中心出口带宽40GB，1000台服务器，每台服务器250W计算。

心产业。为此，我国应重新修订《中国节能技术政策大纲》，在其中增加数据中心节能章节，加强对数据中心建设项目的节能评估和审查。

（四）激励数据存储技术和服务的创新

随着数据中心需求的急剧扩展，高密度、低能耗的数据存储技术日显重要，数据存储技术的创新发展也成为信息技术发展的重要领域之一。随着数据中心规模的扩大、复杂性的增加和应用种类的增多，各种新技术正如雨后春笋般发展，如虚拟化技术、模块化技术、绿色节能技术、数据安全技术、网络通信技术、运营管理技术等都受到极大的重视。目前，"云存储"技术正在成为存储技术发展的主流之一，数据中心产业化的出路也在于发展云存储技术。因此，我国必须重视和加大对于存储技术，特别是云存储技术的研发和创新投入，增加技术攻关的强度，支持存储技术产业的发展。

云存储的商业应用完全改变了第三方数据存储服务的模式，已有成功的先例。2006 年 3 月，亚马逊首先在美国抛出第一个公共 Web 服务计划 S3，通过简单的 Web 服务接口，可以向用户提供无限量的存储服务。2007 年 11 月，类似的服务在欧洲推出，1GB 的存储量每月收费 0.12 美元，通信费另计。两年半之间，客户存储业务增加了 10.2 倍。业务增长的速度不仅令人印象深刻，也充分说明了市场对这种服务模式和商业模式的认可。2006 年 8 月，亚马逊又抛出了有限量的弹性计算云计划 EC2，采用虚拟化存储技术和先到先得的方式，为每一个用户提供虚拟的专用服务器和虚拟存储服务，企业则按租用的 GB 数、时间、安全性、质量和功能要求付费。目前，已有 9 种服务提供方式。

目前，我国数据中心产业化的发展已经起步。"十二五"期间，河北省将重点在廊坊市建设高等级的云存储数据中心产业园区，即润泽国际信息港，准备为国家机关、大型企业、跨国公司等提供大型数据存储服务，并形成数据存储产业聚集区。该项目于 2010 年 5 月 18 日开工建设，总投资约 98 亿元（不含 IT 设备），占地面积 2012 亩，地上建筑面积 262 万平方米，其中数据中心机房建筑面积约 62 万平方米，含 8 万个机柜。该产业园区建成后，将成为目前国际上规模最大的数据中心，年营业收入预计可超千亿元，已经成为全球 IT 业界关注的焦点。此外，中金数据系统有限公司的北京数据中心自 2008 年起即向客户提供高等级的数据存储服务，目前运转良好并持续盈利，公司在建和正在规划的还有烟台、昆山、广州和成都等数据中心，总建筑面积超过 38 万平方米，机房面积超过 13.7 万平方米。

综上所述，随着我国信息化的快速发展、数字化信息量的爆炸性增长以及数据中心需求的急剧膨胀，发展我国数据中心产业的机遇已经呈现。推动我国数据中心产业化，制定相关的国家政策和发展战略，做好产业布局的规划和管理，已经刻不容缓。否则，一旦决策失误导致混乱局面出现，再去收拾和整顿，造成的损失和代价将十分巨大。因此，尽快研究和制定发展我国数据中心产业的指导性意见，通过国家政策的引导促进我国数据中心产业健康和有序的发展，非常重要。

产业发展篇

Part Ⅲ

B.5
黑龙江农垦信息化与现代农业的融合发展

徐学阳　吴静宜　王　熙*

摘　要： 黑龙江农垦以信息化推动农垦现代化，坚持信息化与现代农业融合发展，实现农业生产过程信息化、农业管理信息化、农业经营服务信息化。本文通过对黑龙江农垦数字农业、精准农业建设等方面成功案例的分析，提出以黑龙江农垦经验示范带动黑龙江省乃至全国农业现代化建设，创造中国特色的现代农业发展模式。本文还对我国发展现代农业的政策措施提出了建议。

关键词： 农垦信息化　现代农业　融合发展

---

* 徐学阳，黑龙江省农垦总局副局长；吴静宜，教授级高工，黑龙江省政府科技经济顾问委员会电子信息专家组组长，主要从事信息化管理、信息技术应用工作；王熙，博士，黑龙江八一农垦大学工程学院教授，主要从事农业机械机电一体化技术教学及精准农业与数字农业研究与试验示范工作。

一　农垦现代化大农业的发展

（一）农垦概况

黑龙江农垦地处东北亚经济区位中心，位于我国东北部小兴安岭山麓、松嫩平原和三江平原地区，属世界著名的三大黑土带之一，是国家级现代化大农业示范区和国家级生态示范区。横跨黑龙江省12个市74个县市区，分支机构遍布全国主要城市和经济区，辖区总面积5.62万平方公里，其中耕地4000多万亩，下辖9个分局、113个农牧场。总人口168万人，其中从业人员91.7万人。年产值665亿元，人均生产总值39700元，农场职工家庭人均纯收入预计达到12800元。

60年来，黑龙江农垦累计生产粮食4868亿斤，其中商品粮3673亿斤。2010年，农垦粮食总产达到363.6亿斤，商品粮达到339亿斤。农业综合机械化水平达到96.5%，农业机械化总动力超过600万千瓦，大型拖拉机4.8万台、大型收割机1.8万台、飞机51架。职工人均年生产粮食35.4吨，年粮食综合生产能力占黑龙江省近40%，商品粮占全省1/2，可保证1亿人口一年的口粮供应，成为名副其实的“中华大粮仓”。“十一五”末，实现畜牧渔业增加值85亿元，奶牛存栏40万头、肉牛饲养量112万头、生猪饲养量745万头，规模化家庭牧场已达1.4万个。

农垦积极推进农业产业化经营，实施“强工”战略，工业经济保持快速发展，国家级和省级重点产业化龙头企业多达18家，九三粮油工业集团销售收入突破200亿元，农垦商贸集团营业收入突破100亿元，米、面、油、乳等十大支柱产业格局更加稳固，农产品加工能力达到2000万吨，比2005年增加588万吨。“农垦”、“九三”、“完达山”、“丰缘”成为中国驰名商标，其中“农垦”品牌价值突破200亿元，位居中国最具价值品牌排行榜第45位。

60年的开发建设，使农垦发生了历史性巨变，140多个现代化小城镇成为人们安居乐业的家园，城镇基础设施齐备，社会管理服务完善，有完整的医疗卫生、妇幼保健体系和基础教育、职业教育、高等教育体系。自建2万多公里光缆干线，电视和通讯覆盖率达到100%。商贸流通、金融保险等第三产业发展迅速，成为经济发展的重要支柱。

（二）农垦成为带动农业现代化的典范

农垦已成为带动农村发展的典范，并成为我国农业现代化建设的重要窗口。2010年，农垦被农业部命名为国家级现代化大农业示范区，农业科技贡献率提高到67%以上，农业科技成果转化率达到82%以上，居国内领先水平。坚持农业标准化，强化生产全程监管，农产品质量安全水平提高。坚持农业科技创新，加快成果集成转化，科技支撑能力增强。种子机械化加工率、标准化包装率、包衣率、专用品种和良种覆盖率已连续七年实现了100%，主要农作物标准化统供率达到了99.9%。飞机51架，航化作业能力达到1500万亩，农垦农机装备水平和标准化管理水平不仅保持国内领先，而且部分已达到世界先进水平。现代气象设备和气象信息网络不断完善，为农业生产决策和防灾减灾发挥了重要作用。奶牛、肉牛冻精配种率分别达到100%和78%；畜禽良种化率达到95%以上；生猪三元杂交率90%以上。

国家重要的粮食安全战略基地。农垦自开发建设以来，始终以维护国家粮食安全、发展现代农业为己任，实现了粮食生产能力的三次跨越，即由1978年的不到50亿斤，到1995年达到100亿斤；到2005年突破200亿斤；60多年来，农垦累计生产粮食4868亿斤。目前，年粮食生产能力达到363.6亿斤，可保证京津沪三大直辖市、解放军三军和港澳地区和青藏甘宁四省区居民一年的口粮供应。作为国家重要商品粮基地，农垦发挥了重要作用。2003年“非典”期间，北京一度出现粮食短缺，农垦迅速向北京调运1.5万吨大米，及时缓解了粮食紧张局面。2008年汶川大地震后，农垦仅用三天时间紧急加工2460吨农垦优质大米，通过专列运往四川灾区，全力支援灾区抗震救灾，有效发挥了国家抓得住、调得动、能应对突发事件的“大粮仓”作用。

国家重要的优质畜产品生产基地。在国家、省和总局有关畜牧业扶持政策的激励下，农垦以发展“两牛一猪”为重点，扎实推进标准化养殖小区建设，实行规模化养殖，完善动物疫情防控体系，着力构建良性发展的现代畜牧产业。“十一五”期间，农垦新建和扩建各类标准化养殖小区314个，建设挤奶站450个。重点推广了集约化饲养、疫病综合防治、品种改良等技术，重大动物疫病得到有效防控，口蹄疫、禽流感和猪瘟免疫抗体合格率均达到了国家标准。到“十一五”末，奶牛存栏40万头，肉牛存栏52万头，出栏60万头，生猪存栏

245 万头，出栏 500 万头，肉类产量 60 万吨，牛奶产量 125 万吨，禽蛋产量 8.5 万吨，实现畜牧渔业增加值 85 亿元，占大农业的 24.8%。

辐射带动作用明显。按照省委省政府的统一部署，扎实推进场县合作共建，充分发挥科技创新、种子研发、农机装备和龙头带动等优势，积极推进以农业合作为重点的场县共建，探索场县共建、垦地合作的新机制、新形式，强化合作带动，实现区域经济一体化发展。近 5 年累计完成农机代耕、代种、代收作业 9846 万亩，龙头企业拉动地方种植基地面积 9800 万亩，180 万户农民进入垦地共建产业体系。农垦学校吸纳地方学生 11.2 万人，农垦医院接诊地方患者 71 万人次，场镇合作共建试点正在稳步推进。场县合作领域进一步拓宽，合作层次进一步提高，农垦在全省城乡一体化建设中的示范带动作用进一步凸显。

用现代农业机械装备农业，不断提高生产率水平。农垦农业机械化水平在国内领先，达到了国际先进水平，为农业现代化奠定了坚实基础，实施以大马力农村机械为载体的精准农业，集卫星定位、自动导航、精量播种、变量施肥于一体，一次完成深松、浅翻、整地、播种、合墒、镇压等六项作业，大幅提高了农业生产效率，使农业生产水平实现了新的跨越。如在大西江现代农机装备试验田，66 名从业人员经营 17.6 万亩土地，1995 年人均粮产就达到了 76 万斤，超过了美国人均产粮水平。

加强科技创新和推广应用，农业标准化程度不断提高。农垦不断推进农业科技创新和推广体系建设。农业科技贡献率达 65% 以上，高于全国平均水平 20 个百分点，在狠抓科技创新的基础上，对先进农业技术进行配套组装，建立一整套比较先进的耕作制度和栽培模式以及 300 多项农业标准，推行全作物、全面积、全过程的标准化作业，实现了农作物统一品种、统一播期、统一栽培模式、统一管理措施、统一收获仓贮存的工厂化管理，标准化覆盖率达到 100%，使农垦粮食亩产远高于地方，推广农垦标准化作业是带动广大农村发展的重要途径。

完善农业基础设施，社会化服务水平不断提高。农垦始终把基础设施作为农业发展“先行资本”，不断加强以水利为重点的基础设施建设，五十多年来农垦修建的江河堤坝、水库、灌区有效灌溉面积近 1200 万亩，防洪除涝面积 2000 多万亩，基本形成了防洪、除涝、灌溉和水土保持四大水利工程体系。建成 6 万条防护林带，形成了 4 万个网络，农业全部实现林网化。农垦拥有一套比较完善的农业社会化服务体系，特别是种子、商贸、物流、农机和保险等几大专业集团

（公司），可以提供从产前生资采购、种子供应、科技培训，到产中耕作、培肥、植保，再到产后的收获、运输、加工和产品销售全过程的社会化服务，为农垦可持续发展打下了坚实基础。

推进战略性结构调整，农、林、牧全面发展。农垦把畜牧作为富民强场、调整结构的重要产业来抓，加强扶持力度，实现了区域化布局、标准化饲养、规模化生产和产业化经营，“十五”期间平均增速达到25.2%。农垦大力实施农业产业化经营战略，培育农业龙头企业，增强综合实力，本着“做就做一流、做就做最大、做就做最强”的原则，围绕米、面、油、乳、肉等主导产业，集中财力办大事，整合内部加工资源，培育了大量的国内深加工企业一流品牌。目前，“农垦”、“完达山”、“九三”等均已成为中国驰名商标，知名品牌、驰名商标、专有技术等无形资产进一步增强了农垦的综合竞争实力，为全国发展现代大农业树立了样板，发挥了龙头带动作用。

推进农垦农场城镇化建设，使小城镇成为产业发展的载体和社会事业发展的平台。农垦以整合社会资源为切入点，完善小城镇功能，推进城镇化进程。“十一五”期间，重点规划建设了5个10万人口左右的现代城镇，50个1万人左右的重点城镇，500个1000人左右的管理区。坚持多元化投资的原则，建设一批布局合理、功能齐备、安全节能、风格独特的住宅，人均居住面积达25平方米。不断完善城镇基础设施建设，全面推进教育、文化、卫生等社会事业协调发展。增强城镇对人口和产业的凝聚力和吸引力，使农垦城镇人口比重达65%以上。如今在“农垦”绿色原野上，矗立着一座座漂亮的小洋楼，成为全国农村小城镇建设的典范。

繁荣经济，改善民生，维护社会和谐稳定。农垦年生产总值665亿元，近5年平均增速16%，非公有制经济增加值291亿元，年人均生产总值39700元，年进出口总额20.5亿美元。“十一五”以来，国有及国有控股企业累计实现利润60亿元，家庭农场累计实现利润464亿元。畜牧业增加值85亿元，国家级和省级重点产业化龙头企业增加到18家。“十一五”时期，农垦连续实施“路、住、水、能、树，文、教、卫、保、富”十大民生工程，人民群众的生活水平大幅提高，生活质量明显改善，低保标准提高到260元，人均月补差额提高到165元。深入开展“扶低支富”工程，2.2万户职工实现脱贫，农场职工家庭人均纯收入预计达到12800元。城镇化建设取得历史性突破，“四五”城镇体系格局基本形成，海林、七星等农场被列为国家级优美示范乡镇和全省旅游名镇，九三分局局

直等16个城镇被列为全省百镇建设试点镇，人民群众企盼已久的“耕作在广袤的田野上，居住在现代化城镇里”的美好愿望正在变成现实。

经过60年的建设，农垦已成为我国现代化大农业的缩影、信息化带动农业现代化的典范、带动全国实现农业现代化的龙头。

（三）农垦发展模式分析

农垦现代化大农业已经不仅仅是农业本身，也不仅仅是传统意义上的农业产业化，而是以贸易为龙头、以加工为中轴、以种养业为基础、以大科技为支撑、以社会化服务为保障的现代农业产业体系。现代化大农业与熟悉的现代农业相比，本质区别是“大”。

从经营的领域上看，现代农业的着力点主要集中在农业上，致力于提高农业综合生产水平和农产品市场竞争能力；现代化大农业则是围绕农业做大文章，统筹相关的一、二、三产业协调发展，致力于提高农业综合生产能力、农产品加工能力、贸易流通能力，进而提高综合竞争力。

从经营主体上看，现代农业的建设主体是农民，而现代化大农业的建设主体是企业，即第一产业的企业化家庭农场、第二产业的产业化骨干龙头企业、第三产业的贸易流通企业和农业服务企业。

从使命上看，现代农业是以现代装备、现代科技武装农业，尽可能多地生产适销对路的农副产品，丰富当地“米袋子”和“菜篮子”；现代化大农业则要大批量大规模提供商品粮，为维护国家粮食安全提供更大保障，还要以优质化、均质化为重点，以强大物流体系和营销能力为保障，承担维护食品安全的重任。

从贡献上看，现代农业主要解决的是当地农业农村发展问题；现代化大农业则要实现经济社会生态协调发展，带动周边地区农业现代化程度不断提高和农业农村经济快速发展，创造条件“走出去”参与世界农业资源开发。总之，现代化大农业是在现代农业基础上的拓展、提升、跨越。

农垦建设现代化大农业确定为7个“大”，即大产业、大集团、大规模、大文章、大效益、大发展、大贡献。在这7个“大”中，大产业、大集团是内在经营模式和管理方式，大规模、大文章是向外拓展发展空间，大效益、大发展、大贡献是现代化大农业成果的集中体现。农垦围绕现代化大农业七个主要内涵，坚持“抓城、强工、带农”统筹发展方针，着力建体系、上科技、抓队伍、增效益。

2009年6月，胡锦涛总书记考察黑龙江农垦时明确指出农垦要积极发展现代化大农业。在新的历史起点上，黑龙江农垦致力于以大产业、大集团、大规模、大效益、大发展和大贡献为主要特征的现代化大农业建设，全力实施“三步走”百年农垦发展战略。第一步，实现跨越，到2012年，实现农垦生产总值比2007年翻一番，完成“本体农垦”建设任务；第二步，奋力超越，到2020年，实现农垦生产总值比2012年再翻一番，完成“影子农垦”建设任务；第三步，追求卓越，到2047年，也就是到农垦开发建设100年的时候，人均收入达到发达国家人均水平，完成“域外农垦”建设任务，全面实现建设“三个农垦”的战略目标。为维护国家粮食安全、食品安全和生态安全，引领带动农村发展，参与国际农业竞争，维护边疆稳定繁荣作出更大贡献。

（四）农垦的成功经验

黑龙江农垦以当好全国现代化大农业排头兵为目标，着力做好“强化基础、创新科技、完善服务、引带辐射”四篇文章，加快推进现代化大农业建设，粮食综合生产能力、单位资源产出率、劳动生产率进一步提高。农垦主要的成功经验包括以下几个方面。

夯实农业基础，提高现代化大农业装备水平 农垦在推进现代化大农业建设中，坚持夯实农业基础，加快发展现代化大农机，强力推进以三江平原灌区为核心的水利工程建设，进一步提高现代化大农业装备水平。

坚持科技创新，增强现代化大农业科技支撑能力 实施科技兴垦战略，整合科技资源，加快科技创新和成果转化，建立健全了农业技术创新推广网络，初步建立了“功能齐全、体系完备、高效共享、反馈灵敏”的农业信息网络，增强了现代化大农业支撑能力。

加强体系建设，拓宽现代化大农业服务领域 注重加强农业社会化服务体系建设，现已形成了总局、分局、农场、管理区四级社会化服务体系，为现代化大农业发展提供专业化、社会化的服务。通过建设政策扶持与市场引导相结合、有偿服务与公益性服务相结合的社会化服务新体系，有效促进了农垦现代农业的健康发展。

加大推进场县共建的力度，带动全省现代化大农业的发展 农垦在加快现代化大农业建设的同时，将场县共建、示范带动周边农村现代农业发展作为义不容

辞的责任，积极推动先进机械服务向农村拓宽、科技成果向农村覆盖、龙头企业向农村延伸、社会事业与农村共享，用先进生产力整合内部资源，用经济手段连接产业体系，用市场化运作示范带动周边，不断拓宽场县共建领域。

二　农垦信息化与现代农业的融合发展

（一）农垦信息技术应用总体水平

多年来，农垦高度重视信息化建设。在各级领导部门的支持下，农垦信息化建设得到了迅速发展，农垦信息化与信息基础设施初具规模，基础设施建设规模和技术水平居全国农村前列，信息化与信息服务工作基础较好。

基础设施基本完备　农垦已拥有通讯线路2.6万公里，其中光缆线路1.4万公里，微波1600公里，数字程控交换设备127套，视频会议系统125套，固定电话用户26万户，宽带用户10万户，共有广播电视台（站）109个，有线电视用户24.76万户；平均每百户拥有彩电106台，家用计算机29台，移动电话152部，均高于全国农村平均水平。组建了一套完整的农业信息通信服务专用网络，分布在黑龙江省12个地市74个县境内的9个农垦分局、113个农牧场及直属单位等。建设了固定电话系统、互联网系统、办公自动化系统、视频会议系统、GPS卫星导航系统、平安农垦监控系统、农垦网系统、有线电视信号传输系统等。农业网站体系逐渐完善，基础数据库建设初具规模，农业信息服务逐渐拓展，企业、职工信息化意识不断提升。

信息系统应用广泛　农垦实施了以“办公自动化系统”建设为核心的电子政务系统建设工程，建设开发了农垦科技、农业、林业、工商、税务（财务）、统计、医疗保险、农业保险等专网和应用系统，总局及九大分局分别建有政务网站，总局机关与各分局、各农牧场、总局各直属单位实现了公文和信息的无纸化传输，基本实现了政务公开，促进了农垦由“管理型”向“服务型”的转变。如黑龙江农垦工商局通过建设开通“政企通”信息服务平台，加大了为企业服务的力度，使黑龙江农垦工商局和各农垦工商分局与4000多户大型涉农企业形成新型的良性互动。

人才队伍有力支撑　农垦信息化经过近20多年的发展，已经深入生产经营、社会管理和改善民生等各领域，在发展数字农业、精准农业等方面已位居全国前列。“九五”以来，农垦承担省、国家级农业信息类重大科技专项6项，积累了宝贵的经验，培养了一大批专业人才，为项目实施做好了技术和人才的储备。

科技体系保障有力 农垦已初步建立起以八一农大、农垦科学院和农垦科研育种中心为核心的科技创新与推广体系，拥有以100个现代农业示范区为中轴，以230个科技园区为支撑，集试验、示范、展示、辐射于一体，覆盖农垦，辐射全省，总长2000公里的东、中、西3条现代农业科技示范带，近7万基层科技人员，2个省部级重点实验室，2个省级企业技术研发中心，1个省级工程技术研究中心，2个科技企业孵化基地，拥有科技成果1058项，获得国家级奖励科技项目26项，省部级科技项目奖励340项，总局级科技进步奖850项。

经验模式层出不穷 通过资源整合、提档升级，为信息化项目实施和示范推广提供良好基础。七星农场已建成以3S技术（GPS——全球定位系统、GIS——地理信息系统、RS——遥感技术）为依托的现代农业信息系统和农机信息系统。红星农场实施精准农业示范项目，已实现农机指挥调度、土壤取样化验、收割机产量监测等农业精准生产管理。八五二农场引进农村集约化生产信息技术综合服务平台系统，通过信息技术集成应用，解决农业生产、管理、经营等各环节上制约现代农业发展的关键问题。八五〇农场已构建基于网络的“科技通”短信平台系统，充分发挥科技服务农业生产的作用。完达山乳业、九三油脂集团、农垦米业、农垦商贸集团等企业也具有很好的信息化基础。

（二）农垦信息化情况

1. 网络基础设施建设

农垦拥有自己的数据通讯系统。建立了电信网、广电网和互联网，形成了覆盖整个农垦的数据、语音、视频通信网络体系。

农垦通讯有限公司承担农垦电信网和互联网的建设和运营。建成了农垦干线光缆传输网、长途传输交换网和国际互联接入网。截至目前，农垦网络建设投资达3.8亿元，传输线路达到2.7万公里。其中光纤1.33万公里，市话1.14万公里，微波线路1630公里。有交换机47万线，ADSL端口5万线。光缆线路连接全省12个市、74个县（县级市）、农垦9个分局、115个农牧场及直属企事业单位，并与国家电信网多点连接，形成了内外畅通的现代通信网络。

通过农垦的电信网和互联网，建立了总局到农场的电视电话会议系统，开设了128个电视电话会议室，并与省政府、农业部通过可视电话系统连接。

农垦广播电视局作为广电网的建设管理部门，已建成总局至分局、分局至农场、农场至管理区三级有线电视传输网1.5万杆公里，8个分局、91农场、632个管理区实现联网。各级电视台、站原有的300兆低容量传输设备更新到500兆或750兆。中央电视台的4套节目、省电视台的4套节目和农垦电视台的3套节目，全部通过农垦广电网传输。农垦电视网与哈、齐、牡、佳、大庆、黑河、鹤岗、双鸭山等城市电视网联网，农垦频道覆盖全省2000万人口。

2. 农业生产信息化

（1）种养殖技术决策系统。黑龙江省农垦总局，自1998年承担国家863计划“智能化农业专家系统应用示范项目”以来，先后开发了水稻、大豆、玉米、马铃薯等4种作物养殖管理和奶牛、肉牛等2种饲养管理决策系统。经过多年开发应用，系统完成了单机版向网络版的过渡，所有系统均采用B/S架构，实现互联网环境下的远程服务。

（2）农情灾害监测系统。基于3S技术，黑龙江农垦科学院情报所承担开发了面向整个农垦的灾害监测系统，研发基于GIS技术、以农场为单位的农业灾害分析发布系统，实现对农场农业病虫灾害历史和现状信息的可视化管理与分析。通过对灾害发生区域卫星遥感图片的频谱分析和对分析图片的矢量化处理，并通过GPS的现场校验和卫片量化描述，形成感性化可识别的信息资源，再通过基于GIS的农业灾害分析发布系统进行决策分析。

（3）测土配方施肥系统。依据农业部提供的测土配方施肥方案和模型，黑龙江农垦总局开发了测土配方施肥系统，并在全农垦进行了推广应用。系统主要功能包括地块样本信息档案管理、配方施肥的智能决策等功能。通过对该系统的档案查询，可以对地块样本档案信息进行统计查询，同时，能根据土壤样本养分信息，提供肥料配比方案。

（4）农机指挥管理系统。农机作业指挥管理系统，是充分利用GPS技术、GIS技术、通信技术建立起的一套具有农机具场视频监控、农机作业指挥控制、作业成本核算以及对农机具指挥管理等功能的信息系统。该系统由黑龙江八一农垦大学开发，由农机具场的视频监控系统、卫星信号采集系统、GPS信号纠偏处理系统、无线网络传输系统和农机具管理信息系统组成。

通过建立地面纠偏站，利用差分技术对机车 GPS 采集的定位信息进行纠偏，消除机车 GPS 定位的系统误差，提高机车定位精度（误差不超过 2cm），实现机车的精准作业；通过有线和无线传输技术，实现农机场、机车和控制指挥中心之间的信息传输；通过控制指挥中心的管理信息系统，实现信息的分析处理、监控对象的图形化展示、机车的档案管理、机车作业成本费用管理以及机车的作业指挥。系统在七兴、红星、友谊和大西江农场应用示范，效果良好。不但实现了农机具的安全监控和定位管理，而且实现了农机作业成本管控，每天能自动结算农机作业成本、利润，实现日清日结。

（5）气象信息服务系统。为增强农业抵御自然灾害的能力，实现适时监控决策，统一指挥调度、统一区域联防，合理安排农业生产措施，2006 年，总局农业局主持开发的基于 B/S 结构的农垦农业气象服务系统，并在农垦全面应用。该系统在 103 个农场建立了地面自动气象观测站，对农场气象信息进行信息采集，并及时传送到农垦总局。系统能及时进行气象信息更新、发布、统计、分析。该系统能实时提供农垦各农场气象信息，并进行短期气象预报，对农垦农业生产发挥了重要作用。

3. 农业管理信息化

（1）土地资源管理信息系统。该系统包括土地档案管理、家庭农场档案管理、电子合同签订和管理、承包费收缴管理、作物种植档案管理、土地承包信息发布、信息查询和统计分析等功能。2006 年在全农垦推广应用，使土地承包公开、透明，不但杜绝了土地承包的漏报、瞒报、错报现象的发生，而且提高了农场经济效益。

为了加强土地资源的管理和利用，实现对土地管理、经营、使用的可视化管理，2007 年，总局决定以建三江分局为试点，开发推广基于地理信息系统的土地资源管理信息系统，经过一年多的开发，系统已经投入使用。该系统采用 B/S 结构的互联网版本，建立了 15 个农场的电子地图和土地资源档案，包括地下的土地养分信息、地表的地势地貌信息和地上的信侯信息。该系统作为土地档案基础平台，整合了土地承包管理业务，实现了土地承包的可视化管理，通过点击电子地图，系统能够以图形和表格形式展现出区域气候、土地养分、承包人、承包合同、种植作物品种、农药和化肥使用、费用收缴等信息。按照年度，可以查询到以上信息的历史档案，进一步可以掌握土地流转信息，根据作物种植品种和农

药使用信息合理进行土地轮作。

在此基础上，进一步开发农业标准化管理系统、绿色有机农业管理系统等，将农垦所有围绕土地生产、经营的业务管理建立在一个平台上，实现相关业务的整合集成。

（2）林业和水利管理信息系统。农垦总局林业局开发了农垦退耕还林和森林防火指挥系统。上述系统均以地理信息系统为基础，建立了林地电子地图。退耕还林系统包括还林地的区划、地势地貌、还林时间、还林树种以及还林地管护等功能，实现退耕还林的全面跟踪管理；森林防火指挥系统建立了农垦林地火险等级档案，对高火险地区进行重点监控。

2004 年，总局水利局基于地理信息系统开发了农垦水利防洪信息系统。与森林防火指挥系统相似，系统建立了农垦内的江河流域的水利电子地图，对重点险滩河段、洪涝易发区进行重点监控管理。

4. 农业服务信息化

（1）北大荒信息港。北大荒信息港是黑龙江农垦的门户网站，由农垦通信有限公司建设运营。该网站作为总局政务信息网和农垦的公众信息网，2008 年成为中国农业网站百强之一，位居农业企业网站第一名。网站包括总局政务信息、社会公众信息和农垦集团三大板块（图 1）。

（2）社区管理系统。该系统对社区居民日常活动、社会事务等进行全面管

图 1　农垦信息港界面

理。包括人口管理、物业管理、党群管理、劳动力就业及失业管理、劳动力培训及转移、信访、民政事业、社会治安综合治理、社会保障管理、计划生育管理、疫情防治、文化娱乐、合作经济组织管理等功能。系统提供了信息采集、查询、分析、汇总等功能，为社区居民提供便民服务，为“政务公开”提供支持，为社区管理决策提供依据。

（3）安防监控系统。农垦通信有限公司以宝泉岭农垦分局为试点，建立了分局及所属农场的安防监控网络系统，建立了一个分局指挥中心，13 个农场指挥中心，安装监控点 330 个，该系统对宝泉岭分局的治安管理发挥了重要作用。

（4）新农村建设信息化试点工程。作为文化部“文化信息共享工程”的试点单位，农垦 5 个分局的 20 个农场开展了“文化信息共享工程”试点，试点单位建立了文化共享服务平台，通过网络为基层生产单位、社区提供文化娱乐服务。作为商务部“万村千乡市场工程”的试点单位，农垦 11 个农资、日用品商店和 600 家农家店开展了“万村千乡市场工程”试点，通过网络服务，建立了农村网络市场和销售店。作为原信息产业部（现并入工信部）“新农村综合信息服务试点工程”首批试点单位，建三江分局开展了水稻和大豆产业化综合信息服务试点，建立了现代农业信息服务平台，对文化共享工程试点、远程教育试点等项目进行了整合，完成了有线电视、电话和互联网的整合，促进了“三网融合”。

5. 企业信息化

为了降低企业管理成本，提高企业经济效益和综合竞争力，农垦所有龙头企业不同程度地实现了信息化管理。像九三油脂、完达山乳业等大型集团化企业，基本都建立了集团与分、子公司的管理网络和集团的 ERP 系统，通过互联网实现了集团和分子公司之间的信息交换和资源的统一管理。

（三）典型案例

1. 农场现代农业数字化信息系统

黑龙江农垦红星农场、七星农场现代农业发展中心，以 3S（GPS——全球定位系统、GIS——地理信息系统、RS——遥感技术）技术为核心，以黑龙江八一农垦大学精准农业中心为技术支持，以等离子大屏幕为展示平台，建立了红星现代农业数字化信息系统。

红星农场现代农业数字化信息系统，主要开展红星农场农业数字化信息基础建设、数字化农业生产管理系统、农业数字化技术装备建设，形成红星农场数字农业技术体系，探索出信息时代农业生产的新思路，寻找农业高效、高产、优质、低耗生产的新方法。系统具体包括：等离子指挥调度大屏幕、网络系统机房、农田遥感信息系统、农田地理信息系统、有线视频网络监控系统、无线视频监控系统、短信群发系统、网络视频会议系统、农田环境数据采集系统、种植业数字化信息系统、农机数字化管理信息系统、农田水利数字化信息系统、农场林业数字化信息系统、农场畜牧数字化信息系统等。该系统利用3S等高新科学技术，发展农业生产的信息化，以信息化带动农业现代化，促进农业和农场经济发展，增加收入，全面提高红星农场农业竞争力。

2. 农场农机管理数字化信息系统

随着农机现代化水平的不断提高、种植业结构的进一步调整、农垦体制改革不断深入、国家惠农政策的进一步加大，特别是农垦实施“现代农机装备工程”以来，黑龙江垦区农机基础设施由以往的“分散建、分散管”改为“集中投入、集中建设、集中管理”，加强农机服务中心基础设施建设任务。农机服务管理中心集管理服务、检修停放、学习培训、指挥调配、展示推广、休闲观光于一体。红星农场、七星农场、友谊农场、二龙山农场等建设了农机管理指挥调度信息系统，以高科技投入和管理获取资源的最大节约和农机工人的最佳效益。利用网络信息系统，实现以农场为单位的全场机车统一调度指挥、核算。

现代农机服务管理中心以“立足精准农业、发展现代农机”为建设理念，根据农场农机管理现代化的需求，进一步提高大规模集约化现代化农业生产水平，提高农机管理水平，结合3S（GPS、GIS、RS）技术、互联网络技术、网络数据库技术、无线通信技术、视频远程监视技术、农业环境数据远程采集技术等，建立农场农机集中管理指挥调度系统，实现农场农机管理指挥调度网络化，使各级管理部门通过互联网络可及时掌握农场农机管理信息，了解机车当前作业的情况，如机车是否作业、作业地号、地号面积等，对农场农田的地理位置、土壤信息、种植作物情况等信息进行查询，提高农机管理的科技水平。

农机服务管理中心的建设。通过发挥农机中心的培训功能，对全场农机工人进行系统的培训，全面提高了当代机务工人整体素质；机车集中停放、吸引农机

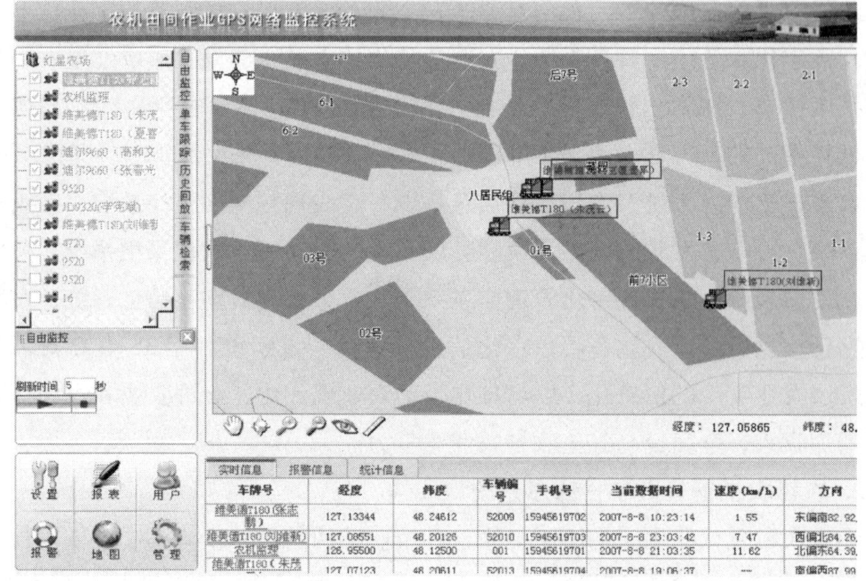

图 2　农机作业 GPS 动态跟踪调度系统

工人向场部集中居住，带动农场小城镇的建设，进而加快撤组并区和居民组复垦的步伐；农机发展中心的建成，可以充分地发挥大型现代农业机械作业的优势，全面提高农业机械化水平，将农场的农业生产带入网络、数字和信息化时代，实现农机管理科学化、标准化、定量化、高效化，有力地推动农业经济结构的优化和农业增长方式的转变，为农垦在新体制、新形势下探索农机管理新模式开辟了先河。

3. 以 3S 技术为核心的精准农业试验示范基地建设

为了探求适于黑龙江省农垦的精准农业技术装备体系，继友谊农场五分场二队精准农业项目之后，黑龙江省农垦总局又引进精准农业技术装备进行适用性对比试验。2003～2005 年进行了精准农业技术试验示范，大型农业机械适应性和保护性耕作试验示范，取得了较好的试验效果。

建设了友谊农场、大西江农场、八五二农场、宝泉岭农场、红星农场等 5 个精准农业试验示范基地，建设了友谊农场、八五二农场、宝泉岭农场、胜利农场、克山农场等精准农业示范区 GPS 差分站，进行了作物收获产量监测试验，采集了 2003～2005 年示范区大豆和麦类收获时的基于 DGPS 定位下的产量、粮食水分、行驶距离、收获面积等数据信息，绘制出作物产量分布图、水分图、田间高程图，为分析产量影响因素提供依据。2003～2005 年在精准农业核心示范区开展了基于 DGPS 定位土壤取样工作，完成土壤化验工作，使用专用软件绘制出土壤养分层图，在土壤养分层图的基础上，进行了精准农业大豆播种变量施肥处方图生成工作，使用引进的大型变量施肥播种机进行了大豆变量施肥播种试验。如图 3、图 4 显示。

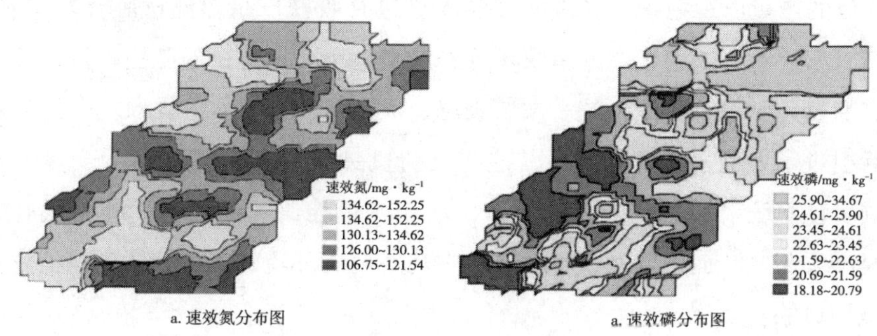

图 3　速效氮、速效磷分布

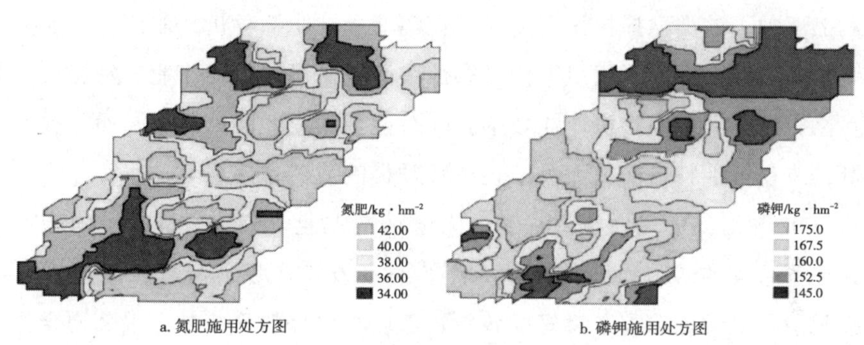

图 4　氮肥及磷钾肥施用处方

示范区的建设与试验，向人们展示了精准农业技术的内涵与实施技术，让人们增加了知识，提高了认识，促进了行动。近几年的建设成果中吸引了国内学者、专家、同行到现场考察调研。实践证明精准农业技术系统与设备高效、优质、低耗、环保、适用、配套，适合大面积现代化机械作业，已为黑龙江省农垦的农业机械化发展、机具更新换代提供良好的借鉴。在信息技术的支撑下黑龙江农垦开展的精准农业起到了明显的示范作用，主要体现在：大型先进机械装备的示范；精准农业生产模式的示范；保护性耕作的示范；规模化农业生产的示范；标准化农业管理的示范等。

4. 基于 GPS 定位的大型数字化农业机械装备应用

黑龙江农垦友谊农场、大西江农场、八五二农场、宝泉岭农场、红星农场等先后引进了美国 CASE 公司和约翰迪尔公司生产的收获机，该收获机带有基于 GPS 定位的产量监视系统，在黑龙江省农垦进行收获产量监测试验。友谊农场、大西江农场、八五二农场、红星农场等先后引进了大型变量施肥播种机，该播种机具有变量施肥播种控制系统。友谊农场、大西江农场、八五二农场、红星农场等先后引进了大型自走式喷药机，这些喷药机具有基于 GPS 定位的变量喷药控制系统。该系统自动调节药液的流量，从而变量控制喷洒农药、叶面微肥的数量，提高农药及叶面微肥利用率，减少农药对生态环境的污染，达到保护农业生态环境的目的。

黑龙江农垦示范区应用了农机作业 GPS 导航自动驾驶技术，该类型拖拉机还配备了卫星导航自动驾驶系统，除地头拐弯需人工辅助转向外，正常直线作业不需人工驾驶。该类型拖拉机牵引大型宽幅变量施肥播种机，取消了容易损坏的悬壁梁式划印器，提高了机组工作可靠性，拖拉机可以夜间作业，延长机车的作业时间，提高了大型拖拉机作业效率。同时避免往复线的重播和漏播，提高了作业质量，节省了油料，而且大大减轻了驾驶员的疲劳程度。

从 2002 年开始，黑龙江八一农垦大学精准农业研究中心进行了国产变量施肥控制装置系统的研制和试验。2004 年 5 月在友谊农场五分场二队进行了田间变量施肥播种试验，取得了良好的效果。随后与白桦耕作机械有限公司合作研制的机电式大豆变量施肥播种机。2005 年 5 月在八五二农场科研站试验田完成大豆变量施肥播种试验工作，样机达到了预期的试验效果。国产大豆变量施肥播种机的研制成功，为精准农业的推广应用创造了基础条件。

黑龙江八一农垦大学精准农业技术研究中心研制开发了精准农业农机直线作业 GPS 导航系统，该系统由导航软件和 GPS 导航光靶组成。导航软件用于精准农业，农机直线行走作业时利用 GPS 进行导航。导航软件可以接收 GPS 接收机的定位信号，在设定导航线后，根据机组作业幅宽进行自动直线导航。

5. 土地资源管理信息系统

土地承包工作是一项技术性、政策性、时效性、法律性都很强的工作。为了保证农场和承包者的合法权益和公平的利益，规范土地承包，提高土地效益，为了加强土地资源的管理和利用，实现对土地管理、经营、使用的可视化管理，2007 年，总局决定以建三江分局为试点，开发推广基于地理信息系统的土地资源管理信息系统，经过一年多的开发，系统已经投入使用。

6. 畜牧生产管理服务信息系统

（1）牛场管理信息系统。2010 年 858 农场在农垦率先引进牛场管理软件，通过给每头牛安装电子识别芯片，应用 RFID 技术原理，与无线局域网技术配合，保持对奶牛实时有效跟踪，并且通过对繁育、育种、疾病防治等信息的有效分析，掌握牛群的生产情况，实现了奶牛的精细养殖和管理的信息化，实现奶牛场移动办公。

（2）智能化奶牛专家系统。随着奶牛科学技术及相关科学的不断进步，信息量急剧增加，能够及时准确地搜集、加工、存贮、利用这些信息，已成为现代化奶牛场提高经营管理水平和牛群生产水平的要求，也是奶牛企业了解自身企业实时经营情况的窗口。垦区奶牛专家管理系统就是以这种指导思想设计开发的。奶牛专家系统是一个覆盖了奶牛场几乎所有业务处理环节的多系统、高智能化的专业应用软件。奶牛专家系统通过建立各种基础档案来全面地管理奶牛原始数据，强劲的数据处理能力、高度的对奶牛场的适用性、灵活的实时采样与实时控制接口、方便的操作界面可以使用户一通百通。

7. 现代农业生产专家系统

（1）智能化大豆农业专家系统。大豆农业专家系统集成了 asp. net、数据库、多媒体、计算机网络、GIS 等信息技术，为大豆生产的全过程提供智能决策咨询服务。系统提供了大豆生产领域包括育种专家、栽培专家、病虫害专家、经济专家等经验精华的总结。在大豆从种到收的生产全过程，农民遇到任何问题，都可以到这个系统查询，这个系统成了“农民身边不走的大豆种植专家”。并且通过农业专家把关，实现了高层次的农业技术集成，增强了专家系统的应变性、适应性和权威性。

（2）智能化水稻专家系统。黑龙江省是水稻种植大省，水稻种植面积占全国的 46%，产量占 50% 以上。稻农种植水稻的积极性空前高涨，水稻种植面积持续扩大，但是，由于农民的水稻种植水平普遍较低，主要还是靠经验进行农事操作，带有很大的盲目性。如果没有农业专家的技术指导，他们很难将先进的生产技术正确地应用到生产实践中去。水稻专家系统就是这样一套具有水稻专家的知识和经验的专家咨询与智能化辅助决策系统，对水稻种、管、收进行电脑专家指导，对作物长势和病害进行科学诊断，并提出调控措施。

（3）智能化玉米专家系统。近年来，随着玉米种植面积的逐年扩大，农民对先进的玉米种植制度、种植模式、生产知识的强烈需求和玉米生产种植专家严重不足之间的矛盾也日益突出。玉米专家系统是将玉米种植专家的农学知识、科研成果和实践经验与计算机技术有机结合的一套综合性系统，以提高玉米经营管理水平和玉米生产科技水平，提高玉米生产效益和增加农民收入。

（4）智能化马铃薯专家系统。黑龙江省是优质马铃薯种植区，马铃薯的生产者迫切需要掌握生产栽培管理技术，虽然各农场有很多农业技术人员，但是多数的家庭农场对生产技术不能完全掌握，并且对专家水平的栽培技术更是望而兴叹。马铃薯专家系统不但能模拟与替代为数极少的农业专家指导科学种田，培训农技人员，还可以帮助农业生产管理部门指挥生产，是科技兴农的有力工具，对提高劳动生产率和农业生产水平、发挥机械化优势、推动农业现代化的发展具有重要意义。

8. 农产品质量安全追溯信息系统

为了加快建立农产品质量追溯制度，提升农产品的安全水平，保障消费者的知情权，黑龙江农垦于2008～2010年，争取了农业部农垦局国家财政专项资金1150万元，用于农垦12家企业农垦农产品质量追溯项目建设。作为农业部农产品质量安全追溯项目的试点单位，宝泉岭肉业集团、红兴隆牛业集团和857精制米业公司，正在建设肉产品、米制品的产品质量追溯系统。该系统按照产业链建立原料、半成品、成品各生产环节的质量档案，产品出厂通过条形码标明产品生产信息，并建立产品销售档案，一旦产品发生质量问题，通过条形码和产品质量追溯系统，就可以追根溯源，追溯产品的整个生产过程，可以进一步追溯到问题的发生环节，实现产品从基地到市场的全过程跟踪管理。

9. 农垦物流及粮食电子交易信息系统

（1）农垦物流信息系统。黑龙江农垦物流有限公司是国家AAAA级现代物流企业，集采购、运输、仓储、包装、搬运、流通加工、配送、信息处理于一

体，具有完善的信息网络、配送网络、基地网络。配送网络遍布全国，2010 年农垦物流集团指挥中心落成。此举标志着农垦物流发展进入了做实服务平台、做强现代物流的里程碑，使主产区的粮食外运得到保证，使农业物流行业成为农垦新的经济增长点，促进了宏观经济的发展和产业布局优化、产业结构升级，促进了农垦内社会经济发展，有效地保证了粮食安全。

（2）农垦粮食电子交易信息系统。农垦粮食电子交易系统是粮食网上交易及其与现代粮食物流、商流、信息流相结合的第三方交易平台。该系统以服务粮食产业为核心，实现粮食的网上实时交易，并辅以物流配套体系，汇集仓储、运输、金融、质检等多种服务于一体，是黑龙江第一家大型粮食现货电子交易市场。农垦粮食电子交易网与国内农产品期货市场互补，为粮食交易商提供网上订单交易、竞买交易、竞卖交易、现货交易等多种交易方式。

2009 年 11 月，农垦商贸集团麾下的农垦粮食物流有限公司与民生银行大连分行及北良港合作，利用农垦在建三江的 13 个仓储物流节点，开办了农垦粮食银行，并选择在有“全国第一大粮库”之称的前进农场试运行。

粮食银行是农垦商贸集团打造现代粮食物流平台的大型战略经营项目，它通过集并、存储、交易、运输等环节，推进粮食物流体系的构建，实现粮食物流的产业化经营。作为黑龙江省内的首家粮食银行，它开创了全省粮食流通、资金运作的新模式。

粮食银行运营的实质，就是粮食企业与商业银行合作，把粮食这一特殊商品与银行的经营管理方式相结合，以农户手中的商品粮为产品，以粮食企业为载体，以银行的相关资源为补充手段，通过粮源集并、加工存储、质押贷款、现货销售、电子交易、期市套保、陆海联运等整体联动，推进现代粮食物流体系构建，破解粮食流通过程中存在的诸多“瓶颈”难题，促进经济效益与社会效益的同步提升。

10. 黑龙江农垦气象信息及土壤墒情自动监测网

“十五”以来，农垦累计投入 5423 万元，主要用于灾害性天气监测、探测自动化、气象信息网络三大系统建设，使农垦灾害性天气预警系统初具规模。目前，农垦气象台站土壤墒情自动监控网一期工程已完成设备安装调试工作，共布设土壤墒情自动监测站点 88 个，监测范围覆盖了农垦不同气候、不同土质的所有分局和农场。90 个气象台站和地面探测自动化建设也已全面完成，在全国居于领先地位。现有19部各种型号的天气雷达，特别是完成了国家气象重点项目九三分局新一代天气雷达建设工程，使农垦对灾害性、突发性天气的监测预警能力明显提高。

11. 黑龙江农垦总局数字化信息管理平台

信息技术的应用作为现代农业的重要标志，在服务农民生活、辅助农业企业经营管理、辅助决策等多个方面取得了显著的应用效果。黑龙江农垦“十二五”期间将要建设的现代农业信息化支撑平台采用通信技术、数据库技术、3S技术、软件技术、物联网技术等信息化技术，在建立自然资源数据库、人口资源数据库等基础数据库的基础上，构建一套全过程、全业务的现代农业信息化支撑平台，服务于以农业生产过程为主，以现代农业企业管理和农民生产、生活为辅的业务主线。

平台主要包括应用层、管理层、决策层三个应用层面。应用层：提供专家系统、农资信息、农产品信息、文化教育信息、农业生产培训、专家咨询、短信提醒等综合信息服务功能，服务农民生产生活。管理层：提供包括农业生产管理、协同办公、科研管理等多个业务层面的管理功能，支撑现代农业企业经营管理。决策层：提供综合信息分析、GIS数据支持、农机生产视频指挥、RS技术服务等方面的辅助决策功能。

三　创造中国特色现代农业发展模式

总体上看，我国现代农业发展刚刚起步，农业生产力的整体水平仍然较低，基本上还处于粗放经营的传统农业范畴，尤其是在农业劳动生产率、化肥和灌溉水利用率、农业机械化程度等方面，我国农业现代化水平较低，还处在初级阶段。从全国来看，农业现代化指数呈逐年递增的态势，但进程比较缓慢。对照发达国家水平差距还比较显著，面临诸多压力和挑战。

进入21世纪，国际国内形势发展也给农业现代化带来良好机遇。展望“十二五”，我国即将步入建设现代农业的提速期。深刻认识并准确把握国内外形势的新变化新特点，科学谋划我国农业未来发展，对于我国农业继续抓住和用好重要战略机遇期，全面推动农业现代化建设跨上新台阶，具有决定性的重要意义。应准确把握时代脉搏，明确发展定位，使农垦发展优势得到充分发挥，发展潜力得到更大释放，发展速度和效益得到更快提升。因此，要站在国家发展战略高度，进一步提高维护国家粮食安全、食品安全、生态安全的能力，创建具有中国特色和时代特征的社会主义现代农业发展模式。

（一）我国现代化农业发展方向

我国正处在现代化建设的重要时期，城乡之间、农业与非农产业之间联系日趋紧密，国内外经济形势变化对农业发展的影响越来越大，对农业基础性支撑作用的要求越来越高。从总体上看，促进传统农业向现代农业转变，既应遵循全球农业发展的一般规律，又应考虑我国经济社会发展的实际，与我国工业化、信息化、城镇化、市场化、国际化的进程既相适应，又互为促进。

应用信息技术推动农业发展方式的转变 信息化有助于分散的农户与现代化的生产、流通网络接轨，使家庭经营能够适应现代农业生产力发展的要求，也能够有效地承接现代农业技术和现代农业生产方式。

积极推进小城镇建设 小城镇的兴起和发展是农村生产力发展到一定阶段的产物，也是农村经济不断发展壮大的必然要求。发展小城镇将对农业现代化起到至关重要的作用。在黑龙江农垦的部分农场，小城镇建设已经呈现出与农业现代化良性互动的格局，“耕作在广袤的田野上，居住在现代化的城镇里”已经成为现实。

提高农业生产经营组织化程度 充分发挥各类农业和农民组织在技术传递、信息集合、产业开发、规模经营、资源共享等方面的作用。要加快推进农业经营体制机制创新，要大力发展各类产业化经营组织特别是农民专业合作社，进一步健全农业社会化服务体系，促进农户分散经营向适度规模经营转变，形成多元化、多层次、多形式的经营方式，切实提高农业组织化程度，把农户引领到农业商品化、专业化、社会化的发展轨道上来。

推进农业科技创新和应用 要按照可持续发展的总体要求，以节地、节水、节肥、节药、节种、节能、资源综合循环利用为重点，开发节约型农业技术，创新和推广新型农业生产模式，将农业发展转移到依靠科技进步和提高劳动者素质的轨道上来，推动农业农村经济又好又快发展。

加强农业基础设施建设 加强农田水利设施、农业科技和物质装备、农业科技研发和创新能力、动植物防疫体系、农产品质量安全检验检测能力建设，改善

农民生产生活条件，加强农村社会事业建设等。

形成农业现代产业体系　继续做大做强农业产业，尽快构建起农业现代产业体系。包括：加大粮食战略工程实施力度，稳定粮食播种面积，推进国家粮食核心产区和后备产区建设，健全粮食安全保障体系；积极推进农业结构调整，实施优势农产品区域布局规划，提升高效经济作物和园艺产业、现代畜牧水产业的比重，加快形成优势突出和特色鲜明的农产品产业带；大规模开展园艺产品生产和畜牧水产养殖标准化创建活动，加快发展无公害农产品、绿色食品和有机农产品，实行规模化种养、标准化生产、品牌化销售和产业化经营，进一步提升农产品质量安全水平。

提升农业劳动力的素质　我国农村劳动力资源丰富，但总体上科技文化素质偏低，相对缺乏适应发展现代农业需要的新型农民。发展现代农业，迫切需要高素质的农业生产经营主体。目前，农村劳动力就业结构发生了重大变化，突出表现为农村青壮年劳动力外出打工不断增多，从事农业生产的绝大多数是老人、妇女和未成年人，农业劳动力的素质状况远不能适应发展现代农业的需要。

（二）我国现代农业发展模式

我国地域辽阔，各地经济发展水平差异很大，发展农业产业化和农业现代化应有不同的选择，因地制宜地选择农业产业化和农业现代化发展路子，采取适合当地情况的对策措施，促进农业产业化和农业现代化健康发展。在实践中探索中国特色农业现代化发展模式。发达地区应加快农业现代化进程，东部沿海地区、中西部一些大中城市郊区和其他经济发展水平较高的地区，应按较高的标准，进行农业现代化的试验示范。多数地区应大力发展农业产业化，要大力推进农业产业化，特别是要大力发展相对滞后的农产品加工业、农产品流通业和农村社会服务业，提高农业产业化的发展水平，进而引导农业现代化的发展。

（三）创新以农垦示范带动农村经济发展的新模式

2010 年中央 1 号文件明确提出“农垦要率先发展现代大农业，建立大型农产品基地，带动周边农村经济社会发展。”2010 年 12 月 22 日，国办转发国家发展改革委、农业部《关于加快转变东北地区农业发展方式建设现代农业的指导意见》（国办发〔2010〕59 号）强调“发挥黑龙江农垦的示范引领作用”。黑龙

江省委省政府十分重视现代农业发展，支持农垦建设现代化大农业，引领全省城乡经济社会一体发展战略。农垦充分发挥机械化水平高的优势，不断扩大农机服务范围，积极探索土地代耕制、承包租赁制和托管制等土地经营权流转形式，由代耕作业向全程生产作业、由个别农户向整村（屯）推进发展，发展土地规模化经营。努力探索具有黑龙江特色的现代大农业发展道路。

黑龙江农垦做法：着力建设“三大主体功能区”。农垦要发挥生产力水平较高、产业基础雄厚、科技人才集中、经济增长潜力巨大等优势，在农垦东部建成现代化大农业核心经济区，通过核心经济区的率先发展，引领带动农垦现代化大农业建设；农垦要发挥毗邻大中城市的区位优势，着力调整产业结构，积极培育战略性新兴产业，形成以加工业为中轴、现代服务业为主体、第二三产业共同发展的产业格局，在农垦中部建成现代化大农业综合开发区；农垦要发挥位于松嫩平原腹地、毗邻大小兴安岭生态保护区的区位优势和生态优势以及绿色有机农业和畜牧业发展基础好的产业优势，着力保护和改善生态环境，切实减少污染物排放，在农垦西部建成现代化大农业生态保护区。通过“三大主体功能区”建设，推动黑龙江农垦国家级现代化大农业示范区建设，对周边农村较好地发挥辐射带动作用。

四　发展现代农业政策措施建议

1. 加速推进农村农业信息化进程

加快制度和法规建设，逐步建立农业信息化管理机制和长效发展机制。实施农村农业信息化进程全面推进与局部突破相结合战略。实施农垦与地方区域信息化无缝对接战略，充分发挥农垦信息化的建设优势，以农垦带动地方，以地方支持农垦，实现区域一体化发展。实施小城镇建设战略，小城镇已成为黑龙江省县域经济发展的一个重要组成部分，集中了众多生产要素，对农村和社会发展产生了重要影响。实施多元化发展战略，应以政府主导推进与社会力量广泛参与相结合，充分调动社会各类经济主体的积极性，实现信息服务主体的多元化。

2. 建设一支高水平的农业信息化人才队伍

当前，农业信息化人才比较缺乏且现有人才结构不够合理，因而要注意提高各级农业信息管理人员的业务素质和工作技能，努力建设一支责任心强、素质高、知识结构合理的农业信息化工作队伍。当前迫切需要培养一批适应市场经济和信息时代要求的农业信息人才，打造一支有信息搜集、信息识别、信息加工、信息应用、信息反馈和预测分析能力的信息人才队伍。

3. 全面深化信息技术推广应用

加快信息技术推广应用，这是农业和农村信息化建设的首要任务，也是走中国特色农业现代化道路的必然要求。要提高设施装备信息化水平，促进农业科技推广，利用信息技术，推动现代农业产业体系的形成，健全农村市场体系，培养有文化、懂技术、会经营的新型农民。

4. 拓展农业信息服务渠道

健全农业专家队伍，拓宽专业咨询领域，建立完善的信息服务体系，强化数据库的整合、开发，加强信息资源建设，扩展智能专家系统，指导农民进行生产，形成较为完善的智能专家系统，以指导和服务于农业、农村生产实践。建设安全、有效的农产品供需平台，引入市场机制，开展农产品购销服务。

5. 加大农业信息化资金投入

要加强对农业信息化建设的投入，保证信息服务工作的正常开展。加快完善以政府投入为引导、社会投入为主体的多元化投资体制，引导更多的社会资金投入农业信息化建设。

6. 以信息化提升农村公共服务与社会管理水平

建立完善的信息服务体系，以信息化提升农村公共服务与社会管理水平，这是实现农村公共服务与社会管理决策科学化、信息化以及管理现代化、服务人性化的重要途径，有利于缩小城乡“数字鸿沟”。推动农村电子政务，建立健全乡村两级信息服务组织，建设乡村信息服务站（点），强化乡村信息服务站（点）功能，创新乡村信息服务站（点）服务模式。

7. 推进农业管理体制改革

切实推进管理体制改革。按照信息化、产业化、公司化、集团化方向，推进农垦企业集团化改革，将农垦集团打造成为集粮食生产、加工、仓储、贸易等为一体化的特大型现代农业企业集团。从农垦国有农场的经济性、社会性、区域性客观实际出发，探索国有农场政企分开的实现形式，用网络化、信息化、智能化的信息时代思维，建立有利于促进农垦城乡经济社会一体化发展的社会管理体制。

8. 加快土地流转，推进规模化经营

现代农业是一个高投入、高产出的产业，高投入、高产出的前提是有规模。没有土地流转，就没有规模效应；没有经营的集约化，也就没有现代化。要突破农业的自身瓶颈，充分发挥土地的效益，根本出路在于探索机制，加快土地流转，促进农业现代化。

9. 统筹规划、突出重点、分步实施

随着农业农村经济的发展和农业市场化进程的加快，推进农业信息化建设，加速农业现代化进程，已成为构建和谐社会和建设社会主义新农村的一项紧迫任务。应统筹规划、突出重点、分步实施，积极推进农业信息化建设，缩小城乡“数字鸿沟”。根据我国农业信息化发展情况，应明确农业信息化建设发展模式和步骤，当前特别要重点推进三网融合、农村综合信息服务平台、基于 GIS 的土地资源管理服务系统等建设，优先解决急需解决的问题。

结　束　语

农业信息化是现代农业建设的重要内容；现代农业建设，要以信息化带动农业现代化；依托现代信息技术改造提升传统农业，使之脱胎换骨获得新的发展条件；依靠与现代信息技术的结合，推动农业科学技术的突破及成果推广，实现农业跨越式发展；应用现代信息技术，将农业资源、生产要素、市场信息的运用提升到一个全新的水平，全面提高农业的发展能力；通过现代信息技术的促进，加快转变农业发展方式，实现农业高效、可持续发展。

目前，全球信息化和经济一体化速度加快，给我国农业特别是农垦农业现代化带来了千载难逢的机遇。我们必须抓住这一机遇，乘势而上，以农垦信息化推动农垦现代化，坚持发展数字农业，加快推进农垦现代化大农业进程，建成“国家级农业现代化示范区”，为维护国家粮食安全、食品安全和生态安全，引领全国农业发展，示范带动全国农业现代化建设，参与国际竞争，维护我国稳定繁荣作出更大贡献。

B.6
制造业“两化融合”的现状与展望

杨海成*

摘　要：“两化融合”是我国制造业顺应全球化、精益化、服务化、集聚化、绿色化、智能化的发展趋势，应对全球竞争、低碳环保和和谐发展的重大挑战，转变发展方式、提高发展质量、推动转型升级、实现可持续和跨越发展的重要途径。我国制造业“两化融合”目前正向以全面集成协同为特征的深度融合阶段发展。为解决当前“两化融合”过程中存在的问题，必须在信息技术广泛应用和渗透的基础之上，全面推动信息化各要素与工业领域各要素之间的深度融合。“十二五”期间推动制造业两化深度融合可以从改造提升传统制造业、发展战略性新兴产业、推动制造业服务化转型、做大做强工业软件产业等四个方面入手。

关键词：制造业　转型升级　“两化融合”　战略重点

制造业是国民经济的物质基础和产业主体，是富民强国之本，是以信息化带动和加速工业化的主导产业，决定着国家科技水平和综合实力。十七届五中全会把制造业的发展放在突出位置，作出“优化产业结构、产品结构和企业组织结构，增强新产品开发能力和品牌创建能力，全面提升制造业的水平和竞争力，促进制造业由大变强”的决议。目前，我国制造业规模庞大，在制造业行业分类

* 杨海成，教授，博士生导师，中国航天科技集团公司总工程师，国家信息化专家咨询委员会委员，历任西北工业大学常务副校长、中国科技集团公司副总工程师和总工程师、科技部“十五”863 计划现代集成制造技术主题专家组组长、“十五”和“十一五”期间科技部制造业信息化科技工程专家组组长，长期致力于应用信息技术改造提升传统制造业和发展壮大民族软件，先后主持完成国家科技攻关技术、国家 863 计划、国防型号预研等重大项目 40 余项，获国家科技进步奖二等奖 1 项、三等奖 1 项、省部级科技进步一等奖 7 项，发表学术论文 100 余篇，出版专著 7 部。

的30多个大类中，半数以上行业的生产规模居世界第一。但是总体而言，我国制造业整体水平还比较低，产业结构调整的要求十分迫切，提升空间巨大。在全球经济一体化进程中，我国制造业抓住机遇，应对挑战，实现转型升级，依然任重而道远。“两化融合”是我国在新的国际环境下实现工业化的必然选择，也是我国充分发挥后发优势以实现经济跨越式发展的必由途径。本文通过对制造业“两化融合”形势和现状的分析，提出了“十二五”乃至未来更长一段时期推进制造业“两化融合”的战略重点。

一　制造业“两化融合”的形势分析

（一）全球制造业发展模式的深刻变化

现代技术革命，尤其是信息技术革命，深刻地影响了世界经济，世界制造业也发生了重大的变化。随着全球经济一体化趋势不断加强和信息技术不断创新，信息化与经济全球化相互交织，推动着制造业向全球化、精益化、服务化、集聚化、绿色化、智能化方向发展。

全球化　信息网络化使制造企业突破了传统企业-社会-国家的界限，融入全球产业链，参与全球协作和市场竞争，在全球范围内优化配置资源。美国波音公司建立的跨企业、跨区域、跨平台的协同研制生产系统，支撑了企业间的全球业务协作和资源优化配置。在787飞机的400万个零部件中，波音公司本身只负责大约10%的生产任务——尾翼以及总装，其余的生产任务由遍布全球的40余家合作企业完成。

精益化　制造企业全面深入地应用信息技术，优化业务流程和资源配置，强化运行细节管理和过程管理，实现持续改进，推动企业不断适应内外环境的变化，提高核心竞争力和创效能力。美国洛克希德·马丁公司在精益制造系统的基础上进行联合攻击战斗机（JSF）的研制和生产，与上一代的战斗机相比，JSF的工装减少90%，生产周期缩短66%，制造成本降低50%以上，零件数减少50%以上。

服务化　为应对同质化竞争和供大于求的全球市场，制造企业将非核心业务专业化外包，利用工程成套和维护维修大修（MRO）等信息化支持平台，实现从单纯提供产品向提供产品与服务转变，增加产品附加值，走向价值链高端。上海电气集团以信息化系统为支撑，拓展工程成套总包、系统集成、设备远程诊断及维护、零配件管理等服务，2009 年服务收入约占企业总收入的 34%，促进了企业的转型发展。

集聚化 地理上集中且协作紧密的制造企业聚集在一起形成产业集群，并在信息化服务平台的支撑下，充分发挥群体的竞争优势，获取集聚发展的规模效益，提升产业链和产业集群的竞争力。世界著名的产品设计开发服务平台底特律 Online RP&M System，面向美国底特律汽车城产业集群，为区域内的中小企业提供产品创新开发技术服务，服务年收入达 4000 万美元以上，有效地提升了产业集群的产品创新开发能力。

绿色化 面对经济社会可持续发展提出的低碳环保和循环利用要求，制造企业在产品全生命周期中，综合考虑环境影响和资源消耗，在绿色设计、网络信息、智能控制等技术的支持下，开展产品的绿色设计和制造，提高资源、能源利用率，实现企业经济社会效益协调优化。宝钢的能源管理中心对全生产过程能源的使用进行实时监控。2007 年，宝钢平均吨钢综合能耗为 724.65 千克标煤，吨钢耗水仅 6 立方米，基本上做到了增产不增取水量，而同期全国平均吨钢综合能耗为 764.06 千克标煤，平均吨钢耗水为 20～30 立方米。

智能化 随着泛在网络和信息技术的发展，产品和装备的数字化、智能化和网络化程度不断提高，生产过程也正在朝着自动化、柔性化和集成化方向发展。汽车、家电、机床、工程机械、大型成套设备等产品中信息技术所占的比重大幅度提升，为产品带来了更多的附加值。据 Infineon 预计，2010 年，世界轿车装用电子装置的平均费用占整车成本的 35%。宝马高端轿车电子产品的成本已占整车的 40% 以上。

信息技术的发展和深化应用全方位地推动了制造业的变革与发展，重塑了全球制造业的竞争格局，成为全球产业结构优化升级的核心推动力。为顺应全球制造业的发展趋势，我国制造业必须大力推进“两化融合”，加快转变发展方式，实现由中国制造向中国创造转变，从制造大国走向制造强国。

（二）我国制造业发展面临的重大挑战

随着经济全球化进程的加快，制造业的竞争环境正经历根本性的转变。首先，全球范围内频繁的企业兼并与重组使得制造企业间的竞争不断加剧。在WTO规则的约束下，各国被要求开放国内市场，工业产品的市场逐渐统一化和国际化。全球竞争带来的国际市场日趋饱和、技术转移难度加大、低成本扩张难以为继等问题已经成为制约我国制造业发展的重要因素。其次，经济社会持续快速的发展带来的能源严重紧缺、资源供应不足、环境压力加大等问题迫切要求制造业降低能源资源消耗、减少废物排放、把对环境的影响降至“接近于零排放”。低碳环保已成为我国制造业破解资源环境约束，实现可持续发展战略的必然要求。再者，人口老龄化带来的工程师和高技能人才短缺、经济社会发展带来的劳动力成本上升、国际金融危机带来的企业效益下滑和大规模失业、产品附加值和技术含量低带来的出口增长受限、产业结构不合理导致的恶性同质化竞争等问题严重影响了制造业与经济社会之间的协调发展，成为我国制造业发展面临的长期挑战。

面对全球竞争、低碳环保和和谐发展的形势，我国制造业低成本出口战略不可持续、低端产业主导的经济结构不可持续、资源和环境的刚性约束难以为继、劳动在收入分配比重中持续下降等问题更为严峻。为了应对挑战，解决发展中存在的问题，我国制造业必须加快转变发展方式，提高发展质量，推动转型升级，实现可持续和跨越发展。

（三）“两化融合”促进我国制造业的转型升级

在制造业全球化、精益化、绿色化、智能化、服务化、集聚化发展的大趋势下，我国制造业迫切需要转变发展方式，实现三大转型和两大升级。三大转型包括产业形态的转型，即从生产型制造向服务型制造转型；制造模式的转型，即从高能耗高污染的非经济制造向环境友好的绿色制造转型；制造过程的转型，即从粗放型制造向智能化精益化制造转型。两大升级包括制造产品的升级，即从低技术含量、低附加值的产品向高技术、高附加值产品升级；产业价值链的升级，即从价值链低端向高端升级。

“两化融合”是以信息技术为代表的高技术与传统工业领域所有要素融合，进而提升、变革、创新、改造传统工业，淘汰落后生产能力，形成新型工业装备，催生新的工业模式，构建新型工业体系，建立现代产业体系，提升工业能力和素质的过程。通过“两化融合”，实现信息技术和工业要素的全面渗透和结合，可以促进产品研发设计手段、生产组织方式、经营管理模式、企业内业务流程、企业间协作模式的全面变革，从而提升企业的自主创新能力和核心竞争力；可以优化产业结构，增强产业集群聚集度和产业链耦合度，形成以战略性新兴产业为先导、以基础产业和传统产业为支撑、现代制造服务业全面发展的新局面。

十七届五中全会明确指出“推动信息化和工业化深度融合”是“发展现代产业体系，改造提升制造业”的重要措施，是促进制造业与服务业融合、加快发展服务业的重要支撑，是依靠科技进步和创新推进经济结构战略性调整和加快转变经济发展方式转变的重要途径，是促进我国十大产业振兴和战略性新兴产业发展的重要手段。因此，大力推进制造业“两化融合”，顺应了制造业发展的需求，是我国制造业转变发展方式、实现转型升级的必然选择。

二　我国制造业“两化融合”的现状分析

总体来看，我国制造业“两化融合”进程进一步加快，信息技术在制造企业中得到了广泛的应用，信息化支撑下的新型研发设计、生产制造、经营管理模式已现雏形，信息化的装备和产品不断涌现。制造业“两化融合”已从以单项离散应用为特征的简单应用阶段，发展到以综合集成为特征的结合渗透阶段，目前正逐步向以全面协同为特征的深度融合阶段过渡。

（一）信息技术在制造企业内部业务流程中应用广泛，成效显著

CAD、CAM、CAE、PDM 等软件工具应用普遍，增强了制造企业的产品研发设计和创新能力；CAPP、生产计划、物料管理、质量管理以及 MES 等软件应用广泛，生产制造信息化程度有较大提高，部分行业企业实现了管控一体化和产销一体化；人财物产供销等管理业务系统应用广泛，ERP 应用实施较广，SCM、CRM 等系统在汽车、家电等部分行业应用普遍。信息化应用覆盖了设计、制造、管理、营销等企业全业务流程，成为企业快速发展的重要支撑（图 1）。其中，企业内部流程信息化程度较高，进销存、CAD、生产管理成为信息化覆盖率最高的业务流程。

MES 应用比例由 2006 年的 14.22% 快速提高至 2008 年的 35.38%，成为新亮点，信息化已扩展到生产过程物流、质量等实时动态执行控制。

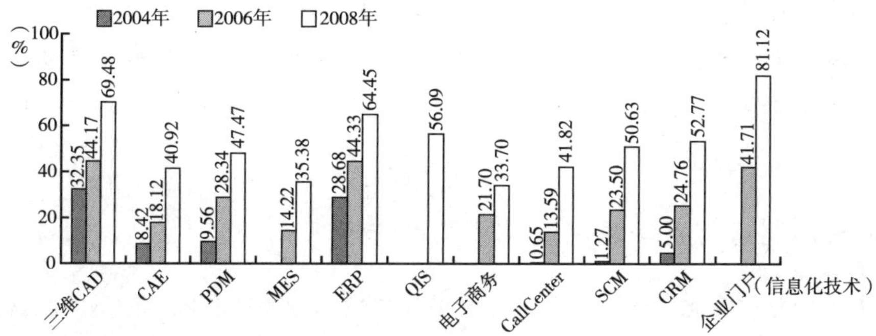

图1　企业核心业务流程信息化技术覆盖情况

SCM 和 CRM 为代表的企业间协作软件应用比例迅速扩大，已超过 50%，与 2006 年相比，增幅超过 100%，表明企业间协作、客户与营销管理成为发展重点。

ERP 业务流程覆盖了超过 62% 的业务部门（图 2）。

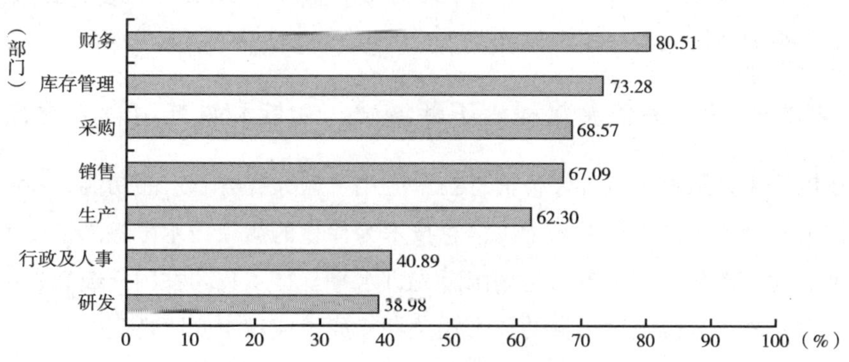

图2　ERP 业务流程覆盖情况

（二）信息技术广泛应用促进了制造企业的变革与创新

产品全三维建模、数字样机、虚拟仿真、协同设计等新型研发模式在复杂产品的研制中得到了初步应用；在我国服装、家具、家电等行业，已开始采用信息化支撑下的产品个性化定制模式；部分大型集团企业利用网络构建异地协同工作环境，采用分布式异地协同研发模式；区域性、行业性、专业化的研发服务平台正在出现，为企业提供共性技术、基础模型、行业标准、专业设计等服务。例如，西安第一飞机设计研究院在飞豹战机的研制中，首次实现了无纸化设计，建

立了国内首架具有数万个零件、标准件的飞机全机电子样机，达到了100%的DPD（数字化产品定义）和100%的DPA（电子预装配），使得设计周期缩短了60%，设计反复减少了40%，生产周期缩短了30%，工装减少了40%，显著提高了研制质量和整机可靠性。

（三）制造装备信息化取得了长足进步

离散行业数控化率逐步提升，传统设备的信息化改造和数控设备的联网运行得到了一定的应用；流程行业设备自动化与信息化程度高，大批企业建成综合自动化控制系统，实现了生产计划与控制状态信息的上传下达；通过检测技术、控制技术和信息技术等对生产设备的改造，节能减排取得了一定的成效。成飞公司通过构建制造资源数据库、推进DNC和MES技术实施等多种途径，将数控刀具品种由3000多种减少到700种，生产计划编制周期从5～7天缩短到1天，数控车间综合加工效率由原来的20%提高到现在的50%，大幅度节约了技改投资，创造了可观的经济效益。

（四）制造产品信息化程度不断增强，功能和性能有较大提高

数控机床、工程机械等装备信息技术应用普遍，提升了产品功能、性能和档次；在重大设备研制方面融入了以信息技术为代表的高新技术，提高了设备的性能与可靠性，部分成套设备已达到国际先进水平。徐工集团在国家级和省级项目的支持下，进行智能工程机械的技术攻关并将成果应用于实际产品的开发，开发出了智能化沥青混凝土搅拌设备、智能化摊路机、智能化振动压路机、AT系列沥青混凝土转运车。该集团还建成了智能化路面施工机械服务监控中心，实现了工程机械的定位与实时监控、历史轨迹的查询与管理等。

（五）制造业信息化综合集成全面展开

离散行业大部分企业仍处在部门内业务集成阶段，利用PDM和ERP实现了数据共享和软件功能集成；离散行业少数企业实现了内部业务过程的企业集成，极少数做到了面向产品全生命周期的企业间集成；流程行业MES软件应用广泛，不少企业实现了管控一体化，部分钢铁、石化企业实现了MES与ERP的综合集成，建立了产销一体化系统。

制造企业信息化综合集成经历了局部应用、内部集成、外部集成、柔性创新四大阶段。根据调查统计，2008 年末，处于内部集成阶段的企业所占比例已达 62.2%，处于外部集成阶段的企业所占比例达到 21.8%，企业信息化发展总体已处于由内部集成向外部集成发展的阶段（图 3），对应着信息技术扩展到企业外部主要业务和供应链体系，企业的组织和管理模式更强调合作性、服务性和长期性。下一步发展是柔性创新阶段，信息技术将渗透到企业各个方面，并且具有较高柔性，企业的组织和管理模式具有学习性和创新性，可随市场变化而变化。

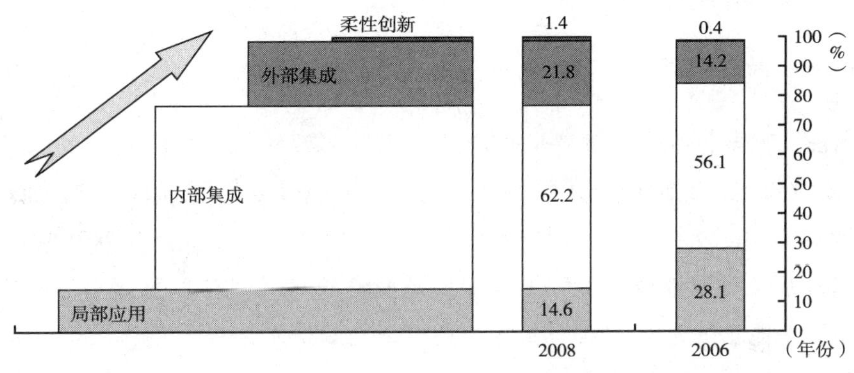

图 3　制造业信息化综合集成四阶段分布状况

但是也必须看到，目前我国制造业“两化融合”普遍存在着信息系统和业务流程之间缺乏深度集成和融合、信息化基础工作薄弱、标准规范体系不够完善、生产设备信息化应用层次低、产品信息化关键技术受制于人等诸多问题。距构建新型工业体系尚有较大差距，制造业“两化融合”之路依然任重而道远。为顺应当前制造业发展的战略需求，解决当前“两化融合”过程中存在的问题，必须在信息技术广泛应用和渗透的基础之上，全面推动信息化各要素与工业领域各要素之间的深度融合。通过“两化融合”，实现对工业领域要素的全面改造、变革与创新，促进我国制造业转型升级，形成新型产业业态，构建新型工业体系，锤炼工业素质，大幅提升工业能力。

三　推进制造业“两化融合”的战略重点

立足制造业发展趋势和我国制造业“两化融合”现状，“十二五”期间大力推动“两化融合”可以从四个方面入手。一是要以改造提升传统制造业的需求作为出发点和落脚点，促进企业核心业务与信息化的深度融合；二是要充分结合战略性新兴产业的发展，推动技术创新、模式创新和产业创新，促进制造业向高端迈进；三是要加强制造业各行业之间的交叉融合，特别是推进制造业与服务业的融合，促进产业结构优化和制造业的服务化转型；四是要做大做强工业软件产业，促进软件企业的转型，完善“两化融合”的支撑保障体系。最终通过“两化融合”，形成以战略性新兴产业为先导、以基础产业和传统产业为支撑、现代制造服务业全面发展的新局面。

（一）改造提升传统制造业

当前，我国制造业的发展呈现出“两高”（高污染、高能耗）和“两低”（低技术密集度、低附加值）的特征。制造业面临着自主创新能力弱、能耗高、环境污染严重等诸多问题。技术对外依存度超过50%，工业产品新开发的技术约有70%属于外源性技术，每年高端装备投资的60%用于国外进口。2009年，我国能源消耗总量为31亿吨标准煤，占世界总量的13.6%，钢、水泥、纸和纸板的单位产品综合能耗分别比国际先进水平高40%、45%和120%。我国单位GDP的SO_2排放量是美国的6.0倍、德国的26.4倍、日本的68.7倍。

因此，利用信息技术改造提升传统制造业是我国制造业“两化融合”的主攻方向。其重点是要深化高新信息技术在研发设计、生产制造、经营管理等关键业务环节的应用，实现技术创新和业务模式创新，大幅提高企业能源效率和资源综合利用率，造就一批具有全球战略选择与协作能力、全球资源优化配置能力、科学管理决策与运维管控能力的数字化制造企业，做大做强。

一是要积极采用知识工程、知识管理等信息技术，推进知识-技术-标准-流程的信息化，通过优化研发流程，全面融入设计软件、集成框架、设计流程、知识经验、标准规范等要素，构建知识化研发能力平台，强化基于知识和流程的产品研发设计创新。

二是要积极采用数据挖掘、商务智能等信息技术，通过建立面向企业管理能力整合与经营精益化的信息化综合集成服务平台，在企业运营中高效整合企业组织、业务和资源，提升制造企业集团科学经营管理决策和运营控能力。

三是要开展环境友好型设计制造集成应用，积极采用全生命周期评价等信息

技术，强化研发设计、生产制造、销售、供应、运行、报废回收、再制造等产品全生命周期的环境影响评价与优化，实践产品绿色制造模式，提高资源利用率，最小化环境污染，降低能源消耗。

四是要积极应用物联网、传感器、制造执行系统、综合信息处理等技术于企业安全生产、节能减排等环节，形成信息化支持下的综合节能减排模式，提升能源系统的技术装备水平，采用能源调度指挥，最大化能源利用率，实现企业经济效益和社会效益协调优化。

（二）促进战略性新兴产业发展

战略性新兴产业是引导未来经济社会发展的重要力量。发展战略性新兴产业，是我国转变经济发展方式、加快经济结构调整、大力推进自主创新、夺取未来经济发展新优势的制高点的战略选择。战略性新兴产业的发展要求制造业能够为其提供高效率、高精度、环境友好型和能源节约型的装备，这就要求我国制造业要向高端制造方向发展。以先进航空装备、高速铁路交通装备、海洋工程装备、智能制造装备为代表的高端装备制造业是战略性新兴产业发展的重点领域，是我国制造业转型升级的重要方向，也是加速推动从中国制造向中国创造转变的重要突破口。

目前，我国的装备制造业与工业发达国家有着阶段性的差距，除了核心制造技术以外，基础材料、基础元器件、基础设备、核心系统等也是重要制约因素。例如，高档数控机床配套关键功能部件和数控系统发展滞后，中高档功能部件依赖进口，国产各类功能部件所占比例大约在15% ~50%之间。我国汽车发动机系统传感器市场多被国外电子控制系统厂商占据。因此，结合战略性新兴产业的发展需求，利用信息技术推动我国装备制造业走向高端是我国制造业“两化融合”的重要任务。

智能化核心系统是信息技术与工业技术融合的载体，是改造制造装备的“利器”，更是高端装备的核心技术与核心价值所在。中国电子元件协会研究报告的数据显示，汽车电子占整车价值比例由20世纪80年代末的5%达到现在的25%。如果说高端装备是看得见摸得着的“躯体”，智能化核心系统就是高端装备的“大脑”。因此，通过推进制造业“两化融合”培育发展高端装备制造业的重点在于依靠以信息技术为核心的高新技术，大力推进信息技术与产品和装备的深度融合，开展智能化核心系统的自主创新研发和深入应用，研发出高精度、高效率、高智能和高附加值的高端装备产品，加快推动中国制造向中国创造转变。

一是要开展面向高端产品及装备数字化、智能化、物联化的共性关键技术攻关，如传感器技术、嵌入式系统技术、RFID 中间件与信息集成技术等，大力发展一批支撑“两化融合”的新兴信息产业，如光电子产业、传感元件产业、RFID 产业、智能控制系统产业等。

二是积极采用控制技术、网络通信技术、嵌入式技术等高新信息技术，自主研发高端产品及装备的智能化核心系统，例如具有自主知识产权的高档智能型开放式数控、汽车电子、监测及故障诊断、高档自动控制、高速机车计算机控制、先进导航、飞机航电等核心系统，推进高新信息技术和核心系统在航空航天装备、轨道交通装备、海洋工程装备、智能制造装备、先进医疗设备、新能源汽车、新能源装备、先进环保技术装备、微电子装备等重大产品及装备中的集成应用，促进产品创新，增加产品附加值，壮大高端装备制造业，满足社会经济和工业发展需求。

（三）促进生产性服务业加快发展

长期以来，我国制造企业大多从事技术含量低、资源消耗多和利润低的产品加工和组装业务，整体仍然处于全球产业价值链的中低端。面对日益突出的资源和环境问题，现行制造业增长方式必将导致利润增长低于规模增长的局面。《2008 年国民经济和社会发展统计公报》的数据显示，当年规模以上工业增加值比 2007 年增长 12. 9%，而利润增长率仅为 4. 9%。

因此，发展作为生产性服务业重要形态之一的服务型制造业是我国制造业转变规模不经济的增长方式、实现转型升级的重要途径。制造业“两化融合”主要从两个方面促进生产性服务业加快发展。

一是利用远程监控、数据融合分析与处理等新型信息技术，支撑装备制造企业开展工程总包及成套服务、大修维修服务、产品后市场服务，促进制造企业强化服务手段，实现制造服务化，从价值链低端走向高端。

二是要大力发展制造资源服务，提供有效的服务手段。支持第三方专业化制造服务的发展，围绕产品开发、经营管理、物流管理、产业链协作等业务活动，支持第三方服务机构为制造企业提供产品定制、制造加工外包、研发服务、装备

仪器租赁、在线贸易服务、咨询服务等专业化服务；围绕工业软件、专业构件、解决方案等信息化资源，支持第三方公共服务平台为制造企业提供共性资源服务。

（四）培育发展支撑“两化融合”的工业软件

工业软件是工业部门在开展工业活动、生产工业产品的过程中所使用的应用软件，具有很强的行业特征。工业软件大致可以分为三类。一是集成框架软件，如PDM（产品数据管理）、ERP（企业资源计划）、MES（制造执行系统）、PLM（产品生命周期）等；二是专业化软构件，如飞机的材料分析软件、结构强度分析软件等；三是工业支撑软件，如CAD（计算机辅助设计）、CAM（计算机辅助制造）、CAPP（计算机辅助工艺设计）、CAE（计算机辅助工程）、嵌入式软件等。工业软件在制造业转型升级的过程中发挥着核心的支撑作用，是转型升级的倍增器、转换器。因此，大力发展工业软件，是制造业“两化融合”向纵深和高水平发展、向核心领域前进的重要举措。

目前，我国工业支撑软件虽然取得较大突破，但技术水平差距大，市场占有率低。二维CAD软件发展迅速，取得很大进步，三维CAD软件取得突破，但是国产CAD技术离国际上最新的CAD三维技术差距较大。我国拥有自主版权的CAE软件，在重要工程中得到成功应用，但是国产CAE软件产业几乎不存在。制造企业根据需求开发了大量适合自身业务流程的专业软构件，如中国运载火箭技术研究院总体设计部与大连理工大学合作开发了面向航天运载器的结构分析的CAE软构件；沪东造船厂研制的自主版权的三维船舶设计系统等。工业软件集成架构发展成果显著，但与国外还有一定差距。国产PDM系统主要占据中端市场，但是在功能、性能及稳定性方面与国外软件还有差距。国产MES在机加工、钢铁、石化等少数领域比较成熟并形成了商业化产品，但在其他领域和国外MES相比还存在较大差距。ERP的国产化率为80%左右，在高端市场的占有率已经达到49.2%，与国外软件几乎形成平分秋色的局面。

总之，我国工业软件的发展存在诸多问题。例如，工业软件发展缺少核心技术，自主研发能力弱；缺乏支撑工业软件发展的标准规范；工业软件缺乏工程或行业背景与实践等。因此，大力发展工业软件以支撑制造业“两化融合”的重点在于紧密针对制造业“两化融合”的发展需求，采用不同的策略发展工业软件。

一是要紧密结合重大产品/工程，带动工业软件发展。国外工业软件的发展历程表明，工业软件来源于工程需求和实践。重大工程与重大产品的开发带动工业软件技术的发展，提供软件发展的动力。因此，应通过大飞机、新一代运载火箭、高档数控机床等重大专项带动相关工业软件发展。

二是自主研发部分核心领域的工业软件。在国防等重点行业的核心关键领域，研发具有自主知识产权 CAE、嵌入式系统、集成框架等软件产品，为国家战略产业的稳定发展和安全发展提供技术支撑和智力保障。面向企业核心的业务流程，研发具有自主知识产权的专业化软构件，为企业核心业务运行提供支撑。

三是要将工业软件与标准规范、知识经验、业务流程等要素融合起来，打造信息化的软装备，提升企业核心能力。厂房、设备和生产线是企业能力的硬装备，而软件、信息、标准和网络等融合而成的数字化平台就是企业能力的软装备。如果硬装备是企业的“躯体”，那么软装备则是企业的“灵魂”，后者能力的提升尤为重要。

四　结束语

在制造业全球化、精益化、服务化、绿色化和智能化发展的大趋势下，大而不强的我国制造业正面临着一系列严峻的挑战。“十二五”将是我国制造业加快经济发展方式转变和转型升级的重要历史时期。为应对当前面临的挑战，我国制造业迫切需要持续推进制造业“两化融合”，进一步提升我国制造企业的核心竞争能力，促进制造业由大变强，发展战略性新兴产业和生产性服务业，实现从“中国制造”到“中国创造”、从“生产型制造”向“服务型制造”的转变，占据全球制造业制高点和价值链高端。

参考文献

工业和信息化部信息化推进司：《工业信息化调研资料汇编（第一辑至第十二辑）》，2008。

工业和信息化部信息化推进司：《工业领域关键环节信息化现状和政策措施研究报

告》，2009。

工业和信息化部信息化推进司：《工业信息化现状专题调查和推进政策措施研究报告》，2009。

工业和信息化部信息化推进司：《信息化与工业化融合的基本理论问题研究报告》，2009。

科技部高新司：《“十二五”制造业信息化科技工程规划方案》，2010。

中国电子元件行业协会：《2009年中国电子元器件市场研究报告》，2009。

周宏仁著《信息化论》，人民出版社，2008。

周宏仁主编《中国信息化形势分析与预测（2010）》，社会科学文献出版社，2010。

B.7
工业企业“两化融合”发展阶段水平及趋势分析

刘九如　周 剑　陈 杰*

摘　要： 本文首先提出了“两化融合”的四个发展阶段划分：资源建设、单项应用、集成应用和融合创新，并进一步探讨了与发展阶段水平分析相关的资源、应用和绩效三个视角。然后，以工业和信息化部大量实践工作为依据，分析了我国“两化融合”当前发展阶段水平，总结出若干主要结论：我国“两化融合”发展整体由覆盖渗透向集成整合加速过渡，“两化融合”对企业竞争力和效益提升的作用集中爆发；“两化融合”发展不均衡，亟须个性化信息技术服务；企业推动“两化融合”的关键点逐步从业务广度覆盖向价值深度创新转变，领先企业更加关注业务集成和流程再造；新兴信息技术的市场认可度和用户接受能力存在显著差异。本文最后探讨和归纳了“两化融合”深入发展的重要趋势：企业将更加关注产品全生命周期价值创新；内部综合集成基础上的管控一体化将推动管理精细化水平实质提升；产业链实现集成优化，行业共性服务和区域特色服务加速集聚发展；新一代信息技术将为“两化融合”提供不竭动力。

关键词： 工业企业　“两化融合”　发展阶段　发展水平　评估

党的十七大提出“大力推进信息化与工业化融合”（简称“两化融合”）的

* 刘九如，工信部电子科学技术情报研究所副所长，硕士学位，高级工程师，长期专注于产业政策研究和科技期刊经营管理；周剑，工信部电子科学技术情报研究所信息化研究与促进中心副主任，博士学位，高级工程师，专注于管理科学与工程、控制科学与工程、工业信息化研究；陈杰，工信部电子科学技术情报研究所助理研究员，硕士学位，专注于战略规划与研究。

战略举措以后，各行各业形成了“两化融合”的发展热潮，不仅以此推动科技创新和结构调整，实现经济发展方式的转变，探索构建现代产业体系，而且以此作为走新型工业化道路、支撑工业由大变强的重要保障，取得了明显成效。十七届五中全会又提出“推进信息化和工业化深度融合”的要求，《国民经济和社会发展“十二五”规划纲要》更是进一步明确了两化深度融合的具体目标。

我们可以看到，在国家政策引导和经济转型发展的双重驱动下，“两化融合”工作不仅进入了新的发展阶段，而且具有更加广阔的发展空间。摸清其不同发展阶段的不同特征、水平和趋势，对于我们落实“十二五”发展目标，有效推进深度融合，切实找准实现路径和确定着力点等都具有重要意义。

一 “两化融合”的发展阶段和分析视角

从发展历程来看，“两化融合”可以分为资源建设、单项应用、集成应用和融合创新四个阶段（如图 1 所示）。初期的工作重心在于资源建设，从而为信息技术的应用和“两化融合”打下基础，资源建设还将伴随着“两化融合”后续深入发展和水平提升不断得到加强和完善。资源建设既包括设备设施的购建，如计算机和数控工业设施的配备、网络的建设等，也包括逐步增大信息化投入、培养信息化人员、进行信息化规划、建立信息化组织等，从而逐步巩固“两化融合”的基础，完善“两化融合”的环境。这一阶段可以称为“两化融合”起步阶段，主要任务是构建软硬件设备、设施和环境，其发展目标是为信息技术在业务领域的广泛应用和与业务深度融合打好资源基础。

资源建设具有一定基础后，信息技术在各单项业务环节的应用得到逐渐推行和重视，信息技术开始与工业业务结合，实现对各单项业务环节的横向覆盖和纵向渗透。横向业务覆盖包括研发设计、制造过程、经营管理和市场流通等业务环节，纵向渗透是指在各个业务环节应用中，信息技术的应用层次不断提高，对业务的支撑程度不断加深，比如在研发设计环节，从二维 CAD 发展到三维 CAD 等。这一阶段可以称为信息技术单项应用阶段（或局部覆盖阶段），所应用的信息技术以主机为代表，主要任务是进行数据管理，其发展目标是实现业务计算机化。

在单项业务应用基础上，集成应用得到逐步推动和发展，信息技术开始与工业业务深度结合，在信息化手段支持下，业务系统之间逐步实现集成运作，业务

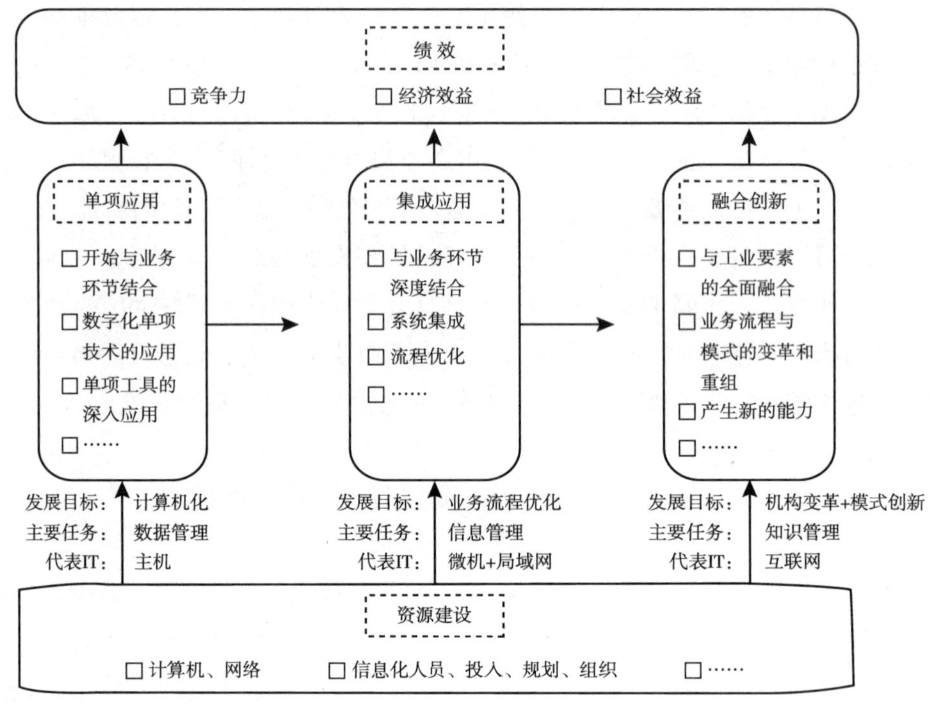

图1　“两化融合”发展历程和特征

之间逐步实现相互沟通和协同，系统集成基础上业务应用的开展推动了业务流程的逐渐改良和优化。这一阶段可以称为信息技术集成应用阶段，所应用的信息技术以微机和局域网为代表，主要任务是进行信息管理，其发展目标是实现业务流程优化。

在集成应用进一步发展的基础上，信息技术应用实现质变，信息技术与工业业务的全面融合得到大力推进，信息实现了与生产资料、劳动者等工业生产要素的相互融合，而且其本身也成为工业生产必不可少的要素。融合应用开始突破企业边界，引发了面向市场和客户的工业业务流程变革和重组，促进了技术、管理和市场等方面的模式创新，催生了新的工业能力。这一阶段可以称为信息技术融合创新阶段（或深度创新阶段），所应用的信息技术以互联网为代表，主要任务是进行知识管理，其发展目标是实现机构变革和模式创新，这也就是两化深度融合的目标。

在不同的发展阶段，信息技术都会给工业发展和绩效带来不同程度的影响，

主要表现在竞争能力提升以及经济效益和社会效益增长方面。一般来说，从初期资源建设阶段到单项应用阶段，再到集成应用阶段，最后到融合创新阶段，“两化融合”的绩效逐步彰显。

通过对工业领域信息化发展历程、阶段和特征的分析，可以发现“两化融合”资源建设、业务应用和绩效是影响和衡量“两化融合”发展水平的三个主要方面（如图2所示），资源建设和业务应用是绩效的重要基础和必要条件，绩效是资源建设和业务应用的建设目标和发展依据。资源视角主要是关于信息化基础设施和环境建设，衡量信息化的基本保障条件，关联到“两化融合”的准备情况。应用视角主要是关于信息技术在工业关键业务环节的各层次应用情况，衡量信息技术与工业业务的结合和融合水平，关联到工业业务。绩效视角评估“两化融合”的产出情况，又可以分为竞争能力和经济、社会效益两部分：竞争能力主要是“两化融合”带来的竞争能力提升情况，衡量信息化对工业关键成功因素的影响作用，关联到相关机构的发展战略；经济和社会效益主要是关于“两化融合”带来的经济效益和社会效益增长情况，衡量“两化融合”对工业最终效益的影响，关联到相关企业机构的发展使命。

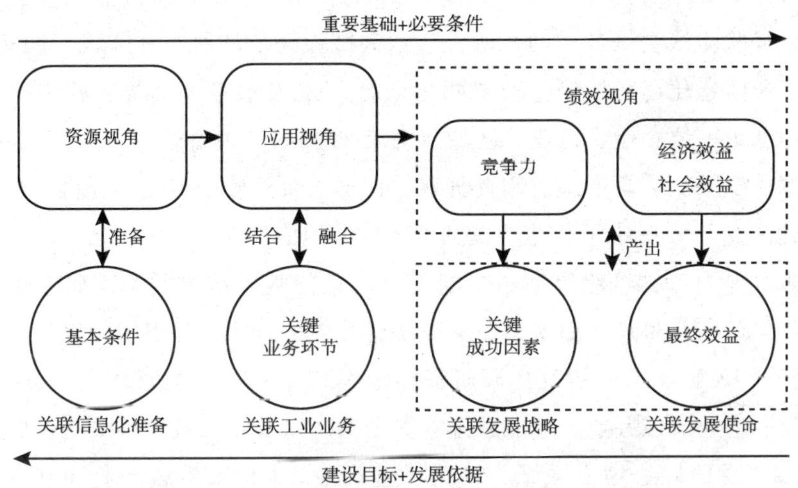

图2　“两化融合”发展水平分析的视角

在资源、应用和绩效三个视角中，绩效视角中的经济和社会效益是工业企业所追求的最终效益，但其影响因素众多，再加上市场环境的不稳定性，使得

“两化融合”对经济和社会效益增长的贡献往往难以度量。从这个意义上来讲，经济和社会效益更应属于“两化融合”的间接效益，而非直接效益。“两化融合”的直接效益体现为它对工业竞争能力相关要素的提升作用，其度量也相对更有章可循。应用视角着力于分析和评估信息技术在工业业务环节的应用情况，可以明确已经用了什么技术、应用到了什么层次、对业务支撑到了什么地步等，也能够从侧面反映“两化融合”的发展水平和阶段。资源视角则相对更为基础，它既不能反映“两化融合”带来的效果，也不能反映信息技术应用层次、阶段和水平，但可以反映出“两化融合”已经具备了怎样的基础、软硬件建设情况和环境建设情况等。因此，资源、应用和绩效三个视角相辅相成，互为补充，从不同的方面、层次对“两化融合”的发展阶段和水平进行分类抽象和刻画，也因而能够较好地对“两化融合”发展水平进行分析和评估。

二　“两化融合”发展水平分析评估的进展

自2008年下半年开始，按照工业和信息化部“两化融合”工作组“点-线-面-体”相结合的总体工作部署，结合原材料工业、消费品工业、装备制造业典型经验座谈会以及“两化融合”八大试验区及其他地方区域“两化融合”工作、工业信息化运行形势监测“两化融合”发展水平评估等工作，工信部电子一所课题组围绕企业、行业、区域等方面对我国“两化融合”基本情况开展了多角度、多层次、多形式的调查研究，收集了大量数据和案例资料，为分析我国“两化融合”发展水平和趋势提供了强有力的依据。

2008年9月，课题组启动了全国工业信息化基本情况的调查研究工作，通过资料收集、案头整理、座谈会、实地调研等多种方式，并组织专家开展专题调研，形成了12册《工业信息化调研资料汇编》，涵盖区域、行业、企业三个层面，涉及制造业、服务业、节能减排、安全生产以及相关政策等专题领域，覆盖32个国内副省级以上地方区域、19类工业行业、319家重点企业（其中196家工业企业，123家服务企业）。

2009~2010年，以支撑组织召开原材料（钢铁）工业、装备工业、消费品工业“两化融合”典型经验座谈会为契机，课题组广泛收集数据资料，并进行多轮实地调研，形成了原材料、装备和消费品领域157家企业的典型材料。结合

工信部“两化融合”试验区工作，形成了5册季度和年度会议材料和工作资料汇编，深入研究和提炼了区域“两化融合”的基本情况、重点工作和主要推进模式等。此外，课题组重点针对北京、天津、广州等地开展了“两化融合”推进对策研究，全面梳理和深入分析了各地“两化融合”发展的现状和问题。

2009年上半年开始，课题组支撑工信部在钢铁、化肥、重型机械、轿车、造纸、棉纺织、肉制品加工等七个细分行业开展“两化融合”发展水平评估工作，开展多轮调研，深入了解工业企业“两化融合”关键环节和融合状况，收集参评大中型企业数据共385份。2010年8月，又启动了钢铁（含矿山）、纯碱、水泥、铝业、机床、商用车、船舶、家电、乳制品、棉纺织和服装等十一个细分行业“两化融合”发展水平评估工作，参与研讨和调研的企业达数百家，进一步深入了解和掌握了这些行业“两化融合”发展的现状、关键环节以及未来发展方向。

三　“两化融合”发展阶段水平与现状

（一）由覆盖渗透向集成整合加速过渡

“两化融合”各阶段的发展特征和关注点有所不同：起步阶段主要关注信息化基础设施建设，为信息技术深度应用打好资源基础；局部覆盖阶段主要关注数据管理，依靠信息技术的先进性改变传统的生产效率；集成阶段关注业务流程优化，依靠关键业务流程整合和系统集成推动“两化融合”水平提升，并显著提高竞争力和经济社会效益；深度创新阶段，则主要依靠与发展战略全面融合，实现创新智能发展，推动整体竞争力水平跨越提升（见图3）。

据初步评估，在我国大中型工业企业中，约25%的企业还处于起步阶段，它们重点关注信息化基础设施建设；43%的企业处于信息化局部覆盖阶段，各单项业务应用有一定成熟度，但协同集成基本尚未开展；22%的企业处于集成阶段初期或向集成阶段过渡，不同程度地开展了关键业务系统间的协同集成；10%的企业处于深度创新阶段，在企业智能管控、产品全生命周期管控和产业链集成等方面取得了初步成效。而我国中小企业“两化融合”水平相对较低，近40%的企业仍处于起步阶段，绝大部分企业仍然较为关注信息技术对各业务环节的

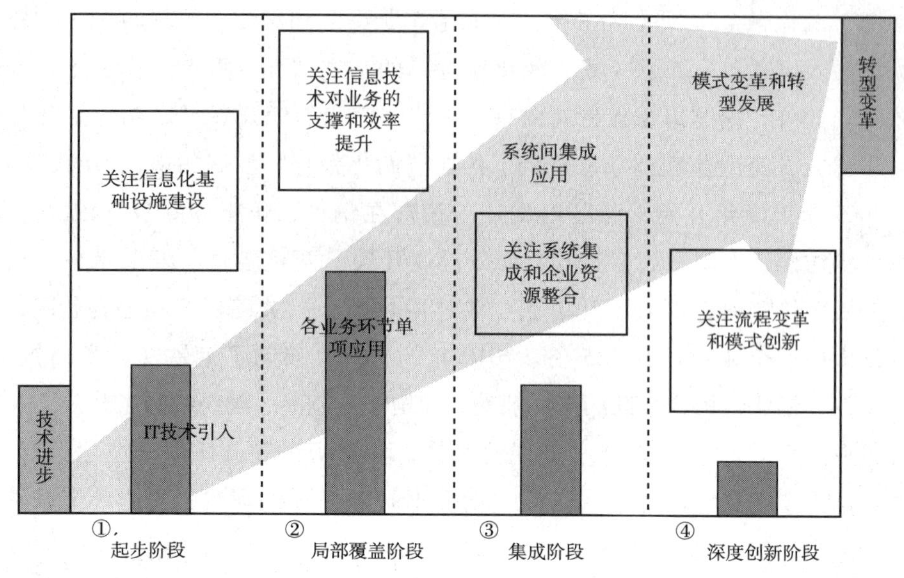

图 3　“两化融合”发展阶段划分

逐步覆盖。

地方“两化融合”发展水平基本处于局部覆盖阶段，并逐步向集成整合阶段过渡。例如，北京市约 30% 的规模以上企业处于起步阶段，尚未建立独立组织体系和应用主要的业务系统，超过 59% 的企业处于局部覆盖阶段，约 10% 的企业处于集成阶段，不到 1% 的企业处于融合创新阶段。天津市多数工业企业处于局部覆盖阶段，广泛开展单项业务系统应用，全市规模以上离散制造业企业基本应用二维 CAD 研发工具，二维 CAD 出图率超过 90%，90% 以上的大中型企业应用办公自动化（OA）软件。但天津市仅有少数企业开展了系统集成整合，各领域依然存在重复建设、信息系统和资源整合不足等问题，距基本成熟还有较大距离。且由于各业务系统集成程度不够，尚未发挥出较好的作用。从天津市科委对制造业企业信息化评估结果来看，综合集成达标的优秀企业仅占 4%，能够在集成基础上实现生产和管理模式创新的规模以上企业还不到 1%。

（二）“两化融合”发展不均衡，阶段水平差异显著

从 2009 年参与评估的七个细分行业来看，各行业“两化融合”发展水平存在显著差异。钢铁和轿车行业总体处于集成阶段，其中钢铁行业处于集成阶段的

企业已达到46.7%；重型机械和棉纺织行业总体处于由局部覆盖向集成过渡阶段，处于集成阶段的企业比例均接近20%；化肥、造纸和肉制品加工行业总体处于局部覆盖阶段，各样本企业之间发展水平差距较大，进入集成阶段的企业均不超过15%，开展深度创新的企业均不到10%。

不同性质企业的“两化融合”发展水平也存在显著差异，且这种差异在不同行业中表现不同。化肥行业国有企业的“两化融合”水平高于民营企业；轿车行业合资企业的“两化融合”发展水平好于自主品牌企业，其中合资企业中欧美系企业水平较高，自主品牌企业水平存在较大差异；造纸行业中三资企业“两化融合”水平高于其他类型企业；肉制品加工行业民营企业“两化融合”水平明显高于国有企业。根据各细分行业“两化融合”评估结果来看，“两化融合”发展水平与企业规模呈正相关性，大型企业的“两化融合”发展水平明显高于中小企业。

从全国来看，由于受政策环境、经济水平、思想认识等因素影响，各地区“两化融合”发展水平呈现差异。华东部地区特别是沿海地区有着明显的技术优势和产业优势以及较为丰富的信息化资源，这些地区的企业“两化融合”水平相对较高；华南地区是中国规模最大的制造业基地之一，该地区“两化融合”发展状况在不同规模的企业间存在较大差异；在作为老工业基地的华北地区，企业生存时间长、规模相对较大、资金实力雄厚，企业“两化融合”稳步发展；中西部地区受到整体经济水平发展的制约，信息技术相对落后，应用广度和深度与其他几个区域相比有较大差距，企业“两化融合”水平相对较低。即使同一行业的不同地区，各企业“两化融合”发展水平的差距也有显著不同，例如棉纺织行业“两化融合”发展水平呈现从东南沿海地区和东部地区到中部地区、西部地区由高到低分布。

（三）支撑两化深度融合的基本环境与设备设施差距明显

1. 信息化建设投入水平偏低

从近400家大中型企业的测评结果来看，近三年企业信息化建设投入占销售收入的比例约为0.14%，其中钢铁行业这一比例约0.13%，重型机械约为0.2%，轿车行业约为0.23%，棉纺织和造纸行业约为0.1%。从部分区域来看，2009年北京市规模以上企业（包括工业和服务业企业）信息化投入占主营业务

收入比例近 0.3%，其中硬件投入占比较 2008 年下降了 5%，软件投入占比上升了 4%，信息化建设趋向成熟。天津市规模以上工业企业信息化投入占销售收入的比例不到 0.2%。这说明，主要区域信息化投入与国外发达国家 1% ~2% 的比例相比还有较大差距。

2. 工业设施数字化和网络化水平仍不足

目前，我国大中型工业企业信息基础设施建设水平较高，平均管理人员计算机拥有率约为 78%，基本都实现了网络接入。中小企业信息基础设施水平也在不断提高，80% 以上企业接入互联网，超过 50% 的中小企业建立了内部局域网，在建立了内部局域网的中小企业当中，拥有 5 ~20 个内部局域网联网终端的企业所占比例为 31.8%，拥有 20 ~100 个联网终端数的企业占 17%，拥有多于 100 个联网终端数的企业占 5.4%。

工业生产装备数控化程度有了较大提高。钢铁、石化等流程行业企业基本实现了底层设备自动化，数控设备覆盖率也稳步提高到 25% 左右。机械、船舶等离散行业企业不断加大对数控设备的建设力度，全面提升了加工、装配、检验及试验等环节的质量和效率。近年来，国产工业装备智能化水平也不断提高。国产数控机床在数量和质量上得到了长足发展，国产数控系统研制取得一定成效，数控系统的国内市场占有率已经突破 50%。自主研制的智能控制系统、综合远程控制系统等得到了应用和推广，部分成套设备打破了国外长期的技术封锁。

但是，企业工业设施的数字化和网络化水平还有待提高。钢铁、石化等流程行业底层自动化水平较高，过程控制系统基本覆盖所有产线，但是先进底层工业控制网络的应用率还较低。钢铁行业应用现场总线的企业所占比例约为 35%，化肥行业约为 15%。离散行业的关键生产设备数控化率和联网率较低，严重影响了生产质量提高和管理精细化程度。重型机械行业关键生产设备平均数控化率仅为 22.8%，除个别企业关键生产设备数控化率水平较高之外，其他企业数控化率水平明显偏低。棉纺织企业数字化机台覆盖率平均为 47.1%，但在企业应用的数字化生产设备中，只有 49.7% 的数字化设备具有网络接口，在生产现场部署了数据信号线的数字化设备更是仅占 29.6%。

3. 信息化主管部门地位有待提高

工业企业对信息化的认识不断提高，持续加强了对企业信息化的组织和人员建设，90% 以上的大中型企业建有信息化管理部门，接近 60% 的大中型企业建

有专门部门，设置CIO的大中型企业所占比例接近40%，企业“两化融合”组织保障体系基本建立。但信息化部门的地位总体不高，职能定位基本还停留在IT服务和管理上，几乎无法参与企业的战略规划，对企业管理决策影响较小。例如，多数轿车企业将信息化部门定位于企业IT服务的提供者和IT工作的管理者，仅有22%的轿车企业将信息化部门定位于企业的战略计划和变革的推动者；棉纺织业只有27.7%的企业信息化主管部门能够参与企业变革和战略计划制定。

4. “两化融合”发展环境较国外有较大差距

我国信息化基础设施建设、创新应用和法律政策等环境与国外发达国家存在较大差距，难以支撑两化深度融合。我国互联网用户平均网络带宽偏低，严重影响了信息传输速度和能力，阻碍了信息技术的深度应用。

2009年，我国全社会R&D支出占生产总值的比例约为1.7%，而美国、俄罗斯、日本等地在2007年已达到3.5%。我国主要省市中，除北京达到5.25%以外，上海、天津、江苏、浙江、广东均未达到发达国家平均水平。企业自主R&D支出也明显不足。上海、天津、江苏、浙江、广东等地大中型工业企业R&D经费支出占销售收入比重约为0.5%~1.2%，而在国外，R&D支出一般占销售额的3%左右，高技术企业的R&D投入占销售额的比重更是在5%以上。

由于我国当前对“两化融合”发展的规律认识还不够，尚处在寻找有效推进方式的关键时期。因此，立法的主导思想还是“促进为主、规范为辅”，我国“两化融合”相关各层面的法律法规和标准体系均不健全，包括作为“两化融合”发展基础的信息产业发展、促进现代信息技术进步、培育和规范信息化服务市场、信息资源开发利用、电子签名（身份认证）、信用征信、电子支付、促进互联网经济发展和市场规范等方面。

（四）不断加强各业务领域的应用深度

我国企业基本都认识到了信息化对企业发展的重要性，80%以上的大中型企业均不同程度地开展了信息技术应用，近30%的重点企业基本实现了信息技术在各关键业务环节的全面覆盖，52.3%的中小企业已有不同程度的信息化应用，各单项应用覆盖率接近25%。

1. 数字化设计工具应用广泛，研发集成和创新初见成效

我国工业企业广泛采用了数字化设计工具，部分大中型企业初步实现了研发集成管理。应用范围从产品计算机建模发展到性能分析、仿真、优化和虚拟验证，进一步发展到了产品数据集成管理和全生命周期的跟踪和优化。机械、汽车、船舶、轨道交通、纺织、轻工等行业应用计算机辅助设计（CAD）的企业占78%，机械、汽车等应用水平较高的行业CAD/CAM单项应用率达到90%以上。应用CAD的中小企业占13%。三维建模工具普及率约为63%，机械、汽车、船舶等装备行业应用普及率达75%。单学科计算机辅助工程（CAE）工具普及率为31%，增强了产品设计与性能分析能力。汽车、机械等装备工业的部分企业利用单项工具集成建立了数字化研发设计平台，实现了产品模型、分析数据和工艺数据的信息集成与共享。少数大中型企业将信息技术深入应用到研发设计环节，形成协同研发、个性化定制等新型模式，如大连重工·起重、北京第一机床厂、海尔、青岛红领集团、佛山维尚家具等。

2. 生产过程数控化水平和监管能力不断提高

流程行业企业普遍建立了生产控制系统，自动收集生产过程底层数据，提高了过程管控水平。钢铁、石化、有色金属、建材等原材料大中型工业企业中生产控制系统应用普及率约为75%。离散行业企业针对生产过程单个环节进行计算机管理的单元管理系统应用广泛，可实现对生产过程中任务、资源等重要信息的管理，提高了生产过程的监管能力。85%以上的离散行业企业应用了计算机辅助工艺设计（CAPP）、排产计划、车间物料管理、车间设备管理等业务系统。中小企业中实现生产过程自动化的占8.9%。部分信息化开展较早的行业更加关注提高生产过程控制的精细化程度，钢铁行业中宝钢、武钢等企业正研究开发生产过程所需的数学模型，以便进一步提高产品质量，控制生产成本。

3. 信息技术在经营管理中的应用水平不断提高

大中型工业企业基本都应用了财务及办公自动化系统，并逐步实现了对采购、生产制造、销售等各业务环节的全面覆盖。我国大中型工业企业办公自动化、财务管理、进销存管理等业务系统应用比例超过90%，与营销管理、人力资源管理等相关的业务系统应用比例也在70%以上。钢铁行业大中型企业已经有超过90%的企业应用了采购管理、财务管理、人力资源管理、销售管理系统。机械行业有76.6%的大中型企业已经建立了办公自动化系统；89%的企业建立了财务管理系统；76%的企业建立了人力资源管理系统；66.7%的企业建立了进销存管理系统；64.6%的企业建立了客户管理系统。有色金属大中型企业基本都

实施了财务管理系统和OA系统，部分重点有色企业还应用了计划管理、生产调度管理、设备管理、原材料管理、劳动人事、库存管理、质量管理等系统。轻工行业大中型企业办公自动化系统和人力资源管理系统应用的比例最高，分别占48.9%和45.1%。中小企业也广泛开展财务及办公自动化系统应用，约有70%的中小企业开始应用财务管理系统，36%的中小企业应用了OA系统。

4. 企业电子商务和物流信息化应用不断深化

我国大中型工业企业中约45%的企业开展了在线销售或网上采购等电子商务应用。中小企业中约19%开展了电子商务应用。从细分领域的电子商务应用来看，我国有39%的规模以上企业已采用电子商务的模式进行在线销售处理，按照使用程度区分，有10%的企业使用这种方式次数很多，有8%的企业使用次数较多（见图4）。

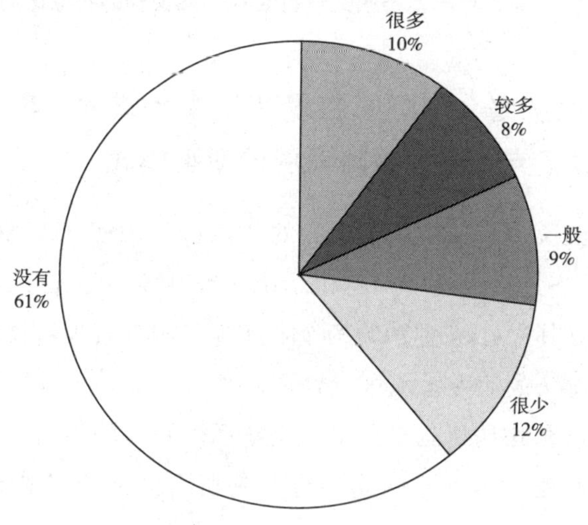

图4　采用电子商务模式进行在线销售的企业比例

有42%的企业已采用电子商务的模式进行在线招标管理；按照使用程度区分，有10%的企业使用这种方式的次数很多，有5%的企业使用次数较多（见图5）。

部分大型骨干企业以自身为龙头，带动了产业链上下游的网上商务合约、订单交易量的快速增长。宝钢已经形成了规模化的电子商务服务体系，通过虚拟的电子商务平台，完成了实体营销业务的整合，支持用户在网上完成订货、跟踪、提货、结算的业务全过程。

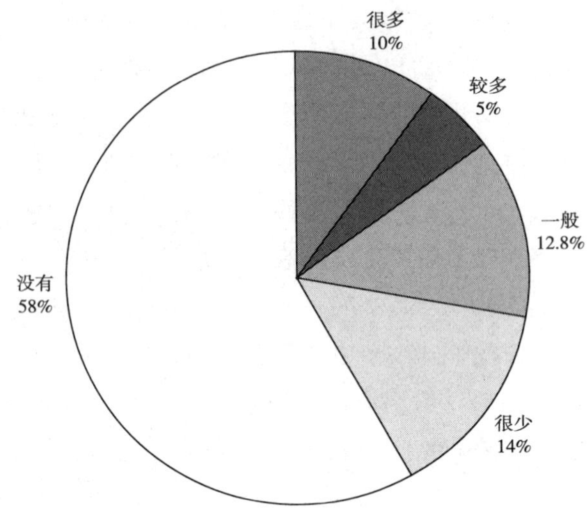

图 5　采用电子商务模式进行在线招标管理的企业比例

（五）业务系统整合、协同集成获得重大进展，部分重点企业通过融合创新形成了支撑企业战略发展的新型模式

经过“十一五”以集成应用为中心的“两甩”工程（“甩账表”和“甩图纸”）建设之后，各地区制造业信息化示范企业 90% 以上已经基本实现了业务系统整合的目标。其中，超过 70% 的企业实现了内部管理数据的整合，各分支机构也都采用了统一的业务系统进行管理；20% 以上的企业能够实现异构系统之间的数据流转。在此基础上，实现了业务系统间的同步沟通和集成运作，显著提升了企业核心竞争力，“两化融合”在部分重点企业中已经取得了初步成效。

大中型企业已经较为普遍地建设了制造执行系统（MES）、企业资源计划（ERP）、供应链管理（SCM）、客户关系管理（CRM）等业务系统，正在大力推进系统间协同集成。其中，MES 应用比例已经达到 40% 左右。流程行业的 MES 应用更为普遍，钢铁、石化等行业的普及率达到 72%，正在加快推进 ERP 与 MES 的集成应用。离散行业中，部分汽车、家电、电子及少数装备、航空等大中型制造企业已实施了 MES，初步实现了生产过程的集成化管理。ERP 应用比例达到 67%，其中机械行业比例为 60% 左右，石化行业应用比例约为 70%，建材行业 1/4 的企业已使用或者正在实施 ERP，有色行业只有部分大型重点企业建立了 ERP 系统。SCM 应用比例为 15%，CRM 应用比例达到 24%，主要集中在对供应商和客户的采购管理和销售管理方面，正在努力开展与供应链上下游企业间的协同运作。通过业务系统之间的协同和集成，整合企业内外部资源，极大地提升了企业产品的质量，降低了成本，增强了市场应对能力。

部分大中型企业已初步实现过程控制和经营管理系统之间的集成。流程行业的基础自动化水平较高，部分大型企业通过 MES 的实施及其与 ERP 的集成，促进过程控制和经营管理的集成应用，建立了产销一体化系统，实现了生产过程优化，形成了以销定产、管控衔接的精益生产模式，如宝钢、济钢、中石化等。离散行业部分汽车、家电、电子及少数装备、航空等制造企业通过实施生产过程信息化项目能够自动细化分解主生产计划，并将生产信息自动反馈给管理系统，支持生产及管理决策，如广州汽车、上海汽车、海尔、徐工等。

一些大中型企业已初步实现财务系统与业务系统的集成。钢铁、汽车、机械等行业的部分企业初步实现了财务系统与业务系统的集成，能够实时动态了解资金的占用和成本消耗情况，部分大型钢铁企业和高端机械制造业还具备了成本日核算以及单件产品成本核算能力。南钢将原财务二级核算调整为一级核算，所有的成本核算全部转移到 ERP 上进行，ERP 成本可以体现当月生产实绩的产品成本表、销售利润表。太钢通过财务与采购、生产、营销业务的集成，能够实时掌握和动态了解存货周转、资金占用以及成本消耗的变动情况。北一大限的成本核算不仅不需要人工处理，还能从工时上、材耗上、采购进价上清楚地显示出单件产品的差异。

少数重点企业在各业务系统间集成的基础上，开展了一些创新应用，形成支撑企业战略的新型发展模式。各行业的大型企业集团，在企业内部管理一体化的基础上，通过整合内外部资源，快速响应国内外市场的变化，规避经营风险，建立了科学决策体系，如中石油、中石化集团、宝钢、鄂尔多斯集团、泰格纸业等。我国部分大企业集团通过构建统一的财务、采购、销售、办公平台，实现了集团企业统一管控模式，少部分重点企业还实现了生产计划的统一分解和生产调度，提升了集团整体效益，如上海电气、兴澄特钢、三一重工等。少数重点企业将信息技术广泛用于售后服务，融合互联网、通信、计算机等信息化手段和现代管理思想与方法创新服务化转型的新模式，不断开拓产品价值链，拓展了服务群

体，并且能够快速获得客户的反馈，将企业的价值增长点逐渐从产品转移到个性化服务上，形成了新的核心竞争力，如陕鼓、海尔等。

（六）支撑“两化融合”的生产性服务业快速成长

面向工业企业的服务平台成长迅速。目前国内工业企业服务平台中，约70%的服务平台提供信息服务，42%的平台提供硬件、软件和业务应用服务，30%的平台提供B2B、B2C交易及交易支持服务，30%的平台提供物流信息服务，24%的平台提供设计研究支持服务，21%的平台提供公共技术服务。

物流服务业信息化水平迅速提高。涉及物流监管和服务的电子政务系统建设具备了较好的基础，形成了较强的监管能力和一定的服务能力，电子口岸建设有效地支持了国际贸易无纸化大通关工作。铁路、公路、海运、内河航运、航空、邮政等重点物流行业普遍实施了信息化管理，并在各自系统内部初步实现了互联互通，多式联运与货物追踪服务等已经开始起步。依据《物流企业分类与评估指标》国家标准，全国A级企业共739家，其中3A级以上物流企业共614家，5A级企业55家，大部分规模以上商贸企业开展了物流环节的信息化工作，一批专业性物流信息服务企业涌现。

立足为行业提供解决方案的本土信息技术企业不断涌现。一方面，从工业企业信息化或自动化部门剥离出来的既懂IT技术又懂行业专业知识的信息技术企业，如宝信软件、武钢新技术公司、攀钢托日公司、北京并捷信息技术公司、长春一汽启明，已成为能够提供行业解决方案的技术咨询和系统开发公司。另一方面，逐渐形成了一批立足细分行业提供信息技术服务、有创新能力的研究机构和中小企业，如钢铁行业的冶金自动化院、湖南创智、北京红河谷、中冶京诚，石化行业的石化盈科，机械行业的北京和利时系统工程有限公司、机械自动化研究所、华中数控。

四　“两化融合”阶段发展水平的分析

（一）“两化融合”对核心竞争力和综合效益的突破性提升作用蓄势待发

从工业重点行业大中型企业“两化融合”发展水平评估中可以得出，“两化

融合”发展到较高阶段对企业竞争力具有突破性提升作用（具体分析详见2010年《中国信息化蓝皮书》）。课题组在对近200家规模以上工业和服务业企业信息化建设情况进行调查分析后也得出相似结论：在不同的信息技术应用阶段，企业的应用效益不是平缓上升的，而是呈现出指数变化的特征。在局部覆盖阶段，企业效益比起步阶段略有增长，但是变化不大，而在集成阶段，平均效益较前一个阶段大幅度提升，而第四个阶段——深度应用阶段又比第三阶段提升更加明显。

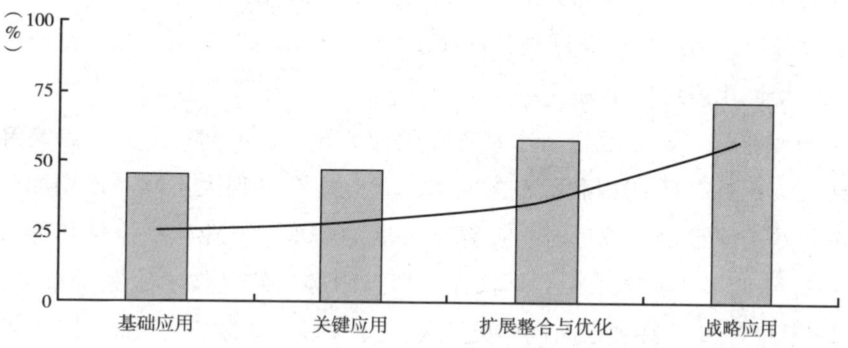

图6　企业信息化阶段与应用效益相关分析

课题组在研究各行业“两化融合”发展阶段对提升企业竞争力所发挥的作用时，得出了更为显著的结论。例如，财务决算速度是企业综合管理能力的体现，业务与财务无缝集成是加快财务决算的前提。钢铁行业将样本分为深度和综合应用阶段、局部应用和起步阶段两组进行对比，第一组平均6天，第二组平均9天。韩国浦项制铁公司的财务决算速度不到24小时，根据SAP公司提供的数据，国际平均水平为7天，第一梯队平均为3.5天。这些数据表明国内钢铁企业财务决算与世界先进企业还有很大差距。

课题组还得出，目前我国工业企业“两化融合”发展整体处于由覆盖渗透向集成整合加速过渡的阶段，超过20%的大中型企业处于集成阶段，各行业的龙头企业基本都意识到流程优化基础上系统集成的重要性，开始加大投入力度，解决信息孤岛的问题，按照这个趋势发展，“两化融合”对企业核心竞争力和综合效益的突破性提升将集中爆发，工业企业将充分感受到“两化融合”产生的作用，进而进一步带动“两化融合”水平提升和发展阶段跨越。

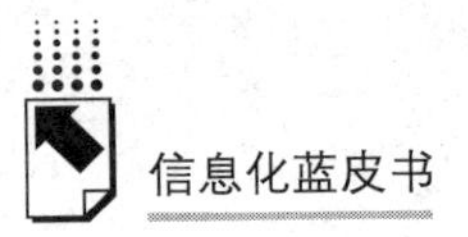

（二）“两化融合”发展阶段水平的差异化需求，亟须个性化信息技术服务

差异化的应用需求是“两化融合”发展必然经历的阶段，与工业化发展基础、行业发展特征、企业基础能力等息息相关，这种不平衡既反映出中国企业信息化建设具备的巨大潜在需求，也对个性化的IT服务提出了更为迫切的要求。为了对不同行业、不同规模和不同信息技术应用水平的企业提供贴身的IT应用产品和解决方案，亟须加强个性化的IT服务，梳理用户的核心业务，寻找关键问题和突破口，为用户量身订制，选择适用的IT解决方案和产品，培养支撑企业发展的个性化信息化能力。

不同行业的“两化融合”水平存在较大差异，且不同行业业务特色和流程需求迥异，因此，IT应用和服务的需求和重点也存在很大不同。通用的信息系统或者解决方案已经难以适合企业深度发展的需求，行业化、个性化的解决方案日益受到推崇和追捧。从工业软件、信息内容、信息技术服务等产业来看，国内IT用户普遍反映缺乏面向特定行业的、专业化的成熟产品，国内外优秀的通用解决方案都无法满足行业特定需求，许多企业选择自我开发，不仅耗费资金和精力，还无法推广和普及。IT服务企业要依据不同行业特色优化产品策略，提供个性化服务和解决方案。即便是针对同一行业，也应该能够在行业通用基础上，针对细分的不同的行业技术、管理和市场需求定制不同的IT服务。

对于不同所有制性质和规模的企业，“两化融合”发展的关注点也有较大差异。对于外资企业，要重点加强外资企业研发、生产等环节信息化建设，注重核心研发和生产数据、知识的积累，提高自主创新能力，实现与国外控股公司技术对接以及消化、吸收和再创新；对于大型国有及国有控股企业，要注重综合集成基础上的战略决策能力，塑造国际品牌；对于民营企业，要建立网络支撑下的业务和管理体系，实现高效、灵活的发展。对于中小企业，要根据中小企业结构调整实际需要和产业集聚的特点，重点建设产品研发、检验检测、技术推广、管理咨询、融资担保、人才培训、市场拓展等信息化综合服务平台，提高网络环境下的企业间协作配套能力和产业链专业化协作水平，参与以龙头企业为核心的产业链协作，通过战略合作提升管理信息化水平。

（三）软环境成为影响“两化融合”水平提升的重要因素

企业“两化融合”基础设施（资源）建设由硬环境（包括计算机、服务器、网络建设等）、软环境（包括组织、人员和规划制度建设等）组成。我们通过调研发现，当企业信息技术应用发展到较高水平时，基础设施建设水平变化会逐渐减弱，但处于不同信息技术应用水平的企业在软环境方面差距较为明显，因此软环境是应用水平提升过程中始终重要的相关因素。

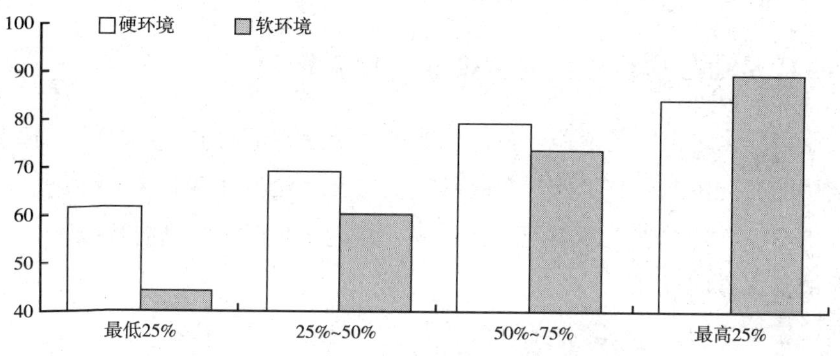

图7 不同“两化融合”水平企业的环境差异

从行业角度来看，钢铁行业“两化融合”水平较高，其信息组织建设水平和主管决策能力较其他行业有较大优势。钢铁企业有43.3%的企业在决策层（如董事会）建立了信息化常设机构；90%的企业建立了公司级信息化工作领导小组。所有样本企业都设立了信息化主管（CIO），其中有48%的企业由副总经理主管信息化工作。而同样属流程型的化肥行业“两化融合”水平较低，建有信息化管理部门的企业中，有46.7%的企业由其他业务部门代管，95%的信息化管理部门职能定位还停留在基本的IT服务和管理上，几乎无法参与企业的战略计划和变革，对企业的管理决策影响较小，仅有17.3%的企业专设了CIO职务。

课题组在调研过程中发现，进入深度创新阶段并利用信息技术支撑企业战略转型和变革的企业中，多数信息化建设工作由董事长亲自来抓，或是建立起完善的信息化管理体系，信息化部门主管具有较高的决策权。例如，棉纺织行业“两化融合”领先企业——山东鲁泰纺织的信息化管理体系分三个层次：决策层、管理层和运作层，其中决策层由公司 CEO、CIO 及高级管理人员组成，管理层由信息部管理人员和各业务部门经理组成。

但就目前绝大多数企业而言，依靠自身能力优化软环境尚存在很大的难度。此外，企业不再单一关注信息技术和产品的构建，而是日益关注一体化配套服务，包括持续的支持服务（软件）和 IT 规划服务等。因此，企业 IT 治理的迫切需求和并不理想的水平现状对个性化的咨询评估服务提出了更高的要求，而对于 IT 服务商而言，必须实现从单纯软件包或软件产品解决方案提供向“软件 + 服务”、“IT + 咨询”的创新服务模式转型。

（四）从业务广度覆盖向价值深度创新转变

企业信息化建设的基本路径首先是业务系统对各部门的全面覆盖，其次是业务系统功能的逐步深化和延伸，在此基础上实现企业内部各业务关键流程优化和全流程集成整合，实现内部管理综合集成，并进一步向企业纵向智能管控和横向全产业链集成方向发展。

通过调查发现，“两化融合”水平不同的企业，信息技术应用广度和深度水平存在较大差异。总体来看，“两化融合”水平高的企业与“两化融合”水平低的企业相比，在信息技术应用广度（信息技术对关键业务的覆盖率）方面差距不大，但是在应用深度（关键业务信息技术应用水平）方面差距较大（图 8）。

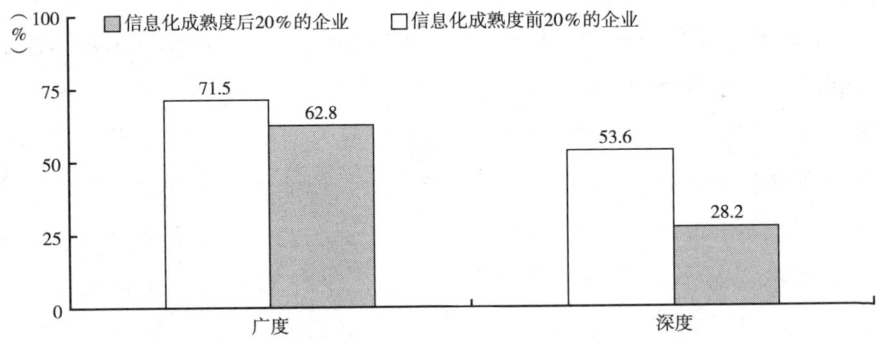

图 8　“两化融合”发展水平不同的企业信息技术应用广度和深度

这充分说明，目前国内大部分企业信息系统的建设与应用已经基本摆脱了解决“有无”问题的阶段，开始追求对单项业务的深度支持和与其他业务模块的

集成，更加关注其应用价值的实现。信息系统内各模块的配备不但是模块功能的算术累加，更是通过各业务模块之间的集成整合，实现“1+1>2”的集成总体效益。因此，企业信息化建设的关注点已从单一的信息系统领域应用覆盖向企业整体广度、深度两个方向进行应用扩展，即从过去关注单项业务信息系统应用普及，转移到关注各信息系统对企业关键业务的深度支持和系统间的集成整合，企业对整体信息化解决方案的需求也因此愈加强烈。

（五）业务集成、精细管理和流程再造是领先企业的重要特征

各行业“两化融合”发展水平名列前茅的优秀企业在单项业务信息技术深度应用基础上，围绕落实企业战略和核心业务，实现了研发与生产、管理与控制、产供销、业务与财务全流程的深度衔接和协同集成，优化或彻底改变了传统的业务流程、管理方式和经营模式，为企业发展注入了新的强大动力。这些企业的精细化管理能力强，技术和管理的标准化和规范化程度高，普遍能够通过信息系统将优化的业务流程和先进的管理思想固化下来，实现从源头获取业务系统数据，破除了部门间旧的管理壁垒，为更精细化的管理提供了手段和工具。这些企业在应对金融危机中表现出很强的抗风险能力和竞争力。

钢铁行业“两化融合”水平排名前几名的企业均在内部管控集成的基础上，不断实施以发展数据分析、辅助经营决策、打造外部数据链为目标的信息化建设方案，建立起面向市场、以用户需求为导向的个性化生产组织体系，按照产品市场行情和盈利水平找准产品结构，并自动优化配料，快速生产出满足个性需求的产品。重型机械行业“两化融合”水平较高的企业在构建了统一的物料编码体系和标准的基础上，重点对业务之间的数据关联关系和集成规则进行了全面梳理和规范，实现了设计、工艺、生产三大业务系统基于合同状态下产品主数据的自动维护和快速流转，解决了制约单件小批类型企业必须突破的物料、物料清单、工艺路线三大主数据的快速生成和传递的瓶颈问题。

（六）新兴信息技术的市场认可度和用户接受能力存在显著差异

从市场认可度（需求）和用户接受能力（应用）两个角度来看，B2B 电子商务、移动应用和商业智能的需求和应用程度均较高，物联网和云计算的需求及应用程度一般。企业对 B2B 电子商务、移动应用和商业智能等新技术认可程度

较高，市场发展较为成熟，电子商务已经逐步与企业内部业务系统集成，而移动应用也逐步向行业纵深方向拓展。与此相比较，由于目前 IT 服务商在提供切合企业需求的物联网应用方案方面以及对企业关键应用的云交付能力方面都尚在发展，物联网和云计算等技术和模式还处于市场导入期，还需要进一步的市场培育（图 9）。

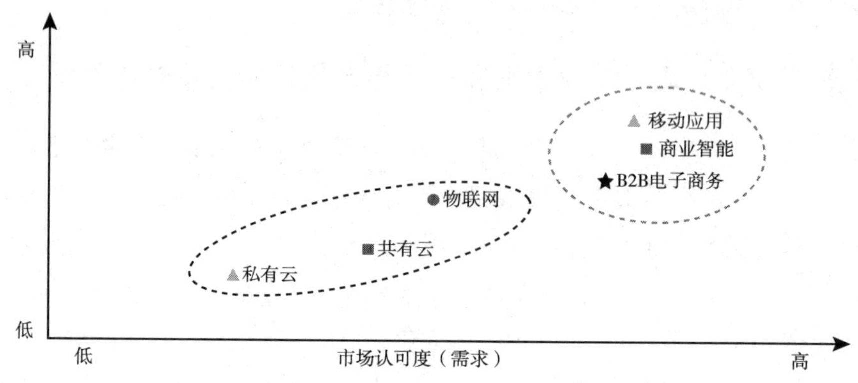

图 9　企业对新兴技术的需求与应用程度

此外，处于不同发展阶段的企业对新兴技术的态度和需求存在显著不同。对于较为成熟的新技术，企业发展阶段越高，越关注对这类新技术的应用，应用水平也越高。而对尚待培育的新技术态度明显不同。对于这类技术需求较为旺盛的是处于起步阶段和集成阶段的企业，而处于局部覆盖的企业对于物联网和云计算应用目前持谨慎态度。起步和集成阶段企业对新技术的需求也存在差异，起步阶段企业对公共云服务和公共物联网技术和应用服务具有较大需求，而集成阶段企业对建设私有云和促进物联网在企业中的深度应用，实现与业务系统的集成具有较大需求。

五　“两化融合”发展的重要趋势

（一）支撑产品质量、品种和全生命周期价值创新

产品高质量和品种创新是我国从“中国制造”走向“中国创造”的关键一步，是提高我国龙头企业国际竞争力的重要途径。各行业龙头企业更加关注深化

信息技术对工业技术、工业产品研制的支撑力，全面提升产品质量，创新产品种类，提升产品信息化、网络化和智能化程度，深入改造升级传统产品，加速产品高端化，大幅提升附加值，创建民族品牌。即使是属于基础原材料行业的钢铁企业，也更加关注产品品种创新，根据市场个性化需求进行产品分析，并及时自动反映到生产系统中，不断提高周期长、工艺要求复杂的汽车板、家电板、不锈钢板、硅钢片等产品的制造水平和供给能力。

此外，产品沿生命周期服务延伸也是“两化融合”未来的发展方向。提升产品设计、生产、销售、售后维护乃至回收处理全生命周期信息跟踪和反馈能力，提升新产品开发能力和研发效率，加强产品生命周期的管控能力，实现服务延伸，促使产品的价值由加工环节向研发、维护保养等价值链高端环节跃升。国内部分企业已经开展这方面的应用，例如陕鼓远程在线监测和故障诊断系统在现场获取实时运行数据，向用户提供专业化的机组实时状态分析诊断，并指导产品的逆向设计。

（二）管控一体化推动企业实质提升管理精细化程度

各行业“两化融合”水平较高的企业，将继续深入推进信息化的综合集成，加强研发设计、生产过程和企业经营管理的无缝衔接，逐步实现基于业务系统综合集成的业务应用集中提供和实时管理，以及企业内外部用户的应用定制和集成互操作，从而促进企业高效运转、战略决策及时科学，实质提高企业管理精细化程度、现代化管理水平和市场应变能力。

单从节能减排这一领域来说，也将逐步从单体设备和单项工序节能逐步向集成基础上的综合节能发展，提高节能减排管理的精细化程度。我国大型钢铁企业、中国建材集团、中石油、上海氯碱化工等企业已经以能源统筹优化和综合利用为出发点，把节能减排的综合要求细化分解到各个相关的信息系统，实现了对企业生产经营各个环节能源利用的在线实时监测、分散数据实时收集、优化分析、平衡调度、科学管理和预测预警，使得安全生产、节能减排能够全面落实到所有的管理环节和生产制造的全过程，突破性、创新性地提升节能减排能力，显著提高了可持续发展能力。

（三）推动产业集群和行业关联发展，实现产业链集成优化

目前，国内大部分地区坚持以“产业集群化”的原则进行产业布局，每个

产业集聚区重点发展一到两项产业，注重引进为重点产业配套的辅助产业和上下游关联产业，构建循环经济产业链，促进产业链条的延伸和联动发展。在区域产业集群化发展的趋势下，信息技术支撑下的产业链资源优化整合趋势会日益明显，信息技术的深入应用能够让各集聚区重点产业龙头企业能够充分利用信息技术整合产业链资源，提高产业链上下游企业之间的资源整合和优化配置水平，深度开发利用智力资产，大力扩充市场容量，实现供应链高度协同协作，提高企业对价值链的驾驭能力，提升企业在价值链中的核心地位，从而进一步推动产业集群和行业深入关联发展。例如，围绕空客 A320 总装项目，天津市滨海新区利用产业聚集优势吸引了部分飞机的零部件、发动机零部件、机载设备等配套厂商和二次配套承包商，以项目为龙头，以数字样机为核心，以互联网和协同产品商务系统为平台，建立了滨海新区各配套企业参与组装的数字化协同环境，充分发挥各合作伙伴的优势能力，极大提高了总装效率。

另一方面，面向最终消费者的产品全程追溯的需求日益强烈，产品全程追溯势必带来产业链资源的优化整合，并成为“两化融合”发展的重要方向。尤其是近几年，食品安全成为我国关注的焦点问题，先进信息技术支撑下的食品质量全程监控是保障食品安全的重要手段。食品行业产业链较长，生产、加工、储运、分销各环节节点多，涉及农业、工业和服务业等多个产业，同时还涉及了较难管控的物流环节，需要利用信息技术提高食品安全管控能力，逐渐形成适应食品工业发展的物流体系和供应链市场体系。

（四）行业共性服务和区域特色服务集聚发展，生产性服务业持续高速发展

不同行业“两化融合”需求差异将催生大量具有行业共性特征的信息技术服务，国内不仅涌现出大量行业性信息技术服务企业（包括长期为某一行业服务的企业和从工业企业中剥离出来的信息技术服务企业），各通用信息技术服务厂商也按照细分行业划分产品线，定制化开发适合特定行业的产品和一体化解决方案。同时，随着越来越多企业为了集中优势资源，将部分业务环节外包，因此面向行业的研发设计、协同加工、物流、客户服务、绿色和安全生产等生产性服务业将蓬勃发展，且为了与工业企业更好地协同运作和发展，信息技术势必在提供服务过程中发挥巨大作用。

目前，许多产业在城市群、城市圈以及地区板块中形成集聚、互补和一体化发展的密切联系。不仅传统制造业中出现了这一趋势，而且随着生产性服务业的迅速崛起，服务资源在区域空间上的配置也显示出更为明显的分工、合作与一体化特征。在某地区形成制造业集群的同时，当地或邻近地区所形成的物流、研发等服务业会为地区经济发展提供强有力的支持。因此，区域性电子商务、现代物流、现代金融、现代信息服务、信息技术服务等将快速发展，金融信息化服务体系将更加完善，信息、咨询、设计、监理、培训等生产性服务水平将全面提升。

（五）新一代信息技术产业加快发展

目前，国家大力部署发展新一代信息技术产业，新一代移动通信、下一代互联网、物联网、云计算等新一代信息技术将赢得更快发展，从而可以构建起互联互通、资源共享、智能处理、协同工作的新一代信息技术支撑环境。不断走向成熟的新一代信息技术产业，必将不断融入工业化发展的进程当中，从而为两化深度融合提供不竭动力，促使两化深度融合不断创造新的经济增长点，开辟新的市场，形成新的产业形态。

移动应用逐步向行业用户纵深方向拓展，以物流和流通行业为代表的高流动性及服务性行业对移动应用需求尤其强烈，移动应用开始与企业的管理及业务系统紧密结合，融入移动应用的行业解决方案将日益增多。领域应用将成为物联网发展的主要驱动力。随着物联网关键技术不断突破和物联网标准体系的不断完善，物联网在传统产业改造、节能减排、智能交通、城市安防、智能电网、医疗卫生、个人生活等多个领域应用将不断深入。云计算概念将步入落地阶段，它和物联网的结合，将会对食品安全、市民服务等领域产生革命性的影响，还能够帮助企业开创新的商业服务模式。

归结而言，两化深度融合是必然趋势，定将大有可为，但是，有效推进两化深度融合需要我们及时把握工业企业发展提升的规律，找准切入点，针对不同行业、不同企业、不同发展阶段的需求，通过试点示范和及时的总结评估，稳步推进，才能真正促使其实现健康快速发展。

新兴产业篇

Part Ⅳ

B.8 物联网的技术与应用

邬贺铨*

摘　要：本文先说明物联网的内涵及其与传感网和互联网的关系，指出物联网是互联网的应用拓展，然后讨论物联网的主要技术，最后介绍物联网在重要领域的应用。

关键词：物联网　传感网　互联网　RFID（射频识别）　泛在网

一　从传感网到物联网

物理对象（不论是智能的或非智能的物体）数量非常巨大，需要联网互动、

* 邬贺铨，中国工程院院士，教授级高工，原中国工程院副院长，现兼任国家信息化专家咨询委员会副主任、中国通信学会和中国电子学会副理事长，历任信息产业部电信科学技术研究院高级工程师和副院长兼总工程师、大唐电信集团副总裁等职，研究领域为光纤传输网、下一代互联网、宽带无线移动通信等。

通信、控制以便参与业务流程或管理。

1. RFID

欧盟在推动物联网发展系列白皮书①中定义 RFID 是一种集数据存储、自动识别和数据交换为一体的技术，它采用无线射频为其数据读取方式。RFID（射频标签）嵌入一个芯片，该芯片用于存储识别号（ID），使得贴上该 RFID 的物件有了身份标记。通常，无源的 RFID 还需要有天线，当 RFID 靠近读写器时，将接收读写器发出的电磁波并转为电能使芯片激活，同时读写器通过电磁波读取芯片的 ID 号。RFID 的 ID 号可以是一个简单的身份或许可证信息，也可以是上千字节的数据。不过 RFID 所对应很丰富的信息并不一定需要在 RFID 芯片内储存，通过网络连到数据库便可获得与此 ID 号关联的信息。

RFID 目前已广泛应用于供应链，这是物联网最早的应用，RFID 在凡是需要身份识别的场合都能发挥作用。Gartner 公司报告显示，2009 年 RFID 系统的全球供应链市场规模达到 100 亿美元。

RFID 常用的频率有以下几类：低频（低于 135KHz），采用电感耦合方式，可穿透大多数材料，但数据传输率极低，读取范围小于 10cm，常用于动物身份识别和工厂数据采集；高频（13. 56MHz），采用电感耦合方式，可穿透金属与液体，读取范围 1cm ~ 1. 5m，数据传输率低，较常用；超高频（0. 3G ~ 1. 2GHz），采用电磁耦合方式，穿透力弱，读取范围 2 ~ 3m，但数据传输率高，适用于物流行业；微波（2. 45G ~ 5. 8GHz），采用电磁耦合方式，穿透力极弱，读取范围 2 ~ 15m，数据传输率极高，适于自动化生产线。

RFID 已从第一代被动式基本功能 RFID、第二代被动式增强功能 RFID（抗碰撞、可重写、外天线和识别功能）、第三代半主动式 RFID（自带电源但仅供标签电路使用和存储数据而不支持传播信号、传感、监控、数据处理、通信、功率管理功能）发展到第四代主动式 RFID（有源设备、监控、传感器、数据处理、通信、功率管理、本地化功能），还将发展到第五代交互式 RFID（智能设备、无源 - 有源、监控、传感器、数据处理、网络通信、功率管理、本地化定位、与用户交互功能），到那时，RFID 与传感器的界限已很难区分。

身份标记除了 RFID 外，还有红外标记、全息光学条码等。

---

① http：//www. rfidglobal. eu/userfiles/documents/CASGRAS26022009. pdf.

2. 传感器节点与传感器网

传感器是物联网的重要感知器件，在 ITU – T Y. 2221① 建议中，传感器被定义为敏感物理条件或化学成分并且传递与被观察的特性成比例的电信号的电子设备。物理量有压力、温度、湿度与流量等，运动特性有位置、速率、角速度、加速度等，接触特性有形变、力、力矩、滑动、振动等，存在特性有触觉、接近度、距离/范围、移动等，生化特性的种类更多，个人特性有话音、视像、指纹、虹膜、热场等。

传感器在应用上以传感器节点形式出现，传感器节点将传感器获得的模拟电量数字化以便存储后要求发送时才发送，有些情况下原始感知的数据需要按照预置的判据规则进行处理，例如超过某一限度才报出，在报出时还需要附带时间标签与位置标签，因此传感器节点需要有定位功能，传感器节点还有电源或能量转换与存储功能。在 ITU – T Y. 2221 建议中，传感器节点被定义为由传感器和可选的能够检测数据处理及联网的执行元件组成的设备。

传感器节点通常在比较恶劣的环境下工作，也会因电能不足而失效，因此对单个传感器节点的可靠性无法期望过高，解决的办法是使用多个传感器节点并互联成网络，既有多数判决的用意也可扩大覆盖范围。在 ITU – T Y. 2221 建议中，传感器网被定义为包含互联的传感器节点的网络，这些节点通过有线或无线通信交换传感数据。

3. 物联网

物联网（Internet of Things）的概念最早在 1998 年由美国 MIT 大学的 Kevin Ashton 教授提出，把 RFID 技术与传感器技术应用于日常物品中形成物联网，着重的是物品的标记。2005 年 ITU 以 Internet of Things 为题发布互联网报告②，强调物品联网。近年来物联网再度受到关注，但聚焦点是它的智能服务特性。

欧盟关于物联网的定义③：物联网是未来互联网的一部分，能够被定义为基于标准和交互通信协议、具有自配置能力的动态全球网络设施，在物联网内物理和虚拟的“物件”具有身份、物理属性，是拟人化的，使用智能接口并且无缝

① ITU – T，Rec. Y. 2221，Requirements for support of ubiquitous sensor network（USN）applications and services in the NGN environment［S］. 2010，ITU Publishing.

② ITU，2005，Internet Reports 2005：The Internet of Things.

③ European Research Projects on the Internet of Things（CERP – IoT）Strategic Research Agenda（SRA），Internet of Things — Strategic Research Roadmap，15 SEPTEMBER，2009.

综合到信息网络中。2010 年我国的中央政府工作报告所附的注释对物联网有如下的说明：物联网是指通过信息传感设备，按照约定的协议，把任何物品与互联网连接起来，进行信息交换和通信，以实现智能化识别、定位、跟踪、监控和管理的一种网络。它是在互联网基础上延伸和扩展的网络。

传感网使用传感器作为感知元件，应用上可以无需基础网络，通常也不强调智能分析与决策。物联网使用传感器、RFID、激光扫描器、红外标记、普通条码、二维码、全息光学条码、GPS 等作为感知元件，需要通过基础网络实现物与物和人与物互联，强调对感知数据的汇聚、挖掘和分析决策。物联网由三部分组成，即泛在化的传感节点及网络、异构性的互联网基础设施、普适性的数据分析与服务。物联网的主要特征是：在物联网中联网的每一件物体均可寻址，每一件物体均可通信，每一件物体均可控制。物联网与传感网的区别不在于联网的物件数量而在于感知单元的多样性和感知结果的智能利用，可以说传感网是物联网的一个子集。

4. 物联网与互联网及泛在网

当前关于物联网与互联网的关系有一些模糊概念需要澄清。物联网的底层借助 RFID 和传感器等实现对物件的信息采集与控制，通过传感网将传感器等感知节点的信息汇集，并连到核心网络；基础网络是物联网的重要组成部分，用于承载物物互联或物与人互联的信息传递；物联网的上层实现信息的处理和决策支持。物联网可用的基础网络可以有很多种，根据应用的需要，可以采用公众通信网络，或者采用行业专网，甚至新建专用于物联网的通信网。通常互联网最适合作为物联网的基础网络，特别是当物物互联的范围超出局域网时，以及当需要利用公众网传送需处理和利用的信息时。

尽管下一代互联网将以支持物联网的应用作为主要目标之一，但物联网并不是互联网的下一代，物联网可以说是互联网上的一种业务或应用。物联网强调的是认知，是互联网向感知平台和数据挖掘两个方向的拓展。物联网与互联网上传统业务相比有不同的特点：在物联网以公众网络（例如互联网）作为基础网络平台的情况下，物联网相当于互联网上面向特定任务来组织的 VPN；互联网是全球性的，但物联网往往是行业性的或区域性的；一些物联网的应用例如智能电网对网络承载平台的可靠性有很高的要求；物联网的行业应用的多样性与承载平台的通用性之间需要有中间件来适配；物联网的上层即智能信息处理、数据挖掘与决策支撑等是传统互联网业务不一定需要的功能。

M2M（Machine-to-Machine）① 与物联网有关。M2M 设备是指能够回答包含在一些设备中的数据请求或能够自动传送在其中所含数据的设备。M2M 通信网是指 M2M 网关和 M2M 应用（服务器）间的通信网。M2M 通信与物联网的核心理念一致，不同之处是物联网的概念和所采用的技术及应用场景更宽泛。而 M2M 则聚焦在无线通信网络应用上，是物联网应用的一种主要方式。

与物联网有关的还有 CPS（Cyber Physical System）②。CPS 是计算、通信与物理过程的综合。CPS 的目标是使物理系统具有计算、通信、精确控制、远程合作和自治等能力，通过互联网组成各种相应自治控制系统和信息服务系统，完成现实社会与虚拟空间的有机协调。CPS 与物联网有类似的能力，但 CPS 更强调循环反馈，要求系统能够在感知物理世界之后通过通信与计算对物理世界起到反馈控制作用。

物联网实现对环境信息的收集之后，再进一步则是情景感知，它通过对收集到的环境信息的储存、加工处理并将这些信息与背景环境相集合而实现，在此基础上可提供泛在服务，即根据实际情况的不同，在任何时间、任何地点向任何人提供相关的信息和知识服务。支持这些应用和服务的联网能力被称为泛在联网（Ubiquitous Networking），ITU－T 给出泛在联网的定义③：在预订服务的情况下，个人和/或设备无论何时、何地、以何种方式以最少的技术限制接入服务和通信的能力。泛在网是泛在联网的一种成功范例。泛在网与物联网的主要区别是从物与物通信到物与人以及人与人通信，而且泛在网涉及多个异构网的互联，可以说泛在网是网络发展的愿景。

二　物联网的技术④

1. 识别技术

识别是指将某个物体或逻辑事物与其他物体或逻辑事物相区分的过程，这个

---

① ETSI，2009，Machine-to-Machine Communications Activity Report，http：//portal. etsi. org/m2m/ActivityReport2009. asp.

② Janos Sztipanovits et al，2009. Industry-Academy Collaboration in Cyber Physical Systems（CPS）Research White Paper，V. 1，http：//www. cra. org/ccc/docs/CPS-White%20Paper-May－19－2009－GMU－v1. pdf.

③ ITU－T，Rec. Y. 2002，Overview of ubiquitous networking and of its support in NGN，2009.

④ CERP－IoT SRA，Internet of Things：Strategic Research Roadmap，V1. 9－15，Sep，2009.

过程是利用标识符来实现的。标识符可分为通信标识符和服务标识符，通信标识符用来建立和保持通信联系，例如链路层 MAC 地址、网络层 IP 地址、TCP/UDP 端口号、M2M 终端的码号等；服务标识符通常被用于应用和服务目的，例如 ISO 制订的 EPC（电子产品代码）实物命名方案，以 GID－96 为例，它包含区别服务类型的 8 比特字头、28 比特的制造商编号、24 比特的产品类型和 36 比特的序号。识别技术需要支持现有的和未来的识别方案，能够与在互联网和 WWW 中已经使用的诸如统一资源识别（URI）结构互通，未来需要研究全球识别方案、识别管理、识别编码/加密、匿名、使用识别和寻址方案的认证和储存管理、认证和寻址方案、全球查号业务和发现业务。

2. 体系技术

在异构物品环境中联网系统间的交互性、可扩展性、安全性、跨平台兼容性是物联网的关键设计要求，具有端到端特征、异构系统可交互性、随遇接入、清楚的分层和应对物理网障碍的可生存性的分布开放体系是物联网的发展目标。

在大多数应用情况下，物联网感知节点（以下简称节点）要求低功耗工作，因此传输距离很短，往往要求接力传送。物联网节点被分成三类，端节点负责信息收集与预处理，路由节点连接一组端节点负责处理和转发信息到相邻的另一个路由节点或网关节点，网关节点连接路由节点并集合信息和联网。考虑到节省功耗，端节点并非永远处于激活状态，一个小区域内可能只有一个端节点处于激活状态作为“哨兵”，相邻的其他端节点则处于休眠状态，一旦需要可以被叫醒。

对于那些没有专门的基站来实现多个节点间交换信息的无线网络，其每个节点需要有与其他节点（至少是邻近节点）的通信能力，这种网络被称为自组织网络（Ad hoc）。它的节点需要支持多跳通信，以便用邻近节点取代故障节点，可智能选择通向目的节点的冗余数据路径，即具有较强的抗毁性。对于非固定或无提前计划的技术建立起来的物联网，自组织网是很好的选择。自治计算与联网、动态支持小区域无尺度连接的“网中网”、匿名联网等是物联网体系技术的研究内容。

3. 发现技术

与一般的自组织网相比，物联网节点数量多，节点的配置非常密集，覆盖范围宽，从降低安装和维护成本考虑要尽可能少用人工干预，即节点的位置并不一定需要预先设计和计算或硬连接。另外，在物联网中新物品的加入将要求节点添

加或删除以便适应网络拓扑的变化，而且物品的特征还会随自治程度而变，为此希望网络能自动发现和自我配置，即要求众多节点能够具有发现邻近节点的功能，发现在其所处环境内的对等节点的存在和身份，节点间能够协商分享的任务，自动定位节点的类型和编组；使用优化资源分配的算法，基于智能匹配而不是预置模板与属性来对网中的物件自动指配、自动部署与激活、解除激活，理解和建立逻辑位置与空间位置的映射关系。物联网的发现功能不仅表现在连接建立过程，还用于性能监视以及开始、停止、管理和调度发现过程，还可在任何时间对所分配的作用和属性进行调整，或按需创建新的属性，这在物联网中部分节点移动时是非常有用的，移动后的物联网节点将重新分组并选出新的小组牵头的节点。物联网中的节点移动有几种情况，既有在同一个 WPAN（无线个域网）范围内的移动，也有节点跨 WPAN 的移动，甚至 WPAN 跨到其他 WPAN 内的网络移动。例如一个身上带有多个传感器的病人在医院不同医疗检查室的移动。现有的 IP 移动技术可以支持物联网的移动性。发现的服务应基于授权认证机理，以保护隐私和安全，目前可参考使用的在 LAN 级别的发现协议有 WS-Discovery、Bonjour 和 SSDP（作为 UPnP 的一部分）。

4. 通信技术

物联网无线物理层常用的标准是 IEEE 802. 15. 4，欧美分别选用 868MHz 和 915MHz，分别对应 20kb/s 和 40 kb/s 数据率，全球还可用 2. 4GHz 频率，支持 250kb/s 数据率，虽与 WiFi 相同频带，但功率大约为 WiFi 的 1%，可以靠电池运行 1 ~ 5 年，适于物联网应用，但传输距离比 WiFi 短，需要使用接力方式工作。关于物联网的物理层需要研究自配置自优化自愈电路体系、天线、能效的射频前端、通信频谱及频率分配、软件定义无线电和认知无线电技术等。

物联网链路层协议的作用是保证节点公平和有效地共享通信资源，同时适应物联网优化节能、移动管理和故障恢复要求，可用的标准是 IEEE 802. 15. 4。

物联网的网络层需要具有适应拓扑频繁改变和可扩展性的协议、基于节能优先的路由选择、基于属性的寻址、数据汇聚（将来自多个物联网节点、具有相同属性的数据汇聚，解决数据破碎和重复）等功能。利用 IEEE 802. 15. 4 链路支持 IP 可以获得与其他 IP 设备的互操作性，而且 IPv6 有足够的地址适于物联网使用，但 802. 15. 4 数据包的容量无法容纳 40 个字节的 IPv6 和 20 个字节的 TCP 及 8 个字节的 UDP，再加上其他层（安全性、选路等）的字节。Cisco、Ericsson 等公司联合成立了 IPSO（IP for Smart Objects）联盟，目标是为物联网的应用而优化 IP 协议。目前 IETF 标准化的 6LoWPAN（在低功率无线个域网上传送 IPv6）协议也是针对物联网的应用而开发的，它将 40 个字节 IPv6 包头缩减为 1 个包头的压缩字节（HC1）和 1 字节的“剩余跳数”，因为源和目的 IP 地址可以由链路级 64 位唯一 ID（EUID 64）或 802.15.4 中使用的 16 位短地址生成。8 字节用户数据报协议传输包头被压缩为 4 字节。

物联网的传送层标准需要考虑节点有限的电能和存储量，TCP 方式开销太大，通常会使用 UDP/ICMP 作为传送层协议。

物联网的应用层通常需要有传感器管理协议、任务分配和数据通告协议、传感器询问和数据分发协议等。目前已知可用的协议有 Zigbee 或 Sensor-Net 等。

5. 软件技术

本节讨论物联网节点的微操作系统及中间件，物联网智能决策所用到的软件在另外一节说明。物联网节点的操作系统与 PC 不同，标准 PC 上的用户接口在物联网节点上并不需要。物联网节点操作系统所执行的主要任务是计算、呼叫低级指令、通知高级指令和任务调度。物联网节点的操作系统应考虑以下主要特点：规模小，寄存器和功率有限，能够实时或轮询处理数据包，对于特定应用的物联网节点提供高级软件模块，具有鲁棒性和可靠性。可用于物联网节点的操作系统有 eCOS、uC/OS 和 TinyOS 等，还有可感知能量状况的能效微操作系统（例如 Contiki）。除了操作系统外，物联网节点还有中间件，它应该是轻型开放性的中间件。

6. 网管技术

物联网需要有多种管理平面功能。电源管理平面管理节点的电源使用方式，控制休眠与叫醒，可以使节点在收到一个消息后关闭接收器，当一个节点电量低时，可以向邻近节点广播电量不足消息，并不再参与转发数据；移动管理平面检测和登记传感器节点的移动，了解谁是自己的相邻节点；任务管理平面在一个特定的区域内均衡及调度感知任务，因为通常在一个区域内并非所有的节点都要同时执行感知任务。物联网的网管还对物理网设施（包括感知单元、分布数据库、存储、网络设备）的身份、关系和信誉进行管理，对设施自动轮询，监视物联网和 Web 的应用，对网络拓扑变化和网络流量进行实时图形显示，识别突发的过载，提供拥塞管理。

7. 安全与隐私技术

物联网的攻击者可能伪装成授权的系统用户而侵入，或未经授权的低级用户盗窃高级用户的授权，从而物联网的节点可能被克隆、被假冒、被移动和被解激，节点的数据会被屏蔽、被干扰、被窃取和被篡改。因此当物联网的节点进网时需要认证，重要的物联网节点的数据需要加密，但因功耗限制而需要采用能效的加密和数据保护技术、加密算法快速部署技术以及能效的密钥分配机理。物联网节点配置的冗余性和多路由选择提供了抗御节点被损坏的网络生存性。物联网的智能分析决策数据库也需要有应对非法入侵能力和灾备设计。

隐私是物联网双刃剑特性的重要表现，除了在法律或管理制度上坚持收集限制原则、数据质量原则、目的说明原则、使用限制原则、安全保障原则、个人参与原则和问责制原则外，需要应用到一些隐私保护技术。这些技术包括：灭活技术（当 RFID 标签收到读写器发出的带该 RFID 的 PIN 密码的 Killing 命令后，标签就被灭活）、重命名技术（每经过一段时间就改变标识符）、代理方式（与其依靠公共的读写器来保护隐私，不如用手机类的 RFID 的执行装置来携带自己的隐私）等。

8. 能量管理技术

通信比传感和计算更需要消耗电能，将 1Kb 传送 100M 的能耗等效于以每秒 1 亿条指令的速度传送 300 万条指令。因此能量管理是物联网节点需要特别关注的问题，首先需要考虑物联网节点的低功耗设计和事件驱动的激活，其次要采用适于物联网节点的先进能量获取、储存、测量和管理技术。物联网节点的电源有可更换与不可更换之分，在野外等不便更换电源的情况下应考虑可充电。可充电电源的能量有生物、化学、感应、静电、压电、热电、光伏、微燃料电池、无线供电等多种获取方式。物联网的功率管理包括以下几种技术：一是能量存储技术，如薄膜电池、Li-Ion 平板电池、印刷电池、可生物降解的电池、能量存储和超电容技术等；二是能量测量技术，如能源消耗映射、硬件元件的细颗粒测量/估计功率技术；三是能量管理技术，如功率优化系统、能源再循环、基于能量优先调度的软件技术（又分为通过操作系统控制在传感器不工作时关闭电源的动态功率管理和根据需要变化电压以降低功耗的动态电压调度）。

9. 智能决策算法

将信息收集传输并汇集到信息中心还没有完成物联网的功能，需要利用专家系统和数学模型，参考历史数据，综合异构来源的多种信息，进行分析推理，给出决策——这取决于智能决策算法的成熟性和水平——上述过程的部分或全部由智能决策系统自动完成。智能决策算法需要考虑事件间的相关性和上下文感知，对观察到的数据进行过滤、汇聚和数据挖掘及认知处理与优化，而不基于单个事件（单个观察或传感器的读数）来触发活动；需要研究目标交互的语言、语义互操作性、仿生算法（例如自组织）和游戏理论在智能决策中的应用。

三　物联网在重要领域的应用①

1. 物联网在工业领域应用

物联网可广泛用于制造业供应链（智能化采购、零部件库存管理、储存运输参数监测、物流跟踪）、生产环境监测（温度等环境条件监测、无线遥测地震仪、井下生产控制系统）、生产过程用料与工艺优化（生产线过程检测、实时参数采集、生产设备监控、材料消耗监测）、设备管理（设备操作使用记录、设备故障诊断、资产管理）、产品全生命周期监测（产品销售管理、产品交付管理、产品运输容器安全监测、管道监测、产品处置监测、产品回收再利用）、环保监测（排放监测、污染监测、能耗监测）、对员工的管理（关键情况下对员工岗位的无线跟踪）等，以提高生产效率、减少物料消耗和污染、提升产品质量、保证生产安全、改进个性化服务。

2. 物联网在农业领域的应用

RFID 的耳标可用于管理家畜和对肉类产品来源的追溯，物联网还可用于农药、化肥、农用物资、农产品的加工和运输管理，用于对土壤的墒情和养分的检测等。

3. 智能电网

因发电与用电量不匹配，电网利用率很低，美国也仅有 55%，每年美国因电网扰动与断电造成的损失达 790 亿美元。智能电网使用传感器、智能电表、数

① http：//www - 900. ibm. com/ibm/ideasfromibm/cn/smarterplanet/20081106/. Gérald Santucci，2010，The Internet of Things：Between the Revolution of the Internet and the Metamorphosis of Objects，http：//ec. europa. eu/information_ society/policy/rfid/documents/iotrevolution. pdf.

字控制器和分析工具自动监视与控制从电站到用电方的双向能量流，通过双向通信、高级传感器和分布式计算机调整与匹配发电与用电量，从而改善电力交换和使用的效率并提高可靠性。以前因发电量不平稳难以接入电网的风电、光伏发电等分布式能源可以并网。智能电网实时监控用户的电力负荷，帮助企业和消费者根据峰谷电价的不同安排用电时间。智能电网的技术可应用到发电、输电、变电、配电和用电环节。中国的电网经历过 2008 年初南方冰雪灾害的严重影响，对智能电网有更高的期待，视安全性比效率更重要，中国国网电力公司提出要建设以特高压电网为骨干网架、各级电网协调发展的中国特色的坚强智能电网。

4. 智能交通

据统计，交通拥堵造成的损失占 GDP 的 1.5% ~4%，美国每年由交通堵塞带来的损失高达 780 亿美元，燃料损失相当于 58 个超大型油轮的装载量。道路交通事故还造成人身伤亡，其直接经济损失还要高几倍，另外交通拥塞将增加汽车尾气排放，成为城市污染不可忽视的因素。利用物联网技术可以实时监控交通流量，优化交通网络设计和管理，提升交通运输效率，改进交通安全。斯德哥尔摩在 18 个路边控制站用激光、摄像和系统技术，对车辆进行探测、识别，并按照不同时段、不同费率收费，将交通流量、等待时间、尾气排放分别减少 20%、25% 和 12%。欧盟认为通过利用 ICT 优化物流安排和智能流量管理还可助交通运输效率提升 17%。

5. 智慧物流

利用基于 RFID 的产品可追溯系统、基于 GPS 的智能配送可视化管理网络、全自动的物流配送中心和基于智能配货的物流网络化公共信息平台可以在线跟踪物流，优化从原材料至成品的供应链网络，从而帮助企业确定生产设备的位置，优化采购地点，亦能帮助制定库存分配战略，降低成本，减少碳排放，改善客户服务。2006 年物流成本占 GDP 的比例，日本为 11%，美国为 8%，欧盟为 7%，中国为 18%（其中运输成本占 55%，存储成本占 30%），智慧物流对中国的重要性不言而喻。中远物流公司采用信息化管理和物联网技术，成功地将分销中心的数量从 100 个减少至 40 个，分销成本降低了 23%，燃料使用量降低了 25%，也使碳排放量减少了 10% ~15%。另外，对于食品和药品的生产、运输及存储而言，智慧物流不仅是经济问题，更重要的是保证储运物品的时效和满足储运环境条件的要求，事关民众生活与生命安全。

6. 智慧医疗

美国的医疗保健支出已占 GDP 的 16%，而且医疗事故已成为死亡的第五位原因，数字保健成为医保改革的重要内容，医疗保健也是中国政府和百姓极为关切的问题。数字保健包括医疗设备的数字化、医疗设备的网络化、医院管理的信息化和医疗服务的个性化，物联网在这些方面都将起重要作用。电子病历或电子健康档案可配有 RFID 以识别持有者的身份；药品上的智能标签能够提醒患者服药时间和用量；利用各种传感器对需要监护的人进行实时监控；利用具有 RFID - 传感器能力的移动电话作为平台监控医疗参数和药品，指导患者治疗和用药。2009 年 3 月起，作为传染病医院的北京地坛医院在住院楼的中西医结合科区域进行试点应用 RFID，对医疗器械包进行全程跟踪管理，对人员和医疗垃圾车进行实时跟踪管理。事实上，利用 RFID 的管理还可扩展到医院设备、药房、产房、手术室等多方面。

7. 智能建筑

美国办公用建筑物在寿命期间的电能消耗成本与建筑物初次建设成本相当。据统计，建筑能耗目前占我国一次能源消耗总量的 27.8%，比世界上同纬度国家高。日本曾经试验在一个大楼内装 2 万个传感器并用 IPv6 联网，实时掌握在大楼内不同房间、不同时间需要的空调和照明状况，实行智能控制，可以节省能耗近 30%。我国也有利用物联网技术对机场进行能源管理实现节能 20% 的例子。

8. 环保监视

利用各种传感器可以实现生态监视和污染监测。中国移动利用 M2M 技术在广州市部署近 4000 个监控点，重点采集和监控污染源生化数据，包括餐馆排气、工厂排污、工地噪声等，在厦门利用嵌入传感器的 TD - SCDMA 终端实现对噪声的检测。

9. 智能安防

视频监控摄像头广泛应用于国内多个城市的主要道路、热点地区和轨道交通监视。综合使用了多种物联网技术构筑的周界防入侵系统可用于机场和重要企业。光纤光栅等压力和应变传感器能应用到铁路和公路桥上以监视桥梁的安全，还可用在一些地质滑坡高发地区和尾矿库，实现地质异常的提前预报，先于事故发出预警。瓦斯传感器和通风量检测可以有效地避免矿难或降低矿难发生率。此外，物联网技术广泛用在小区安保，并开始在家居安防上使用。

10. 智能家居

物联网技术可用于家庭门禁和家用电器的智能控制，但更有价值的是对老人和小孩的远程监护，中国人口老龄化的进程在加快，中国城市多为双职工且为独生子女家庭，需要有便于使用且有效的监护手段。一种嵌入陀螺仪的手机能够区别摔倒与弯腰，可在老人摔倒时自动发出短信到监护人和医院，通过手机还可定位老人的位置，便于医院及时来救护。

结　束　语

物联网是互联网应用拓展的热点、泛在网的起点、信息化与工业化融合的切入点、低碳经济的支撑点、战略性新兴产业的增长点、民生服务的新亮点、加快转变经济发展方式的突破点。数据挖掘与智能处理及控制是物联网的特点，安全自主可控与低成本是物联网应用推广的难点，技术创新是发展我国物联网产业与服务的重点。

B.9

中国软件与信息服务业的发展

倪光南*

摘　要：本文讨论了中国软件与信息服务业的现状及国家软件业的产业政策；强调了与软件业相关的知识产权政策，指出软件正版化、政府采购等对于发展中国软件业有重要意义；探讨了在中国推进开源软件所需解决的若干问题；着重介绍了国家“核高基”重大专项所支持的基础软件以及为推进“两化融合”直接服务的工业软件；最后本文认为，采用国产软件和服务是推进可靠、低成本信息化的关键。

关键词：软件与信息服务业　软件正版化　政府采购　开源软件　基础软件

一　中国软件与信息服务业的现状

（一）中国软件与信息服务业的发展

在信息社会，软件与信息服务业（以下简称“软件业”）的地位极其重要。我国历来将它作为国民经济体系中优先发展的基础性、战略性、先导性产业，作为促进“两化融合”的重要支撑和培育经济增长点的重要抓手。该产业多年来一直保持迅速增长的势头。

如图 1 所示，2010 年我国实现软件业务收入 13364 亿元，同比增长

* 倪光南，1961 年毕业于南京工学院（现东南大学），首创在汉字输入中应用联想功能，曾任中科院计算所公司（联想前身）和联想集团首任总工程师，主持开发了联想式汉字系统、联想系列微型机，分别于 1988 年和 1992 年获得国家科技进步一等奖。联想集团即以联想式汉字系统起家并由此而得名。他 1994 年被遴选为首批中国工程院院士，现为中国中文信息学会理事长、中科院计算所研究员。

31%，产业规模比2000年扩大22倍，年均增长率约为36%，占电子信息产业的比重由2001年的6%上升到18%。在全球软件与信息服务业中，所占份额由不足5%，上升到超过约15%（见图2）。软件业增加值占GDP的比重由2001年的不足0.3%上升到超过1%，软件业从业人数由不足30万人提高到超过200万人（见图3），软件业对社会生活和生产各个领域的渗透和带动力不断增强。全国认定的软件企业超过了2万家，并涌现出了一批著名品牌软件企业。

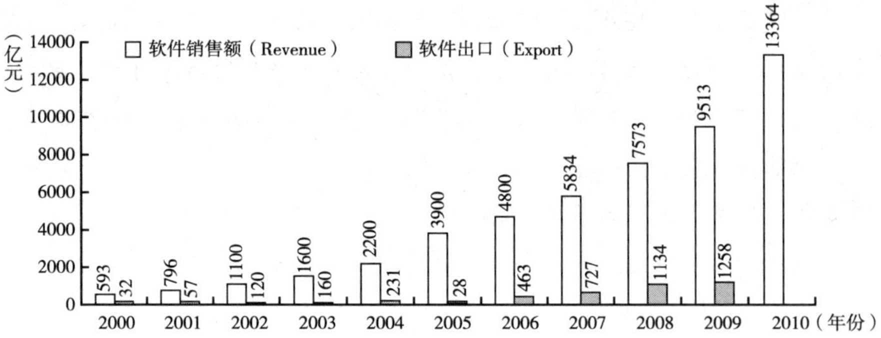

图1　2000～2010年中国软件业销售总额及出口的增长

资料来源：中国软件行业协会。

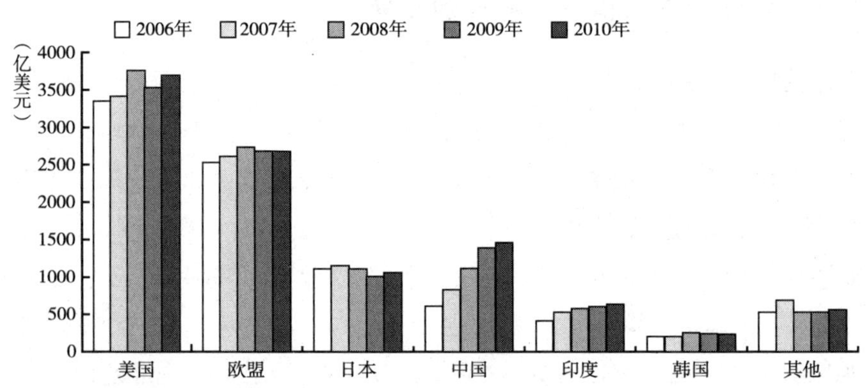

图2　2006～2010年主要国家和地区软件产业规模

资料来源：电子科学技术情报研究所。

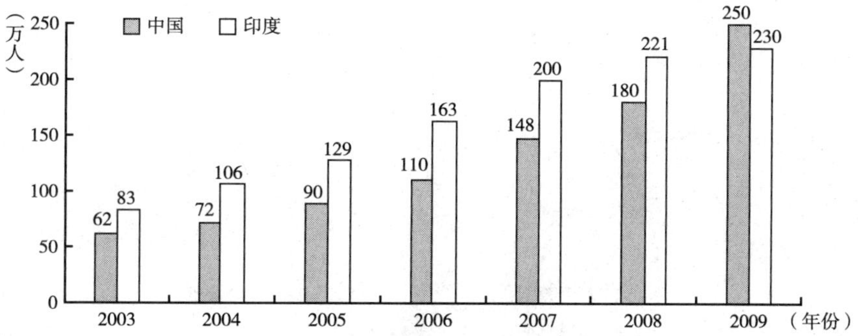

图 3　2003～2009 年中国和印度软件人才的比较

资料来源：中国软件行业学会。

（二）中国软件与信息服务业的特点和问题

中国软件业的最大特点是依靠内需市场的拉动。由图 1 可知，中国软件业的国内销售额与出口额之比约为 7∶1，这种情况与日本、韩国比较接近，而与印度完全不同。印度软件业的主体是软件服务离岸外包，即接受以美国为主的外国的发包业务为主，它的内需市场所占比重很小。

即使是软件出口构成，中国和印度也有很大的区别。中国的软件业出口中约有 2/3 是嵌入式软件的贡献，即是华为、中兴等所出口的通信设备中所包含的软件的贡献，真正像印度那样的离岸外包的贡献所占比重不大。

软件服务外包在软件业中占有重要地位，而且其比重有越来越大的趋势。应当指出，其中包括了国内市场发包的“在岸外包”与国外市场发包的“离岸外包”两部分，在中国，两者之比约为 85∶15，即以“在岸外包”为主。印度则绝大部分是“离岸外包”。由此可见，中国和印度软件业的情况有很大的差别。发展中国软件业应根据中国国情，不能照搬印度模式。

中国软件业的另一个特点是比较全面，这是与中国市场需求大和人才资源丰富的国情分不开的。图 4 表明，中国软件业主要由软件产品、系统集成、软件技术服务、嵌入式系统软件和 IC 设计等五部分构成。中国历来将 IC 设计归入软件业，因为它的特点与软件业相似，同样是主要依靠智力、基于知识和数据的产业，因此也同样享受软件业的优惠政策。

这些年来，尽管中国软件业取得了令人瞩目的成就，但仍然存在着许多问

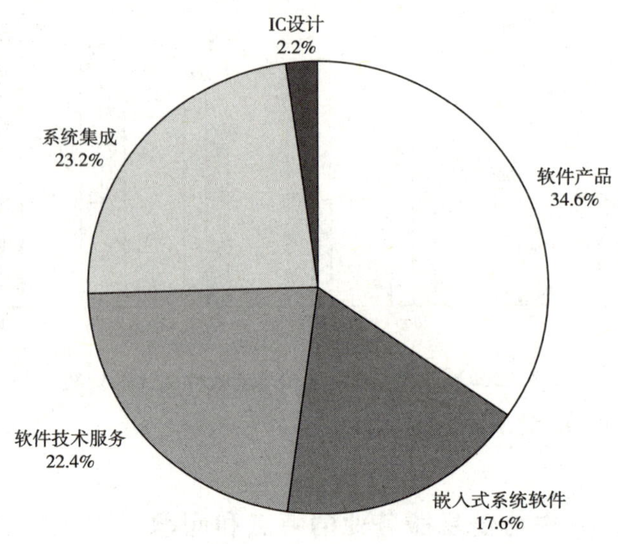

图 4　2009 年中国软件与信息服务业构成

资料来源：中国软件行业学会。

题。首先是中国国产软件和服务仍然不大、不强，虽然中国软件业的市场规模按单个国家计算（欧盟是多个国家），已仅次于美国，但其中包括了外国软件公司在华销售收入与外资软件公司的销售收入，真正的国产软件和服务的销售收入所占比重不大。其次是中国软件业还不能自成体系，重要的基础软件几乎都依赖于进口，中国软件企业大多是在进口软件平台上从事应用开发，在系统集成、软件技术服务等领域，中国企业也往往是从事低端业务。此外，中国软件企业数量虽多，但规模普遍很小，在与外国跨国公司的竞争中明显处于劣势。总之，中国还不是软件大国、软件强国，中国软件业的发展仍然任重道远。

二　国家对软件业的产业政策

（一）“18 号文”是中国软件业产业政策的基础

为了推动软件业的发展，我国较早制定了软件业的产业政策。2000 年国务院发布实施的《鼓励软件产业和集成电路产业发展的若干政策》（即“18 号文”）就是这一产业政策的基础。

2000年以前，中国软件业称不上是一个独立的产业，这有历史原因。在主机时期，各家主机自成系统，每家计算机配的是自己的软件，互不兼容，软件附属于硬件，不是独立的产业。到了PC时期，软件逐渐发展为独立产业，规模越来越大。早年中国经历了主机时期，但在“文化大革命”期间计算机领域的发展停滞了，影响到后来中国软件业的发展，形成不了独立的产业。1994年，中国实行新税制，即增值税制，这对从事软件、集成电路这类高智力增值业务的企业造成很大的税负。为此，业界人士强烈呼吁，应对软件和集成电路产业实行政策优惠。鉴于这两个产业的重要性，有关部门积极响应，通过调查研究，于2000年出台了“18号文”，制订了针对这两个产业的、以税收优惠为重点的全面扶持政策，后来又陆续出台了其他配套政策，这样形成了软件和集成电路产业的产业政策。这些年的实践证明，其效果是显著的。图1所示的中国软件业规模的高速增长就是明证。

对软件业的另一重要政策是2002年的《振兴软件产业行动纲要（2002～2005年）》即国发“47号文”。它除了规定具体落实“18号文”的许多措施外，还强调了优先采用国产软件产品和服务。“47号文”要求：制定政府采购软件产品和服务的目录及标准，政府采购应当采购本国的软件产品和服务；利用财政性资金建设的信息化工程，用于购买软件产品和服务的资金原则上不得低于总投资的30%；国家重大信息化工程实行招标制、工程监理制，承担单位实行资质认证；鼓励企事业单位在信息化建设中，与软件企业合作开发或积极采购国产软件产品和服务。“47号文”的这些规定对于扭转我国各界普遍存在的“重硬轻软、更轻服务”的倾向，对于强调政府采购对软件业的支持都有重要意义。

（二）根据中国国情制定产业政策

“18号文”最重要的是税收优惠，针对我国从1994年起实行增值税制的国情，规定在我国境内“自行开发生产的软件产品”和“自产的集成电路产品”的增值税率从法定的17%分别降为3%和6%。这是因为软件和集成电路产品主要是智力增值，而智力投入不能在增值税中抵扣，因此如采取与其他产业相同的税率，实际税负将会很重。相比之下，美国等发达国家实行所得税制，仅按利润的一定比例缴税，实际税负较轻。由此可见，“18号文”对软件和集成电路业的税收优惠是符合中国国情的，是必要的、合理的，而且这一优惠政策对于外商投资企业和中资企业在中国开发生产的软件和集成电路产品一视同仁、平等对待，符合 WTO 原则。

符合中国具体国情的政策还有 2009 年 10 月份财政部、国家发改委、工信部、科技部等九部委发布的《鼓励政府和企业促进我国服务外包企业发展的指导意见》（以下简称《意见》）。这个《意见》指出：服务外包产业是智力人才密集型的现代服务业，具有信息技术承载度高、附加值大、资源消耗低、环境污染少、吸纳大学生就业能力强、国际化水平高等特点；应当贯彻落实科学发展观，按照保增长、扩内需、调结构的工作要求，支持和鼓励服务外包产业的发展。《意见》提出：各级政府要抓住服务外包产业发展的难得机遇，把促进政府和企业发包作为推动我国服务外包产业的重点，加大服务外包的宣传力度，改变国内对外包模式的传统观念，让服务外包得到各级政府和大中型企业的认可。上述要求符合中国服务外包以“在岸外包”为主的客观实际，也是必要的、合理的。

此前中国在发展服务外包方面，有一种倾向是只抓印度那样的离岸外包，而忽略了在岸外包，结果是国内市场的大量服务外包项目被外国跨国公司所取得，然后，它们再将附加值低的工作分包给中国公司。因此，应该改变这种倾向，既重视离岸外包，也重视在岸外包，并注意提高外包业务的附加值。

（三）迎来中国软件业新的“黄金十年”

2011 年初，在“18 号文”到期时，国务院又发布了《进一步鼓励软件产业和集成电路产业发展若干政策》（国发〔2011〕4 号），这也就是业界说的“新 18 号文”。如果说，2000 年的“18 号文”造就了中国软件和集成电路业的“黄金十年”，那么，2011 年的“新 18 号文”必将开启这两个产业新的“黄金十年”。

“新 18 号文”既保持了国发 18 号文件的政策延续性，又细化了政策支持方式。其支持政策数量“从少到多”、“从无到有”，针对性更强、更具体；在“18 号文”发展十年经验总结的基础上，它将进一步促进我国软件与集成电路行业长期可持续发展。另外，“新 18 号文”加大了对企业研究开发的支持力度。与“18 号文”相比，“新 18 号文”还填补了软件企业的营业税（免征）和研发政策方面的空白。

不难看出，“新 18 号文”为鼓励软件企业的研发以及重要技术标准的制订，在资金渠道、国家重大项目（如国家科技重大专项、国家重点实验室）、创新联盟等方面给予支持。值得特别注意的是：作为“18 号文”核心的软件增值税优惠政策将继续实施，并顺应软件服务化的大趋势，顾及了对信息服务业的税收优惠；对集成电路产业的税收优惠将根据产业技术进步情况实行动态调整及采取专项措施予以妥善解决；在投融资政策、研究开发政策等方面，国家将加大支持力度；强调了加快完善期权、技术入股、股权、分红权等多种形式的激励机制等等。可以预期，“新 18 号文”将收到比“18 号文”更大的效果。

“18 号文”和“新 18 号文件”虽然确立了这两个产业的基本产业政策，但仍需其他政策措施的配合才能营造出一个优良的产业环境。特别是在市场、采购等方面，“新 18 号文”并未像“18 号文”那样明确要求在涉及国家主权和经济安全时，或在国家投资的重大工程和重点应用系统中，实行国产优先的原则并采用政府采购的方式，这可以理解为是对中国软件业市场更加成熟的反映。另一方面，在保障国家信息安全方面，现有的信息系统安全等级保护制度和含有密码技术的信息产品采购办法等法规都可以发挥作用。至于政府采购问题将在第四节中专门讨论。

三　与软件相关的知识产权政策和软件正版化

（一）适应我国现阶段发展水平的计算机软件保护条例

软件业的发展与国家知识产权战略密切相关。我国知识产权战略 16 字方针为“激励创造、有效运用、依法保护、科学管理”，是一个包括了创造、运用、保护和管理等方面的全方位战略，所以不能片面地认为知识产权法规制度就是保护知识产权。

我国与软件相关的知识产权政策的根本目的是为了促进我国软件业自主知识产权的发展。为此，我国早就制定了《计算机软件保护条例》，对软件知识产权实施保护。该条例于 2002 年进行了修订，同年 10 月，最高人民法院吸取了各方面的意见，发布司法解释，明确规定："计算机软件用户未经许可或者超过许可范围商业使用计算机软件的，依据《著作权法》第四十七条第（一）项、《计算机软件保护条例》二十四条第（一）项的规定承担民事责任。"这就使《计算机软件保护条例》的保护水平与我国的经济、文化和社会发展水平相适应，也符合国际有关规定。

例如 WTO 与贸易有关的知识产权协议（TRIPS 协议）规定：将软件作为伯尔尼公约所指的文学作品进行著作权保护，并增加了出租权。而对文学作品，只制裁制造和销售盗版者，并没有针对使用侵权文学作品的最终用户。该协议还规定：为"促进对知识产权的充分、有效保护……承认发展中国家在其域内的法律及条例的实施享有最高的灵活性"。可见，目前我国软件保护条例规定"商业使用"盗版者承担民事责任是符合 TRIPS 要求的。

（二）中国政府大力推进软件正版化

这些年来，中国政府大力推进软件正版化工程。在 2001 年、2004 年和 2010 年国务院办公厅相继发布了关于政府使用正版软件的通知，在 2006 年九部委发布了关于企业使用正版软件的通知，这些政令大大促进了政府和企业的软件正版化并带动了社会各界的软件正版化。我国政府和央企、国企的一些正版软件采购单，往往一次就高达几十亿美元。目前我国党政机关、事业单位已基本实现软件正版化，正版化工程还正在向企业和社会各界推进。作为一个 13 亿人口的发展中大国，中国推行软件正版化的任务艰巨，但成效卓著。

近五年来，受国家知识产权局委托，互联网实验室在进行详细调查的基础上每年都发布年度的《中国软件盗版率调查报告》。人们看到，中国的盗版率逐年都有明显的下降。例如 2009 年相对于软件产业的价值盗版率由 2008 年的 15% 下降为 12%；按当年安装的应付费计算机软件套数计算，盗版率由 2008 年的 47% 下降为 45%。第一项指标 12% 表明，在整个中国软件业市场上，盗版率已经降得较低，这是因为中国的大型信息工程和大型企业所使用的软件和服务基本上没有盗版，而这部分构成了中国软件市场的主要份额。第二项指标 45% 表明，在应付费计算机软件这部分市场上，盗版率仍较高，这是因为，这部分中个人用户占据主要份额，而盗版主要存在于个人用户中。

互联网实验室在这一工作中坚持实事求是的态度，公开自己的调查方法和数据，并不断地加以改进，力图使调查结果与实际情况能更好地符合，从而赢得了社会各界的广泛认可。它的报告比较客观地反映了中国国情，对今后软件正版化工作有指导意义。这五年的数据表明，中国软件盗版率逐年都在显著地降低，中国政府大力推进正版软件的成果是不容抹杀的。

值得注意的是，一个由外国跨国公司主导的“商业软件联盟”（BSA），历年来，也对中国软件盗版率发表它的报告，并得出了大大高于互联网实验室报告的盗版率数据。从 BSA 的报告看来，其盗版率调查基本上限于“PC 软件”，这一口径大致相当于互联网实验室的报告中按当年安装的应付费计算机软件套数计算的盗版率（不完全等同，但有一定的可比性）。然而，即使就这项指标而言，BSA 的盗版率数据也几乎是互联网实验室相应数据的二倍。而且，BSA 在宣传中往往故意混淆“中国 PC 软件盗版率”和“中国软件盗版率”的区别。稍有常识的人都知道，PC 软件只是中国整个软件业中的一小部分，BSA 这样做无非是想夸大中国软件的盗版情况。

鉴于这两个报告的结论大相径庭，有关方面多次呼吁 BSA 公开自己的调查方法和数据，以便与互联网实验室的报告进行对比，希望能通过双方的交流，做出改进，更好地反映中国盗版情况的客观实际。但遗憾的是，BSA 始终没有作出响应。

由于历年来国家发布了一系列推进政府和企业使用正版软件的文件，采取了要求 PC 厂商预装操作系统软件等措施，也由于随着云计算、软件服务化（SaaS）和开源软件等的发展，免费使用的或按服务收费的软件越来越多，这些情况都使中国盗版率得以逐步下降。同时，国产软件大多已达到实用水平，已能替代进口软件，这些低价或免费的国产软件除了直接促进软件正版化外，还迫使跨国公司软件大幅降价，间接促进了正版化。例如 2009 年欧特克（Autodesk）的 CAD 软件在中国的降价幅度达到了 80%，这正是由于国产 CAD 软件已经实用、竞争力大大提高的结果。又如微软与高校谈判 Office 软件正版化时，原先要求每个大学生付 500 元，后来由于国产 Office 提供免费下载又能实用，不得不大幅降价直到免费提供。

中国软件业的迅速发展和软件盗版率的迅速下降，二者是密切相关、相互促进的。从中国软件业当前水平和发展前景来看，中国软件正版化应当而且可以主要地依托本国软件，这也符合国家对软件业的定位。从长期看，中国的软件正版

化如果主要依赖进口软件是没有出路的。

这里要强调指出，深受盗版之害的是国产软件。盗版虽然在短时期里影响了外国跨国公司的收入，但也帮助它们垄断了市场，有助于它们取得长期利益。正因为如此，它们有时会怂恿盗版以便压制低价的或免费的国产软件。所以，在国产软件大多已达到实用的今天，为了加速发展中国软件业，我们必须继续加大软件正版化力度。广大中国民众应以使用国产软件为荣，国产软件厂商也应提供价廉物美的国产软件来回报广大民众的信任，中国软件业的发展和软件正版化将继续相互促进，实现良性循环。

（三）关于软件专利问题

在软件相关的知识产权保护方面，我们还要特别重视软件专利问题，因为软件专利完全有可能导致垄断，而这种垄断将扼杀中国正在兴起的软件产业。

专利和版权保护的最大不同是，专利可以保护一个创意、一个思想的本身，而版权只能保护对一个创意、一个思想的特定实现。在受保护的年限方面，版权比专利长，多数国家发明专利的保护年限是20年，而按《伯尔尼公约》，版权保护期限从出版之年起，不少于50年。

一直以来，软件的知识产权保护主要是软件版权保护，但到了20世纪80年代末期，虽然有关软件知识产权保护法规没有什么变化，但在实施判例法的美国，受一些知识产权案例的影响，软件知识产权保护制度逐渐发生了演变。今天在美国，软件除了有版权保护以外，还可以享受专利的额外保护。

对于某些国家中软件专利的盛行，有识之士多有抨击。有人认为，专利将危害小软件公司，事实上，一个小软件产品就可能涉及许多专利；软件专利的20年保护无助于软件创新。有人认为，如果与药物专利相比（通常一个药物专利往往需要花费若干亿美元并等待10年才能获得），软件专利太容易获得了；现在的软件专利其实只有很少一部分够格。

软件专利究竟对谁有利可以从微软对软件专利的态度变化中得到启示。过去，微软对于专利不感兴趣，那时它还在发展阶段，不希望有软件专利的束缚。例如，早在20世纪70年代，市场上就有其他公司的“字处理软件”（WordStar）、“电子表软件”（VisiCalc），如果这些公司的“字处理软件”和“电子表软件”都获得了专利的话，那么在此后的20年里，微软都不能做。果

真如此，也就没有今天的微软了。但后来当微软在许多软件领域取得垄断地位后，它改变了立场。微软按照其每年投入的研发经费，参照一般专利申请数目和研发经费的比例关系，订出了每年申请的专利目标为3000个。这样，微软就改变了立场，大力支持软件专利保护，并很快拥有了一大批软件专利。从微软的这种态度变化可以清楚地看出，软件专利对占据垄断地位的软件巨头有利，而不利于中小软件企业，不利于软件业的创新。

当然，微软态度的这种变化还有一个原因是企图用专利扼杀它的对手——以Linux为代表的开源软件。例如微软曾威胁说，Linux侵犯了微软的235项专利，企图以此扼杀Linux或使用户不敢使用Linux。由于软件专利显然不利于开源软件的生存和发展，所以世界上开源软件的支持者基本上都不主张实行软件专利保护。

互联网的发展对传统的软件知识产权保护制度提出了挑战。目前，互联网的标准都是开放的，互联网标准基本上不存在专利收费问题；互联网的支撑软件大多是开源软件，而且有越来越多的趋势；互联网的发展有使软件服务化（SaaS）成为软件业主要商业模式的趋势。最近云计算迅猛发展，大多数云计算服务提供商都是基于开源软件平台，一个重要原因是依托开源软件可以及时响应市场的快速变化，不致受到其他软件提供商的制约，并便于加强信息安全和降低成本。在开源软件中，除了采用AGPL许可证以外，采用其他许可证的如用于Web服务都不需要开放源代码，这使服务提供商很愿意使用开源软件，因此云计算的兴起促进了开源软件的发展。上述这些情况，都对软件传统知识产权保护制度，包括软件专利保护产生很大的冲击。

在国际范围内，欧盟作为软件垄断的受害者，也不愿全盘接受美国的软件专利制度。在欧盟，围绕着软件专利，支持和反对的双方一直在进行激烈的斗争，欧盟的这种情况对于中国抵制软件专利保护是有利的。

中国现行专利法不受理纯软件专利，即智力活动的规则和方法不可申请专利。中国作为一个发展中国家，为了摆脱垄断的制约，促进软件业的自主创新，显然不能照搬美国的软件专利制度，而应当实行符合中国国情的软件知识产权制度。现阶段，中国应与世界上大多数国家一样，主要实行软件的版权保护。

四　政府采购和国产软件

（一）我国政府采购规模亟须扩大

政府采购市场是国家可以依法直接调控的重要市场资源。自2003年我国《政府采购法》出台以来，我国的政府采购规模逐步增长，到2008年，我国政府采购规模为5990.9亿元，约占GDP的1.8%。由于我国政府采购的实施时间还短，缺乏配套政策措施和实施经验，与实施政府采购多年的欧美发达国家相比，在政府采购规模上仍有很大的差距。一般说来，发达国家的政府采购规模要占年度GDP的10%，我国政府采购如能达到它们的水平，那么2008年我国政府采购规模应达到3万多亿元，也就是目前规模的5倍。由此可见，我国政府采购的规模仍有很大的扩展空间。

造成政府采购规模不足的主要原因是，原来规定的政府采购范围是国家机关、事业单位和社会团体使用财政性资金的购买行为，并且实行“采购目录制”，只有在采购目录以内、采购限额标准以上的采购项目才实行政府采购，这样，政府采购的范围就大大缩小了。

2010年1月11日，国务院法制办公布了《中华人民共和国政府采购法实施条例（征求意见稿）》（以下简称《实施条例》），这对于加强《政府采购法》的实施力度，解决实施中的许多实际问题具有重大作用，包括扩大政府采购规模的问题在内。

《实施条例》规定：以财政性资金作为还款来源的借贷资金、以国有资产作担保的借贷资金都视同财政性资金；部分使用财政性资金进行的采购也视为政府采购，此外，在集中采购目录以外、超过最低金额标准的采购也将包括在内。这些规定可以大大扩展政府采购的范围。还有一个重要方面是工程项目，原来使用财政性资金的工程项目是进行招标投标的，适用招标投标法，不受《政府采购法》的约束。对此，《实施条例》规定，政府采购工程进行招标投标的，适用招标投标法，但招标投标法没有规定的，应当适用政府采购法。这样，政府采购工程将同时受到招标投标法和政府采购法的约束，换言之，也将落入政府采购的范围。

显然，《实施条例》的这些规定如果能得到贯彻，我国政府采购的规模将会得到极大的扩展，与发达国家在这方面的差距将会迅速缩小。

（二）政府采购中如何界定国产软件

我国《政府采购法》规定：政府采购应当采购本国货物、工程和服务。这一国货优先的原则符合现阶段我国国情，也符合WTO原则。这里，对WTO原则应有正确的理解。目前中国正在进行关于加入WTO政府采购协议的谈判，但还没有签署该协议，因此中国的政府采购市场还不需要对外开放，优先采购国货的原则依然有效。采购国货并不排除外资公司，因为中国的政府采购对于外商投资企业和中资企业在中国生产的产品一视同仁、平等对待。当然，这里有一个如何界定国货的问题，对于软件的政府采购来说，就是如何界定国产软件的问题。

实际上，这本是一个早已解决了的问题。2004年底财政部会同信息产业部起草的《软件政府采购实施办法（试行）》（以下简称《实施办法》）规定：国产软件是“在中华人民共和国境内最终形成，且在国内的开发成本不低于总开发成本的50%”的软件。由于对软件而言，其主要增值是在开发环节，所以这一开发成本准则和国际上通行的增值准则（在本国生产的、增值达到50%以上）是一致的。例如，美国国会在1933年通过的《购买美国产品法》要求，联邦政府采购要买本国产品，即在美国生产的、增值达到50%以上的产品，进口件组装的不算本国产品。所以，美国的国货界定也是用的增值准则。可惜上述《实施办法》一直没有正式实施。

近来有人提出了另一种材料成本准则，即依据原产材料价值计算的生产成本进行国货判定，也造成了这方面指导思想的混乱。实际上材料成本准则只适合那些基于物质资源消耗的低附加值产品，而对于软件这类基于数据和知识的高附加值产品，是完全不适合的。如果按照材料成本准则，所有在国内取材进行压盘、包装和印制说明书（即材料成本，约为10元），但知识产权和智力附加值（即软件价值，可以是数百元、数千元或更高）完全属于外国的进口软件都将变成100%的国产软件了！不难看出，采用材料成本准则鼓励的是消耗大量物质资源的低附加值的粗放型产品，这种导向与当前国家加快转变经济发展方式，建设资源节约型、环境友好型社会的大方向背道而驰，也不符合国际上发达国家通行的增值准则。为此，业界希望上述《实施办法》规定的国产软件界定准则能得到实施。

在国产软件中还有一类开源软件，对此，《实施办法》规定："根据国家利益和社会公共利益的需要，可以将本国供应商发行的源代码开放软件视同本国软件予以认定"。这个规定符合我国国情，也不违背开源软件的精神，获得了中国软件界和开源软件界的广泛赞同，有关部门一直以来也都是这样做的，应当继续沿用。

（三）政府采购对中国软件业的意义

政府采购对于中国软件业有特殊意义，政府采购可以成为国产软件拓展市场的突破口。众所周知，软件业的一个特点是具有很强的自然垄断性，例如在传统的汽车业，不同档次、不同价位、不同品牌的汽车可以在市场上共存，但在软件业中却不是这样。如桌面操作系统，Windows 占据了垄断地位，其他的操作系统就难以竞争，即使就功能而言它们之间并无多大差别，但仅仅因为不能兼容原有 Windows 的应用软件这一条，就使所有非 Windows 操作系统难以立足，甚至免费都无人问津。这反映出软件业的"赢者通吃"、"先入为主"、"用户锁定"等自然垄断性十分强烈。目前中国软件业的发展就遇到了这样的制约，尽管中国拥有世界数一数二的软件人才资源和内需市场，作为软件业后来者的中国软件业通过自主创新，在技术上已经迅速缩小了与发达国家的差距，但是仍然很难打破发达国家在一些软件市场上的垄断。另外，国产软件的推广还受到传统观念的制约，如不相信国产软件，怕国产软件出问题要承担责任等。在这种情况下，为国产软件提供市场支持就比提供其他任何支持都重要。

为此，应切实贯彻政府采购法（包括实行"首购"、"订购"），要做到能用国产软件的就用国产软件，使政府采购成为国产软件进入市场的一个突破口。由于政府的取向对市场有极大的引导作用，有了政府应用的带动，国产软件就有可能进入央企、国企和其他企业，进一步获得更大的发展空间。这在过去已有成功的例证：在财务软件领域，正是由于政府率先采用了用友、金蝶等公司的财务软件，才使它们能突破跨国公司的重围成长起来。

目前，政府采购国产软件的客观条件已经基本成熟，国产软件大多已经达到了实用水平，以至于外国跨国公司不得不采取价格战甚至怂恿盗版来对付国产软件。AutoCAD 系列产品与国产 CAD 软件打价格战的情况已如前述，还有怂恿盗

版的情况。如某些地方的政府采购因经费受限，本来只够采购国产 Office，但外国跨国公司为了抢得订单，容许只采购部分正版而默认其他的盗版软件。

今后还应加大政府采购法的贯彻力度，严肃处理一切违反政府采购法的事件，过去由于缺乏监督和未能依法处理违法事件，以至于有时使政府采购法形同虚设，无法发挥应有作用。我们相信，随着政府采购越来越规范，中国软件业将会获得政府采购越来越大的市场支持。

五　开源软件在中国的发展

（一）开源软件的由来

现在世界上有两类软件，一类是私有软件或称专有软件（Proprietary Software），另一类是开源软件（Open Source Software），一般泛指与私有软件相对的、源代码开放、不需购买许可证的软件。在欧盟，它们被通称为自由和开源软件（FLOSS）。其中最有代表性的就是 Linux 操作系统软件。

开源软件的历史并不长，如从 1983 年 Richard Stallman 发起的、最早的自由软件计划 GNU 起算，开源软件至今还不到 30 年的历史。但此后随着互联网的兴起，开源软件取得了迅猛的发展。GNU 等“自由软件”的初衷是为了克服“私有软件”的弊病，保证软件的共享和修改的自由，它创立了开源软件的第一个也是使用最普遍的 GPL 许可证制度。GPL 的精髓是要求对 GPL 软件或基于 GPL 的软件做再发布时必须继续采用 GPL，从而使自由软件作者通过许可证赋予用户的复制权、修改权和发行权等可以在其传播和衍生过程中一直保持下去。后来，采用不同许可证制度的开源软件纷纷出现，至今通过 OSI（开源促进会）认证的开源软件许可证已有 70 余个，OSI 还规定了开源软件必须具备的包括自由再发行、程序源代码开放等十条原则。

有人将开源软件与商业软件对立起来，这是一种误解。即使是开源软件中最“正宗”的 GNU 组织也认为：“如果一个程序是为一种商务开发的，它就是商业软件。商业软件根据它的许可证不同，可以是自由软件或非自由软件”，“自由商业软件是对我们社会的贡献，我们应该鼓励。”实际上开源软件已经成为当代商业软件的重要组成部分，在今后一个相当长的时期里，开源软件和私有软件两者将会长期共存，相辅相成，共同发展。

在PC时代，私有软件是主导软件，而在当前互联网、移动互联网、云计算、物联网、SaaS等新一波IT浪潮中，开源软件有发展为主导软件的趋势。

（1）除微软外，以Google、Amazon、Yahoo、Wiki、Facebook等为代表的全球90%以上的云计算均在开源软件之上运行。不过一般开源软许可证并不要求提供Web服务的软件开放源代码，这些应用着的开源软件未必对外开源。

（2）2010年二季度全球智能手机操作系统中，开放源码类已超过封闭源码类，预计未来数量远超PC的云端设备、物联网设备、移动设备等的软件平台大多将基于开源软件。

（3）Gartner预测，到2011年，至少80%的商业软件解决方案将包含实质性的开源软件。

目前在中国和在世界上其他地方一样，开源软件正在蓬勃发展，但仍存在一些问题，只有妥善地解决了这些问题，开源软件才能在中国有更大的发展，而中国也将为开源软件做出应有的贡献。

（二）开源软件在中国有关政策中的地位

当前开源软件的发展已使全球IT领域发生了全局性的、持续的重大变化，但在各个国家中开源软件的发展并不均衡，这取决于各国的具体情况，首先是需求情况。一般说来，促使一国支持开源软件发展主要有三方面的需求：一是改进信息安全的需求。采用开源软件可以改进信息安全，这是因为开源软件不存在后门，安全漏洞一般比私有软件少，也容易增强其安全性。二是发展软件业的需求。对于软件业不发达并力图发展软件业的国家，支持开源软件是发展本国软件业的捷径。三是节省IT开支的需求。采用开源软件可以大大节省IT开支并有利于推进开放标准，促进市场的公平竞争。

表1列出了一些国家对开源软件的需求状况。对于作为世界软件业领袖的美国来说，支持开源软件的最大需求是节省IT开支，它也被作为应对金融危机和经济衰退的一项举措。对于欧盟来说，需求面就更广泛，虽然节省IT开支仍是最大的需求。对于中国来说，作为发展中的13亿人口的大国，对表1中列出的三方面都有迫切的需求，因而比发达国家有更多的理由去支持开源软件。

表 1　一些国家对开源软件的需求状况比较

对开源软件的需求	改进信息安全	发展软件业	节省 IT 开支
美国	小	小	大
欧盟	中	中	大
中国	大	大	大

除了取决于需求以外，开源软件的发展还与该国的政策和领导部门的倾向有密切关系。例如美国政府在奥巴马上台后，由于他本人倾向于开源软件（被称为“开源总统”），就带动了美国各界包括政府各部门积极采纳开源软件，如白宫网站带头采用了开源的 LAMP 架构，就连以保守著称的美国国防部也在其指导性文件中规定“开源软件应该像其他软件产品一样被同等对待”，并列举了它为国防部带来的好处：迅速消除软件缺陷、易于修改、减少对厂商依赖、易于快速配置、降低成本和快速开发等等。又如调查表明，法国企业使用开源软件的比例达 24%，高居各国之首，这是因为法国政府一直大力支持开源软件，就在不久前，由法国总统萨科齐领导的一个经济委员会提议，要通过免税的方式来刺激更广范围内开源应用的普及。

我国早在 1999 年就召开了“Linux 与中国软件产业研讨会”，这是中国政府首次明确支持以 Linux 为代表的开源软件。此后，开源软件在中国发展迅速。国产厂商的开源软件发行版被视同为国产软件。中国的科技计划大力支持基于开源软件的各种基础软件。这些基础软件包括操作系统、数据库管理系统、中间件、办公软件、安全软件等等，其中很大一部分是基于开源软件。在《国家中长期科学和技术发展规划纲要（2006 ~ 2020 年）》中，又将基础软件纳入信息领域的“核心电子器件、高端通用芯片及基础软件”（“核高基”）重大专项之中，其中有相当大的部分是基于开源软件的，这为今后 15 年里开源软件在中国的发展铺平了道路。最近，科技部继续将基础软件作为“十二五”规划中的重要课题。上述情况表明，中国有关政策中已包含了对开源软件的支持，但与重视开源软件的国家相比，这种支持力度还不够大，旗帜也还不够鲜明，有待于今后加以改进。

（三）开源软件和国产软件的关系

在开源软件和国产软件的关系问题上，应反对两个极端：一是无条件地将开源软件作为国产软件；另一是排斥开源软件，一概不认定其为国产软件。上述《软件政府采购实施办法（试行）》的规定，即“根据国家利益和社会公共利益的需要，可以将本国供应商发行的源代码开放软件视同本国软件予以认定”，应作为处理开源软件和国产软件的关系的准则。

应当指出，任何开源软件发行版都必须符合开源许可证，这与其是否被认定为“国产软件”毫无关系。在中国具体条件下，一些开源软件被认定为国产软件，有利于推广开源软件也有利于中国发展自主软件产业。中国企业的符合开源许可证的开源软件发行版能满足自主可控的要求，可归入“自主知识产权”范畴，不应对它们歧视或贬低。有些国产软件不是纯粹的开源软件而是基于开源软件发展出来的，这类软件不一定有原始创新，但可以有集成创新或引进消化吸收再创新，也是应当支持的；当然，应要求它们遵循相应的开源许可证，不能说成“完全”自主知识产权。从长远看，越来越多的软件会与开源软件相关，或采用开源软件，或基于开源软件，或利用开源软件部分成果，或采用开源开发方法，这是大势所趋，如将国产软件与开源软件完全割裂开来，既不符合时代潮流，也不利于中国软件业的发展。

（四）支持开源软件与保护知识产权的关系

眼下中国在开源软件与知识产权关系问题上存在着两种倾向：一是夸大开源软件知识产权风险，散布对开源软件的“恐惧、不确定、怀疑”（FUD）倾向，不主张政府支持开源软件；二是不尊重开源许可证，不尊重原作者的劳动成果和知识产权，对开源软件只重利用，不重回报。显然，这两种倾向都是应当纠正的。

对于广受关注的开源软件知识产权风险问题，我们既需要认真对待这种威胁，同时应意识到这是跨国软件公司的一种“恐吓”策略。实际上跨国公司利用知识产权来打压开源软件并非易事，例如 Linux 实行 GPL 许可证已有近 30 年的历史，至今还没有听说有哪个 Linux 用户因 Linux“侵权”而蒙受损失。针对这类威胁，一些公司开放了数以百计的专利给开源软件；一些公司为保护用户设立了对付这类诉讼的基金；开源社区也准备了相应的对策……所有这些，都使所谓的专利威胁难以付诸实施，Linux 等开源软件的用户大可不必为所谓的开源软件知识产权风险而担忧。

对于不尊重开源许可证（开源授权协议）的问题，我们也不能小看，这不仅是违反“协议”的问题，还应将其提到侵犯著作权的高度。美国已有这样的案例。2006 年，Jacobsen 起诉 Katzer，声称后者的软件没有遵守开源协议，标明源代码的出处和作者，要求法院认定这是侵犯著作权行为。但是，旧金山联邦地区法院驳回了这个请求，认为这只是“违反使用权转让协议”，而非“侵犯著作权”。Jacobsen 不服判决，继而上诉。2009 年 8 月美国联邦上诉法院在这一案件的判决中，历史上第一次承认“开源协议”是一种著作权协议，裁定违反开源协议就是侵权行为。

人们认为，这是一个极其重要的判例，是开源运动的一个重大胜利。它意味着，对于软件作者来说，开源协议是有保障的，开源软件作者受到著作权法保护；对于软件用户来说，使用免费得到的开源代码，并不意味你可以为所欲为，如果违反了开源协议，一样会受到法律惩罚。

今后，一方面我们要继续消除跨国公司散布的 FUD 言论的影响，另一方面要加大对开源软件、开源软许可证的宣传力度。2007 年 3 月，国内 38 家知名的软件企业和共创软件联盟在北京发出倡议书，呼吁各界严格遵循“开源许可证”，同时呼吁社会积极使用包括开源软件在内的国产软件等。这表明业界在正确对待开源软件与知识产权的关系方面又前进了一大步，今后应沿着这一方向继续努力。

（五）如何支持开源软件和壮大开源社区

众所周知，开源社区是开源软件的社会基础，因此，支持开源软件和壮大开源社区应一起予以讨论。据共创软件联盟调研，在支持开源软件方面，有超过 40% 的人认为，政府应该首先扶持开源社区。可见，人们普遍认为开源社区是中国发展开源软件的软肋。其原因可归结为：缺乏开源基金会，缺乏开源群众基础，缺乏开源领军人物，缺乏开源精神等。

国际上的开源社区通常都有基金会进行支持，但在中国却缺乏这类基金会。国家支持的与开源软件有关的项目，按现行规定，经费也无法用于支持有关的开源社区。此外，中国开源软件企业大多很小，没有足够的资金用于支持开源社区；民间资本对高技术的投入本来就少，涉足开源社区的就更是凤毛麟角了。在这种情况下，中国开源社区大多有“无米之炊”或“少米之炊”的困扰，生存

和发展极为艰难。

虽然中国拥有世界上最多的软件人才，但由于长期以来在 Windows 平台教学体系中培养出来的人才大多不熟悉开源软件，再加上缺乏基金会支持等原因，投身于开源软件的人才严重不足，因此中国的开源软件缺乏群众基础，这也必然导致缺乏开源领军人物的局面。

此外，在中国，开源精神还没有被广泛认同。什么是开源精神？可以包含很多含义，如自由、分享、互惠、开放、创新、团结、互助、友爱、进取等等。但不管如何定义，有一点是肯定的，这就需要有一种奉献精神。很多开源人士多年如一日，默默无闻地为开源软件作出贡献而不图任何报酬，这就是奉献精神，他们理应得到社会的尊重。但可惜目前这样的人还不多，而且现实生活也往往使他们难以做到长时期地、无条件地奉献。

总之，要更好地支持开源软件和开源社区，就要解决好上述四方面的问题。迄今为止，中国对开源软件是应用多、贡献少，这与中国作为科技资源大国的地位很不相称。我们相信，这种情况将会迅速改变——随着开源软件在中国的发展，中国将会迅速地成为开源软件的主要贡献者之一。

（六）如何培养开源人才

归根到底，开源软件的未来取决于人才。过去中国高校的 IT 教学偏向于 Windows 平台，这不利于培养学生自主创新能力，不利于推广开源软件，不利于发展自主软件业。显然，一个国家的 IT 教育体系不能绑定在某个外国公司的平台上，应尽快使中国高校的 IT 教学从向 Windows 平台倾斜转到向开源软件平台倾斜。

围绕开源软件进行 IT 教学和培训有许多优点，这样可以使学生能真正理解软件内涵而不仅是学会操作；可以使学生参与开源社区开发计划，有利于培养实际工作能力和协作精神；可以使学生熟悉开源软件，掌握开源软件资源，有利于在今后工作中提高效率。总效果是提高学生的创新能力，提高就业率。

这些年来，我国为推进开源软件教学和培训已采取了一系列措施。2005 年，教育部、科技部批准 40 所高等学校建设国家 Linux 技术培训与推广中心（教高〔2005〕11 号）。教育部还组织开设开源软件课程，编写开源软件教材，今后还应在教学大纲、考核内容等方面采取相应措施进一步推进开源软件教学和培训。

2010年国家人保部发出了《关于开展开源软件开发与应用能力测评试点工作的通知》，鼓励和引导各级各类院校毕业生、在职人员和求职者掌握开源软件的开发和应用能力。应当指出，加强开源软件教学和培训是当前人才市场的需求，是提高就业率的有效措施。目前，掌握开源软件的开发和应用能力的人才要比从清一色 Windows 平台体系培养出来的人才更能适应中国人才市场的需求，尤其是现在很热门的网络、通讯、嵌入式系统、信息服务等领域的需求。因此，要大力引导各级各类院校毕业生、在职人员和求职者掌握开源软件的开发和应用能力，满足社会对开源软件开发与应用人才的需要，这样可以使人才素质和就业率同时得到提升。

六　基础软件和“核高基”专项

（一）基础软件的地位

“基础软件”在中国软件业中具有特殊地位，并且和国家的科技发展重大专项有关。早在“十五”期间，863计划的软件重大专项首先支持了“基础软件”项目，此后，“核高基”重大专项，又将“基础软件产品”作为主要内容之一，所以，在今后一个相当长的时期里，“基础软件”将成为中国软件业的一个热点。

“基础软件”与其说是一个学术分类，不如说是中国软件产业政策的产物。过去，人们往往将软件分为系统软件、支撑软件、应用软件等类型，现在的基础软件概念接近于系统软件和支撑软件，但并不完全等同。目前，国家重点支持的基础软件包括操作系统、数据库管理系统、中间件和办公套件等四类，属于系统软件、支撑软件和共性应用软件的范畴。这类软件的共同特点是：它们是基础性、平台性的软件，在信息系统中有极为广泛的应用，对于信息安全有决定意义。而且，它们大多已被外国跨国公司所垄断，中国软件企业单凭自身力量，很难进行竞争，这也是国家需要进行支持的重要原因。由此可见，发展基础软件是中国软件产业政策的要素，它对中国软件的发展将产生深远的影响。

（二）中国软件发展道路之争

关于发展中国软件的道路，一直存在着不同的观点。一种观点认为，中国应当照搬印度模式，代表者是麦肯锡咨询公司在2002年所做的《中国软件产业发展战略研究报告》，它主张中国不必发展基础软件，而应像印度那样，主要发展面向出口的离岸外包业务。由于印度发展离岸外包很有成效，这种观点似乎也有道理。不过，近年来中国软件业的实践表明，离岸外包并不能成为中国软件业的主体。实际上，尽管近年来各地对离岸外包支持力度很大，但它在整个中国软件业中所占的比重仍只有2%左右，显然不能成为中国软件业的主体。

另一种观点认为，发展中国软件主要应依靠内需拉动和整机带动，建立中国自主完整的软件产业体系。中国经济的高速发展和信息化的推进，使中国具有巨大的内需市场，这是中国发展软件的独特优势，是印度所不具备的。如将这个优势和人才优势结合起来，中国软件业完全可以发挥后发优势，实现跨越式发展。按照这种思路，中国应发展基础软件，因为它是软件产业体系的基础；中国应发展嵌入式软件，因为它是制造业产业结构调整和提高竞争力的需要；中国应发展应用软件，因为中国各行各业有巨大的需求；中国应发展信息服务业，因为这是新兴的“蓝海”；中国也应发展服务外包，但不能忽视在中国比重更大的在岸外包，而只抓比重较小的离岸外包。当然，有条件的地方和企业可以大力发展离岸外包，但不宜作为全国的重点。

不同的发展思路也反映了对软件产业的不同定位。如果将软件与信息服务业作为信息产业的核心，作为国家优先发展的基础性、战略性产业，就必须大力发展基础软件。虽然它的产值不大，但它是其他软件的平台，具有特殊地位。没有基础软件，其他软件和信息服务的发展就会受到制约，也不可能建立起一个自主的软件产业体系。尤其是，如果没有自主可控的基础软件，国家的信息安全将得不到保障。另一方面，如果将软件与信息服务业作为一个普通的产业，只着眼于GDP的贡献，那么就不必发展基础软件，因为它的门槛高、投入大，又需面对跨国公司的垄断，在短期内对GDP的贡献未必很高。

所以，要不要发展基础软件，集中反映了中国软件发展的不同思路。今天，国家“核高基”重大专项确定了发展基础软件的目标，说明在国家决策层面上，这个问题已得到了解决。

中国需要发展离岸外包，但应实事求是地反映它在中国软件业中的地位，不能为了提高其地位，而混淆软件出口和离岸外包，将中国软件出口的贡献都记在离岸外包的账上。这里也要清醒地认识外国跨国公司的意图。它们大力支持中国

搞离岸外包，因为这与它们的利益没有矛盾；但它们坚决反对中国做基础软件，因为这与它们的利益直接冲突。以出让国内市场为代价去换取它们的外包订单的做法往往是不可取的。

（三）中国基础软件和“核高基”的现状

通过近年来国家的大力支持，包括“核高基”的实施，中国的基础软件已经从无到有发展起来，它们的现状如下。

（1）操作系统。在服务器操作系统方面，自主开发的基于 Linux 开源软件的国产操作系统已开始进入一些重要信息系统，一些信息设备也已采用国产嵌入式操作系统。今后随着云计算、物联网、移动互联网、三网融合等新一代信息技术的发展，在网络操作系统、服务器操作系统、云计算平台、移动信息设备、智能信息家电等领域，将形成多种系统并存的局面，各类国产操作系统较易进入市场，但在桌面操作系统领域，由于 Windows 的长期垄断，国产桌面操作系统很难进入市场。

（2）数据库管理系统。国产数据库在中小信息系统中已经有了应用，需要继续扩大市场，尤其是要进入大型信息系统和关键业务应用，强调安全性将有利于国产数据库的推广。

（3）中间件。国产中间件的市场份额已达到 30% 左右，这是在国产基础软件中产业化做得最好的。中间件领域技术更新很快，创新空间较大，使中国的中间件企业容易发挥后发优势，推出创新性的产品和服务。

（4）办公套件。国产 Office 软件已可替代微软 Office，但由于微软 Office 及其文档格式标准（.doc 等）的垄断和软件盗版的问题存在，使国产 Office 很难推广。推进文档格式国家标准 UOF 和推进实施基于国产软件的正版化，有可能促进国产 Office 的产业化。

总的看来，国产基础软件与跨国公司软件的技术差距并不太大，但产业化的差距很大。“核高基”重大专项在实施中暴露出涉及部门多、推进迟缓、跟不上技术和市场发展、硬软件之间和各课题之间缺乏协调等问题，有待于今后加以改进。

（四）基础软件与信息安全、反垄断的关系

2008 年中国发生了震惊全国的“黑屏”事件，微软公司使它认为是使用盗

版 Windows 的无数中国电脑的屏幕背景变黑，这给中国的信息安全敲响了警钟。不久前伊朗国内大约 3 万个互联网终端感染 Stuxnet 蠕虫病毒，包括布什尔核电站一些工作人员的个人计算机感染了这种病毒，能源安全受到威胁。国内外发生的这类事件都说明使用进口软件有重大安全隐患，重要信息系统为保障信息安全必须使用自主可控的软件，特别是自主可控的基础软件。但实践表明，由于 Windows 垄断了桌面操作系统，国产操作系统等基础软件很难通过纯市场行为进行推广。

2010 年底，俄联邦政府总理普京签署命令，批准了俄联邦行政机构在 2011 ~ 2015 年期间将其信息系统转用自由软件的预算计划。这个五年计划是借助行政命令将其信息系统从使用私有软件转换到使用自由软件。计划首先强调对联邦公务员的教育和培训，因为推广开源软件的最大障碍往往不是来自于技术方面，而是来自于人们的观念和使用习惯。计划详细规定了在五年中需逐步实施的 14 项技术任务，从易到难，循序渐进，每一项都有明确的目标、实施期限和责任部门，操作性强。此外，还规定了财会等非技术方面的支持，并要求为下一个继续推广自由软件的计划制订新的俄政府命令草案，将它作为一项长期的任务贯彻下去。

目前，中国软件与信息服务业的规模和自主创新能力都超过俄国，有鉴于此，我国有关部门和业界历来主张政府等重要信息系统应采用国产软件，其内涵比俄政府命令所指的自由软件更广，包括了自主开发的软件以及本国厂商发行并提供服务的开源软件。

俄政府命令的启示是，采取行政措施可以有效地推广自主可控的软件。其意义除了有利于增强信息安全外，还有利于打破桌面操作系统领域的垄断。美国和欧盟的实践都说明，IT 领域的重大反垄断行动往往都由政府主导，但我国《反垄断法》发布不久，还缺乏配套法规和实施经验，三个实施部门之间也缺乏协调机制，因此我国《反垄断法》的作用还不易发挥。在这种情况下，可以考虑采取俄国那样的行政措施来推进国产软件和服务的应用。

七　“两化融合”与工业软件

在“两化融合”方针的指引下，近年来我国工业软件有了很大的发展。按工信部的有关文件，工业软件是指专用于或主要用于工业领域，为提高工业企业研发、制造、经营管理水平和工业装备性能的软件。工业软件可以提高产品价值，降低企业成本，提高企业的核心竞争力。工业软件是“两化融合”的切入点、突破口和重要抓手，发展工业软件对于推进我国工业结构调整和产业升级，保持经济平稳较快发展具有重大的意义。根据上述定义，工业软件大致可以分为三类。

（1）嵌入式软件。即包含（或固化）在嵌入式系统之中的软件。这种嵌入式系统大到火箭、飞机、汽车，小到手机、仪表、IC 卡，在现代社会中已经无处不在，渗透到了世界的每一个角落。嵌入式软件就是嵌入式系统的“大脑”，如果没有这个“大脑”，嵌入式系统也就瘫痪了，所以嵌入式软件有很大的增值作用，是从中国制造转向中国创造的一个关键。

（2）专用于或主要用于工业领域的软件。这些软件产品围绕工业产品研发设计、流程控制、企业管理、市场营销等环节，为提升企业的数字化、自动化、网络化和管理现代化水平，促进传统产业结构调整和改造升级起到了巨大的推进作用。

（3）物联网工业领域应用服务。物联网是一种通过各种传感技术（RFID、传感器、GPS、摄像机、激光扫描器等）、各种通讯手段（有线、无线、长距、短距等），将任何物体与互联网相连接，以实现远程监视、自动报警、控制、诊断和维护，进而实现“管理、控制、营运”一体化的网络。在工业领域，物联网也将发挥越来越重要的作用，是新一代信息技术产业的重要内容。

（一）嵌入式软件

嵌入式软件是包含（或固化）在嵌入式系统之中的软件。在中国，发展嵌入式系统不仅对提升电子信息产业的竞争力、附加值和利润有重大贡献，而且对其他产业也有或多或少的贡献。如表 2 所示，在列入国家振兴计划的十大行业中，嵌入式系统可作出重要贡献的有电子信息行业和汽车行业，可作出中等贡献的有装备制造行业和物流行业，在其余 6 个行业中嵌入式系统也可作出一定的贡献。

嵌入式系统的增值作用，可以将 iPod 作为典型来说明。如图 5 所示，在 iPod 约 300 美元的销售价中，拥有自主核心技术、自主知识产权、自主品牌、自主销

表 2　嵌入式系统在列入国家振兴计划的十大行业中的贡献

行　　业	嵌入式系统的贡献	嵌入式系统贡献状况
汽　　车	大	汽车电子产品占整车价值的比例已达到25%,并且中高档轿车已占30%以上
钢　　铁	小	应用于生产过程控制等方面
纺　　织	小	应用于生产过程控制等方面
造　　船	小	中国的造船修船市场可为船舶电子设备提供每年近百亿元人民币的市场,但90%被进口产品垄断
装备制造	中	与交通运输、仪器仪表、航空航天、柔性制造和数控等设备的关系密切
电子信息	大	是电子信息制造业提升竞争力、附加值和利润,从中国制造转向中国创造的关键
轻　　工	小	应用于生产过程控制等方面
石　　化	小	应用于生产过程控制等方面
有色金属	小	应用于生产过程控制等方面
物　　流	中	现代物流需依托物联网、RFID等技术的支撑

售渠道（即“创造”）的苹果公司，比只做加工装配（即“制造”）的中国公司收益大40倍！而且后者还需付出资源消耗、环境污染等重大代价。

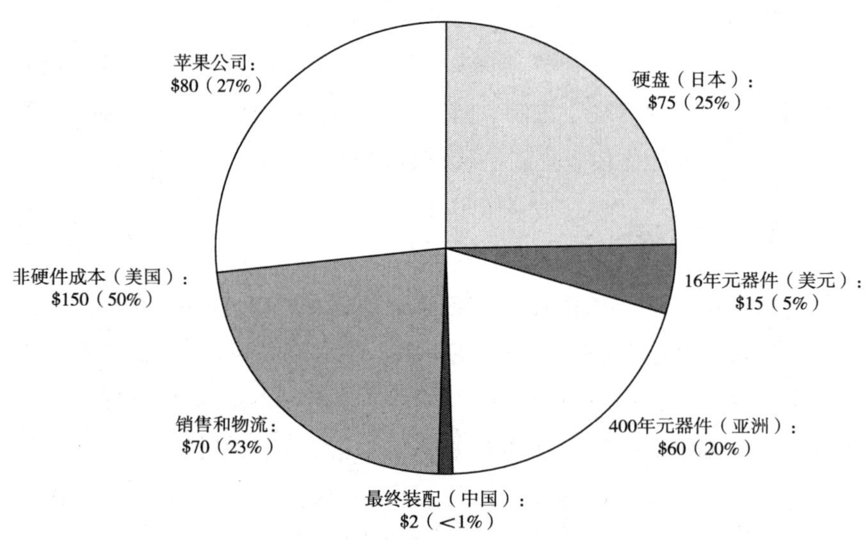

图 5　苹果公司 30GB iPod 的成本/利益分配

资料来源：http：//mjperry. blogspot. com/2007/06/ipod – teardown_ 1249. html。

嵌入式系统的核心技术包括以下方面。

嵌入式软件技术。它控制着嵌入式系统的工作，对实时性、可靠性要求很高，往往固化在设备之中。

集成电路（IC）设计技术。嵌入式系统需使用各种通用芯片和专用芯片，特别要求功耗低、成本低、可靠性高。我国历来将IC设计归属于软件业，享受软件业的优惠政策。

嵌入式系统设计技术。这与具体应用领域密切相关，又可细分为许多子领域。

其他。包括芯片、显示、存储、传感、板卡、接插件、伺服等部件或元器件的设计与生产技术。

嵌入式软件在中国的特殊地位可以用数据来说明。嵌入式软件在2009年占中国整个软件业收入的17.6%，占软件出口的2/3以上，在中国前10家最大的软件企业中，有5家是嵌入式软件企业（华为、中兴、海尔、上海贝尔、熊猫）。由于中国巨大的制造业需要提升竞争力，调整产业结构，可以说，嵌入式软件对于中国的重要性相当于离岸外包对于印度的重要性。

目前在中国整个电子信息产业中软件（包括信息服务业）占的比例还不到20%，比发达国家差很多（美国的软件产业约占信息产业的50%），中国的软件还远远落后于硬件，因此要扭转“重硬轻软”现象，大力发展软件与信息服务业，而嵌入式软件又是重中之重。

中国在嵌入式系统战略方面应借鉴IT巨头的经验。众所周知，目前苹果公司已成为世界上市值和品牌价值最高的高技术公司。苹果是靠推出了i系列产品——iPod、iPhone及iPad而超越微软的，这i系列产品都是嵌入式系统。又如英特尔是世界上最大的CPU供应商，英特尔非常重视嵌入式系统，尤其是鉴于中国的具体国情，不久前英特尔宣布，将英特尔中国研究院的发展目标定位于世界一流的“嵌入式系统研究院”。我们应当从苹果和英特尔公司的战略中得到启示，大力发展嵌入式系统。

（二）专用于或主要用于工业领域的软件

这类软件从产品研发、产品设计、产品生产和流通、生产管理等不同方面，实现生产和管理过程的智能化、网络化管理和控制，包括辅助设计CAD、辅助制造CAM、辅助工艺流程CAE、辅助生产计划CAPP等CAX工具系列以及PLM、PDM等管理系列。虽然传统的管理软件（ERP、CRM、SCM等）不是工业部门专用的，但工业企业是传统管理软件的主要用户，所以有时也把传统管理软件归入在这类软件中。

根据CNSN咨询的数据，目前在CAD等领域，外国跨国公司仍占据市场主要份额，但中国公司已经迅速崛起，基本上具备了与跨国公司竞争的能力，中国公司的前景是乐观的。

图6表明，外国跨国公司Autodesk、达索仍然占据了中国大部分市场，均有上百亿美元的销售收入。但可喜的是，中国公司CAXA、浩辰、中望等已经紧追其后，虽然绝对份额还不大，但它们业绩的增长速度远远超过了跨国公司，这意味着在不久的将来，中国公司完全有可能成为中国市场的主角。事实上，中望和浩辰CAD软件都已远销世界许多国家和地区，受到了海外用户的广泛认可。

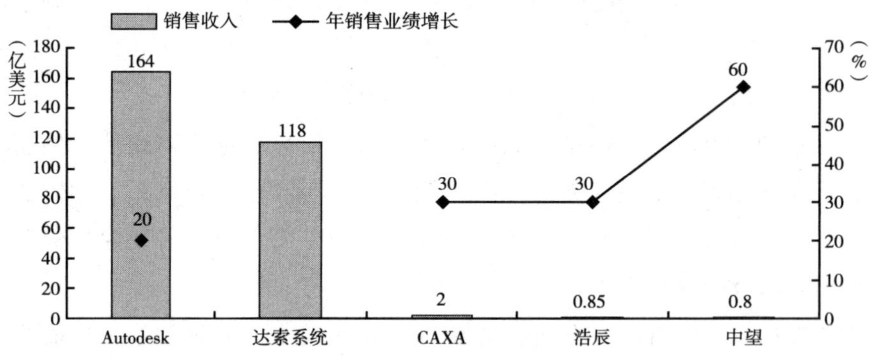

图6　2009年中国市场上主要CAD软件厂商的销售业绩

资料来源：CNSN咨询。

中国工业软件的巨大市场本身是中国工业软件企业发展的有利条件，例如宝信软件、启明信息等一批公司，正是首先依托本企业、本行业的市场支持，迅速发展成长，推出了具有自主知识产权和竞争力的工业软件。

在主要用于工业企业的管理软件领域，国产软件的发展是令人鼓舞的。根据计世资讯的统计，到2008年，无论是国内软件总体收入，还是以用友、金蝶为代表的重点国内品牌市场份额都大幅超越了国外软件总体收入和以SAP、Oracle为代表的国外品牌市场份额，如表3所示。

表 3　国内外管理软件品牌销售收入对比

国内国外品牌	销售额（亿元）	市场份额（%）	厂商名称	销售额（亿元）	市场份额（%）
国内品牌合计	95.1	77.5	用友	17.3	14.1
			金蝶	9	7.3
			其他国内品牌	68.8	56.1
国外品牌合计	27.6	22.5	SAP	8.2	6.7
			ORACLE	5.1	4.2
			其他国外品牌	14.3	11.6
总　　计	122.7	100	总　　计	122.7	100

资料来源：CCW Research，2009 年 10 月。

随着中国经济发展与信息化的推进，计世资讯认为，这一市场将在未来五年仍然保持高速发展态势，复合增长率可达 17.5%，管理软件仍然是中国软件业最大的细分市场。

中国软件在管理软件市场能首先达到主导地位是与政府的支持分不开的。当年，用友、金蝶等一批公司的财务软件正是由于符合中国财务制度和得到政府的支持才发展起来的。在经由政府驱动和上游驱动成长壮大之后，它们已能完全依靠市场驱动持续健康发展。它们将会继续走整合的路线，基于自己的业务基础平台，推出包括 MES、ERP、OA、PLM、CRM、SCM 及 BI 和行业解决方案等产品在内的集成套件，增强在工业软件领域的竞争力。近期，用友和金蝶分别收购了 PLM 厂商迈特科技和普维科技就是明证。我们期望不久后，中国软件企业在管理软件市场上的成功能够在工业软件市场上重现。

（三）物联网工业领域应用服务

当前工业软件应重视新一代信息技术发展趋势。工业软件采用云计算、物联网等新技术、新模式，可以大大提升应用和服务的规模与水平。有人说，物联网实际上是工业化和信息化的深度融合，这是有道理的。物联网将达到极大的规模，远超过目前的互联网，与物联网相连的各种传感器和设备将达到万亿数量级，其中包括了大量工业领域的传感器、监控装置和各种智能化、自动化、网络化生产设备，使覆盖全国、全球范围的智能制造成为可能。总之，物联网将使工业软件在应用水平、应用规模和商业模式等方面发生重大的变革，中国工业软件界应当顺应这个潮流，抓住机遇，迎头赶上。

应当指出，物联网和云计算密切相关。大规模物联网必然要依托云计算平台，云计算相当于物联网的“大脑”，它接受物联网众多设备传来的信息，通过处理后，再控制和管理这些物联网设备，实现特定的服务。另一方面，随着不断的发展，云计算的服务领域正在不断扩大，将覆盖 HaaS（硬件作为服务）、IaaS（基础设施作为服务）、PaaS（平台作为服务）、SaaS（软件作为服务）、DaaS（数据中心作为服务）、MaaS（物联网作为服务）、TaaS（一切事物作为服务）等领域，因此云计算的高级阶段将具有物联网服务能力。

传统的工业软件及其应用在云计算、物联网等新一代信息技术的推动下将会发生怎样的变革还有待于今后的实践做出回答。

八　可靠、低成本信息化

（一）采用国产软件和服务是推进可靠、低成本信息化的关键

在 2010 年 6 月两院院士大会上，胡锦涛同志提出了“可靠、低成本信息化”的要求，这是中国这样一个有 13 亿人口的发展中大国推进信息化必须遵循的原则，是对中国特色信息化的高度概括。在我国，衡量信息化的水平和信息化的绩效都不应忽视这一原则。

此前，人们用《国家信息化指标构成方案》作为进行国家和地区信息化水平量化分析和管理的依据和手段，这固然是一种客观的、科学的评估方法，但其不足之处是未能反映可靠、低成本的要求。退一万步说，即使我们能花大笔钱引进外国先进信息技术和装备，聘请大批外国专家来加以实施，并按照上述指标体系取得了很高的分数，难道我们就能说中国已经实现了高水平的信息化了吗？

显然，如果我们的信息化需要全盘依靠外国技术和装备，并由它们提供支持和服务，这样的信息化将是不可靠、高成本的，不但信息安全得不到保障，本国的相关产业得不到发展，而且还可能在不同发展程度的地区之间造成数字鸿沟，这样的信息化是不可取的。为此，应推进可靠、低成本信息化。这意味着推进信息化应将保障信息安全放在首位。在当前信息时代，各个领域的安全诸如能源安全、金融安全、交通安全、食品安全、环境安全等无一不与信息安全密切相关，

可以说，没有信息安全就没有国家安全。因此信息化应将信息安全保障提到首位，也就是推进可靠的信息化；由于这样的信息化要基于国产软件和服务，其代价大大低于进口软件和服务，所以也必然是低成本的信息化。

这里，采用自主可控的国产软件和服务是实现可靠、低成本信息化的关键。众所周知，软件技术是现代信息网络的核心技术，软件除了以独立产品形式出现，还包括支撑信息网络运转的后台软件、固化在信息设备中的嵌入式软件，并越来越多地表现为各种各样的信息服务。可以说，在今天的世界上软件已经无所不在，而信息安全更主要地由软件决定。在大多数情况下，主要是软件控制硬件而不是硬件控制软件。中国历来有重硬件轻软件的倾向，这是错误的、不符合客观实际的。理论上，对硬件（例如 CPU 芯片）也可以设置“后门”，有人称之为“逻辑炸弹”，即当 CPU 遇到某种特殊代码的触发时，会执行某种异常操作。即便如此，这种触发过程仍是受软件控制的，归根到底，还是软件控制硬件。例如，有人分析了 Intel 的某个芯片组，认为它存在漏洞，有潜在风险。实际上这与 Intel 的主动管理技术（AMT）有关，芯片组上设有专用的 CPU、DRAM 和闪存，构成了一个管理引擎，这种机制甚至不受操作系统的更换或重装的影响，因此它也有可能被恶意利用来实行某种攻击。但是想利用这个漏洞，也不能纯粹依靠硬件，因为还是需要用专门的软件工具和专门的软件才能控制芯片组的行为，说到底，还是软件控制硬件。

上述情况表明，对于信息安全而言，软件比硬件更加重要。尤其是，现代的软件系统（包括固件在内）越来越复杂，越来越庞大，如果一个软件不是自主开发的，不拥有源代码，不能进行自主分析、自主构建，只能依靠进行黑箱测试来验证，那么，对各个输入量及其组合进行遍历测试实际上是不可能的。因此，对这样的软件，既不可能找出所有的漏洞，也不可能确保不存在“后门”。

近年来，微软为了消除用户的疑虑，与一些国家政府（包括中国）签订了“政府安全计划”或“政府源代码备案协议”，它有条件地开放 Windows 的部分源代码供指定人在指定场所“观看”，但仍有 3%（上百万行）源代码不许观看。而且，这些源代码仅供“观看”，不能下载研究，更不能重构一个 Windows 来验证其真实性。实践证明，这种“观看”对于信息安全而言，只有象征意义而无实际作用。

由此可见，为了确保信息安全，特别是为了杜绝“后门”，为了能及时修补漏洞，采用自主可控的软件是前提，其中包括中国自主开发的软件或中国发行商的开源软件发行版在内。这些软件不会设置恶意“后门”，其全部源代码均可由有关部门进行彻底审查和测试，发现漏洞就能及时修补，从而能大大增强信息安全。

当然，采用国产软件并不是保障信息安全的充分条件，保障信息安全是一项复杂的系统工程，涉及众多的技术和管理问题，但从采用自主可控的国产软件做起是必要的，也是可行的。实际上，国产软件的推广应用也将为国产 CPU 等硬件和设备的推广应用开辟道路，使我国的重要信息系统能基于国产软硬件构建起来。

（二）大力推进开放标准、自主标准

推进可靠、低成本信息化的另一个重要举措是推进开放标准、自主标准。例如，电子文档格式标准是一个基础性的标准，它关系到对信息资源的控制权。长期以来，微软的事实标准（.doc 等等）帮助了微软 Office 软件垄断了办公软件市场，压制了国产 Office 软件。现在，文档格式国家标准“标文通”（UOF）已经发布，因为国产 Office 软件能更好地支持 UOF 标准，所以推行 UOF 标准将带动国产 Office 的发展，国产 Office 的发展又能带动国产操作系统的发展，国产操作系统的发展又能带动国产 CPU 的发展。这说明推进开放标准、自主标准具有很强的带动性。

另一个例子是互联网领域的 W3C 开放标准。由于 W3C 开放标准在世界范围内得到了广泛认同，支持这个标准的浏览器纷纷崛起，因此在世界浏览器领域已不存在垄断了。但是在中国市场上，由于有关部门对开放标准的重视和支持不够，对互联网市场缺乏监管，致使微软 IE 浏览器仍能在中国维持其垄断地位。据 CNZZ 2011 年 1 月的统计数据，IE 在中国市场上的份额约为 83%，而其他 9 种非 IE 浏览器加在一起的市场份额只有 17% 左右。这些非 IE 浏览器在中国难以推广并不是因为水平低，而是因为中国的许多网站都只支持 IE 的私有标准，各方面对此熟视无睹，不重视，不作为，导致中国出现 IE 一家独大的反常情况。鉴于浏览器几乎是当前任何信息终端的主要软件，IE 的垄断如不打破，无论是对国产软件和服务的推广还是对国产新一代信息设备的推广都会面临重大障碍。这一例子充分说明，在软件领域，在信息领域，大力支持开放标准和自主标准是十分必要的，这是顺利推进可靠、低成本信息化的重要条件。

参考文献

胡锦涛：《在中国科学院第十五次院士大会、中国工程院第十次院士大会上的讲话》，人民出版社，2010年6月。

中国软件行业协会等：《2010中国软件与信息服务业发展研究报告》，2010年4月。

工信部电子科学技术情报研究所：《2010世界软件产业发展年度报告》，2010年12月。

国发〔2000〕18号：《国务院关于印发鼓励软件产业和集成电路产业发展若干政策的通知》，2000年6月24日。

国发〔2011〕4号：《国务院关于印发进一步鼓励软件产业和集成电路产业发展若干政策的通知》，2011年1月28日。

国办发〔2002〕47号：《振兴软件产业行动纲要（2002~2005年）》，2002年7月24日。

财企〔2009〕200号：《关于鼓励政府和企业发包促进我国服务外包产业发展的指导意见》，2009年9月23日。

全国政协科协组倪光南等：《扶植高新技术企业的提案》及附件《试论新税制对某些高新技术企业的影响》，全国政协八届二次会议，1994年3月。

全国政协无党派组倪光南等：《吁请修改和完善〈计算机软件保护条例〉的提案》，全国政协九届五次会议，2002年3月。

最高人民法院：《最高人民法院关于审理著作权民事纠纷案件适用法律若干问题的解释》，2002年10月14日。

互联网实验室：《2009年度中国软件盗版率调查报告》，2009年5月10日。

倪光南：《辩证看待软件专利保护》，2005年8月16日《光明日报》。

中国政府采购网：《关于征求〈软件政府采购实施办法（征求意见稿）〉意见的通知》，2005年3月30日。

倪光南：《推进政府软件正版化应优先采购国产软件》，《中国财经报政府采购周刊》，2010年12月22日。

国务院法制办：《中华人民共和国政府采购法实施条例（征求意见稿）》，中国网，2010年1月11日。

倪光南：《评白皮书中的“本国货”和“外国货”原则》，《中国政府采购》2010年第5期。

倪光南：《在电子政务中大力推广国产软硬件》，中国网，2010年4月13日。

倪光南：《在中国推进开源软件的有关问题》，2010年7月14日《科技日报》。

倪光南：《解读俄联邦政府要求其信息系统转用自由软件的命令》，人民网，2011年2月24日。

倪光南：《大力开发自主操作系统》，1999 年 6 月 6 日《人民日报》。

倪光南：《建立中国自主、完整的软件体系》，2002 年 7 月 1 日《中国计算机报》。

倪光南：《处在十字路口的中国软件产业》，《计算机世界》，2002 年 7 月 24 日。

倪光南：《从基础软件看中国软件产业》，《软件世界》2009 年第 1 期。

倪光南：《中国工业软件的自主创新之路》，《信息技术与标准化》2010 年增刊。

倪光南：《采用自主可控软件是保障信息安全的前提》，《中国信息安全》2010 年第 9 期。

倪光南：《中国可以对微软说“不”》，2007 年 7 月 26 日《科学时报》。

立群编著《标准突围》，科学普及出版社，2007。

B.10

中国集成电路产业发展分析与展望

郑敏政　许金寿*

摘　要：集成电路产业是国民经济和社会信息化的重要基础。在克服了全球金融危机严重影响之后，2010 年我国集成电路产业实现了快速增长；随着产业结构的调整，设计业、芯片制造业和材料测试业的比例结构趋于合理；产品设计、开发和工艺技术提升取得了大的进展；作为支撑业的集成电路设备和材料有了长足进步。但是，与国外先进水平相比，我国集成电路产业，无论在规模方面还是在技术方面，都仍存在不小差距，国产集成电路远满足不了国内市场的需要，连续多年成为进口量最大宗的单一产品。《国务院关于印发进一步鼓励软件产业和集成电路产业发展若干政策的通知》（国发〔2011〕4 号）的发布，必将进一步改善产业发展的政策环境，迎来新一轮产业发展的高潮。

关键词：集成电路产业　分析与展望　产业政策

一　2010 年我国集成电路产业

（一）2010 年国内集成电路产业发展情况

集成电路产业是我国的战略性新兴产业，是国民经济和社会信息化的重要基础，对于我国国民经济建设和发展具有极其重要的作用。

---

* 郑敏政，原信息产业部电子产品司副司长、巡视员，长期从事集成电路行业管理工作，现任中芯国际集成电路制造有限公司执行顾问；许金寿，中国半导体行业协会常务副理事长，中国电子信息产业发展研究院科技委主任，工信部电子科技委委员。参加本文讨论和资料收集的还有徐小田、陈贤、李珂、尹小杰。

2010 年，国际国内集成电路市场双双强劲反弹，扭转了 2009 年半导体产业受金融危机影响大幅下滑的局面。在各国政府经济刺激计划的带动下，全球半导体产业从 2009 年第二季度开始逐步回暖。2010 年全球半导体产业和市场更是一路前冲，在移动互联、智能终端应用市场的强力推动下，在 PC、平板电视等市场增长的保障下，全球半导体产业同比增长 31.8%，达到 2983 亿美元的规模（WSTS 数据）。中国集成电路产业已具有全球化的特点，国际市场的强劲反弹迅即反映到国内产业。与此同时，国内市场一直保持繁荣。因此，国内集成电路市场在 2010 年有不俗的表现，达到历史新高。

1. 国内集成电路产业高速增长

根据中国半导体行业协会初步统计，2010 年国内集成电路产业销售额达 1424 亿元，同比增长 28.4%。其中，设计业销售 363.85 亿，同比增长 34.8%；芯片制造业销售 447.12 亿，同比增长 31.1%；封测业销售 629.18 亿，同比增长 26.3%（见图 1）。

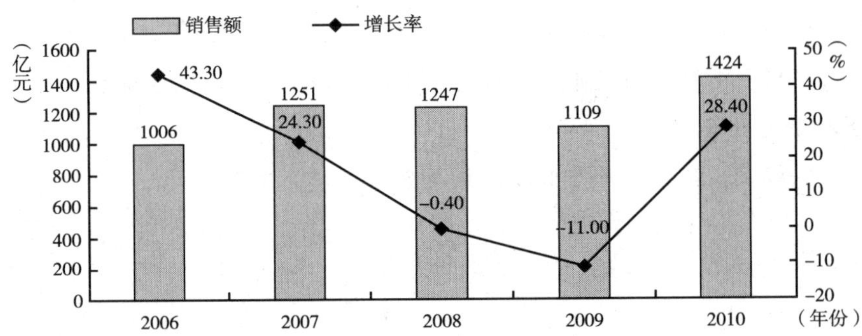

图 1　2006～2010 年我国集成电路产业销售额及增长率

资料来源：中国半导体行业协会。

国内集成电路产业销售额自 2008 年下半年开始出现下滑，并且在多年高速增长的情况下，连续两年（2008 年、2009 年）出现了较大的负增长。在国家拉动内需、家电下乡等一系列宏观经济政策的带动下，国内集成电路产业从 2009 年第二季度开始触底反弹，逐步回暖。2010 年国内集成电路产业实现快速增长，达到新的历史高度。国家统计局 2010 年统计公报显示，2010 年国内生产集成电路 652.5 亿块，同比增长 57.4%。

2. 国内集成电路产业运行特点

（1）2010 年国内集成电路产业的增长速度呈现前高后缓的态势。由于 2009 年上半年国内集成电路产业销售额处于较低水平，2009 年下半年国内集成电路产业销售额快速回暖，因此，2010 年上半年同比增长呈高速回升态势，2010 年下半年由于基数大以及整机厂商降低库存，集成电路产业同比增速放缓。

（2）平板电脑、智能手机、平板电视、各种 IC 卡等产品畅销带动集成电路产业快速回升。2010 年是平板电脑元年，国内芯片公司及时抓住机遇开发 CPU 核心芯片取得成功。国内众多整机厂商借机推出平板电脑产品上市。3G 手机的推广给手机芯片公司带来市场机遇。此外平板电视、IC 卡、汽车电子等表现也很好，使得国内集成电路产业销售额的增长速度远远高于同期国内电子信息产业整体和其他工业产品的增长速度。

（3）产业结构进一步改善。中国集成电路产业形成了电路设计、芯片制造和封装测试三业并举的格局。设计业占产业的比重逐年增加，由 2005 年的 17.7% 提升到 2010 年的 26.9%，芯片制造业的比重保持在 1/3 左右，封装测试业的比重相对有所下降。作为产业上游的设备与材料业，在"十一五"期间也取得了明显的进步，产品量大面广，形成了一定经济规模，有力地支持了半导体产业的发展，也支持了光伏产业和光电产业的发展。

（4）芯片制造业产能吃紧，封装测试业平稳发展。芯片制造业产能吃紧成为 2010 年的热门话题。调查研究显示，国内超过 60% 的 IC 设计企业与中芯国际（SMIC）存在合作关系，全球最大的半导体代工厂台积电则位居第二位，再次是华虹 NEC、UMC、Globle Foundry、宏力、IBM 等厂商。这体现出了中芯国际目前对我国 IC 设计业发展的重要支撑作用。即便如此，中芯国际 60% 左右的产能仍来自欧美厂商。据 SMIC 发布的数据，2010 年 SMIC 前两个季度的产能利用率分别达到了 92.1% 和 94.3%。国内众多中小设计企业苦于拿不到产能而放空市场。同时，受到国内芯片制造企业的产能不足及工艺水平偏低的影响，高端产品（线宽小于 65 纳米）的流片较多地还要到国外或我国台湾地区进行，部分大于 65 纳米的产品也有在上述地区流片的。

相对而言，2010 年中国集成电路封装测试业发展比较平稳，以长电科技、南通富士通、天水华天、华润安盛等为代表的一批内资封装测试企业在近几年迅速崛起，其封装规模、技术水平都在不断扩大和提高。这些企业的封装形式已经

逐渐由 DIP、QFP 等中低端领域向 SOP、BGA 等高端封装形式延伸。国内封装测试企业与国际半导体封装巨头之间正逐步开始面对面的竞争。

（5）芯片设计业出现了快速增长的势头。芯片设计业近两年的发展相当突出，2009 年即逆势上扬实现两位数增长，2010 年更是乘胜追击，实现 40% 以上的增长。北京君正、福州瑞芯等公司及时抓住机遇开发 CPU 核心芯片，取得成功；手机核心芯片公司抓住 3G 手机推广带来的市场机遇，上海展讯、联芯开发的新品为其增加了市场份额。2010 年是中国集成电路行业企业上市家数最多的一年，珠海欧比特公司成为第一家在创业板上市的集成电路公司，这也拉开了国内集成电路企业上市的大幕，国民技术、国腾电子、福星晓程、东光微电子、湖北台基、君正集成电路等纷纷紧随其后。国民技术更以其在多个产品的市场定位和战略布局，成为创业板集成电路产业第一股。同时，锐迪科也成功在 Nasdaq 上市。

（二）国内集成电路产业技术取得了明显进步

（1）工艺技术创新取得了新进展。在中芯国际的 12 英寸生产线，90 纳米芯片加工技术已实现工业化大生产，65 纳米逻辑电路工艺进入量产阶段，45 纳米在引进的基础上正在作进一步的开发和创新，今年可望量产。上海华虹 NEC、上海宏力、华润微电子等公司的 8 英寸生产线已具有 0.13 微米工艺生产技术，他们所开发的 VDMOS、IGBT 等功率半导体工艺在生产中开始发挥作用。中芯国际和华虹 NEC 都进入全球前十代工企业行列。

（2）一批中高端电路，包括移动通信终端核心芯片、平板电脑核心芯片、数字电视芯片、MCU 芯片和电子支付芯片等，占有一定市场。上海展迅 40 纳米线宽的 3G 手机芯片已经量产，应用整机产品已上市，标志展讯的研发能力已经达到了国际先进水平，这也是我国集成电路行业和电子信息产业一个重要的技术突破。福州瑞芯成功实现国内第一款 65 纳米芯片大规模商业化。北京君正采用自主知识产权架构开发的移动互联终端应用 CPU 芯片。此外，各类智能卡芯片的设计、制造、封测等在国内都可以完成。数字音视频电路、平板显示驱动电路、电源管理电路等也能够在国内设计与加工生产。DRAM、Flash 存储芯片的开发和商业化也实现了重要突破。

（3）新型封装技术，特别是堆叠式（3D）封装技术，已应用于产品生产。

江苏长电、南通富士通等承担02专项的封测企业，在海外建立研发中心，加强新型封装技术的开发，进一步实现新型封装产品的产业化。江苏长电已跨入封测行业全球十强。

（4）高分辨率离子刻蚀机、大角度离子注入机、45纳米清洗设备、封装用光刻机、12英寸扩散炉等已开始在生产线上试运行，单晶硅、光刻胶、抛光液、高纯气体、靶材等材料技术攻关取得明显进展。

国家重大科技专项01、02、03的有关课题都取得了进展。

（三）集成电路产业进出口逆差继续扩大

根据海关总署统计，2010年国内进口集成电路金额为1569.9亿美元，同比增长30.9%；国内出口集成电路金额为292.5亿美元，同比增长25.5%。进出口额逆差额为1277.4亿美元，超过了2008年的进出口逆差额（1049.1亿美元）（见图2、图3）。

集成电路产品的进口额在国内机电产品进口额中所占比重最大，2010年集成电路产品进口额占国内机电产品进口额的23.8%。在国内机电产品进出口贸易中，只有集成电路产品、液晶面板产品的进出口是逆差，2010年液晶面板的进出口逆差为203.2亿美元，远远低于集成电路产品的进出口逆差。如此大的逆差说明，虽然国内集成电路产业取得了快速发展，但整体实力还比较弱，特别是核心芯片产品以及高端芯片产品主要还依赖于进口。集成电路产品进口额最大的来源国家和地区分别是韩国、日本和我国台湾地区。

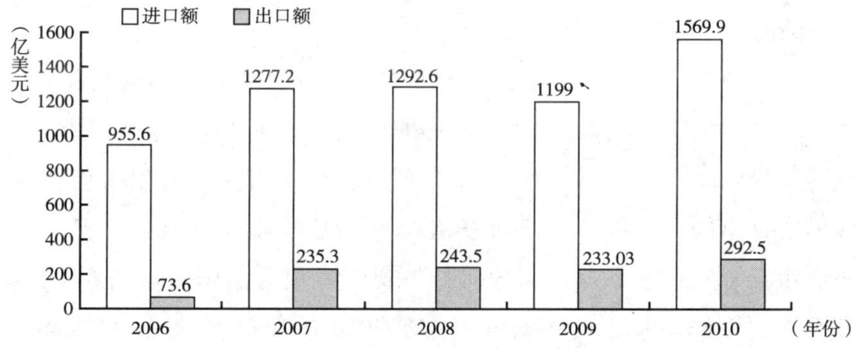

图2　2006～2010年国内集成电路进出口情况

资料来源：海关总署，CSIA整理。

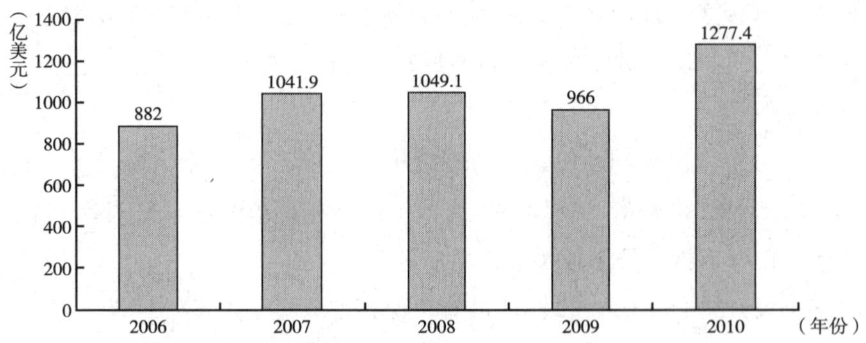

图3　2006～2010 年国内集成电路产品进出口逆差额

资料来源：海关总署，CSIA 整理。

二　集成电路产品应用市场发展状况

由于我国庞大的电子整机制造加工业产能的持续扩大，我国形成了巨大的集成电路市场，占据全球市场的 40% 左右。与电子整机以组装业为主的情况相对应的是，集成电路产品大量依靠国际采购。

由于历史等多方面的原因，长期以来我国集成电路产品开发跟不上整机更新换代的速度。在全球化环境下，整机系统所使用的芯片产品大多需要进行国际采购，重点整机系统产品对国内芯片产品的需求下降。整机与芯片相脱节的现象依然严重。产业价值链断裂的问题相当突出。由于重点整机形成了既有的芯片产品供应链，国内开发的芯片产品要切入有很大难度。

令人欣喜的是，近年来特别是 2010 年芯片设计公司和整机企业在一些重要整机领域加大芯片开发力度，取得了较好的成绩，展现良好的市场前景。

我国集成电路市场广阔，高中低档产品的需求都很大，使国内企业拥有了相应的生存空间。在经历一段市场磨砺期之后，企业在定义产品、开发新品、拓展市场、营销服务等方面的能力得到明显提升。国内厂商在 IC 卡、多媒体处理器、手机芯片、信息家电、电源管理 IC、射频/微波 IC、MCU、嵌入式 CPU、CMOS 图像传感器、数模混合信号 IC 等产品领域，取得了一定的成绩。

（一）2010 年国内集成电路产品市场

2010 年中国集成电路市场增速达 29.5%，市场规模再创新高，实现销售额 7349.5 亿元，这是继 2005 年之后市场发展最快的一年（见图 4）。

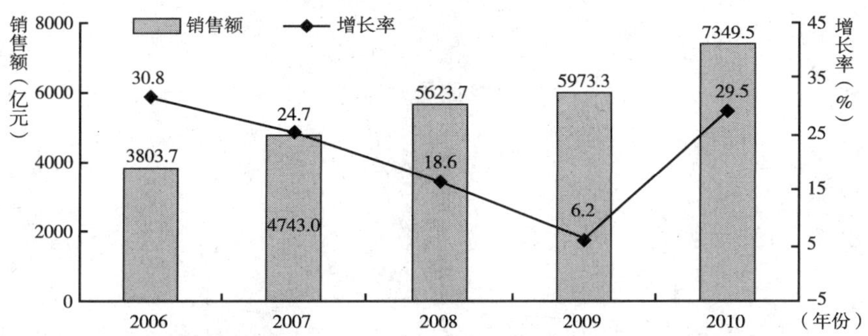

图 4　2006～2010 年中国集成电路市场销售额规模及增长率

资料来源：赛迪顾问，2011 年 2 月。

在产品结构方面，存储器依然是市场份额最大的产品，2010 年市场份额达 23.9%，CPU、ASSP 和模拟器件的份额也相对较大，都在 15% 以上，上述种类产品占据了 2010 年中国集成电路市场 70% 以上的市场份额（见图 5）。

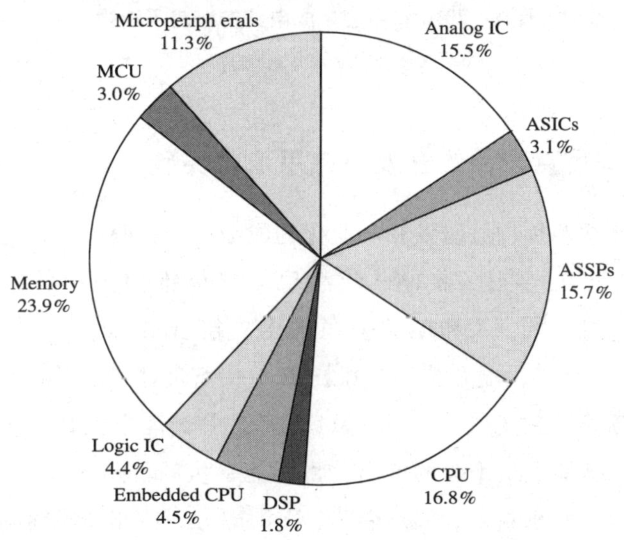

图 5　2010 年中国集成电路市场产品结构

资料来源：赛迪顾问，2011 年 2 月。

应用结构方面，2010 年，计算机领域依然是集成电路最大的应用领域。市场份额为 45%；网络通信领域和消费电子领域市场份额也相对较大，都在 20% 以上。3C 领域仍然是中国集成电路产品主要的应用领域。上述三者市场份额超过整体市场的 85%（见图 6）。

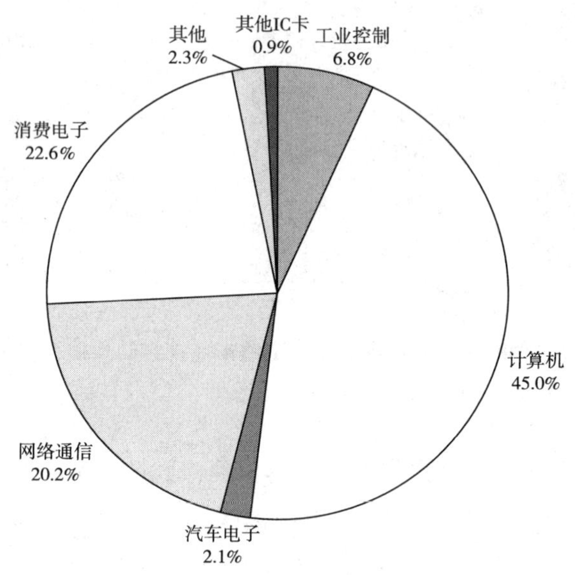

图 6　2010 年中国集成电路市场应用结构

资料来源：赛迪顾问，2011 年 2 月。

（二）一些重点产品的开发与应用取得突破

移动智能终端芯片领域研发和产业化的成绩十分耀眼。在智能手机方面，国内 IC 设计企业表现亮眼。继 2009 年海思半导体推出国内首款支持 Windows Mobile 的智能手机平台 K3 和瑞芯公司推出支持 Android 2. 1 的智能手机平台 RK2808 之后，2010 年，瑞芯公司又推出新一代智能手机平台 RK2818，联芯科技也发布了全球第一款支持 TD - SCDMA 的单芯片智能手机 INNOPOWER LC1809 芯片。这些国产智能手机平台的推出，将智能手机的价格大大降低至千元左右。在平板电脑方面，北京君正、福州瑞芯、上海赢方、广州新岸线等公司抓住机遇开发应用 CPU 芯片取得成功。

在安全芯片领域，随着网上银行的爆发性增长，提供 USBKEY 安全芯片的

深圳国民技术抓住这一新兴市场机遇，迅速发展壮大。该公司在网银 USBKEY 安全芯片的市场占有率一度高达 72.9%。2009 年，公司实现营业收入 4.66 亿元，净利润则高达 1.17 亿元；2010 年营业收入实现翻番，达到近 10 亿元。

此外，各类智能卡芯片的设计、制造、封测等已实现一条龙全方位国产化。数字音视频电路、平板显示驱动电路、电源管理电路等也能够在国内设计与加工生产。汽车电子领域，随着国内汽车市场及配套产业的发展，中国汽车电子类集成电路市场将保持较快增长态势，预计 2011 年市场规模将超过 144 亿元。

特别需要强调指出的是，整机企业进行芯片开发，呈现了良好的前景。例如，华为麾下的海思公司为网络路由器提供芯片，海信、海尔、长虹、TCL 为数字化智能电视机开发芯片，比亚迪为电源开发电源管理芯片，海尔开发了 8/16/32 位 MCU。整机企业的加入将加速我国核心芯片的开发和商业化进程，并为产业链的健全发展奠定重要基础。

（三）产业生态链的新发展提出新课题

1. 移动互联网终端的崛起造就新的产业链

全球电脑产业经历了大型机、小型机、PC 和桌面互联网四个阶段之后，目前正由传统的台式 PC 向以移动互联为特点的轻便式的平板电脑转变，电脑的大众化普及程度将大为提高，移动互联时代已经全面到来。

近几年，上网本、智能本、智能手机、MID、平板电脑、低功耗服务器等设备都在对新的移动互联网领域进行探索。其中，最有代表性的产品是智能手机和平板电脑。智能手机从 2007 年以来的革新和成功成为事实。在电脑方面，2010 年成为平板电脑元年，以 iPad 平板电脑为代表的互联计算终端，已经撼动了市场，因为它们与传统的 PC 机相比，更强调低功耗、长待机时间、更好的用户体验（快速启动，多点触摸的用户界面）、强大的多媒体处理功能以及更轻便、更人性化等特点。iPad 等平板电脑，综合 PC 和智能手机的优势，克服了二者的不足，成为移动互联网终端的最新选择。从技术上说，移动互联应用的低功耗 CPU，其性能优于由传统 PC 通用 CPU 演变过来的“便携应用 CPU”。与传统 PC 通用 CPU 相比，针对移动互联应用的平板电脑使用的“移动互联低功耗 CPU”，其特征是：CPU 基于 RISC（精简指令集）构架，并且集成了 GPU（图形处理器）和其他多媒体处理功能的高端 SoC（单芯片系统）芯片。相比之下，PC 的

CPU 和服务器 CPU，主要由 Intel 公司开发，基于 CISC（复杂指令集）构架技术，需要芯片组等外围芯片配合，其结果是功耗大、价格高。Intel 的 X86 构架与 RISC 指令集相比，其硬件算法复杂度要成倍增加，功耗高数倍，外围电路更复杂（例如 Intel 主打便携市场的 Atom 处理器需要一个北桥芯片组），整体竞争力明显处于劣势。

从产业竞争格局上说，开发“移动互联低功耗 CPU”可以摆脱 Intel 的垄断阴影。Wintel 体制（英特尔 CPU + 微软 Windows）在 PC 领域占主导地位长达 30 年。这期间，Intel 采取了各种措施和手段维护其先进性和排他性，比如通过半导体工艺和设计方法的创新顺利地回应了 RISC 的挑战。近些年来，面对新兴的移动互联终端产业，特别是智能手机和平板电脑产业，英特尔在“Atom”CPU 芯片和微软在 Windows Mobile 的努力还会进行下去，以持续其在 PC 时代的辉煌。这一领域的激烈竞争还将继续下去，并将有力地推动技术进步，促进新的产业格局的形成。

2. 软件、内容、应用程序商店和各种产品整合造就新的生态链

在移动装置爆炸式增长的年代，数字内容、线上应用程序商店、使用者接口设计以及系统增值服务等内容供应者，都必须和各种移动装置共生，形成“以软件带动硬件销售增长”的崭新产业形态。除了硬件性能规格是比拼重点外，还要看哪一种应用模式在软件、内容、应用程序商店和各种产品的整合方面深受广大用户喜欢。

3. 在产业生态链中，渠道以及开发服务成为增值服务和推广应用的重要环节

鉴于集成电路产品应用面广、渗透性很强的特征，除了企业直销外，渠道是十分重要的环节。特别是在许多情况下，集成电路作为软硬件载体，需要渠道环节的二次开发才能更好更快地得到广泛应用。例如作为信息化和工业化融合的重要集成电路产品，微控制器 MCU 产品应用范围十分广阔是应用的推广，不仅需要厂家开发丰富的产品系列，还需要大量具有二次开发能力的渠道商参加进来，这在发达国家已是成熟经验，我国在现阶段仍然缺乏足够的经验和积累。

开发服务环节也日益重要。为适应产品多样化和产品快速进入市场的需要，近些年开发服务发展很快。专业化开发服务公司的成熟，是产业更臻发达和完善的一个重要标志。

三　2011年集成电路产业发展形势预测

（一）市场不确定因素增加

受发达国家市场增长趋缓影响，2011年全球经济增加了不确定因素。根据国际货币基金组织预测，2011年的全球经济增长率将从2010年的4.8%下降至4.2%。发达国家的经济增长率将从2010年的2.7%下降至2.2%，其中欧盟由1.7%下降至1.5%，但发展中及新兴国家的经济增长率将由2010年的6%增加到2011年的6.4%。

全球半导体产业经历了2010年的高速增长后，2011年也将放缓。各研究机构预测2011年全球半导体市场增长在5%左右。国际市场的平稳发展，将对我国集成电路产业2011年的快速发展创造稳定的外部市场条件。

表1　国外市场研究机构2011年全球半导体市场预测

单位：%

市场研究机构	WSTS	Gartner	iSuppli	SIA	IDC
2011年增长率	4.5	4.6	5.1	6	9

（二）国内集成电路需求强劲

由于新兴消费电子产品市场热销的拉动和战略性新兴产业快速发展的牵引，集成电路产品的开发和生产将受到有力推动。在制造领域，上海华力的投产、中芯国际的扩产、INTEL大连工厂的达产，将为2011年继续保持较高增长奠定重要基础。

根据企业预测的数据和我们的分析，2011年国内集成电路产业将实现20%左右的增长。

四　产业发展政策措施

（一）新的集成电路产业扶持政策

2000年6月24日，国务院颁发了《国务院关于印发鼓励软件产业和集成电路发展若干政策的通知》(国发〔2000〕18号)。10年来,"18号文"为我国半导体产业的发展提供了强大的推动力,促进了我国集成电路产业的快速发展。2010年我国集成电路产业销售额预计为1440亿元,比2000年国内集成电路产业销售额增长近8倍。其中,2010年设计业销售额比2000年设计业销售额增长了近27倍,设计企业由2000年的近100家增加到目前的500多家。

2011年1月12日,国务院颁布了新的产业扶持政策(国发〔2011〕4号),对软件与集成电路产业给予了进一步的鼓励与扶持,对集成电路产业的政策扶持力度比以前更大,更加注重解决集成电路企业实际经营中遇到的问题,从财税、投融资、研究开发、进出口、人才、知识产权、市场以及政策落实八个方面入手,从投融资、国家科技重大专项、所得税减免、进口设备增值税抵扣四个方面进一步对集成电路产业进行大力扶持。当前,急需尽快落实政策的具体内容,出台实施细则。

(二)加快实施大布局,推进企业整合,实现企业结构的优化

利用"十二五"期间的政策优势,加快推进企业整合,在设计、封装、制造领域培养若干重点企业,集中优势资源培养中国自己的世界级集成电路企业。实施大布局,推进企业整合,优化企业结构,提高产业集中度,以适应产业发展新形势和国际市场竞争的需要。积极推进政、银、企大力协同,引导设立股权或创业投资基金,加大投融资力度,按现代企业制度,整合资源,形成一批符合重大产品、重大工艺发展方向的大型企业。在推进企业整合中,既要有设计、制造、封测三业同类企业的整合,也要有上下游环节企业的整合,特别是与整机企业的交叉整合。

与此同时,支持产学研用相结合的产业联盟的建设和发展,以横向联盟推动技术和工艺攻关,以纵向联盟加快产业化进程和推动建立应用市场,结合芯片设计的"平台化"趋势,搭建面向热点市场应用的SoC参考平台。

(三)集成电路在战略性新兴产业中的地位越来越重要

国家已经将新一代信息技术、节能环保、新能源、新能源汽车等列为国家战略性新兴产业,集成电路又是其基础核心产业,关系到国家新兴产业的整体战略规划和发展。

围绕战略性新兴产业规划，紧密服务战略性新兴产业发展，集成电路产业的长足进步指日可待。在部署中，需要特别针对集成电路产业工艺和技术进步快、资金高度密集和产业生态链长的特点，加强集成电路重点产品的开发，加强生产线技术升级改造，加强从芯片到整机再到应用的整个产业生态系统的建设，实施大布局，大力协同，实现重点突破。

可以预期，“十二五”期间，在国家大力扶持和企业不断创新发展的共同作用下，中国集成电路业将迎来新一轮的发展高潮。

B.11

中国信息通信技术产业发展现状与展望

罗 文*

摘 要：在内外需市场增长的共同带动下，2010 年我国信息通信技术产业回升调整成效明显，总体呈现前高后稳态势，软件产业和对外贸易出现新突破，内资企业战略转型态势明显，行业在国民经济发展和全球产业布局中的地位逐步提升。随着全球市场持续稳定复苏和国内政策环境进一步利好，2011 年我国信息通信技术产业发展前景看好，战略性新兴产业市场潜力巨大，产业转移与布局调整进程加快，并进一步朝融合方向发展，但受全球通胀压力冲击和跨国公司频繁兼并重组的影响，全行业可持续发展面临较大潜在风险，竞争态势进一步加剧，产业结构亟待深入调整优化。

关键词：信息通信技术产业 回升调整 平稳增长 融合发展 产业结构

2010 年是“十一五”规划收官之年，也是我国信息通信技术产业回升调整的重要一年。受扩内需政策成效显现和外需市场逐步回暖的共同作用，产业已基本走出金融危机的负面影响。产业经济运行各层面均稳定向好，结构调整初见成效，经济效益稳步提高，对外贸易规模持续增长，在推进工业转型升级与促进两化深度融合中的支撑作用愈益凸显。但是，传统发展模式面临制约、产业基础薄弱、国际市场波动频繁等深层次问题和不确定因素依然突出，调结构、转方式的任务愈发迫切。2011 年是我国信息通信技术产业机遇与挑战并存的一年，内需市场的进一步开拓、战略性新兴产业的加快培育和产业空间布局的优化调整，将是促进产业持续稳定较快发展的关键。

---

* 罗文，中国电子信息产业发展研究院院长，1986 年毕业于武汉大学，高级工程师，主要从事信息化、信息产业发展战略与规划研究。

一　2010 年信息通信技术产业发展概况

在国内市场强劲增长、国际市场稳步回升的形势下，我国信息通信技术产业扭转了全球金融危机爆发以来的不利局面，呈现恢复性增长态势。

（一）电子信息制造业发展态势前高后稳，基本进入平稳增长阶段

产业规模稳步增长。2010 年，我国电子信息制造业从较快恢复性增长转向平稳增长，基本进入常态性运行轨道。全年规模以上电子信息制造业工业增加值同比增长 16.9%，比去年同期增速（5.3%）提高 11.6 个百分点，高出工业平均水平（15.7%）1.2 个百分点。除 9 月份外，全年各月份增加值增速均高于同期工业平均水平，产业趋稳态势明显（见图 1）。全年实现销售产值 63395 亿元，同比增长 25.5%，比 2009 年同期（3.1%）提高 22.4 个百分点。

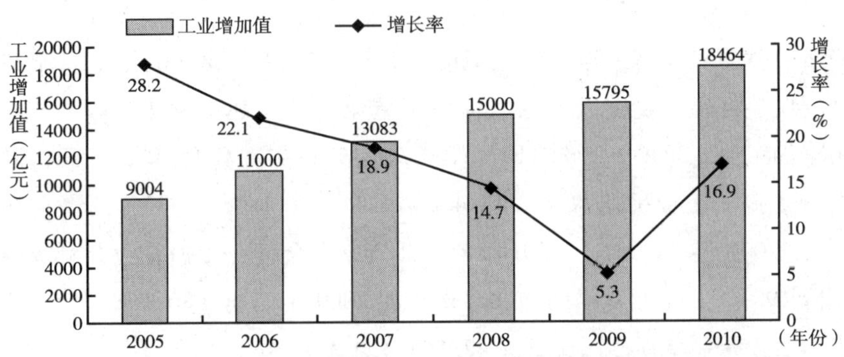

图 1　2005～2010 年我国规模以上电子信息制造业工业增加值及增长率

资料来源：信息产业部《2004 年电子信息产业经济运行统计公报》；2005 年 3 月 4 日《中国电子报》第 3 版；信息产业部《2005 年电子信息产业经济运行公报》；2006 年 2 月 28 日《中国电子报》第 2 版；信息产业部《2006 年电子信息产业经济运行公报》；2007 年 3 月 15 日《中国电子报》第 A4 版；信息产业部《2007 年电子信息产业经济运行公报》；2008 年 2 月 19 日《中国电子报》第 3 版；国务院办公厅《电子信息产业调整振兴规划》；2009 年 4 月 17 日《中国电子报》第 1 版；工业和信息化部《2009 年电子信息产业经济运行公报》；2010 年 2 月 5 日《中国电子报》第 2 版；工业和信息化部《2010 年电子信息产业统计公报》。

主要产品产量持续增长。2010 年我国手机、彩电、计算机、数码相机的产量均为世界第一，产品结构高端化趋势显著，全球电子制造业大国地位更加凸

显。全年全行业共生产手机10亿部，同比增长35%，其中，3G手机产量同比增长60%，智能手机产量占比超过20%；彩色电视机1.2亿台，同比增长12.9%，其中，液晶电视机产量9031万台（LED电视比重超过20%），占比达到75.5%，同比增长24.5%；微型计算机2.5亿台，同比增长25.6%，其中，笔记本计算机1.89亿台，占比为75.6%，同比增长19.4%；集成电路653亿块，同比增长30.7%；数码相机9000万台，同比增长12.1%。

对外贸易增速明显。2009年我国电子信息产品出口总额有所下降。2010年电子信息制造业对外贸易总额实现较高增长率，这是产业企稳回升的一个重要标志。2010年我国电子信息产品累计进出口总额突破万亿美元，全年达10128亿美元，同比增长31.2%，占全国外贸进出口总额的34.1%。其中，累计出口5912亿美元，占全国外贸出口的37.5%，同比增长29.3%。"十一五"期间电子信息产品出口额年均增长率为17.1%，高于全国平均水平（14.3%）2.8个百分点。2010年，电子信息产品对全国外贸出口增长的贡献率达到35.6%。

经济效益明显提高。与金融危机时期相比，2010年我国电子信息制造企业减亏情况明显好转。规模以上电子信息制造业全年实现主营业务收入63645亿元，占全国工业比重的9.1%，同比增长24.1%；实现利润2825亿元，同比增长57.7%，高于工业平均水平（53.4%）4.3个百分点。全行业销售利润率达4.4%，比2009年（3.5%）提升0.9个百分点。全行业亏损企业共计3940个，同比下降19.1%；企业亏损面（18.8%）比2009年同期（26.1%）减少7.3个百分点，亏损企业亏损额同比下降42.5%（见表1）。

表1　2010年我国规模以上电子制造业主要指标完成情况

单位：亿元，%

类　别	2010年	增速	2009年	增速
主营业务收入	63645	24.1	51305	0.1
利润	2825	57.5	1791	5.2
税金	950	43.1	664	13.3
销售产值	63395	23.5	50202	2.4
出口交货值	36662	26.3	28932	-5.6

资料来源：工业和信息化部《2010年电子信息产业经济运行公报》。

（二）软件与信息服务业收入规模实现新突破，产业地位稳步提升

软件与信息服务业收入规模首次突破万亿元，在国民经济中的地位不断提升。2010 年，产业收入达 13364 亿元，同比增长 31%；产业规模比 2001 年扩大几十倍，年均增长 38%（见图 2），占电子信息产业的比重由 2001 年的 6% 上升到 18%，在电子信息产业中排名第二，仅次于计算机制造业；占全球软件与信息服务业的比重由不足 5% 上升到超过 15%。软件与信息服务业增加值占 GDP 的比重由 2001 年的不足 0.3% 上升到超过 1%，从业人数由不足 30 万人提高到超过 200 万人，对社会生产和生活各领域的渗透性和带动力不断增强。

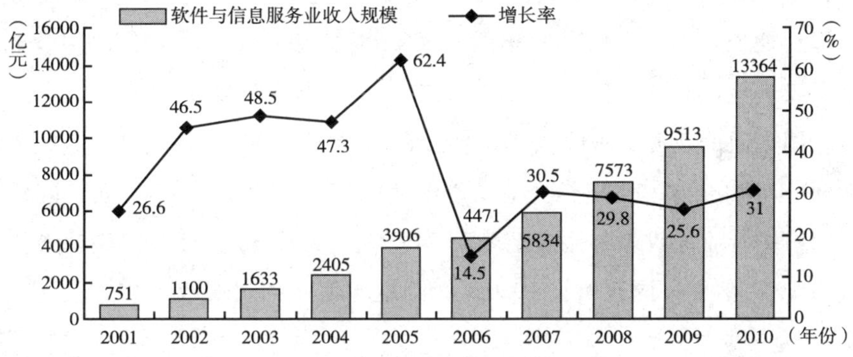

图 2　2001～2010 年我国软件与信息服务业收入规模及增速

资料来源：工业和信息化部《改革·创新·跨越式发展——中国电子信息产业改革开放 30 年》，电子工业出版社，2009，第 135 页；工业和信息化部《2010 年电子信息产业统计公报》。

业务收入增速放缓，产业发展进入调整期。我国软件与信息服务业收入在经历了“十五”期间的高速增长（年均增速 47%）之后，随着市场容量渐趋稳定，从高速增长转入平稳增长，“十一五”期间全行业收入年均增速为 28%。但随着 2010 年世界经济总体保持温和复苏态势，我国软件与信息服务业收入增长明显快于 2009 年，增速提高 5.4 个百分点，第一至四季度软件业务收入分别为 2573 亿、3475 亿、3634 亿和 3682 亿元，增长率分别为 25.7%、31.8%、32.3% 和 34%，收入数和增速呈逐季上升态势。

业务结构调整成效初显，服务化趋势更加突出。2010 年，我国信息技术咨询服务和信息技术增值服务收入分别为 1233 亿和 2178 亿元，同比增长 37.2% 和 44.6%，高于全行业 5.9 和 13.3 个百分点，两者收入总和占全行业比重为 25.5%，比 2001 年提高 18.9 个百分点。受集成电路行业复苏和软件外包市场增长带动，高端业务增势突出，软件设计开发全年实现收入 593 亿元，同比增长 73.1%，超过行业平均水平一倍多。

（三）通信业回升调整趋势明显，3G 进入快速发展期

2010 年，我国通信业呈现出明显的回升调整趋势，同时，产业结构持续优化，移动及增值业务占比明显上升。全年实现业务总量 30955 亿元，同比增长 20.5%，比 2009 年同期（14.4%）提升 6.1 个百分点；实现主营业务收入 8988 亿元，同比增长 6.4%，比 2009 年同期（3.9%）提升 2.5 个百分点。全年移动通信业务实现收入 6282 亿元，同比增长 11.2%，占主营业务收入的比重上升到 69.9%；固定通信业务实现收入 2707 亿元，负增长 3.3%，占主营业务收入比重下降到 30.1%。全年基础电信企业实现增值电信业务收入 2175 亿元，同比增长 15.7%，占主营业务收入的比重上升到 24.2%（见图 3）。其中，移动增值业务实现收入 1947 亿元，同比增长 19.0%；固定增值业务实现收入 227 亿元，同比下降 7.0%。

通信普及水平进一步提升，用户数量快速增长。2010 年，全国电话用户数

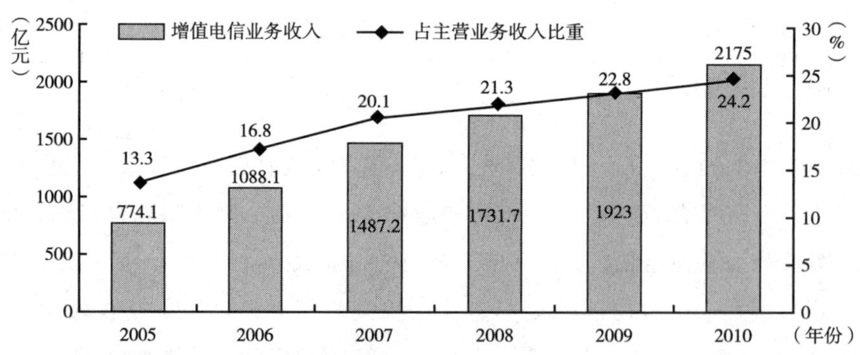

图 3　2005～2010 年我国基础电信企业增值业务收入及比重

资料来源：工业和信息化部《2010 年全国电信业统计公报》。

净增9244万户，总数达到115339万户（见表2）。其中，移动电话用户85900万户，净增11179万户，在电话用户总数中所占比重达74.5%，约是固定电话用户数的3倍。全国网民数净增0.73亿人，累计达到4.57亿人。其中，宽带网民数净增1.04亿人，达到4.5亿人，占网民总数的98.3%；手机网民数净增0.69亿人，达到3.03亿人，占网民总数的66.2%；农村网民数净增0.18亿人，达到1.25亿人，占网民总数的27.3%。互联网普及率达到34.3%，比2009年（28.9%）提高5.4个百分点。

表2　2005～2010年电话用户到达数和净增数

单位：万户

用户数＼年份	2005	2006	2007	2008	2009	2010
到达数	74385	82884	91273	98160	106095	115339
净增数	9727	8499	8389	6866	7934	9244

资料来源：工业和信息化部《2010年全国电信业统计公报》。

农村通信能力明显增强，农村信息化进程迈上新台阶。2010年，“村村通电话、乡乡能上网”的“十一五”农村通信发展规划目标已全面实现，全国范围内可通电话的行政村比例和乡镇能上网比例均已达100%，其中，94%的20户以上自然村实现了通电话，98%的乡镇实现了通宽带，98%的行政村建立了农村信息服务站。此外，已有19个省份实现所有自然村通电话，75%的行政村基本具备互联网接入能力。

3G用户人数增长迅猛，固定资产投资步伐趋缓。2010年我国3G用户数净增3473万户，累计达到4705.6万户，约为2009年的3.6倍。其中，中国移动3G用户数量达到1698万户，中国联通3G用户数达1277.6万户，中国电信3G用户数已突破1100万。通信业2010年固定资产投资共完成3197亿元，同比下降14.2%（见图4）。与之类似，3G建设投资速度也在放缓。2010年，中国移动3G投资约500亿元，建设基站9460个，比2009年（588亿元）下降17.6个百分点；中国联通3G投资约450亿元，比2009年（约600亿元）下降25个百分点；中国电信3G投资约270亿元，比2009年（约392亿元）下降31个百分点。如何以政策引导和商业模式创新推动3G应用，激发运营商积极性，将是2011年3G发展的关键。

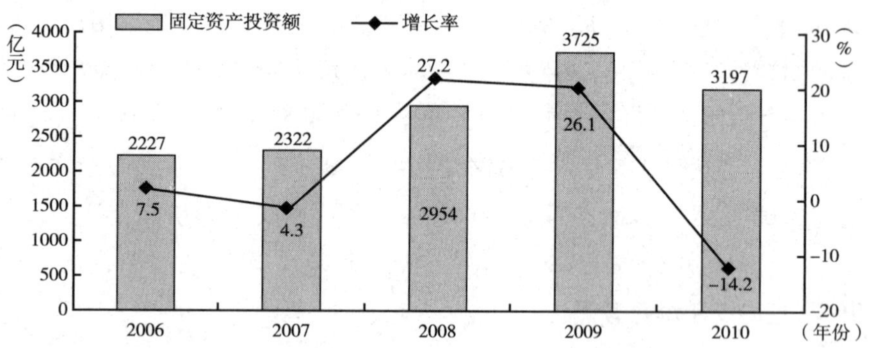

图 4　2006～2010 年通信业固定资产投资额及增速

资料来源：工业和信息化部《2010 年全国电信业统计公报》。

二　2010 年信息通信技术产业发展的主要特征

（一）保持领先，国民经济支柱性产业地位日趋突出

2010 年，我国信息通信技术产业保持稳定较快发展势头，在全工业中处于领先地位，对国民经济贡献日益突出。以电子信息制造业为例，2010 年，产业增加值、利润和投资增速分别高于工业平均水平 1.2、4.3 和 21.7 个百分点；主营业务收入和从业人员占全国工业比重达 9.1% 和 9.7%；电子信息产品出口额占全国出口总额的比重达 37.5%；上缴税金 950 亿元，同比增长 43.1%，高出全国工业税金增速 4 个百分点；从业人员 880 万人，比上年新增 102 万人，占全国城镇新增就业人口的 1/10。同时，彩电、手机、计算机等产品的平均价格同比均下降 10% 以上，不仅有助于深化信息技术推广应用，也为抑制物价过快上涨发挥了一定作用。

信息通信技术产业对信息化发展的支撑作用更加突出。2010 年，我国手机普及率达到 64.4%，比上年同期提高 8 个百分点；居民彩电、计算机拥有比率均比上年同期提高 2 个百分点；金融、电力、交通行业应用软件收入增速均超过 25%①。

① 工业和信息化部：《2010 年电子信息产业统计公报》，http://www.miit.gov.cn/n11293472/n11293832/n11294132/n12858462/13593391.html。

信息通信技术在智能交通、电网改造、无线城市建设中的渗透作用更加突出，手机阅读、移动支付、网络电视等新业务不断拓展，未来发展空间极为广阔。

（二）增势突出，基础行业成为产业增长的重要力量

基础环节薄弱历来是制约我国信息通信技术产业发展的瓶颈，这一问题在2010年有所缓解。一方面，我国已建成投产多条12英寸集成电路生产线及高世代液晶面板生产线，既弥补了产业空白，逐步缩小了与发达国家之间的差距，也进一步夯实了产业发展基础；另一方面，IC设计业收入在2010年达到363.85亿元，同比增长34.8%，已占集成电路产业收入的25.3%，向产业链高端延伸态势日益明显。

从产业整体发展状况来看，基础行业在2010年增势较为突出。特别是电子器件行业，全年实现销售产值9690.4亿元，出口交货值6221.6亿元，分别同比增长39%和41.7%，高出全行业平均增速13.5和15.5个百分点，成为拉动全行业增长的主要力量。这主要得益于行业投资的快速增长，在国家大力培育战略性新兴产业、外向型企业恢复增长的宏观环境下，太阳能光伏、LED、新型显示等新兴领域呈现高速发展势头，资本大量踊跃进入。2010年，电子器件行业完成投资1661亿元，同比增长57.5%，比上年提升了54.7个百分点，其中光电器件、电光源等新兴领域产品投资增速分别达到75.5%和67.1%。

（三）扩内需成效继续显现，外销呈现恢复性增长

2010年，我国扩内需政策继续发挥作用，规模以上电子信息制造业完成内销产值26733亿元，同比增长24.7%，连续11个月保持20%以上增速。家电下乡政策和以旧换新政策均有力带动了内销产值增长。2010年，全国家电下乡产品共销售7718万台，同比增长130%，实现销售额1732亿元，同比增长170%；家电以旧换新销售量和回收量均超过3000万台，同比增长200%以上。

与上年相比，2010年电子信息产品国际市场明显回暖。我国规模以上电子信息制造业全年实现出口交货值36662亿元，同比增长26.2%，扭转了2009年负增长（-5.6%）的局面（见图5）。2010年规模以上电子信息制造业全年出口依存度为57.8%，比2009年（57.6%）提高0.2个百分点。

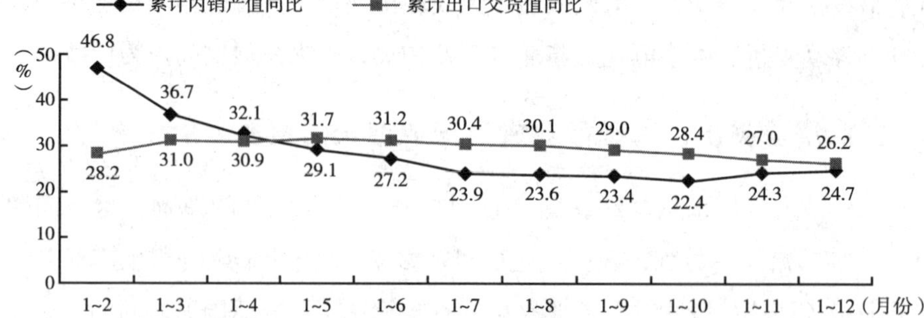

图5　2010年规模以上电子信息制造业内销产值与出口交货值累计增速对比

资料来源：工业和信息化部《2010年电子信息产业统计公报》。

（四）内资企业战略转型态势明显，内外资企业出现新走向

2010年，我国信息通信技术内资企业增长加速，部分大型企业开始进行战略转型。内资企业主营业务收入和出口交货值分别同比增长33.0%和31.2%，高出全行业平均水平4.5和5个百分点，占行业比重为27.6%，比2009年（26.6%）提高1个百分点。大型企业加快战略调整步伐：一是加快向上游产品延伸，彩电企业涉入液晶模组和面板领域，计算机企业积极拓展网络服务市场；二是积极实施兼并重组，如大唐与中芯国际、华虹与宏立、亚信和联创、长城与冠捷、方正和宏基等企业并购；三是加快向网络化、服务化进行战略转型，联想、海尔、华为等均提出新战略思路，将重点转向移动互联、服务化、云计算等新兴领域。

与此同时，信息通信技术外商投资企业规模增速则有所降低，这既有外资企业谨慎面对国际市场复苏的主观调控因素，也有内资企业在金融危机后恢复速度相对较快的客观比对因素。2010年，外商投资企业销售产值、出口交货值、投资累计值分别同比增长22.7%、24.5%、11.3%，低于全行业平均水平2.8、1.7、33.2个百分点；占全行业比重分别为50.3%、63.5%、17.9%，比2009年（51.4%、64.4%、23.3%）分别下降1.1、0.9、5.4个百分点。

（五）自主创新能力持续提升，整机产品加快升级换代

2010年，在重大专项、政府扶持、技术合作和创新联盟等多种方式推动下，

我国信息通信技术产业的自主创新能力持续提升，骨干企业在技术创新中发挥着愈来愈重要的作用。全国信息通信技术领域专利申请量超过110万件，同比增长10%以上；计算机软件著作权登记量突破8万件，较"十一五"期间翻了两番，年均增速达37%。华为、大唐、恒生电子、中控科技、信雅达等多家企业荣获国家科技进步奖，在服务器、通信设备、软件等多个领域取得新突破。

在技术创新的直接推动下，信息通信领域新产品开发步伐不断加快。全年规模以上电子信息制造业新产品产值达到14210亿元，同比增长27.4%，超过全行业产值增速1.9个百分点，占销售产值的比重为22.4%，比上年提高0.3个百分点。计算机、彩电、手机等整机产品加快升级换代，平板化、网络化、智能化、绿色化趋势日益明显，平板电脑、3D电视、移动智能终端等产品已成市场热点。

（六）综合集成能力正成为产业竞争的制高点

综合集成能力一直左右着信息通信技术产业的发展方向和电子信息产品市场的激烈竞争。现代信息系统日益大型化、综合化、集成化，这要求行业信息化解决方案能够整合不同的技术和专业产品。能够提供满足现代信息系统要求的行业解决方案和综合集成能力，不仅使越来越多的跨国公司抢占了市场先机，而且越来越成为产业竞争优势的重要标志。IBM凭借其在金融、石化、电信、交通、城市管理、医疗等领域积累的行业信息化和综合集成能力，迅速开辟了全球市场。惠普、戴尔等跨国巨头正着力打造集"问题分析+战略规划+方案设计+关键软硬件产品开发+项目实施+业务外包+人才培训"为一体的全产业链综合集成服务体系。用友、金蝶等国内软件企业也在积极构建面向全业务流程的综合集成服务体系，以适应新形势下企业竞争的要求。通过对技术、应用、产品和服务的综合集成，促使产业价值链延展重构，使得产业规模集聚、空间集聚和精细化分工进一步加速，信息通信技术创新与产业化应用之间的间隔大大缩短，中小企业迅猛成长，信息通信技术的综合集成能力已成为国际产业竞争的战略制高点。

（七）面向服务的商业模式创新正在重塑产业发展格局

商业模式创新是推动信息通信技术产业格局重塑的重要因素。当前，服务化已成为软件产业转型发展的基本特征，商业模式创新正成为软件产业服务化发展的重要途径和手段。云计算是软件产业服务化的主流模式，其本质是面向服务的商业模式创新。它改变了IT资源交付和使用模式，使用户能够通过网络随时随地获得所需的服务。基于云计算的硬件设备、基础软件、开发工具、应用软件、信息服务等新产品新业态不断涌现，产业格局正在发生巨大变化。IBM、微软、亚马逊等大型跨国企业都将战略重点转向云计算领域。微软已相继推出了“蓝天之窗”（Windows Azure）云计算服务平台、“必应”（Bing）网络搜索引擎和“瞪羚”（Gazelle）新型浏览器；谷歌推出了“办公套件”（Google Apps）、移动操作系统 Android 以及网络浏览器 Chrome。SAP 和甲骨文等软件厂商倡导“平台即服务”（PaaS，Platform as a Service）理念。顺应面向服务的商业模式创新趋势，我国电子信息产业中大型企业也在积极进行战略调整。联想旨在开辟内容服务的智能手机乐 Phone（LePhone）和平板电脑乐 Pad，并组织了大规模的互联网内容产业链战略合作阵营；用友、金蝶等软件企业加速了产业链合作与战略性并购，开辟移动服务、互联网服务等新型业务；用友开始发展“移动商街”，金蝶加强向解决方案服务转型。这些举动都是为了适应IT服务趋势而进行商业模式创新的尝试。

三　2011年信息通信技术产业发展展望

2011年是“十二五”开局之年，在全球市场持续稳定复苏、国内政策环境利好的形势下，我国信息通信技术产业发展前景看好。但是，全球通胀压力加大，跨国公司兼并重组步伐加快，我国信息通信技术产业面临严峻挑战。

（一）全球市场持续稳定复苏，产业宏观发展环境良好

从国际上看，全球IT市场总体看好。移动设备及相关服务市场快速发展，大量新应用研制开发和产业化步伐加速，新兴经济体持续稳步增长，未来几年信息通信技术产业全球市场复苏动力凸显。2011年，全球IT开支预计将达到3.6万亿美元，同比增长5.1%，未来四至五年仍将保持这一增长水平。随着各主要经济体纷纷制定新一代信息技术发展战略，信息通信技术产业全球市场有望继续扩大。美国部署了宽带普及计划、国民健康档案计划和智能电网计划。欧盟调整了信息社会战略目标，推出了物联网行动计划。日本发布以构建信息创新为目的的智能日本（i-Japan 2015）计划，将物联网在传统工业中的应用作为未来发展

重点。韩国政府出台韩国未来IT战略。英国率先提出了“数字英国”计划，将信息通信技术与传统工业的融合应用作为未来发展的重点。

从国内看，信息通信技术产业发展前景看好。一是政策趋向总体有利于产业增长，国家大力推进新一代信息技术研发及产业化为产业发展创造了良好的外部环境；二是云计算、物联网、新一代移动通信等新兴领域市场潜力巨大，均具备带动千亿元级规模市场的发展能力，为信息通信技术产业在2011年乃至更为长期的良好发展奠定坚实基础。

（二）融合发展催生商业模式创新，信息通信技术应用向纵深推进

融合发展是信息通信技术产业表现出的最显著特征之一。信息技术与其他技术日益交融发展，促进了平台、产品、内容等多层面融合，网络、业务、内容和终端互动发展，不断孵化和孕育新的商业模式，苹果公司音乐播放器iPod、手机iPhone、iPad的全球畅销正是顺应产业融合趋势的成功案例。硬件制造与软件开发结合、物质生产与服务管理结合、虚拟经济与实体经济结合，不断推动产业价值链体系重构和组织形态变革，催生出多种新型商业模式，成为现代产业发展的不竭动力。

同时，信息通信技术加快向传统产业渗透，催生新兴产业，衍生新型业态，将进一步拓展我国信息通信技术产业发展空间。数控机床、纳米材料、汽车电子、电力电子、光伏发电等新兴产业正在触发传统产业升级和转型，智能装备、新材料、新能源、生物医药等产业将成为新的主导产业。建立在信息通信技术应用基础上的生产性服务业预计将保持30%的增长速度，特别是电子商务、现代物流、网络金融、软件和服务外包等新型生产性服务业，加速了在全球范围内的资源优化配置和产业转移。互联网、移动通信和数字内容之间的紧密交融，推动了数字音乐、网络出版、在线游戏、手机媒体等数字内容产业迅猛成长。物联网、云计算、下一代网络等战略性新兴领域的创新应用将成为带动产业发展的又一个驱动器，将拉动芯片、软件、敏感元件及传感器、光纤等重点行业在2011年实现快速发展。

（三）产业转移与布局调整进程加快，中西部地区有望形成新的增长极

区域转移趋势将进一步加快。随着我国东部沿海地区资源和环境压力不断加

大，劳动力成本逐渐上升，当地信息通信技术产业的传统竞争优势已有式微之虞，产业增速相对减缓，东部地区相当一部分龙头企业已加快向中西部进军，全国渐成“由南向北、自东向西”的产业转移趋势。

中西部地区即将形成新的增长极。近年来，我国中西部地区经济水平和产业基础均有明显提升，通信设备、基础元器件制造和软件开发实力明显增强，具备承接较大规模产业转移的基础。随着西部大开发战略的持续推进和川渝综合改革试验区的顺利实施，四川、重庆均加大了招商引资和信息通信技术产业发展力度，将进一步吸引信息通信技术产业转移。2011 年，随着相关引导政策的出台，以及战略性新兴产业的蓬勃发展，我国产业布局调整进程会进一步加快。东部地区为避免产业“空心化”，将加快发展研发、设计、数字内容制作等高附加值产业，与此同时，中西部地区有望形成区域聚集效应和产业带动效应，部分有潜力地区将形成信息通信技术产业的新增长极。

（四）遭遇通胀压力，我国电子制造业安全面临风险

目前，全球性通胀压力不断加大，各新兴经济体普遍面临高通胀带来的多种问题，纷纷进入加息通道以抑制通胀。我国电子信息制造业具有外向度高、依赖加工贸易和低成本等特点，在此次全球性通胀中将有可能遭遇以下潜在风险。

一是原材料与劳动力价格上涨，成本比较优势将全面丧失。2010 年以来，铁、铜、铝、原油等大宗商品价格持续大幅上涨。全年工业品出厂价格（PPI）同比上涨 5.5%，12 月当月同比上涨 5.9%，环比上涨 0.7%；全年原材料、燃料、动力购进价格同比上涨 9.6%，12 月当月同比上涨 9.5%，环比上涨 1.1%。同时，不断上涨的 CPI（全年上涨 3.3%）也带动了劳动力基本工资的提升。2010 年，全国共有 30 个省份调整了最低工资标准，月最低工资标准平均增长幅度为 22.8%。

二是人民币升值压力加大，产品出口利润空间骤缩。全球通胀发生以来，人民币升值一路走高，特别是 2010 年人民币对美元中间价连续走高，新高纪录被改写 15 次，2011 年 2 月 18 日达到 1 美元兑换 6.5781 元人民币，再创 2005 年以来新高。我国电子制造业对于出口市场依赖度较高，人民币升值必然会进一步压缩利润空间，不利于产业持续发展。

三是国民经济进入加息通道，中小企业融资难度进一步加大。由于我国电子

制造业产业集中度不高，龙头企业少，企业小而分散，因此，企业在与银行谈判中处于弱势地位，而且，部分设计研发类企业在融资上很可能会遭遇资产抵押限制。在加息周期中，监管部门对商业银行贷款审核将更加严格，同时，企业对加息持续性预期将加大，信贷资源将呈现供不应求的态势，这将会大幅提升商业银行贷款议价能力，进一步加大电子制造领域中小企业融资难度。此外，贷款利息上升也会加重中小企业财务负担，影响资金链正常运转。

（五）跨国公司持续实施兼并重组，行业竞争日益激烈

金融危机以来，信息通信技术领域各大跨国公司并购重组频繁，不断整合优势资源，开拓新兴市场。其根本目的在于借经济低谷、资产贬值之机扩大自身规模和影响力，通过增强产业链掌控能力提升核心竞争力。英特尔成立了新的能源系统集团，锁定智能建筑、智能电网等新业务；甲骨文收购服务器巨头 SUN，将业务范围拓展至硬件领域；美光科技收购恒忆半导体，增强闪存芯片业务实力；群创光电、奇美电子与统宝光电完成合并，旨在成为仅次于韩国三星和 LG 的全球第三大面板厂商；诺基亚西门子通信收购摩托罗拉大部分无线网络基础设施资产，进一步开拓日本与美国市场；惠普收购网络设备提供商 3Com 及其在中国的全资子公司 H3C，与思科展开全面竞争。

2011 年，随着世界经济的逐步复苏，跨国公司将会进入兼并重组、资产整合的高峰期，我国本土信息通信技术企业将在各行业门类上遭遇巨大的国际竞争压力，尤其是在芯片设计研发、新型电子材料、网络通信基础设施、智能终端等领域，国际竞争压力将进一步加剧。

总体来看，2011 年我国信息通信技术产业将延续 2010 年的稳定增长态势，虽然深层次问题和结构性矛盾依然突出，国际市场尚存不确定因素，但在出现新的转折点或突破点之前，发展态势的均衡状态将不会被打破。预计 2011 年我国信息通信技术产业将继续保持平稳较快增长，其中电子制造业销售产值同比增长 28%，软件与信息服务业收入规模同比增长 32%，通信业主营业务收入同比增长 8%；电子信息产品对外贸易规模预计同比增长 32%，出口同比将增长 30%。

B.12

中国互联网发展情况分析与展望

毛　伟*

摘　要：2010 年，中国继续保持网民稳步增长的势头。网民总数达到 4.57 亿，年增长率为 19.1%，互联网普及率攀升至 34.3%。这些网民中，宽带网民已占 98.3%，手机网民占 66.2%。2010 年我国互联网应用呈现出鲜明特点：搜索引擎成为网民第一大应用，成为互联网新门户；商务类应用用户规模继续领涨，网络购物用户规模增幅居于首位；娱乐类应用使用率普遍下降。根据 2010 年状况，预期 2011 年中国互联网将会有以下发展趋势：第一，政府逐渐完善互联网细分行业的管理规范；第二，中国互联网创新速度进一步加快；第三，商务应用将走向互联网主流舞台。另外，要警惕城乡互联网发展差距扩大的倾向。

关键词：CNNIC　互联网　搜索引擎　网络购物　微博

一　2010 年中国互联网发展情况分析

（一）互联网基础资源状况

截至 2010 年 12 月，我国 IPv4 地址数量达到 2.78 亿，IANA 在 2011 年 2 月

---

* 毛伟，博士，北龙中网公司董事长，中国互联网络信息中心（CNNIC）首席科学家，中国科学院研究员、博士生导师，国家信息化专家咨询委员会委员。此外，毛伟还相继担任国内外相关信息技术领域的社会职务：CNNIC 工作委员会秘书长、中国互联网协会常务理事、中国互联网协会政策与资源工作委员会副主任委员兼秘书长、中国通信标准化协会理事、中国电子商务协会副理事长、亚太互联网信息中心（APNIC）执行委员会委员、ICANN（互联网名称与数字）地址委员会 NRO（美国国家侦察局）委员等。研究领域主要是互联网技术和应用等。

已将 IPv4 地址资源最终分发完毕，IPv4 向 IPv6 全面转换更加紧迫。

我国域名总数下降为866万，其中.CN域名435万。网站数量下降为191万个，.CN下网站为113万个，占网站整体的59.5%。网站数量的下降与国家加大互联网领域的安全治理有关，网站等互联网基础资源的质量随着“水分”的溢出而得到提升。虽然网站数量下降幅度较大，但网页数和网页字节等互联网资源数在大幅度增长。

2010年，国际出口带宽达到1098956.82Mbps，年增长26.9%。

表1　2009年12月至2010年12月中国互联网基础资源对比

互联网基础资源	2009年12月	2010年12月	年增长量	年增长率(%)
IPV4(个)	232446464	277636864	45190400	19.4
域名(个)	16818401	8656525	-8161876	-48.5
其中CN域名(个)	13459133	4349524	-9109609	-67.7
网站(个)	3231838	1908122	-1323716	-41.0
其中CN下网站(个)	2501308	1134379	-1366929	-54.7
国际出口带宽(Mbps)	866367.20	1098956.82	232590	26.9

资料来源：中国互联网络信息中心。

（二）网民规模

1. 网民规模

2010年，我国网民规模继续稳步增长，网民总数达到4.57亿，互联网普及率攀升至34.3%，较2009年底提高5.4个百分点。全年新增网民7330万，年增幅19.1%。截至2010年底，我国网民规模已占全球网民总数的23.2%，占亚洲网民总数的55.4%①。

宏观经济形势持续向好，网络基础建设务实推进，移动互联网加快发展，网络安全保障体系更加完善，农村信息化使用深度增强等，共同推动了2010年我国网民规模和普及率的稳步提升。

（1）国家扩内需的政策力度持续加大，推动了信息产品需求的释放。国际金融危机以来，我国加快了转变经济发展方式的步伐，国家出台了一揽子扩大内

① http://www.internetworldstats.com/stats.htm.

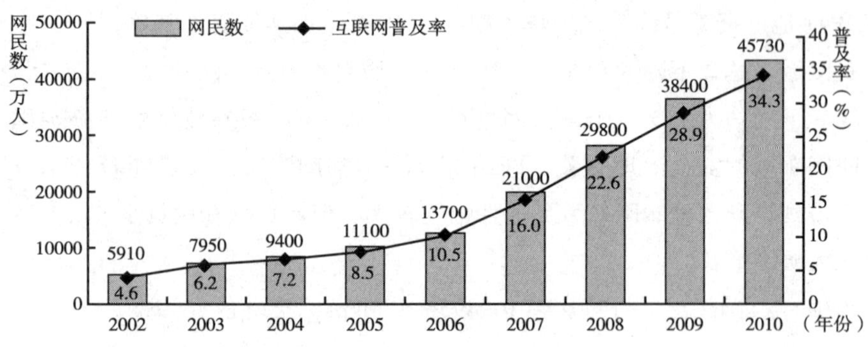

图1　中国网民规模与普及率

资料来源：中国互联网络信息中心。

需的政策，内需成为我国经济发展的主要动力，居民消费对经济增长的贡献率不断提高。同时，政府加大了国民收入分配制度改革的力度，我国居民收入继续实现较快增长。伴随着居民收入的持续增长和国家扩大内需政策效力的逐步释放，各阶层人群对信息产品的消费需求也进一步释放，推动了信息产品消费量的稳步提升，使接触互联网的人群进一步扩大。

（2）信息设施资源建设稳步推进，互联网发展的基础更为坚实。2010 年，我国基础网络资源和国际带宽服务基础资源不断增长，城乡宽带接入网络的覆盖率进一步提高，促进了网民数量的快速增长。工业和信息化部数据显示，2010 年，基础电信企业互联网宽带接入用户净增 2236 万户，达到 12634 万户。全国电信业务总量累计完成 30955 亿元，比上年同期增长 20.5%。此外，2010 年三网融合和云计算分别启动试点，新一代移动通信技术取得重大突破，下一代互联网产业化进程加快，带动了互联网基础层面的转型升级。

（3）移动互联网向纵深发展，社会化媒体渗透用户生活。2010 年，我国移动互联网呈现加深发展态势，智能手机价格和通信成本继续降低，3G 应用的用户体验逐步提升，开启了更多用户的移动网络生活。同时，随着社会化媒体的发展，互联网对传统媒体的替代更为明显，而基于无线通信技术、通过以手机为代表的移动终端展现信息资讯内容的“第五媒体”，进一步促进了媒体的融合化和信息分享行为，推动了网络在人们生活中的深层次渗透。

“十一五”期间，我国网民规模跃居全球第一，手机网民规模迅速发展，企业互联网应用更加深入，互联网建设引领我国信息化快速发展，有力地促进了经济发展、社会进步和人们生活方式的变革。但是，我国互联网发展同时还存在地区差距较大、信息技术应用水平不高、宽带速率相对滞后、网络安全诚信体系不健全等问题，这些问题制约着互联网发展水平的进一步提升。当前，随着网民规模的持续增长，我国互联网急需提升发展质量，实现从“扩量”向“提质”转变。

2. 宽带网民规模

2010 年，我国宽带基础服务覆盖率继续扩大，带动了宽带用户规模的增长。宽带网民①规模达到 4.5 亿，年增长 30%，宽带普及率达到 98.3%。

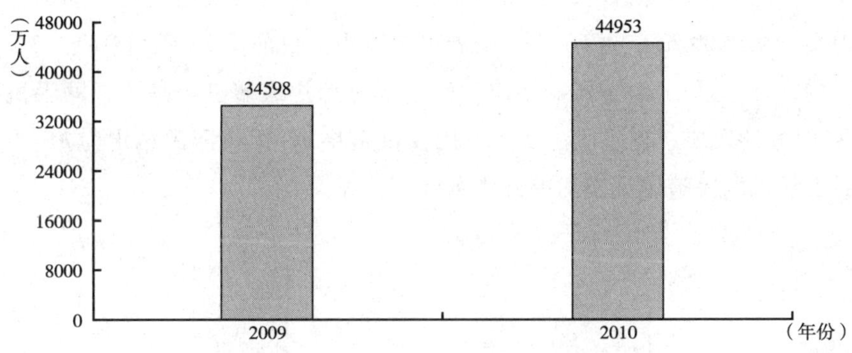

图 2 中国宽带网民规模

资料来源：中国互联网络信息中心。

3. 手机网民规模

2010 年，我国手机网民规模继续扩大，截至 2010 年 12 月，手机网民达 3.03 亿，较 2009 年底增加了 6930 万人。手机网民在总体网民中的比例进一步提高，从 2009 年末的 60.8% 提升至 66.2%。2010 年，手机网民较传统互联网网民增幅更大，成为拉动中国总体网民规模攀升的主要动力，移动互联网展现出巨大的发展潜力。

但是，对比 2009 年的手机网民发展速度，可以看出目前中国手机网民增长趋缓。2009 年全年中国手机网民数增长接近 1.2 亿，而 2010 年全年中国手机网民数仅增长不足 7000 万人，无论从增长率还是从增长绝对值上都出现了大幅度的下滑。

① 宽带网民指过去半年使用过宽带服务接入互联网的网民，与工信部“宽带接入用户数”统计口径不同。

手机网民增速之所以出现大幅下滑，最主要的原因是第一波手机网民潜力已挖掘殆尽。任何应用的普及都是分批次的，用户规模的增长都是阶梯式上升的，而不是线性的直线上升。2009 年“3G”和“手机上网”概念的普及，加上运营商、手机厂商配套的促销政策，给予手机上网业务很大的促进作用，迅速降低了手机上网的使用门槛。在这样的强烈促进下，中国的手机上网用户规模实现了一个大的跨越，用户规模上了一个新的台阶。但是，在 2010 年并没有新的刺激性因素出现，造成 2010 年手机网民增速下降。

此外，此前很多专家所希望的 3G 普及带动手机网民快速增长的局面并没有成为现实。从 2009 至今的 3G 用户发展可以看出，目前受 3G 手机资费、3G 手机价格影响，3G 还是定位于高端用户，而这部分用户大多已经是活跃的手机网民了。3G 服务的发展，现阶段主要的作用仅仅是将 2G 手机网民转化为 3G 手机网民，对于手机网民整体规模的提升作用并不明显。

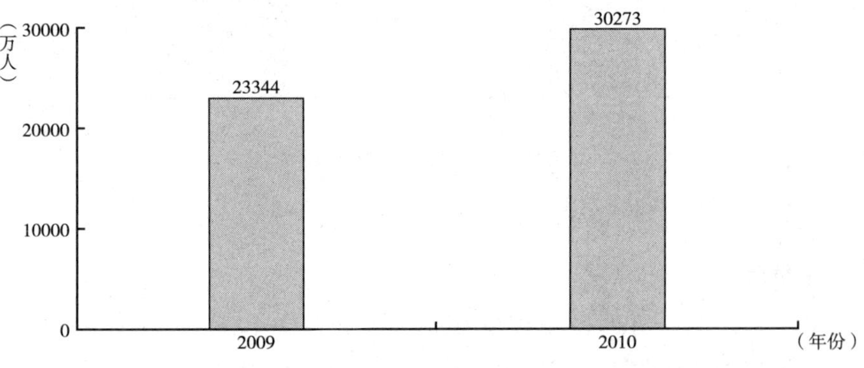

图 3　手机上网网民规模

资料来源：中国互联网络信息中心。

（三）网民结构特征

男性网民所占比重进一步提升。2010 年，我国网民男女性别比例为 55.8∶44.2，男性群体占比高出女性近 11.6 个百分点。

网民年龄结构更加优化。2010 年，30 岁以上各年龄段网民占比均有所上升，整体从 2009 年底的 38.6% 攀升至目前的 41.8%。10～19 岁年龄段的网民所占比例下降较多，与该年龄段实际人口数下降有关。

2010 年，我国网民中初中学历人群增加明显，占比从 26.8% 提升到 32.8%，

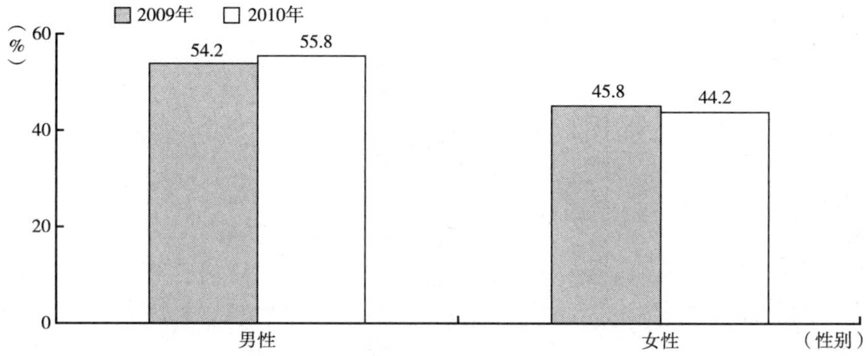

图4　2009 年 12 月至 2010 年 12 月网民性别结构变化

资料来源：中国互联网络信息中心。

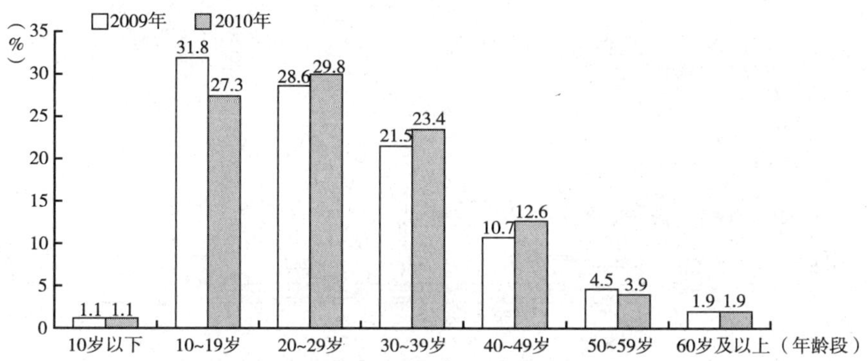

图5　2009 年 12 月至 2010 年 12 月网民年龄结构变化

资料来源：中国互联网络信息中心。

增加 6 个百分点。高中学历的网民占比首次下降，从 40.2% 下降到 35.7%，降低了 4.5 个百分点。大专和本科及以上学历网民均保持相对下调的态势。

2010 年，学生、企业一般职员、个体户/自由职业者三大群体在网民中占比进一步增大，分别占整体网民的 30.6%、16.2% 和 14.9%。同时，农林牧渔劳动者占比上升较快，从 2.8% 上升至 6%，无业/下岗/失业人员占比从 9.8% 下降至 4.9%。

互联网进一步向低收入群体覆盖。与 2009 年相比，个人月收入在 500 元以下的网民占比从 18% 上升到 19.4%，月收入在 501 ~ 2000 元的网民群体占比也从 41.7% 上升至 42.8%。无业/下岗/失业网民占比降低，无收入群体网民占比也因此从 10% 降低至 4.6%。

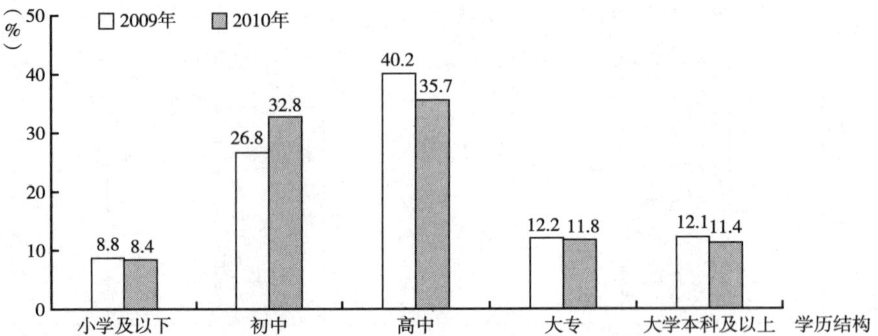

图6　2009 年 12 月至 2010 年 12 月网民学历结构变化

资料来源：中国互联网络信息中心。

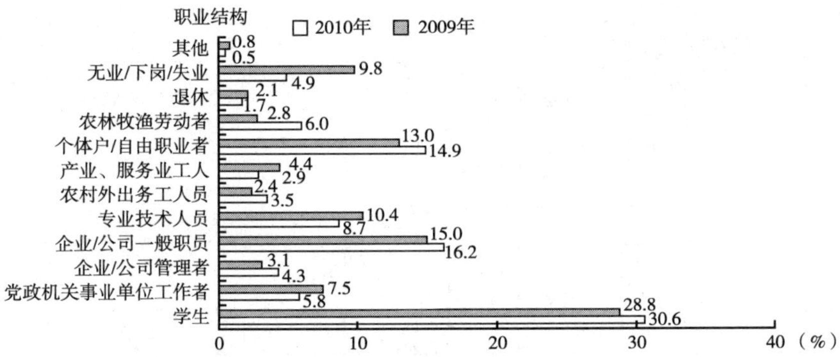

图7　2009 年 12 月至 2010 年 12 月网民职业结构变化

资料来源：中国互联网络信息中心。

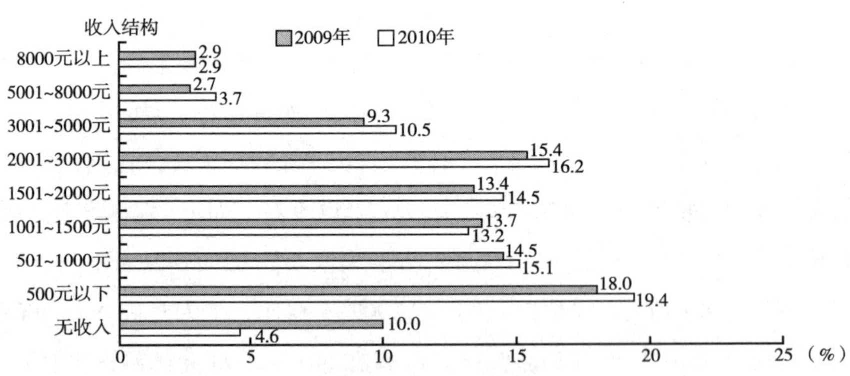

图8　2009 年 12 月至 2010 年 12 月网民个人月收入结构变化

资料来源：中国互联网络信息中心。

随着信息化建设加快，农村互联网接入条件不断改善，农村网络硬件设备更加完备，推动了农村地区网民规模的持续增长。2010 年我国农村网民规模达到 1.25 亿，占整体网民的 27.3%，同比增长 16.9%。

农户自发使用信息技术的意识明显增强。通过政府主导、社会参与的方式，我国农村信息服务普及有了显著的提升，“沙集模式”成为农村自发应用信息化手段的典型代表。农户通过自发使用市场化的电子商务交易平台，直接对接需求市场，带动农村地区制造及其他配套产业发展，促进农村产业结构升级和转型，也带动了周边地区信息化使用深度的提高。然而，随着农村人口城市化进程加快，农村人口的绝对规模下降，这造成农村网民的增长势头相对平缓，增长速度低于城市网民。

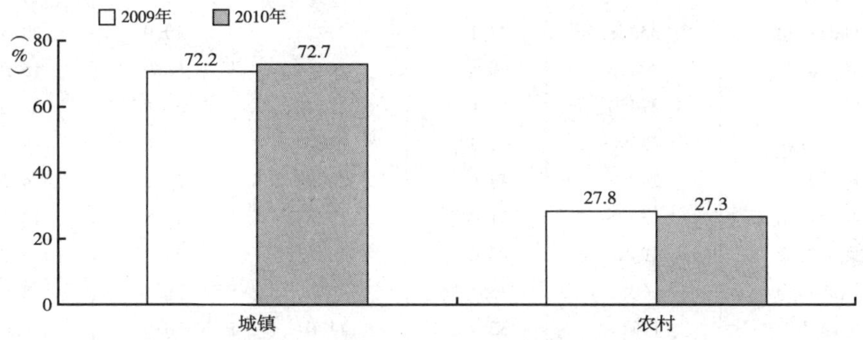

图9　2009 年 12 月至 2010 年 12 月网民城乡结构变化

资料来源：中国互联网络信息中心。

（四）网络应用特点

2010 年，我国网民互联网应用整体呈现三大特点。

其一，搜索引擎成为网民第一大应用。搜索引擎使用率首次超过了网络音乐，成为我国网民规模最庞大的应用。在互联网信息迅速膨胀的今天，传统门户网站地位有所降低，而搜索作为互联网发展的引擎，越来越显现出其“新门户”的特点。

其二，商务类应用用户规模继续领涨。网络购物用户规模增幅居于首位，网上支付、网上银行等商务类应用重要性进一步提升，更多的传统经济活动已经步入了互联网时代。

其三，娱乐类应用使用率普遍下降。网民在网络游戏、网络音乐、网络视频等娱乐类应用的使用率全面降低，网络娱乐在实现用户量的扩张之后进入相对平稳的发展期。

此外，微博客和团购的用户数已初具规模。截至2010年12月，我国微博客用户规模达到6311万人，使用率为13.8%；团购用户规模达到1875万人，在网民中占比为4.1%。

表2　2009年12月至2010年12月各类网络应用使用率

	2010年		2009年		
应　　用	用户规模(万人)	使用率(%)	用户规模(万人)	使用率(%)	增长率(%)
搜索引擎	37453	81.9↑	28134	73.3	33.1
网络音乐	36218	79.2↓	32074	83.5	12.9
网络新闻	35304	77.2↓	30769	80.1	14.7
即时通信	35258	77.1↑	27233	70.9	29.5
网络游戏	30410	66.5↓	26454	68.9	15.0
博客应用	29450	64.4↑	22140	57.7	33.0
网络视频	28398	62.1↓	24044	62.6	18.1
电子邮件	24969	54.6↓	21797	56.8	14.6
社交网站	23505	51.4↑	17587	45.8	33.7
网络文学	19481	42.6↑	16261	42.3	19.8
网络购物	16051	35.1↑	10800	28.1	48.6
论坛/BBS	14817	32.4↑	11701	30.5	26.6
网上银行	13948	30.5↑	9412	24.5	48.2
网上支付	13719	30.0↑	9406	24.5	45.9
网络炒股	7088	15.5↑	5678	14.8	24.8
微 博 客	6311	13.8	—	—	—
旅行预订	3613	7.9→	3024	7.9	19.5
团　　购	1875	4.1	—	—	—

资料来源：中国互联网络信息中心。

2010年商务类应用迅速发展的势头，得益于电商企业的规模化发展和用户使用习惯的积累。商务类应用用户规模高位增长，网络购物用户年增长48.6%，是用户增长最快的应用。网上支付和网上银行全年增长也分别达到了45.8%和48.2%，商务类应用增速远远超过其他类网络应用。

与商务类应用普遍攀升相反，大部分娱乐类应用渗透率在下滑，网络音乐、网络游戏和网络视频的用户渗透率分别下降4.3、2.4和0.5个百分点，用户规模的增幅相对较小，娱乐类应用在我国网民网络应用中的地位降低。

社交类应用保持较快的发展速度，社交网站、即时通信和博客的用户增幅分别为33.7%、29.5%和33%。社交类应用除了在人际关系的建立、维系和发展中发挥更重要的作用以外，2010年社会化媒体的重要性得以突显，网民利用微博等社会化媒体进行维权的意识明显增强，普通民众成为新闻事件传播和推动的主力。

二 2011年中国互联网发展展望

（一）政府将逐渐建立起互联网各行业管理规范

2010年可以称之为互联网的监管年。政府已从觉察到互联网行业需要治理的阶段过渡到出台管理规范的阶段。2010年，网络购物、网上支付、网络游戏、网络视频行业均出台了相应的管理规范政策，帮助行业良性发展。

首先，政府开始逐步加强网络购物管理 2010年5月，国家工商总局颁布了《网络商品交易及有关服务行为管理暂行办法》，该办法首次明确了网店的实名认证规定，对网络商品经营者和网络服务经营者在境内从事网络商品交易及有关服务进行了规范。6月，商务部颁发《关于促进网络购物健康发展的指导意见》，对网络购物市场主体、服务体系、消费者权益等方面均提出政策上的引导方向。

其次，政府开始对第三方支付进行监管 2010年6月21日，中国人民银行发布央行令，制定并出台《非金融机构支付服务管理办法》，规范非金融机构支付业务，该办法规定不得无证变相经营第三方支付，提高了第三方公司资本金等方面的进入门槛，加强了对第三方支付的监管。同年12月3日，中国人民银行发布上述管理办法的实施细则，规定了申请支付业务许可证办法，网上支付企业必须满足相应条件才可申请支付业务许可证及开展业务。

最后，政府对网络游戏、网络视频等网络娱乐行业开始全面加强监管 2010年8月1日，文化部发布《网络游戏管理暂行办法》，这是中国政府首次系统地对网络游戏的娱乐内容、市场主体、经营活动、运营行为和法律责任做出明确规定。11月29日，广电总局发出《关于印发〈广播影视知识产权战略实施意见〉的通知》，意见中明确规定，将严厉打击互联网侵权盗版，重点打击影视剧作品侵权盗版行为。

2010 年是互联网相关监管条例发布最多的一年，中国互联网正在走向规范化和法制化。随着互联网影响力的加大和更多监管问题的凸现，2011 年政府将会继续加强互联网方面的监管。

（二）互联网行业不正当竞争监管将成政府关注重点

2010 年 11 月 3 日，即时通信服务提供商腾讯和安全服务提供商 360 就桌面软件隐私保护问题及软件间的兼容性问题发生冲突；11 月 10 日，在工业和信息化部的干预下，腾讯 QQ 与 360 软件才重新兼容。

腾讯与 360 的年终大战，凸显了中国互联网行业无序竞争的局面。互联网由草根起家，自由竞争产生目前的互联网巨头。长期以来，政府和用户都没有意识到这个行业不正当竞争日趋激烈所造成的危害渐渐增大。竞争对手之间相互诋毁、软件不兼容等问题时有发生。这种现象极大地伤害了网民体验，需要对互联网行业的不正当竞争现象加以限制。

鉴于此，工业和信息化部在 2011 年 1 月 14 日发布《互联网信息服务市场秩序监督管理暂行办法（征求意见稿）》，明确规定互联网信息服务提供者在市场活动中不得擅自对其他经营者提供的合法产品或服务实施不兼容，或者干扰用户终端上其他经营者提供的合法产品或服务的运行。该办法还将诋毁竞争对手以及无任何理由不兼容、干扰、拦截、误导用户卸载其他合法产品或服务等行为列入不正当竞争范畴。

可以预见，2011 年互联网行业竞争状况监管将成为政府互联网治理工作重点之一。

（三）移动互联网渐成互联网重要组成部分

随着 3G 概念的普及，中国手机上网规模持续扩大。截至 2010 年底，中国手机上网规模已达到 3. 03 亿，年增长率达 29. 7%。实际上，中国手机上网规模已渐渐接近 PC 上网规模。

手机互联网的快速发展，原因有多方面：首先是手机用户基数大，截至 2010 年 11 月，中国手机用户数已经达到了 8. 5 亿（工业和信息化部数据），这为手机上网的普及奠定了坚实的基础；2009 年 3G 服务的正式商用也是手机互联网用户数量暴涨的一个重要推力，3G 商用大大加速了手机上网概念的普及，为手机上网的发展提供了强劲的动力；手机终端价格的下降和功能的丰富、手机上网资费的下调等大大降低了手机上网的门槛。在这多方面因素的综合作用下，手机互联网用户规模出现了持续增长。

在网民快速增长的支撑下，移动互联网产业链开始发力，电信运营商、终端设备厂商、信息服务提供商、移动互联网企业，从各个方面推进移动互联网的发展，使得移动互联网渐成互联网的重要组成部分。

首先是手机业务领域拓展，手机上网可以应用的领域更加广泛。目前各大互联网服务提供商均已开通手机网站，有些支付企业开发出了支付客户端；旅行预订企业去哪儿发布其行程管理软件——“Trip Planner”，将在线旅行预订进一步拓展向无线互联网领域；中国最大的电子邮箱服务提供商网易推出手机邮等。

其次是手机互联网平台更加开放。手机互联网给网民提供更多选择，手机互联网功能渐可以与传统互联网相媲美。首先是运营商提供应用程序商店。2010年3月，中国电信的天翼空间正式上市，运营商与手机硬件商一起开拓网络应用平台；2010年11月，中国联通沃商店开业，至此，我国三大电信运营商都已就3G业务推出了自己的应用程序商店。其次是互联网企业提供开放平台。2010年7月，新浪微博开放平台宣布正式上线，开发者可以使用微博平台提供的接口创建有趣的应用或让网站具有更强的社交特性；2010年12月，百度移动开放互联网平台官网上线。

简单、整合、开放正成为移动互联网发展的主题，推动移动互联网快速发展。

（四）PC上网与手机上网互相渗透，融合趋势明显

对比2009年和2010年网民通过不同设备上网的渗透率可以看出，仅使用PC上网的传统互联网网民正在向手机网民渗透。目前，既使用PC又使用手机上网的网民比例已经超过网民半数，融合的趋势明显。

从最近5次CNNIC的中国互联网发展状况统计报告数据可以更加清晰地看出这种传统互联网和手机互联网的融合趋势。在2008年底，中国手机/PC双重网民仅占到总体网民不足20%；到2010年末，这一比例就已经达到了56.8%，而且仍保持着增长的态势。

未来很可能不再有单纯的手机网民或单纯的 PC 网民。PC 和手机服务平台发挥各自的优势全方位为用户提供服务，将是未来的重要发展趋势。

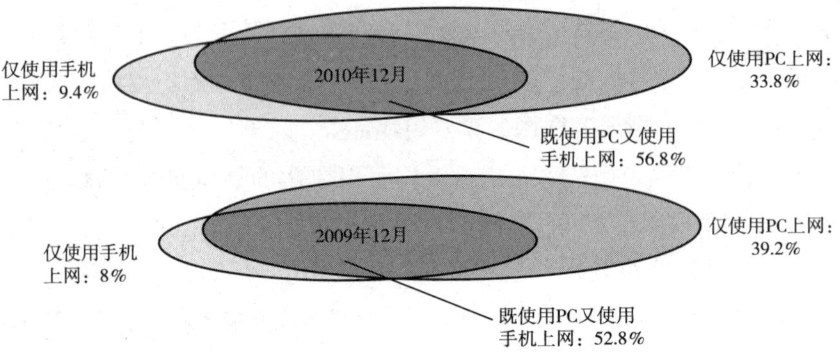

图 10　中国网民上网设备使用比例的变化

资料来源：中国互联网络信息中心。

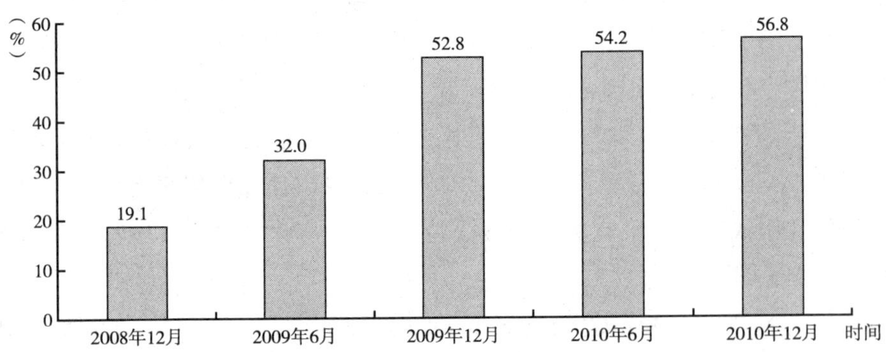

图 11　中国手机/PC 双重网民占总体网民的比例变化

资料来源：中国互联网络信息中心。

（五）中国互联网创新速度加快

微博和团购是 2010 年中国互联网发展的两大亮点。中国微博目前已有用户 6311 万人，更多草根、名人、政府机构开始利用微博平台传播信息和思想，构建交流平台。微博以其信息传播的广泛快速性，迅速成为重要的社交、传媒领地。2010 年中国团购从无到有，迅速发展至千团大战，中国团购用户数也已达到 1875 万人。最初只有独立人士运营团购网站，随后淘宝网推出聚划算，新浪、

搜狐、腾讯三大门户网站均已开通团购服务，人人网开通糯米网。截至2010年底，几乎所有中国互联网巨头都已涉足团购行业。短短一年时间，团购已成为各大网站增加用户黏性的重要手段。

微博、团购的发展速度远远超过传统网络应用的发展速度。中国即时通信行业的发展始于1999年腾讯成立，而直到2002年3月，注册账户数才升至1亿，2003年底最高同时在线数仅58万户；至2010年，网络购物也只有35.1%的渗透率，而旅行预订仅有7.9%的渗透率。

这些均表明，中国互联网创新速度在加快，新老服务之间的冲突与融合将给互联网带来更大的价值。

（六）垂直网站出现上市潮，中国互联网市场更加走向专业细分化局面

2010年堪称中国互联网的上市年。2010年12月27日纽约证券交易所发布的数据显示，中国互联网有超过10家企业在海外上市。其中，优酷网和当当网12月8日同步登陆纽约证券交易所，更让中国公司在美IPO的热潮达到顶点。

2010年上市的互联网企业分散在各个细分行业中。8月12日乐视网上市，12月8日优酷网上市，加上酷6网成为上市公司，网络视频行业已出现三家上市公司；10月26日麦考林上市，12月8日当当网上市，电子商务行业出现两家上市公司；9月上市的搜房网属于房产信息网站；易车网属于汽车信息网站。

中国互联网经过十几年发展之后，各种细分领域已开始发力，资本市场的追捧充分说明中国互联网垂直领域增长具有较大潜力。这些上市企业将接受市场的考验，并通过市场获取更多经验和资金，这有助于进一步改善中国互联网各项应用服务。

（七）商务应用引领互联网发展潮流

截至2010年12月31日，网络购物、网上支付、网上银行的年增长率分别达到48.6%、45.9%和48.2%，占据网络应用增长率最高的前三位。这表明互联网正逐渐向传统经济活动渗透，商务应用正在成为互联网主流应用。互联网正在从娱乐走向商务，互联网的内在价值在提高。

2011年，网络购物在保持高速增长的同时，网购市场竞争态势、市场环境

等将会发生变化。首先，B2C 平台同质化竞争将进一步加剧。B2C 作为网购主流大势已定，市场呈现垂直 B2C 综合化、自营 B2C 网站平台化的趋势，主要的 B2C 购物网站都将面对服装、图书、母婴、3C 等垂直门类下的同业竞争。其次，传统企业需求推动电商 IT 服务发展。随着传统企业加速进军线上市场，协同不同平台网站和网店销售的软件服务市场等相关产业链将呈现加速发展的态势。

2011 年，网上支付将在加速洗牌的同时快速发展。网上支付行业的发展特点之一是市场集中度较高，这意味着除了占据市场份额前列的网上支付服务提供商外，其他网上支付服务提供商的生存空间较小。再加上各家银行系统都已开通网上银行，直接提供支付服务，网上支付市场竞争较为激烈。较多市场占有率较低的网上支付企业受到挤压，生存形势严峻。预计 2011 年将有部分网上支付品牌退出网上支付舞台。

但是，由于网上支付存在的巨大需求空间，2011 年网上支付市场整体交易规模将会持续高速增长。除了传统网络购物外，航空、保险、基金等行业都开始积极布局网上支付。这些行业资金流转量更大，将会推动网上支付业务进一步发展。另外，手机支付的推广也会推动网上支付的发展。工业和信息化部出台规定，从 2010 年 9 月 1 日起，凡购买预付费手机卡的用户必须提供身份证件，这是实现手机支付的先决条件。同时，中国 3G 用户快速增长将有助于手机支付的发展。因此，目前各主流网上支付服务提供商、银行及运营商都在加大对手机支付的投入，预计 2011 年手机支付将快速发展。

（八）以人为核心的社交平台应用迅速崛起

国内整体 SNS 网站发展经历了三个时期：首先是 2003 年前后受美国 Friendster 影响而兴起的若邻网、亿友网等网站，由于使用率低，用户粘性不强，加之盈利模式不清，大多数已经关闭；第二个阶段是 2005 ~ 2007 年，类似 MySpace/Facebook 模式，代表网站包括校内网、51. com 等，但由于用户认知率较低，该时期用户增长较慢；第三个阶段是 2008 年至今的综合性社交网络服务（SNS）网站的兴起，如开心网、人人网（原校内网），这期间的社交网站对用户的吸引力增强，盈利模式也逐步多元化。2010 年中国社交网站用户规模为 2. 35 亿人，网民渗透率为 51. 4%，较上年增长 32%。

社交网站以人与人的关系为核心，应势而生，正逐渐成为中国互联网的一支

重要力量。预计 2011 年社交网站将呈现出一些新的发展特点。

首先，SNS（社会性网络服务）将与其他互联网服务相融合，增强社交网站生命力。社交网站是以人与人之间的关系为核心黏住用户的互联网服务。目前的 SNS 社交网站主要盈利来自于广告及部分第三方分成、虚拟货币等。社交网站在熟人、实名方面的优势并没有完全发挥，这些优势与电子商务、搜索等服务结合起来，是未来的大趋势。其次，社交网站平台化趋势明显。2008 年开始，国内各大 SNS 网站也开始启动开放平台战略。从用户体验来讲，APP 提高了网站的服务能力，更好地满足了用户个性化需求；从营收来讲，APP 为 SNS 网站营收作出贡献。APP 为植入式广告需求提供了更好的平台，在应用中注入与现实生活紧密相连的商品信息，可以提高广告收益，随着网站产品和服务的增加，广告收入持续增加。

（九）中国城乡互联网发展差距有所扩大

近十年来，中国互联网一直保持着高速发展。截至 2010 年 12 月，中国互联网网民已达 4.57 亿，网民上网时长和各类应用的普及率也不断提升。随着互联网的普及与应用的深入，互联网在国民经济中的作用已经越来越明显。然而，中国的互联网发展并不均衡，地区之间、人群之间的互联网数字鸿沟相当明显，而且有不断扩大的趋势。在互联网作用越来越显著的今天，这无疑是一个非常危险的信号。

首先，互联网发展的基础——网民规模在地区之间、人群之间存在很大的差距，并且有逐年扩大的趋势。城乡互联网普及率差距由 2005 年底的 14.3 个百分点增加到目前的 36.1 个百分点；城镇互联网普及率已是农村的两倍。

其次，城乡互联网存在应用深度和结构的差异。一方面是应用数量上，农村网民人均应用数量偏低；另一方面是应用结构上，农村的商务类应用发展滞后。总体上看，在各项互联网应用上（除网络游戏外），农村的使用率皆低于城镇。这说明农村网民的互联网应用深度还较低，人均应用数偏低。

互联网数字鸿沟拉大不仅是一个技术问题，而且是一个社会问题。造成数字鸿沟的原因，主要有以下几点。

首先，根本原因是经济发展不均衡。CNNIC 研究发现，经济发展水平与互联网应用水平有很强的相关性；另外，研究表明，互联网反过来也对经济有很强刺激作用。这种相互作用会形成一种循环，发达的越发达，滞后的越滞后。

其次，人口素质差距也是造成数字鸿沟的主要原因之一。互联网普及有四道坎——“有网络、有设备、会上网、有应用”。前一阶段，国家通过各种政策和行动不断改善农村上网条件，村通工程、家电下乡成绩斐然。但是，农村人口素质较低，“不会上网”仍然严重制约了农村互联网普及。而互联网应用水平低又进一步加大了农村地区人口素质的差距。这里又形成了一个扩大数据鸿沟的恶性循环。

最后，城市化进程也从两方面加大了数字鸿沟。一方面，农村中互联网增长最快的近郊地区不断并入城市，其他地区相对接受互联网速度更慢；另一方面，城市化吸引了大量年轻人离开农村涌入城市，而他们正是农村中接受新事物最快的人群，这一趋势也加大了城乡间互联网数字鸿沟。

由此可见，互联网数字鸿沟的因（经济不均衡、人口素质差距等因素）与果（互联网数字鸿沟拉大）相互影响，只有政府的强力介入，才会改善数字鸿沟问题。如何让落后地区的广大民众“会上网、有应用”是现阶段更加急迫的问题。为解决这个问题，政府应该在继续降低落后地区民众使用互联网门槛的同时，利用各种手段让落后地区有更多的人了解互联网知识，还要为农村用户提供真正符合他们需求的互联网应用。

B.13

电子商务服务业：崛起中的战略性新兴产业

梁春晓*

摘　要：电子商务服务业快速崛起，是推动电子商务发展和应用的强大引擎，有力地促进了经济结构调整、增长方式转变和社会转型，正在成为国民经济新的经济增长点、全球领先的战略性新兴产业和国民经济重要的基础设施。作为动态演进的生态体系，电子商务服务业将不断扩展和深化对经济和社会的影响，持续促进具有新商业文明特征的基础设施、商业行为、商业组织、社会生活和制度环境的显现。未来几年，我国将建成全球领先的电子商务服务体系，拥有最具竞争力的电子商务基础服务企业。

关键词：电子商务　服务业　基础设施　战略性新兴产业

电子商务正在引发深刻的经济和社会变革。这场变革使信息这一核心生产要素广泛应用于经济活动，加快了信息在商业、工业和农业中的渗透速度，极大地改变了消费行为、企业形态和价值创造方式。在此过程中，电子商务服务业显著降低了社会交易成本、促进了专业分工、引爆了商业创新、提高了资源利用效率，深刻地影响了零售业、制造业和物流业等几乎所有经济活动。

电子商务服务业快速崛起，已经并将继续促进我国电子商务的发展和应用，成为促进经济结构调整、增长方式转变和社会转型的重要动力，成为国民经济新的经济增长点和全球领先的战略性新兴产业。

---

* 梁春晓，经济学硕士，阿里巴巴集团副总裁，阿里研究中心主任、高级研究员，阿里巴巴商学院副院长，中国信息经济学会常务理事，主要研究方向为电子商务、网络经济和信息社会。

电子商务服务业正在成为国民经济重要的基础设施，而电子商务交易平台则是基础设施中的“枢纽”。

一　电子商务服务业

（一）电子商务服务业的概念、特征和分类

电子商务服务是指为电子商务应用提供的服务，即面向机构或个人的电子商务应用的服务。所有提供电子商务服务的企业即电子商务服务提供商的集合，就是电子商务服务业，或称电子商务服务产业、电子商务服务行业。

“电子商务服务”与“电子商务应用”相对应，如果说前者相当于市场中的“供给”，那么后者就相当于“需求”。

由于电子商务应用涉及商务活动的各个层面和各个环节，如外部交易、内部管理和技术支持以及交易环节的前中后，电子商务服务（业）也可以相应地划分为不同的类型。在国家《电子商务发展“十一五”规划》中，电子商务服务（业）被划分为电子商务交易服务、电子商务业务流程外包服务和电子商务信息技术外包服务三种类型。近年来，电子商务服务业发展和演化十分迅猛，电子商务服务（业）的特征和类型也出现一些新的变化，笔者倾向于将电子商务服务业划分为以下三种类型。

电子商务交易服务业　通过电子商务交易服务平台为各种电子商务交易应用提供服务，包括企业间电子商务交易平台、网络零售交易平台等各类电子商务交易服务平台。

电子商务支撑服务业　为电子商务应用提供基础性支撑服务，包括网上支付服务、物流快递服务、信用认证服务和数据服务（如云计算）等。

电子商务衍生服务业　主要指为电子商务应用提供业务流程外包服务、IT外包服务等衍生服务，如设计服务、人力资源服务、财务服务、运营服务、营销服务、咨询服务、软件和信息系统服务等。

（二）电子商务服务业的兴起和发展

电子商务服务业是随着电子商务的发展而兴起的，是电子商务应用规模不断

扩大、影响不断深化的结果。

如果说起初企业要应用电子商务从事交易，就必须自己从事注册域名、购买（租用）服务器、购买虚拟主机、制作网页等工作的话，那么电子商务服务业的兴起则意味着这一切都可以通过专业化的电子商务交易平台来完成；如果说起初网上商店要开通网上支付，就必须与各家银行分别洽谈、签约而且未必成功的话，那么电子商务服务业的兴起则意味着只要与一家网上支付平台合作就可以了。

电子商务服务的兴起，标志着电子商务领域的专业化水平有了质的飞跃。

我国电子商务服务业起源于1998年前后。2003年以后，我国电子商务服务业开始快速发展。一直引领我国中小企业电子商务服务的阿里巴巴B2B（alibaba. com）2003年开始规模化赢利，一直引领我国网络零售交易服务的淘宝网也在2003年创立。在电子商务服务业的强力推动下，我国电子商务持续快速发展至今。

2007年6月，国家发布《电子商务发展“十一五”规划》，首次在正式文件中提出“电子商务服务业”概念，强调以大力发展第三方电子商务服务为切入点，发展新型服务，促进电子商务发展和应用，提出到“十五”末使电子商务服务业成为“重要的战略性新兴产业”和“国民经济新的增长点”的战略目标。

经过多年的高速成长，我国电子商务服务业已经初具规模，成为重要的新兴产业，并正在成为对消费者、企业、相关行业乃至整个国民经济与社会发展具有重要影响的战略性新兴产业。

2010年，我国第三方B2B电子商务交易平台超过5000家（主要集中于长三角、珠三角和北京），基于企业间电子商务交易平台的交易额逾20000亿元，同比增长30%左右，占B2B电子商务交易额的一半以上。

2010年，我国网络零售交易额超过5000亿元，同比增长100%，其中基于网络零售交易平台的交易额占比超过80%。

2010年，我国第三方网上支付交易额超过10000亿元，同比增长约100%。

2010年，我国与电子商务相关的物流快递业快速发展，仅由淘宝网发出的快递包裹每日即超过500万个，约占全国快递包裹数量的60%，为物流快递业带来收入122亿元。

……

具有里程碑意义的是，继阿里巴巴 B2B 早已成为全球最大的企业间电子商务交易平台之后，淘宝网和支付宝的交易额在 2010 年分别超过 eBay 和 Paypal，成为全球最大的网络零售交易平台和网上支付平台。

（三）电子商务服务业是现代服务业的核心和重要的基础设施

1. 电子商务服务业与电子商务、服务业和现代服务业的关系

经过十多年的摸索、发展和研究，业界大致形成了关于电子商务的“三部类”认识方法，即从应用、服务和环境三个方面认识电子商务。理论和实践都表明，电子商务服务业具有普遍共享和降低交易成本等基础性作用，是降低企业、消费者、社区和政府电子商务应用门槛，推动电子商务发展和应用的强大引擎。

电子商务服务业涉及信息、市场、物流、金融、信息技术、人力资源、教育和咨询服务等各个领域，与传统服务业的区别主要体现在两个方面：一是服务于电子商务应用；二是以信息技术为核心。

电子商务服务业服务于商务活动甚至直接服务于交易和生产，显然属于生产性服务业。从现代服务业的角度看，电子商务服务业基于互联网等信息技术，以营造商务环境、促进商务活动为基本功能，是传统商务服务在信息技术特别是互联网条件下的创新、升级和转型，是基于信息技术的新兴服务业、现代服务业，是现代服务业的核心。

2. 重要的基础设施

近年来，我国电子商务服务业发展十分迅猛，经济和社会影响日益突出，基本实现了《电子商务发展“十一五”规划》提出的到“十一五”末成为“重要的战略性新兴产业”和“国民经济新的增长点”的战略目标，正在成为领先全球的战略性新兴产业。

这场变革使信息这一核心生产要素广泛应用于经济活动，加快了信息在商业、工业和农业中的渗透速度，极大地改变了消费行为、企业形态和价值创造方式。电子商务服务业显著降低社会交易成本，促进专业分工，引爆商业创新，提高资源利用效率，深刻地影响着零售业、制造业和物流业等几乎所有经济活动。

电子商务服务业正在成为国民经济重要的基础设施。更进一步讲，如果说电

子商务服务业是交易的基础设施，那么连通和集成各种电子商务服务的电子商务交易平台则是基础设施中的“枢纽”。

（四）电子商务服务业催生新商业文明

电子商务服务业正在成为信息时代重要的基础设施，这改变了人们长期以来局限于铁路、公路和机场（所谓“铁公鸡”）等的工业时代对基础设施的看法。宽带、云计算和物联网等信息网络与设备的兴起也显示出与100年前开始的中央电厂和电网类似的基础设施变革。

由此引发的信息时代的商业行为创新层出不穷，方兴未艾，其核心是数据驱动和支持下的柔性化制造、个性化营销和社会化物流的商业模式，是“长尾经济”，这是真正以消费者为核心的生产和流通，而不是相反。开放、透明、分享和责任正在成为越来越多的企业（特别是网商们）崇尚的商业文化和价值观。

商业组织形态随之而变。生态、集群、价值网、外包、众包、扁平甚至“无组织”的组织正在成为商业形态组织的演化方向。

经济系统与社会系统正在日益融合。金字塔状的商业和社会结构，正在转变为蜂窝状（以兴趣和爱好实现区隔与分化、存在多个中心）的商业和社会结构。就业结构正在发生巨变，越来越多的社会成员的工作领域与互联网和电子商务相关，个体将在其中获得更强的商业能力和更大的商业自由度。生活形态也在发生转变，居住、生活、工作、学习将从工业时代的“割裂状态”走向信息时代的“一体化”。

电子商务服务业及其驱动下的基础设施、商业行为、商业组织和社会生活变革将进一步引发制度创新，催生新的与信息时代相适应的制度环境，电子商务的经济社会影响也将进一步扩展和深化，进而更大地促进具有新商业文明特征的基础设施、商业行为、商业组织、社会生活和制度环境的显现。

二　电子商务服务业的演进与现状

电子商务服务业是以电子商务交易平台为核心，以电子商务支撑服务为基础，整合多种电子商务衍生服务的生态体系。电子商务服务业面向企业和个人，以硬件、软件和网络为基础，提供全面的电子商务服务，主要涉及基于互联网的交易服务、业务支撑服务及信息技术系统服务三个领域。

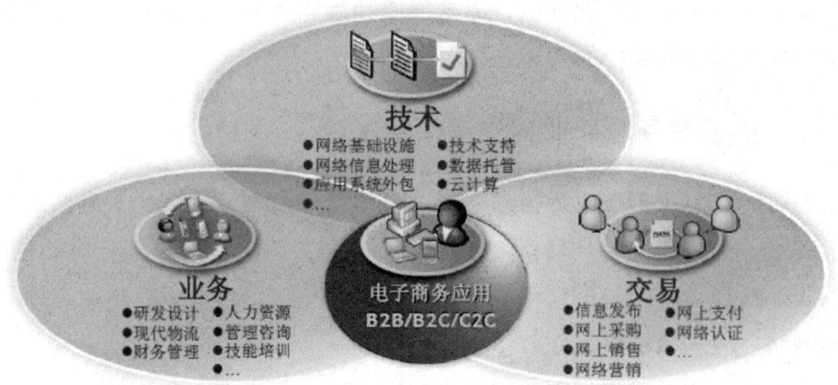

图1　电子商务服务领域

资料来源：IDC 中国、阿里研究中心，2011 年。

（一）电子商务交易服务业（平台）的演进与现状

电子商务交易平台是电子商务服务业中起步最早的环节，以阿里巴巴 B2B、淘宝网等为代表的电子商务平台引领了中国电子商务服务业的发展。经过十多年发展，电子商务交易服务业也从萌芽走向成熟，取得了长足发展。

到 2010 年底，基于交易平台的网络零售交易额超过网络零售总交易额的 80%，约占全国社会消费品零售总额的 3%。电子商务交易服务业可以集成信息、支付、物流、金融和 IT 运营等多种服务，而协同、沟通、服务、社区、信用和标准则是电子商务交易服务业的核心价值。

以淘宝网为例，淘宝网定位于电子商务基础服务提供商，提供“信用体系、用户体系、商品体系、交易流程、计算能力、服务标准”等基础服务。淘宝网为消费者提供的服务主要包括帮助消费者方便、高效地找到满足自己个性化需求的商品，营造一个便利、安全、愉悦的购物环境。淘宝网对企业的服务主要包括在卖家经营管理的各个环节上提供基础数据和技术支撑等服务。

电子商务交易服务业的演进大致分为三个阶段：

萌芽阶段：1999～2004 年，以阿里巴巴为代表的电子商务交易平台先后推出“中国供应商”、“诚信通”、淘宝网和支付宝等服务，为中小企业和创业者走向互联网和电子商务铺路。电子商务交易平台提供的通用服务，包括终端展示、

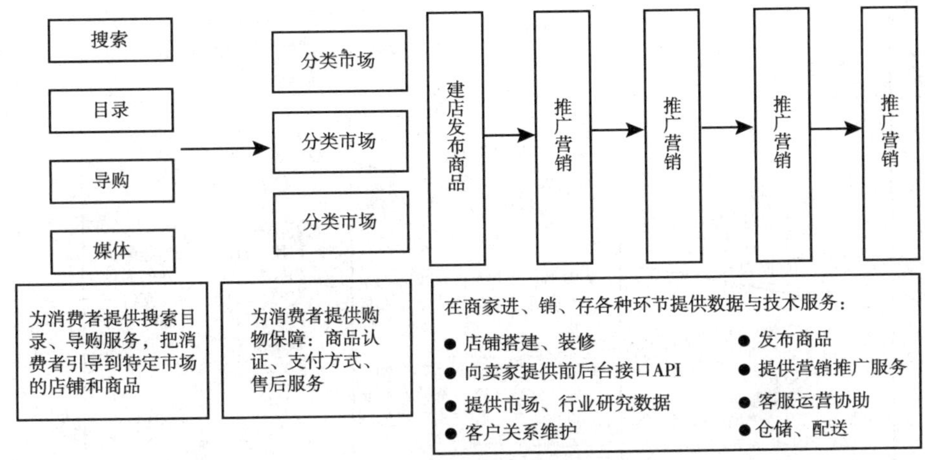

图2　淘宝网——电子商务基础服务提供商

资料来源：淘宝网，2011年。

支付渠道、交易信息等。

起步阶段：2004～2007年，伴随着用户积累，中小企业和个人消费者对电子商务平台的需求更加多样化。阿里巴巴的平台与金融、物流、法律、IT、营销等外部机构合作，提供更丰富的细分服务。

扩张阶段：2007年至今，电子商务交易平台以用户需求为导向，积极整合平台内外多种资源，平台上衍生的电子商务服务商为买家及卖家提供个性化服务，包括运营外包、营销推广、IT服务和物流服务等，服务规模迅速扩大。以阿里巴巴B2B平台为例，到2010年，已有来自200多个国家，超过5600万的会员使用阿里巴巴平台，平台上的企业商铺已超过800万家，付费会员超过100万名。

（二）电子商务支撑服务业发展历程

电子商务支撑服务为电子商务应用提供基础性支撑服务，如通信网络（如互联网接入）服务、信用认证服务、网上支付服务、物流快递服务和数据服务（如云计算）等。这一服务体系还在不断发展和完善中。

以支付宝为例，截至2010年12月，支付宝注册用户已突破5.5亿，日交易额超过25亿元人民币，日交易笔数达到850万笔。与支付宝合作机构数量达到65家，超过46万家商户选择使用支付宝。

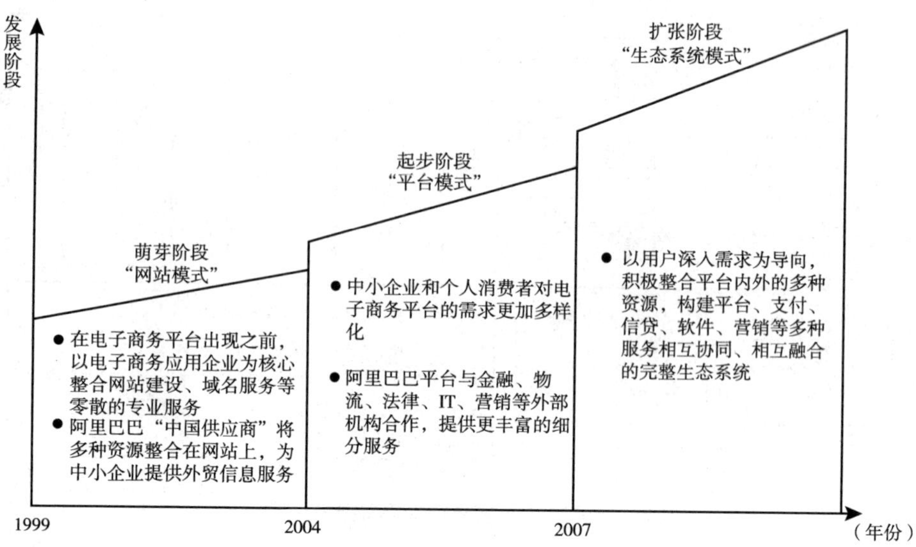

图3　电子商务交易服务平台发展历程

资料来源：IDC 中国、阿里研究中心，2011。

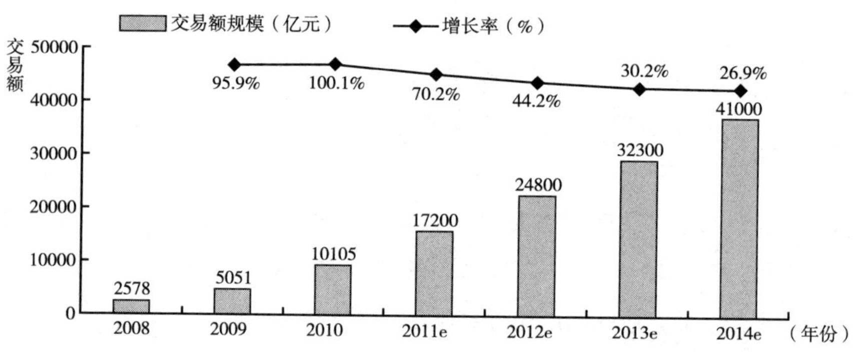

图4　2008～2014 年中国第三方网上支付交易规模

资料来源：艾瑞咨询。

电子商务云计算平台也取得了巨大的发展。作为基础设施，云计算为广大第三方应用提供商业运营资源和高效可靠的计算能力，具有响应速度快、扩展性好、按使用付费、容错率高、成本低等显著优点，将大量计算资源集中起来，提供智能化管理，支持面向中小企业和网商的电子商务在线服务。

未来，电子商务软件与信息系统服务将广泛部署在云计算平台上。

（三）电子商务衍生服务业发展历程

电子商务衍生服务（业）缘于商家经营规模的扩大、经营复杂程度的提升和消费者个性化需求的日益提高。与此同时，为了满足消费者需求，不同行业和类型的商家对于电子商务服务的需求也表现出强烈的个性化。

1. 发展阶段

基于淘宝平台的电子商务衍生服务（业）大致从2008年开始兴起，到目前为止，淘宝平台的电子商务衍生服务经历了三个发展阶段：

2008年：酝酿阶段，以营销服务与外包服务为主导 2008年是大量传统品牌试水网购的一年，也是淘宝平台个人创业者自创品牌的一年。传统企业进军电子商务时需要管理传统的产品生产、销售和推广，不堪重负，将网络运营外包给电子商务服务商成为传统企业进入电子商务市场的捷径。ShopEx、五洲在线和上海尊宝等企业就是此类外包服务商的典型。与此同时，麦包包等从淘宝卖家中成长起来的“淘品牌”开始意识到未来发展尤其需要品牌营销服务。这一年，帮助各类企业进行网络营销的服务商迅速涌现。

2009年：起步阶段，以IT服务（主要是管理软件）为主导 淘宝平台上的个人创业者迈入皇冠级别后，为解决内部管理和数据同步问题，对IT系统服务需求十分强烈，大大促进了电子商务软件服务业的发展。目前，95%以上的淘宝皇冠级卖家都在使用外部软件服务提供商的电子商务后台管理软件系统。

2010年：发展阶段，以仓储服务为主导，供应链再造、全程全网电子商务为主题 传统大中型企业通常选择成立自己专门的仓储体系并自行管理，而由淘宝成长起来的卖家则缺乏整体管理大型企业及工厂的经历和能力，将前端的接受客户订单系统与后台仓储管理、供应链管理等后端支持系统整合以及进行客户关系管理等是这些个人创业者的弱点。个人创业者由于没有充足的资金自建仓储体系，通常会选择自行租赁仓库。随着电子商务市场的竞争焦点由前台交易环节转向后台供应链管理与客户服务，仓储体系的作用日益突出。2010年，专注于电子商务仓储的服务商开始兴起，其服务范围不仅仅限于运输、配送或仓储业务，还涉及生产经营的销售计划、库存管理、订货计划、生产计划和大型促销等，它们还在客户服务端提供增值服务，如让顾客开包检查、试穿再签收以及携带POS机代收款等。

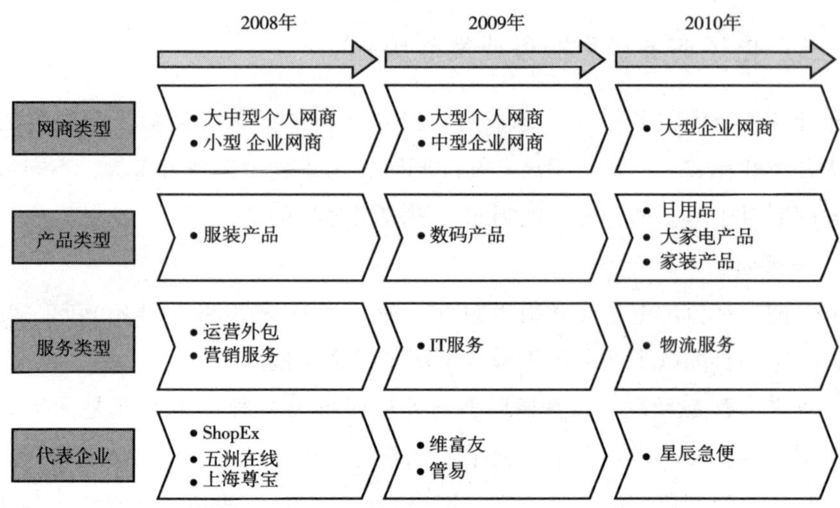

图 5　基于淘宝平台的电子商务衍生服务业发展历程

资料来源：IDC 中国、阿里研究中心，2011 年。

2. 衍生服务类型

随着电子商务应用的深入发展，卖家对于电子商务服务的需求越来越大，对外包服务商的要求越来越高，因此，基于淘宝平台的电子商务衍生服务业的发展将更趋标准化、专业化和规模化。

表 1　基于淘宝平台的电子商务衍生服务商类型

领域	说明	服务内容
软件服务	工具类软件	满足商家店铺管理需求的工具，如店铺流量统计等
	管理软件及系统集成	如后台进销存系统、ERP 等与网点系统的对接，独立外店系统、CRM 系统、分销系统等
市场营销服务	市场研究 & 咨询	支持商家进入电子商务所需要的市场研究与咨询
	营销推广	低成本地找到适合品牌定位的目标用户流量，包括直通车、淘宝客、搜索引擎广告投放等
		淘宝客推广工具、店铺营销工具
运营与销售服务	帮助商家完成电子商务的运营服务	事务性服务，如网店装修、商品陈列、商品牌照等 客服服务，包括通过网络手段、传统电话、Email 等方式进行售前服务 分销服务，包括分销渠道建设、分销促销活动、渠道管理等 人才服务，培养电子商务人才 认证、检测服务：认证商家和商品的资质 保险理赔服务……

续表

领域	说明	服务内容
仓储和流通服务	仓储和流通服务	提供物流园区建设、管理的基础设施 提供流程、作业标准的服务 提供技术支持的 ISV 管理软件服务 包装材料供应 提供加工、售后服务的流通服务 提供流通融资服务
金融服务	金融服务	为电子商务活动服务提供各类资本等

资料来源：阿里研究中心，2010 年。

3. 衍生服务价值

电子商务衍生服务业对于电子商务应用的普及和发展有着十分重要的作用，其价值主要体现在以下方面。

降低企业或个人进入和开展电子商务应用的门槛。企业或个人进入和开展电子商务时需要具备多种能力，并要在人力、IT 等多个领域进行投资，各类电子商务衍生服务商则可以帮助商家补足其所不具备的电子商务知识和技能，降低商家进入和开展电子商务的成本，跨越知识鸿沟，快速形成电子商务应用能力。

电子商务衍生服务商也可以提升消费体验，满足快速、便捷、安全、个性化的消费需求。例如“淘宝社区店”的出现可以帮助更多的线下消费者有机会网购，充分享受网上购物的丰富、便利、实惠和乐趣。

在电子商务服务业的推动下，海量消费者在网上的消费行为正在从观望、试探逐步转向稳定、理性，主流人群、主流消费的趋势越来越显著，企业和个人的电子商务应用正在成为主流和常态。

（四）电子商务服务业是一个动态演进的生态体系

从商业生态系统的角度，可以将电子商务服务业由内向外分为四个部分（见图 6）。

核心层：电子商务交易平台。

扩展层：直接为电子商务应用提供服务的服务商集群，包括与电子商务交易相关的金融支付、物流快递、信用认证、业务流程外包和 IT 外包服务等，为电子商务交易提供支撑和衍生服务。

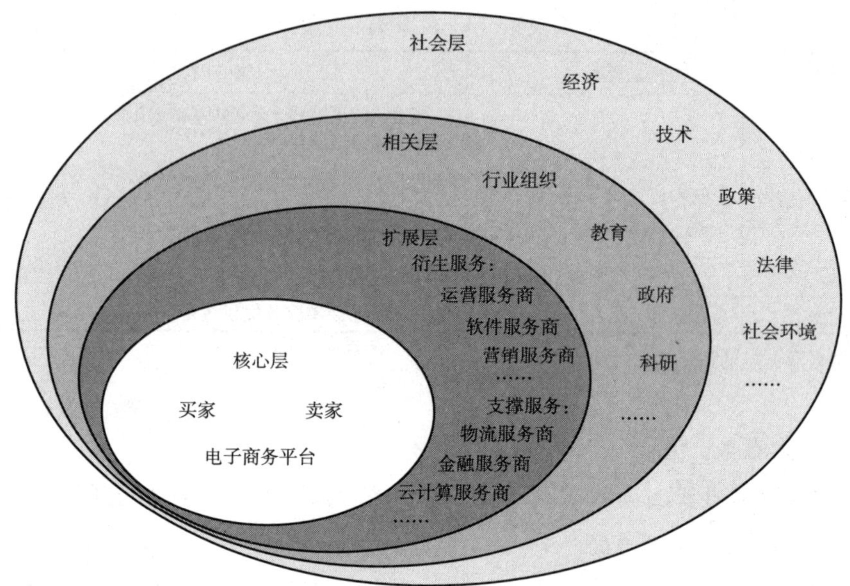

图 6　电子商务服务业生态系统构成

资料来源：IDC 中国、阿里研究中心，2011 年。

相关层：主要包括与电子商务相关的政府主管部门、行业组织、大众传媒、教育和科研机构等。

社会层：涵盖了同电子商务服务业密切相关的社会环境因素，包括经济、技术、政策、法律等。

三　电子商务服务业的作用

（一）推动电子商务发展和应用的强大引擎

专业化电子商务服务业的崛起及其与电子商务应用相互促进的正反馈机制，是近几年我国电子商务高速发展的重要原因，也是未来几年我国电子商务继续高速发展的坚实保障和强大引擎。

2003 年以来，以交易平台为核心的电子商务服务业渐成规模。电子商务服务水平不断提升，大大降低了电子商务应用门槛和交易成本，吸引海量电子商务

用户和电子商务应用向交易平台集中，有力促进了我国电子商务的持续快速发展。

物流快递、网上支付、信用认证等电子商务支撑服务体系也日益成熟。网上支付有利于降低社会交易成本，减少交易延迟、信用欺诈等风险。支付宝的担保服务模式，充分适应我国国情，有效解决了交易过程中的信任问题。网上支付的应用领域也从商品交易扩展到公共事业缴费、电子政务、航空、保险和教育等领域。2010 年第四季度，我国第三方网上支付交易额达到 3062.5 亿元，2010 年全年第三方网上支付交易额达到 10900 亿元，同比增长约 100%，预计 2013 年网上支付交易额将突破 36000 亿元①。

（二）显著降低交易成本

电子商务服务商为交易提供了方便高效的基础设施，为交易的各个环节提供专业化服务，有效降低了交易成本，包括时间成本、营销成本、渠道成本、物流成本和资金周转成本等。

降低建店及运维成本　电子商务交易平台为企业提供网络空间、在线店铺、技术维护等支持，帮助企业节省了独立建站的经济和时间成本，减轻了企业负担。同传统商铺相比，网络店铺还替企业节省了日益高昂的实体店面成本。2009 年 8 月对淘宝网活跃网店抽样调研表明，以同期相应地域的店面租赁价格和运营费用为基准进行折算，淘宝网每个月替卖家在成本方面节省约 9.2 亿元②。

降低营销成本　借助于先进的信息技术和系统的数据分析，网络营销具有精准投放、实时监测和良好互动等优点，成本普遍低于电视、报纸和户外广告等传统营销渠道。网络营销还能提供多样化的付费模式，如按展示付费、按点击付费、按交易付费等，企业可以根据需要灵活选择和组合，更好地平衡费用投入和营销效果。

降低渠道成本　电子商务交易平台有效地去除了交易过程的中间层级，众多电子商务卖家绕过分销商，直接向制造工厂下订单。企业也可以在交易平台

---

① 易观国际：《第三方支付 2010 年交易额破万亿》，2011 年 1 月，http：//finance.ifeng.com/news/industry/20110127/3318523.shtml。

② IDC 中国与阿里研究中心合作：《为经济复苏赋能：电子商务服务业及阿里巴巴商业生态的社会经济影响》，2009 年 12 月。

上建立网络直营店，直接抵达海量用户。传统的多级销售渠道正被缩减为“生产商→网络零售商/网络直营店→海量消费者”这一新型渠道体系，大大简化了产品从生产商到最终消费者之间的层级，有效降低了渠道成本，提高了渠道效率。

降低物流成本 通过社会化物流快递，企业无需为维护物流体系而支付成本，只需要根据业务使用量支付实际使用成本，即可拥有专业化的物流快递和配送能力。企业组织更具弹性，能够适应业务的快速变化，既有轻资产的灵活，又有重资产的能量。研究显示，社会化物流快递可为企业节省约20%～30%的物流成本①。

降低财务成本 在传统多级分销零售体系中，各级分销商和零售商之间往往存在复杂的账目关系，呆账坏账比较普遍，影响到资金的流转速度。电子商务简化了渠道的中间层级，有利于降低财务成本。网上支付服务帮助企业直接在网上完成支付结算过程，在同等资金规模下，以更快的资金周转率帮助用户支撑更高的业务量。

降低信用成本 商业信用在商品经济中具有润滑和流通的作用，完善的信用体系可以节省资金，提高产品的生产力水平和商品流通速度。商业信用一旦缺失，商业交易成本将大幅增加，社会资源配置效率将大幅降低。网商与电子商务交易平台间的相互适应，推动了诚信体系的完善和成熟。在阿里巴巴B2B平台上，阿里巴巴为每个加入诚信通服务的小企业建立企业信用档案，目前已经积累超过50万家小企业信用档案，并且设立了10亿元的诚信保障金，以保障买家因为诚信而受到的损失。为推进小企业商业信用体系覆盖全社会，阿里巴巴“诚保计划”不仅保障线上贸易，若线下交易在阿里巴巴备案，亦可享受“诚保计划”对交易的保障。

（三）有力促进分工协作

电子商务服务业降低社会交易成本的过程，也是传统产业重构价值链的过程。交易成本的下降促进企业采用外部优秀的专业化服务，以达到降低成本、提

① IDC中国与阿里研究中心合作：《为经济复苏赋能：电子商务服务业及阿里巴巴商业生态的社会经济影响》，2009年12月。

高效率、充分发挥核心竞争力以及增强环境适应能力的目的。在这一过程中，电子商务服务业与传统经济进一步融合，企业与市场的边界越来越模糊，企业内部走向扁平化和透明化，企业与消费者的关系也更趋平衡。

新的职业类型不断涌现 电子商务对于团队配合的依赖程度越来越高，只有不同环节的专业团队密切协作配合，才能更好地完成电子商务运营，这进一步促进了电子商务服务领域的分工细化。电子商务服务的分工细化催生出一批新的职业类型，如专门为网上消费者提供中介服务的“淘宝客”、为网购产品提供模特服务的“麻豆”以及为网店提供装饰服务的“店铺美容师”等。

新的协作模式不断涌现 信息透明化时代的竞合关系是“多赢共享”的，根据不同的社会分工，团结协作，构建和谐的产业链。在电子商务服务业的促进下，企业可以根据自身的业务优势，定位于产业链的特定环节，企业之间基于供应链关系进行自发的协作。同时，随着电子商务应用渗透率不断提升，客户对电子商务交易的需求进一步提升，围绕电子商务服务的工作流程不断细化，新的商业形态不断涌现，新的协作模式与商业形态正在催生一个开放、协同、繁荣的电子商务生态系统。

（四）推动创新发展

电子商务服务使更多企业能够以较低成本使用客户管理、进销存管理和财务管理等现代企业管理服务，提升了生产和经营水平。电子商务服务商还为网商提供包括采购、营销、融资等环节的全程服务，减少了企业日常运营中的时间、人力和资金成本，将网商从冗余流程中解放出来，能够将更多资源投入到核心竞争环节——如发掘客户需求，实现产品和服务创新。

产品创新 网商通过不断开发新产品和丰富产品线，尽可能多地满足消费者的个性化需求。网商的产品创新实践分为多个层次，有的对原有产品进行功能或外观上的改进，有的推出全新的产品，还有的通过将原有产品全新搭配而赋予新的用途。通过系统创新，网商不断克服产品多样化在成本、客户服务等方面带来的新问题。

服务创新 专业化的服务可以满足消费者个性化的需求，也有利于创造良好的消费体验和提升客户忠诚度。服务已经成为商品增值的重要组成部分，也成为企业获得差异化竞争优势的重要源泉。例如，“北美阳光”为客户提供私人营养师的个性化服务，“韩都衣舍”的时尚选款师为客户提供专业的服饰搭配意见，“爱尚鲜花”在鲜花速递中融入了温馨的情感关怀。

营销创新 网商在博客营销、短信营销、搜索营销等方面进行了多样化探索。越来越多的网商开始尝试利用微博、问答社区、社会化网络（SNS）等进行社会化营销。通过碎片化的信息与互动的人际网络，网商以极低的成本更准确地定位自己的潜在顾客，与其建立联系和对话。顾客的主动参与和积极互动也极大地提升了营销效果。更重要的是，网商能够有效聚合先前高度离散的个性化需求，加快了个性化经营步伐。

商业模式创新 网商的商业模式创新十分广泛，如混批、预售、团购、定制等。义乌有超过100家网商建立起“混批”网站，在网上把小商品生意做得有声有色。曲美家具则采用“预售+团购+定制”的模式不断创出佳绩。有的模式虽非网商首创，但也结合电子商务创造出新的辉煌。

（五）提高社会资源配置效率

在电子商务服务业的支撑下，无论是传统企业还是个人创业者都可以通过外包、采购、战略合作等方式，与供应链不同环节的合作伙伴建立起广泛而紧密的联系，有效整合了人力、技术、生产和资本等社会资源，以更高的效率为客户提供产品和服务。以IT服务为例，服装、鞋帽、化妆品等行业的电子商务企业在采用了ERP解决方案后，客户的业务质量与管理水平不断提升，其中75%客户的仓库和货架管理效率得到了显著提高①。

案例： **绫致时装**

绫致时装公司是BESTSELLER时装集团在中国的全资子公司，目前在中国30个城市设有分公司，拥有840家ONLY店、954家JACK & JONES店和791家VERO MODA专卖店。随着绫致时装电子商务渠道业务的不断发展，在财务数据的及时性、迅速增长的客户管理、产品的分类管理、产品的质量跟踪等方面都提出了更高的要求。

---

① IDC中国与阿里研究中心合作：《为经济复苏赋能：电子商务服务业及阿里巴巴商业生态的社会经济影响》，2009年12月。

IT 服务商维富友为绫致时装搭建了树形架构管理体系，将线上与线下系统对接，实现了多品牌运营优化和所有终端的信息化。目前，只需 1 名员工在 2 小时内即可完成 9900 种商品活动的定义，145 人在 4 天内即可完成 12.5 万张订单的处理，15 人在当天即可处理完 2.5 万张订单，大大提高了库存周转速度和效率。得益于此，在 2010 年 11 月 11 日（“光棍节”）淘宝商城的促销活动中，绫致时装旗下的 JACK & JONES 品牌创下一天销售额超过 2300 万元的惊人纪录。

四　电子商务服务业的经济和社会影响

（一）拉动内需

扩大内需是中国经济持续增长的根本途径。网络零售交易平台通过提供海量信息管理平台和有效的信用评价体系，集成物流、支付等电子商务服务体系，显著降低交易成本，促进消费，不仅为国内消费者提供了海量价廉物美的商品，还有效地帮助了许多中国企业实现“出口转内销”的转型。

1. 显著促进跨区域交易，帮助各地企业对接全国大市场

淘宝交易平台帮助各地特别是中西部企业有效对接全国大市场，不仅日常消费品物畅其流，许多地方特产也突破地域限制，销往全国各地和海外市场。2010 年，淘宝网上跨省交易共 17.9 亿笔，交易额为 1971 亿元；新疆和内蒙古网商超过 90% 的交易销往外省，内蒙古奶酪在全国的销售额达 1666 万元，新疆大枣在全国的销售额达 1.25 亿元（大部分为新疆以外的网商所销售）。

表 2　2010 年部分省区在淘宝网跨省销售情况

省　区	跨省销售金额	占该省在淘宝网销售金额比例(%)
新　疆	3776 万元	93.1
内蒙古	3445 万元	92.2
浙　江	274 亿元	75.2
四　川	29 亿元	73.9
广　东	476 亿元	72.8

资料来源：淘宝网，2011 年。

通过淘宝网，三四线城市和中西部地区的消费者也可以购买到只在少数一线城市销售的高品质商品，如 Jack & Jones、耐克、优衣库等品牌商品。2010 年，四川、辽宁、新疆、内蒙古等省区在淘宝网上的消费金额中超过 80% 是跨省消费的。

表 3　2010 年部分省区在淘宝网跨省消费情况

省　区	跨省消费金额(亿元)	占该省在淘宝网消费金额比例(%)
内蒙古	25	98.80
新　疆	15	98.10
四　川	88	89.60
辽　宁	72	88.10
浙　江	211	70.00
广　东	157	46.90

资料来源：淘宝网，2011 年。

2. 真正实现全天候消费，与传统零售形成强劲互补

淘宝网上，网购高峰集中在工作日，特别是周一至周四，周六周日相对而言是一周之中的“网购淡日”，这与线下消费者在周末集中购物的消费习惯正好互补。

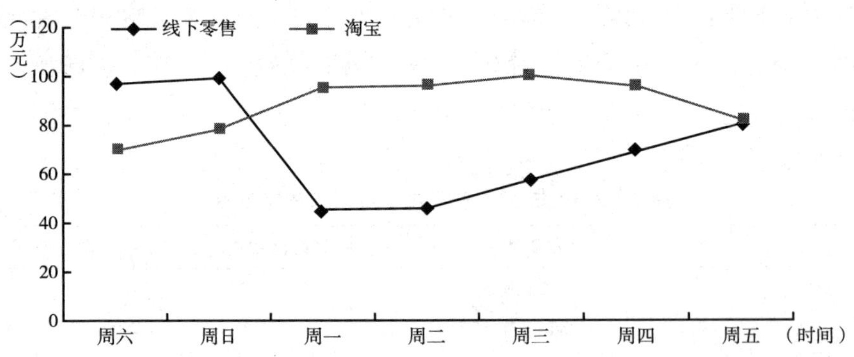

图 7　消费者每周购物分布对比示意

资料来源：阿里研究中心，2011 年。

在一天里，线上线下购物在时间上同样呈现明显的互补。传统超市的营业时间为8～22点，百货商场的营业时间为10～22点，全职工作者和企业主等绝大多数消费者只能选择在18点以后进行线下购物。而电子商务则提供24小时全天候购物服务，支持居民消费需求大规模均衡释放，极大地延长了有效消费时间，提升了消费体验和购物效率。

淘宝网每天的交易最高峰集中在21～22点，这通常是传统卖场、超市、百货商场打烊的时间。2011年1月18日，在这个时段内，仅女装类目的销售额就超过2000万元，相当于2011年元旦期间北京单店销售冠军新光天地商场一天的销售额。

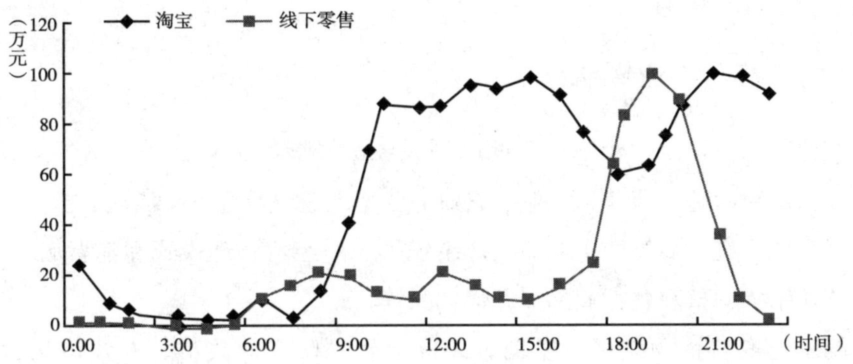

图8　消费者每天购物分布对比示意

资料来源：阿里研究中心，2011年。

3. 提供极大丰富、高性价比的商品

2010年，淘宝网在线商品数达到8亿件，并以每天新增1000万件的速度持续增加。海量商品为消费者提供了极为多样的选择。同时，淘宝网能够有效降低营销、渠道、物流等环节的交易成本，商品具有良好的性价比。极大丰富、高性价比的商品每天最多吸引6000万人访问淘宝网。2010年，消费者共购买了92亿件商品，平均每分钟消费1.8万件商品，其中包括864件衣服、880件化妆品。

麦肯锡的调研表明，我国消费者网购的主要原因是方便（66%）、更多的产品选择（62%）和价格较低（41%）。这在淘宝网上体现得尤其明显。

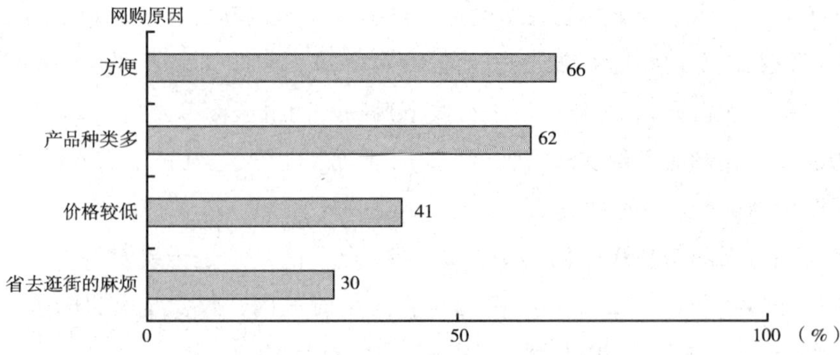

图9　我国消费者选择网购的主要原因

资料来源：麦肯锡，2011。

（二）提高产业竞争力

产业结构调整是“十二五”期间国民经济发展的关键任务。电子商务服务业将更广泛地渗透到商业、工业、农业等各个产业以及生产、流通、消费、服务等各个领域，进一步改变企业的生产组织形态、经营管理模式和消费服务理念，支持产业结构调整和各行业的资源优化配置。

越来越多的企业应用电子商务，特别是一些产业集群、专业市场大规模“集体上网”，为产业集群、专业市场的发展注入了新的活力，这有助于促进产业升级发展，进而带动区域经济的发展。近年来，浙江、广东、江苏和四川等地政府大力发展电子商务，把电子商务作为产业升级、经济结构优化的重要举措，充分体现了电子商务对于促进区域经济发展的价值。

电子商务也带动了通信、IT、物流、金融和会展等相关行业的发展。以物流快递业为例，网络零售信用体系的建立，逐步消除了物流快递业的电子商务化瓶颈，加快了资金周转速度，保障和促进了物流快递企业的发展壮大。2010 年，仅由淘宝网发出的快递包裹每日即超过 500 万个，约占全国快递包裹数量的 60%，为物流快递业带来收入 122 亿元。此外，截至 2010 年底，阿里金融联合各家银行为近 2 万家小企业和创业者提供了超过 220 亿元的融资。

1. 为大规模定制与柔性制造提供基础

工业时代的大规模生产体现了“规模经济”的特征，通过生产量的规模化

图 10　电子商务服务业促进传统经济变革

资料来源：IDC 中国、阿里研究中心，2011 年。

和生产过程的标准化、高效率降低产品和服务的单位成本。信息时代的大规模定制，则表现为多品种、小批量生产，核心是应用共享平台可分摊成本，通过柔性生产方式更便宜、更快速地生产高附加值的多种产品和服务。电子商务服务业为此提供了坚实的基础。

越来越多的企业在采购、销售、营销等环节应用电子商务，充分利用电子商务交易服务平台进行流程创新，通过互联网聚集海量需求，使传统大规模生产让位于小批量多品种定制成为可能。消费者按需定制、厂商柔性生产、社会化物流整合的模式兼具成本和效率优势，可以促进产业结构转型和产业结构竞争力的本质飞跃。

2. 推动传统企业转型与变革

帮助传统产业突破产业转型升级的关键环节，主要包括研发、设计、标准、营销网络、物流、供应链管理、品牌等。依托海量数据，电子商务服务平台可以更加敏锐地感知企业和消费者的动态和细分需求，有望帮助广大中小企业通过网络以按需、易扩展的方式获得所需的资源（如硬件、平台、软件和数据等），提升传统产业的资源配置效率、运营管理水平和整体创新能力，推动传统制造业转向以用户为中心，由“产品提供者”向“制造业服务提供者”转变，在产品基础上衍生出日益多元化、个性化的服务，通过电子商务实现转型和升级。

3. 支持中小企业实现转型升级

对于中小企业的发展，电子商务服务主要有两大支持作用：一是将电子商务

融入企业（特别是中小企业）成长的各个阶段，满足企业不同时期的需求；二是通过电子商务推动企业（特别是中小企业）完成战略转型，实现业务模式的突破。

（1）对中小企业生长周期全程支持。初创型中小企业，大多以求“生存”为基本目标，关注核心在于“更多订单”所带来的“更多销量和收入”。电子商务服务平台为中小企业提供了产品展示平台、国内外贸易信息和多功能建站等多种服务。企业借助电子商务服务平台能够低成本地开拓市场，得到与大企业同台竞技的机会，在国内和国外两个市场获得来源广泛的订单。调研显示，21.76%的中小企业在阿里巴巴 B2B 平台上获得了平均 238 倍的交易额回报，59.35%的中小企业获得了平均 171 倍的交易额回报，大大高于传统营销方式带来的投入回报比①。企业成长到一定规模后，运营管理的效率和人才培养就成为“成长”阶段的新课题。专业化的电子商务服务商凭借专业服务能力，为中小企业提供低成本的 IT 解决方案，支持其信息化进程，在物流、营销等环节帮助企业提高效率，帮助中小企业培养企业管理和电子商务人才，快速提升小企业的竞争力，实现发展瓶颈的突破。

（2）推动中小企业转变发展模式。电子商务服务商帮助企业实现产品创新、新渠道拓展和资源重新整合，加速中小企业转型。在金融危机中，许多中小企业通过电子商务平台从外贸转型为内贸，从替知名品牌代工转型为创立自有品牌，从单一品类扩展为多元化产品线，不仅经受住了金融危机的考验，还实现了转型升级，成功地化风险为机遇。在后危机时代，在“中国制造”向“中国创造”的升级中，电子商务服务业将发挥关键作用。

（三）增加就业

作为一个开放的生态系统，电子商务服务业在拉动就业方面成效显著。2009年，仅中小企业通过开展电子商务促成的新增就业数就超过 130 万个，每增加1%的中小企业使用电子商务，即可带来 4 万个新增就业机会②。

---

① IDC 中国与阿里研究中心合作：《为经济复苏赋能：电子商务服务业及阿里巴巴商业生态的社会经济影响》，2009 年 12 月。

② 工信部中小企业司：《中国中小企业电子商务发展报告（2009）》，2010 年 5 月。

基于电子商务交易平台的网络零售创造了大量就业机会。据测算，在网络零售中平均 1 个直接就业可以带动 2.85 个间接就业。2010 年，通过淘宝网实现直接就业人数 182.3 万人，带动了超过 500 万个间接就业①。

电子商务衍生服务业催生的各种职业类型为解决就业开拓了一个全新的思路。为了满足淘宝平台上超过约 300 万卖家对于经营管理方面的多样化、个性化需求，众多电子商务衍生服务蓬勃发展。淘宝开放平台通过开放平台数据吸引了大量的草根开发团队，到 2010 年 10 月底，淘宝开放平台所带动的开发团队人员总数就超过 3 万。

（四）促进区域协调发展

在电子商务服务业的帮助下，中西部的电子商务应用正在崛起。

2010 年淘宝网各省成交金额的 TOP10 中，东部沿海地区仍占据 8 席，但中西部地区的网购增速已超过沿海地区。2010 年淘宝网上交易额增长最快的三个地区有两席是二三线地区，2010 年购买人数增长最多的省份则全是中西部省份——湖南、河北和河南。浙江省成为淘宝网用户平均年消费额增长最快的省，增幅达 51.68%。山东省和湖北省则占据增长幅度排名第二位和第三位，增幅分别达到 45.86% 和 37.37%②。

全国各地不断涌现出农民网商创业的“星星之火”，通过网络销售农产品、土特产和优势产品，开辟了一条全新的农村致富之路。2009 年下半年以来，农民网商创业的氛围更加浓郁，一些农民网商已经从卖农产品、土特产的初级阶段，发展到了联合当地工厂采取品牌分销代理、代发货、委托加工等多种形式，并尝试销售当地的优势产品。更有由网商个体扩展到村、镇、县的大规模网商群体，如江苏省睢宁县的沙集镇、浙江省义乌市的青岩刘村、河北省清河县等，一个个农民网商集群正在这些地方形成。

长期困扰我国农业发展的主要矛盾在于“小农户与大市场”，即由分散的独立生产者所生产的大宗农产品要汇集到城市中去，分销给众多的消费者，需要一

① 淘宝网：《2010 年 11 月淘宝网就业指数报告》，http://www.aliresearch.com/data/alibabag/12024/。

② 阿里研究中心：《2010 年网商发展指数报告》，2010 年 9 月。

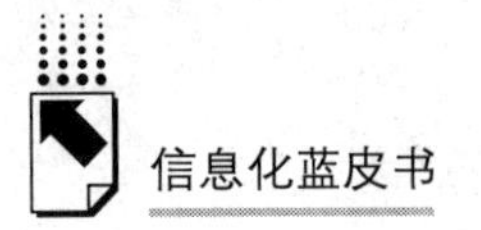

套有组织的、完善的销售网络体系和完善的物流配送体系。通过电子商务交易服务平台，农户与市场有效连接，形成以信息流为核心并整合资金流和物流的网络化市场体系，农民获得了更强的商业能力和更大的商业自由，可以更主动地选择最有利的商业决策，为解决农产品流通和农业经济发展开辟了广阔的空间和全新的思路。

案例：　　　　沙集模式

2010年9月，江苏省睢宁县的沙集镇在第七届全球网商大会上获得唯一的“最佳网商沃土奖”。沙集镇的农民通过开网店彻底改变了自己的命运。东风村是沙集镇的一个行政村，全村1180户，没有什么资源，原有主要产业是废旧塑料回收加工。当时，村里没有快递公司，没有木材加工厂，甚至根本不出产木料，主要产业是废旧塑料回收加工，年轻人大多外出打工。

2006年以来，通过在网上开店和在网下生产加工，村民网店生意越做越大。网店模式被更多的村民成功复制，上千名农民在淘宝网上卖起了木制家具，外出打工的农民纷纷回到家乡做起了网店生意。如今，这个苏北小村共有478个网店老板，每个网店的月均利润可达2000元至几万元。东风村的家具因为物美价廉，远销北京、上海等全国各地，甚至韩国、日本、中国香港的订单也源源不断。据统计，2010年整个沙集镇网店的年销售额已经超过3亿元。

产业链和商业生态也在不断延伸和丰富。各类加工厂如雨后春笋般涌出，快递公司从无到有，目前已经有16家（年物流费用逾3000万元），镇上已有7家电脑专卖店，围绕家具生产和销售的纸箱厂、胶带厂、五金配件厂等也随之发展和兴旺起来。

五　未来展望

展望未来，我国电子商务服务业有以下重要的发展趋势。

我国电子商务服务业正在成为全球领先的战略性新兴产业。到2015年，我国电子商务渗透率将突破60%，电子商务交易平台的交易规模将增长5~10倍，超过10万亿元，以淘宝网为代表的网络零售平台将覆盖5亿消费者，交易额有

望超过20000亿，占社会消费品零售总额的比例将达到7%，带动直接及间接就业3000万人，为物流快递业带来的收入将超过1000亿元。

电子商务服务业将成为国民经济重要的基础设施，电子商务交易平台将成为基础设施中的“枢纽”，并为国民经济宏观决策提供更有力的数据支撑。

电子商务服务业将继续创造和带动大量的社会就业，推动社会和谐发展。随着覆盖范围的不断扩宽和服务模式的多样化，电子商务服务业将分化和衍生出新的服务类型，创造出前所未有的职业形态和岗位。

电子商务服务业将成为提升产业结构竞争力的有效抓手。产业结构调整已成为促进国民经济发展的关键任务，电子商务服务业可以在这一过程中发挥显著作用。电子商务服务业将广泛地渗透到生产、流通、消费、服务等各个领域，以支持产业结构调整和各行各业的资源优化配置。

新兴技术将进一步推动电子商务服务业的技术创新和商业模式创新。作为未来电子商务服务业基础的云计算，将为电子商务服务业提供强大的技术支持，解决计算能力、存储空间和带宽资源等瓶颈问题，帮助电子商务服务商提升面对大规模用户的服务能力，这对于支持信息经济、现代服务业和小企业发展有着重大意义。随着移动互联网的发展，移动电子商务日益走进人们的生活，用户可以通过手机、上网本、平板电脑等移动终端实现随时随地购物，电视、互联网、手机构成的立体化电子商务体系将逐渐成型，一个更大更完善的商业通道正在向未来的商业社会打开。

参考文献

梁春晓主编《电子商务服务》，清华大学出版社，2010年11月。

IDC中国与阿里研究中心合作：《电子商务服务业及阿里巴巴商业生态的社会经济影响》，2008年12月。

IDC中国与阿里研究中心合作：《为经济复苏赋能——电子商务服务业及阿里巴巴商业生态的社会经济影响》，2009年12月。

IDC中国与阿里研究中心合作：《为信息经济筑基——电子商务服务业及阿里巴巴商业生态的社会经济影响》，2011年1月。

阿里研究中心：《新商业文明浮现：2009年度网商发展研究报告》，2009年9月。

阿里研究中心：《个性化裂变：2010年度网商发展研究报告》，2010年9月。

阿里研究中心：《2010年网商发展指数报告》，2010年9月。

中国社会科学院信息化研究中心、阿里研究中心：《新商业文明研究报告》，2010年1月。

2010新商业文明论坛：《新商业文明宣言》，杭州，2010年9月。

中国社会科学院信息化研究中心、阿里研究中心：《“沙集模式”研究报告》，2011年2月。

B.14
华数集团与三网融合

何沛中　赵志峰　杨刚强 *

摘　要： 华数数字电视传媒集团有限公司作为三网融合的实践者、先行者，利用十年的时间在三网融合方面不断创新探索，取得了一定的成绩，更重要的是收获了诸多经验。本报告概括了华数在三网融合方面取得的各类进展，提出未来推进三网融合的一些思路与展望，以期抛砖引玉，为广电运营商开展三网融合提供思路和借鉴。

关键词： 华数　三网融合　下一代广播电视网（NGB）　数字兴农　云计算

三网融合是我国信息产业发展的战略目标。早在1998年，我国就提出要"三网融合"，并将其列入国家"九五"计划、"十五"计划和"十一五"规划，《国家中长期科学和技术发展规划纲要（2006～2020年）》提出：要"加强宽带通信网、数字电视网和下一代互联网等信息基础设施建设，推进三网融合"。2010年初，《国务院关于印发推进三网融合总体方案的通知》（国发〔2010〕5号文）明确指出："推进三网融合战略部署，不仅是当前和今后一个时期应对国际金融危机的重大举措，也是推动国家信息化、培育战略性新兴产业的重要任务"，并设定了2015年"完成时间点"的明确节点以及三个阶段的倒逼式划分。

近年来，全球主要发达国家为应对金融危机、提高传统产业竞争力、优化产业结构、实现产业结构战略转型、打造新产业经济和现代服务业，也都将三网融合产业作为重要抓手，例如，日本和韩国2008年先后提出了"e-Japan"和"e-

* 何沛中，高级工程师，华数数字电视传媒集团有限公司高级副总裁；赵志峰，高级工程师，华数数字电视传媒集团有限公司副总裁；杨刚强，工程师，华数数字电视传媒集团有限公司技术规划经理。

Korea”计划，欧洲于2009年提出了“FP7”的重大发展战略，美国2010年初也提出了“国家宽带计划（NBP）”。

加快推进三网融合，是党中央、国务院做出的一项重大决策，对于全面推进我国国民经济和社会信息化，加快培育战略性新兴产业，促进经济社会发展和人民群众需要，具有十分重大的战略意义。要按照服从国家利益、服从人民利益、尊重科学规律的要求，积极推动体制机制创新，大力推进广电、电信业务的双向进入，加快网络升级改造和技术创新，创新业务形态，丰富服务内容，加快培育和建立合格的市场主体，加快和改进网络与信息安全管理工作，探索建立符合我国国情的三网融合模式。

时代背景要求我们内外统筹兼顾，不断推进中国国内数字电视产业的结构优化，调整和优化中国数字电视发展的发展方略，加快推进我国信息服务业发展，实现《国家中长期科学和技术发展规划纲要（2006～2020年）》确定的“三网融合”战略目标，全面推进数字电视产业迈上新台阶。

一　华数集团概况

华数数字电视传媒集团有限公司（以下简称“华数”）是由杭州文化广播电视集团、浙江广播电视集团等投资的全国性广电新传媒、新网络运营企业。集团总部位于杭州，目前总部员工有3000人，集团员工总数约2万人。目前华数属下拥有华数传媒网络有限公司、华数网通信息港有限公司、杭州广电公交移动多媒体有限公司、浙江移动多媒体广播电视股份有限公司、华数淘宝数字科技有限公司、浙江华数视联科技有限公司和梦想传媒有限公司等19家全资及合资公司。

华数是中国最大的IPTV/互动电视、3G手机电视和互联网电视业务运营商和内容提供商，是浙江有线数字电视发展的省级平台及主体，位居中国新媒体和三网融合的第一阵营。华数还承担了国家广电总局“国家数字电视开放实验室”和“国家下一代广播电视网（NGB）融合业务创新实验室”的建设和运营。

华数通过技术、应用、管理和服务的创新发展，成为全国最大的有线电视网络之一，拥有600万有线电视用户；建成国内最大的数字化节目内容库，存储近50万小时的数字内容；成为全国IPTV用户最多的运营商之一，在全国拥有60万用户。华数旗下的华数传媒网络有限公司作为数字化节目内容和技术服务产业的发展载体，经营范围已扩展至浙江全省及全国100多个城市的有线电视网络，并为数十个省与城市的通信运营商提供服务。

华数获得了中宣部、科技部、国家广电总局、浙江省和杭州市的多次表彰和奖励。2008年荣膺中宣部等四部委联合颁发的“全国文化体制改革优秀企业”荣誉称号；2006年被国家科技部、中央人民广播电台等单位联合评选为中国最具影响力创新成果100强企业，被誉为数字化融合发展的典范。

2004年，华数首创了“广播与交互”融合的数字电视新模式，建立了完整的数字节目内容和应用的生产、制作体系。2007年，华数在全国首创了高清数字电视点播服务。2008年，华数首创了“融合数字电视、互联网、通信网”支持的“全媒体”服务，将数字电视拓展到“新网络、新通信、新传媒、新信息应用”的数字化产业发展领域，形成了在技术创新、应用创新、商业模式创新等多方面的综合优势，使华数成为拥有网络最为齐整、经营服务领域最广的广电运营企业。

二　华数集团三网融合发展阶段与特点

华数发展三网融合的进程可以概括为“从无到有、从小到大、整合创新、坚持突破”，并大体可划分为两个阶段，不同阶段又分别呈现出不同特点。

1. 探索积累阶段

自1999年公司组建至2009年的十年间为探索积累阶段。在这个阶段，一方面由于华数各方面基础薄弱，各项事业发展处于起步状态，另一方面受国家当时三网融合宏观政策不明确的影响，华数把发展重点放在了三网融合基础条件积累、发展模式探索上。2000~2004年，华数组建杭州网通信息港有限公司，开始大规模有线电视网的数据宽带网络建设；2004年，华数首创“广播与交互”融合的交互数字电视，创新了数字电视发展模式；2005年，华数建成了拥有50多万小时的全国最大的数字化节目内容库；2006年杭州数字电视全交互整体转换通过国家广电总局验收；2007年，浙江省文化体制改革工作领导小组明确华数为浙江省数字电视发展的省级主体；2008年，首创了融合“数字电视、互联网、信息通信”的“全媒体”服务，使华数的“三网融合”新业态走在了全国前列；2009年创新打造了3G手机电视、互联网数字电视等融合型新媒体。经过近十年的发展，华数实现了杭州地区93%的数字电视普及率和63%的宽带普及率，并实现了与全国22个省、120多个市（如北京、重庆、陕西、安徽、云南、新疆、河北、武汉、厦门、福州、南昌等）的全面合作，100万的互动电视用户数占据了全国互动电视90%的份额，华数成为了既拥有最多互动电视用户，也拥有最多互联网宽带用户的广电运营商。此期间华数的发展特点体现为以下三点。

（1）理念超前。早在2000年，当国人还在热议三网融合，三网融合还更多停留在纸上谈兵之时，意识超前的杭州有线网便投入巨资开始了基于IP技术的全程双向改造。2004年，当时许多城市电视台都热衷于数字电视，理念超前的华数则认为传统的数字电视弊病很多，不能互动，只能扮演过渡产品的角色，因此，从那年开始全面推进自己的互动电视业务。

（2）技术创新。2004年，华数向市场推出了双模机顶盒，这是一个非常大的技术创新。基于双模机顶盒，用户不仅可以拥有传统的广播业务也就是直播业务，同时也可以拥有基于IP的点播业务。华数当时拥有这样二合一功能的机顶盒不仅在国内属于首创，国际同行中运用的也很少。

（3）低调执着。华数在发展三网融合方面拥有耐住寂寞的执着精神，注意着眼长远，不急躁和寻求短期小利。无论是对用户还是合作伙伴，只要做出承诺，一定竭力兑现。

2. 全面发展阶段

2010年以后，随着国家加快推进三网融合的决策出台，随着三网融合探索积累的完成，华数进入了全面发展阶段。2010年4月，华数3G手机电视集成播控平台成功通过国家广播电影电视总局验收，成为全国首家可以正式商用的手机电视集成播控平台；2010年6月，华数与淘宝共同出资成立“华数淘宝数字科技有限公司”，以创新的模式开创了互联网与数字电视跨媒体全面融合的先河，同时上线“电视淘宝商城”和“淘花网”（www.taohua.com）两大服务平台，全面打通了互联网与数字电视的平台终端；2010年8月，华数互联网电视集成播控平台成功通过国家广播电影电视总局验收，获得互联网电视全国运行牌照，再一次领先行业提前触摸到互联网电视。此期间华数的发展特点体现为以下三点。

（1）业务终端融合先行。华数认为三网融合的关键是业务的融合、终端的融合，因此在公司制定了“业务先行、终端先行”的战略。在此期间，华数不断推出融合业务，比如基于NGB的智能家庭业务、基于NGB的多媒体通信业务等跨屏跨网业务以及承载这些业务的融合终端，比如机顶盒伴侣、可视电话商务

TV 终端等新型终端。

（2）整合创新。华数现已把广电、互联网、通信、内容和数据通信的资源汇聚到了一起，当务之急是把这些资源进行优化重组，使这些资源的利用率和价值最大化，大力发展和巩固战略伙伴；

（3）探索盈利模式。在以电视机为接收终端的传统有线电视、通常意义上的数字电视和互动电视以及以手机为接收终端的音视频服务这三大领域，华数都已经找到了较为成熟的盈利模式，而目前互联网音视频和互联网电视的盈利模式还不是非常明朗，华数正在和国内其他互联网服务商一道积极探索。

华数十年发展之路，就是一步步为“三网融合”做铺垫的过程。利用十年的时间，华数构建了“数字电视、数字化内容与应用服务、宽带通信、新业态电视传媒”等产业集群，实现了在“新媒体、新通讯、新网络、新信息化应用”以及“三网融合”领域的探索与试验，完成了从单一的数字电视产业向一体化融合产业的跨越式发展。

三　三网融合的成绩与经验

（一）华数集团在三网融合方面取得的成绩

在“三网融合”的舞台上，华数始终活跃着，舞动着，它不高调但总是走在业界最前沿。首创全国交互数字电视，第一批拿到互联网电视牌照，首个获得国家广播电影电视总局3G 手机电视集成播控平台验收，等等。十年磨砺，华数不断致力于数字化的“跨网络、跨应用、跨终端、跨媒体”的创新发展，取得了很大的成就。

1. 构建了有线无线一体化的融合支撑网络

华数具有有线与无线“大地合一”的传输网络优势，构建了由“有线宽带网、无线宽带网、有线数字电视网和移动数字电视网”等组成的融合支撑网络。

华数现有二套 2. 5G/SDH 传输网系统，其中阿尔卡特 1664SM/1641SM 系统搭建于 1999 年，承载共 10 套中央和省市模拟节目、4 套广播节目、1 套农村信息化节目；阿尔卡特 1660SM 系统搭建于 2003 年，承载 154 套数字节目、31 套数字音频节目、9 套游戏背景音乐、1 套农村党教网节目。这两套系统都是以标准SDH技术为主导构建的，这些业务都以DS3格式和广播方式下传到二区五县分前端，完全符合第一代有线电视光传输网的技术标准。

杭州市区拥有光缆骨干网600多公里、光缆支干网线3200多公里、市政道路（有线电视）地下管线1152公里，还拥有24个有线电视机房，其中1个中心机房，23个分中心机房。

杭州区、县（市）有线电视网络的构架基本采用和杭州市区相同的技术体系，共有13157个光节点、17347公里光缆。

华数还建设了覆盖杭州市区及周边区域，支持移动电视、多媒体应用和便携式终端的移动电视和移动多媒体商业运营网络，此网络可以承载各种多媒体业务。数字电视地面广播DVB－T覆盖了杭州主城区以及周边部分县市区（余杭、萧山等部分地区），服务于覆盖区域内安装匹配接收终端的公交车和出租车等。数字电视地面广播DMB－T/H覆盖区域为杭州主城区，作为地面国标的应用，开展了校园电视和楼宇电视试验。数据业务传输试验系统采用T－DMB技术，在杭州城区建设了2个主要发射台站，分别位于北高峰和余杭皋亭山，通过GPS时钟基准系统组成单频发射网。移动多媒体电视CMMB提供广播、电视和数据业务，系统在杭州城区建设2个主要发射台站，分别位于北高峰和市区环城北路文广集团发射台，通过GPS时钟基准系统组成单频发射网。

IP宽带交互接入网采用基于以太架构的FTTB＋LAN结构方式。该网共设21个POP点骨干机房，骨干机房间的传输带宽超过10G，外网出口总带宽达到7.5G，分别建立了连接各区县市和整个杭州市区的DPT、SDH和MSTP环网；部署汇聚层设备约500台，分别配置在全市约400个小区机房中；各小区机房中均采用EPON光接入网技术实现光纤到楼栋（FTTB），平均接入用户控制在500户以下，以保证用户接入带宽。

华数无线城市自2008年启动建设，当前已建设了3000多个基站，覆盖区域达150平方千米，包括了杭州市区上城、下城、拱墅、江干、西湖、滨江以及钱江新城和西湖景区的主次干道、部分背街小巷、广场、公交车站、旅游景区以及宾馆、酒店、茶室、咖啡馆等。目前已经开展了许多网络应用，除大众互联网接入外，还包括城管停车泊位无线收费、公交自行车租赁点无线接入、公交移动视频监控、电视台无线视频现场直播等行业应用。

2. 完成了杭州及郊区乡镇和二区五县城区数字电视整体转换

华数从 2004 年 10 月启动杭州数字电视转换工作。2004 年完成 10 万户，2005 年完成 50 万户。2005 年起投入巨资对乡镇农村的有线电视网络进行升级改造，启动郊区乡镇农村有线电视“数字化试点村”工作。杭州市属乡镇农村拥有行政区域 511.3 平方公里，共有 316 行政村（居民区），涉及用户 13 万余户。有线电视网络大多建设于 20 世纪 90 年代初，设计标准低，传输节目质量下降，电视节目雪花点多，不能传输更多的频道，无法满足人民群众日益增长的精神文化需求。公司采用 HFC 网络构建正向广播通道，通过严格控制网络结构和网络电气指标，提高电视信号质量；以 EPON + LAN 的网络结构构建数字电视交互通道，将交互业务和宽带业务推广到杭州市辖区的乡镇农村。在当地政府的大力支持下，2006 年底杭州郊区乡镇农村有线电视网络改造及数字化整体转换工作基本完成，实现杭州市本级有线电视数字化。

华数在 2006 年又进行了二区五县城镇 20 万用户数字电视整体转换工作，并于 2008 年底斥巨资启动面向杭州二区五县农村用户的“数字兴农”工程。至 2009 年上半年，杭州二区五县已有数字电视用户 31.45 万户，使杭州地区数字电视用户超过 100 万户，成为全国首个数字电视用户突破 100 万户的城市。

3. 实现了广播交互融合的融合网络服务

华数开创了我国数字电视的“杭州模式”，采用了可支持交互电视的双网融合方案，业务承载在有线电视网和宽带 IP 城域网之上，支持直播数字电视业务、全交互业务和融合业务，包括视频直播、音频广播、视频点播、市政信息化、互动娱乐、财经、健康、电视邮箱、电视投票等业务。

在无线数字城市业务方面，开展融合广播、交互视音频、城市信息服务、专项数据信息服务等多媒体应用以及市政管理、交通管理、治安管理和应急管理等无线信息管理应用，奠定了无线数字城市发展的基础。

4. 建立了数字媒体内容服务的新体系

华数围绕数字媒体内容的制作、发布、流通和消费等环节，在产业链条上起到了带动和整合的作用，相关合作伙伴等都已经发展成为国内数字媒体服务领域的佼佼者，形成了由点到面、由面到线的完整产业链条。华数立足于杭州，并积极向国内其他城市拓展，构建了覆盖全国 20 余省的内容分发网络和服务体系，目前正在构建基于互联网的数字媒体内容分发体系。

5. 全媒体引领三网融合服务的新潮流

华数构建了全媒体平台，实现了以电视为载体，以文字、图片、视频、音频等方式传达信息的综合信息平台。全媒体平台整合了华数视频及音频业务、信息化业务、通讯业务，成为在数字电视上集合当今互联网、IT 多种应用的综合应用平台，让电视机成为了市民上网最普及和便捷的终端，实现了互联网、数字电视的跨媒体发展。另外，全媒体也实现了用户与用户之间的互动，比如将投票、消息传递、贺卡赠送、影片赠送等功能带到了电视机上。未来全媒体平台会将内容展现的载体由电视机外延至电脑、手机等不同的展示终端。

融合增值业务平台和全媒体系统是对目前数字电视信息平台业务的一次全面拓展，其目的是对内贯通数字电视已有各业务系统，不断推出多种业务、融合业务，提供统一服务，推动不同网络、不同终端间用户群 12 互联，增强业务的贯穿性和整体性；对外结合数字电视广播、交互数字电视、互联网、通信网的最新技术进展和各自的技术优势，实现媒体传播渠道融合，打造全新的媒体形态，使数字电视成为新型融合媒体发展的主载体和主平台。

6. 统一运营平台支撑跨屏幕业务的融合发展

统一平台支撑下的业务跨屏幕融合发展是运营商开展服务、拉动用户基数、实现交叉联合和跨域发展的必然选择，最终目标是实现“多屏合一”。华数构建了海量的数字媒体内容库和互联网抓取信息库两大数据库，这些音视频内容和文字、图片等信息将通过数字电视网、交互电视网、互联网、手机网到达用户的终端，真正实现统一的内容支撑平台服务不同类型的屏幕，满足家庭、个人、车载等场合的娱乐和信息化需求。

2004 年建设的 TV Portal 业务平台，是数字电视增值业务的信息发布和管理系统，该系统提供对信息发布类应用的内容上传、内容格式转换和过滤、显示模板选择、内容审核和内容最终呈现的完整流程管理，成为对大量内容庞杂、种类繁多的信息进行统一、规范管理的方便灵活的工具。通过成功构建开放式 TV Portal 业务平台，华数已可以顺利地提供丰富城市信息化应用服务。

业务运营支撑系统（简称 BOSS 系统），实现了对数字电视业务运营的综合管理，包括产品管理、客户管理、综合营业及订单管理、资源管理、计费、账务管理、优惠管理、合作伙伴管理、自助服务、统计报表及系统管理相关功能。BOSS 系统除了与互动电视业务服务平台、加密认证系统进行接口实现用户认证、授权、计费之外，还为客户服务系统、协作银行、统一充值支付系统等外部系统提供接口。

加密认证系统由 DVB - CAS 和交互电视用户认证系统两块组成，提供对付费业务的保护。DVB - CAS 对服务流进行加扰后再行传输，同时发出 ECM、EMM 授权信息，通过用户终端与智能卡的配合实现对用户的认证和授权；交互电视用户认证系统则由 USER/PWD 认证服务器、LDAP 服务器、AAA 授权服务器共同来完成用户身份确认、权限管理、在线状态维护的功能。

华数客服体系具备全程、完善的技术与系统支持。数字电视呼叫中心采用 Cisco IPCC 技术构架，现有 150 个坐席 24 小时响应用户的咨询、投诉、业务受理等。客户服务体系还制定了详细的工作流程，保证为各类用户提供各种业务的满意服务。

7. 实现了可管可控的城市电视新服务

城市电视是指在城市人流密集区域面向公众发布音视频和多媒体信息的电视系统。华数具体负责承担杭州城市电视的建设和运营服务，构建了统一接入标准、统一内容发布、统一内容播出的城市电视新体系。这从源头和体系上确保了内容播出的健康性和安全性。在华数城市电视联播网基础上，城市电视屏幕将方便地开展各种公益广告、应急信息、公众信息、商业广告等多屏联播服务。

华数通过采取“联网、联播、联营”三种运营模式，对户外 LED 广告屏、楼宇 LCD 视频网进行整合，建立统一管理的运营平台，保障户外视频传播媒体的播出安全，确保公共信息（应急信息）的及时播出，构建“城市电视公共信息视频联播”。

城市电视联播网由楼宇 LCD 屏、出租车 LCD 屏、户外 LED 大屏等多种显示载体组成。其中楼宇 LCD 屏自建/整合播出网点 1000 屏，落地播出网点 1000 屏，覆盖人群日平均 100 万人次以上；改造建设 8000 辆出租车 LED 小屏，形成 20 万人/天以上的节目覆盖；增加和整合 15 ~ 20 块主要集中在城市重点区域（如商圈、CBD、城市地标等）处的户外 LED 大屏。

8. 实施了“数字兴农”农村信息化工程试点

为了解决我国城乡之间存在巨大的“数字鸿沟”，各级政府都非常重视农村信息化工作的推进，全国各地先后推出了不同模式的“村村通”、“农村教育”、“农村文化共享”等工程。这些工程基本上都是基于宽带互联网通过计算机实现的。这在网络接入、终端普及和信息化应用方面都存在较大的限制，仅能实现

“信息到村”，而无法实现“信息到农户”，无法达到信息普惠的目标。乡镇和村等基层政府也无法使用这些系统进行信息推送。华数创新地以数字电视为基础，为农村信息化赋予了全新的内涵。

基于数字电视的“数字兴农”农村信息化工程以有线数字电视网络为基础，融合广播电视、互联网、信息通信等技术，具有数字电视、“村村响”数字广播、电话会议广播、视频会议广播、信息推送、电视短信、紧急信息发布、视频轮播、宽带上网等九大功能，可实现村村响广播、党员教育、文化共享、应急信息发布、农业科技下乡等非常实用的业务。

华数以低成本的农网数字机顶盒为信息化主终端，实现对电视、广播、村村响、视频轮播、信息化应用等的综合支持，真正实现“信息进农户”。还实现了农村家庭宽带的全覆盖开通，通过一根有线电视线就可以实现看电视、上宽带、支持农村信息化等几大功能。

2008 年 7 月，华数在杭州下属的桐庐县开始基于数字电视的农村信息化平台和终端的试点；2009 年初，华数累计建设 25 个“数字兴农”试点村；2009 年 4 月，华数在杭州的余杭区星桥镇进行乡镇级规模试运营，通过规模试运营，对平台、系统、终端、业务流程做一个全面的检验，进而更好地推动平台研发，并为后期在杭州市二区五县全面推广提供宝贵的经验。到目前为止，“数字兴农”农村信息化工程已经覆盖用户 33 万。

（二）华数集团开创三网融合发展新模式

华数一直秉承以应用融合带动终端融合、以业务融合带动网络融合的理念，致力于为用户提供方便、快捷、经济、优质的三网融合服务。华数不断积极开拓进取，不仅收获了丰富的三网融合实践经验，还开创了三网融合发展的“华数模式”。

1. 业务与应用的融合是三网融合的原动力

业务与应用需求将持续推动三网融合的进程。华数从用户的实际需求出发，结合宽带上网和电视业务在全国最早推出了互联网流媒体电视服务；结合数字电视和宽带网络技术首创了全国互动电视服务；结合数字电视、互联网和通信网首创了全媒体服务，并已经成为下一代广播电视网 NGB 的重要形态。目前正致力于结合移动电视与无线宽带城域网、移动通信网推出交互数字电视和全媒体移动互联网服务，使业务与应用的融合从有线拓展到无线、从家庭拓展到个人和车载。这必将开创我国三网融合服务的新局面。

2. 平台与网络的融合将支撑融合业务的持续发展

华数前瞻性地规划建设了全球第一张宽带城域网，充分利用丰富的光纤资源，使得数字电视和宽带通信服务在网络承载上实现了融合。通过建设跨数字电视和 IPTV、跨数字电视和互联网、跨数字电视和通信网、跨有线和无线的融合支撑平台，实现了三网融合业务的无缝支撑。

3. 终端的融合是融合业务实现的关键

多功能的融合终端是用户使用融合业务的直接工具。华数先后推动开发了支持数字电视和交互电视的双模机顶盒终端；支持数字电视、交互电视、音视频通信的三模机顶盒终端；支持移动电视、移动通信的双模移动终端等，目前正在推动支持 GPS 导航、无线上网、移动电视、无线语音服务为一体的“一键通”终端的开发。这些终端的融合，极大地推动了我国三网融合业务的发展。目前这些终端不仅为华数所用，并已经广泛地被全国上百城市的合作伙伴所采用，实现了三网融合终端产业链的突破。

多年的探索与实践使华数认识到，要想真正实现“多屏合一”，达到多屏之间的方便灵活切换，必须联合国家有关部门，在其推动与大力支持下，实现手机、平板电脑、电视机顶盒等智能终端操作系统的统一与自主，这将大大提升三网融合产业的价值链，同时也将排除隐患，确保国家战略安全和产业安全。

四　进一步推进三网融合的思路与展望

借着国家加快推进三网融合重要决策的东风，华数数字电视传媒集团有限公司将在已取得的成果的基础之上，继续保持对产业技术研发和技术应用的投入，进一步加大在三网融合方面的探索与创新，提升网络与系统的技术等级与服务能力，拓展融合业务和融合产品，加强乡镇数字电视的普及和建设，消除“数字鸿沟”，在产业发展上围绕下一代广播电视网（NGB）的创新发展，加快全媒体、中国移动多媒体广播（CMMB）的发展，重点创新下一代广播电视网（NGB）业务，将全媒体服务融入到 NGB 业务之中，努力保持在三网融合方面的领先优势，实现华数覆盖浙江省、快速向全国发展的战略。

（一）加快以 NGB 为核心的数字化产业发展

1. 加快推进超光网的示范建设与全面推广

华数将在未来几年内建设一张“光纤接入、同轴转换”的全球领先的宽带网络，为全球宽带网络建设做一个良好的示范，实现国家对于 NGB 网络建设的正确引导。

超光网可支持电视、宽带、电话等信号的一线传输，为 3G 信号、无线宽带信号（比如 WIFI 信号）的室内覆盖提供传输支撑。超光网实现了广播电视网、3G 网、互联网的互联互通，为开展各式各样的全媒体业务奠定了网络基础。

超光网将家庭入户线缆的带宽频率从目前的 860MHz 扩展到 2.8GHz，扩展了近三倍，可以实现 6Gbps 以上数据下行、每单元 600Mbps 双向宽带接入，提供比目前光纤入户更高的带宽，完全可以满足 NGB 时代用户对于视频业务的需求。

超光网作为 NGB 网络向家庭和企业用户自然延伸，全面覆盖家庭多媒体娱乐、通信、智能感知、智能家居控制等业务领域，实现用户的综合业务接入和体验。

2. 打造全国 NGB 业务的媒体云

通过建设全国 NGB 业务运行支撑平台、面向多网络的融合业务平台、面向多业务的海量数据存储中心、面向多网络和多终端的数据处理中心，打造全国 NGB 业务的云计算中心。

华数“媒体云”项目发展总体思路是立足于我国广播电视和新媒体行业的发展趋势，建设平台开放、特点鲜明、效益显著的广电“媒体云”。华数构建的“媒体云”包括云存储、云转码、云分发、云适配、云挖掘、云管理、云安全等。

华数将以业务为先导，高起点高标准建设“媒体云”计算中心，构架开放的媒体云计算平台，面向全国提供“媒体云”计算服务。然后在“媒体云”平台基础上，通过分布式服务、海量存储、虚拟化应用、跨网络服务、跨屏幕展现等技术，向广电运营商、电信运营商、互联网运营商及其他各类用户提供“媒体云”应用服务，提升用户体验。同时也会推动建设“媒体云”联盟，带动“媒体云”相关产业发展，在我国普及“媒体云”应用服务。

（二）完善以全媒体为核心的数字化应用与服务的开发

进一步加大数字化内容和应用合作体系的建设，加大全媒体应用服务的开发力度，以更加开放的姿态汇聚国内外数字化内容和应用的产业链企业，拓展应用的领域，不断创新数字化内容和应用的开发，创新全媒体内容的生成机制，使杭州成为数字化内容和应用的创新及孵化基地，进一步集聚华数在数字化内容和应用上的优势。

（三）加快“数字兴农”农村信息化工程的实施推广

在目前已在杭州市二区五县（市）试点建设的基础上，通过完善技术、系统、应用体系建设等，积极进行市场化推广，将试点工作向二区五县（市）农村延伸。在二区五县（市）数字电视公司在资金承受能力评估许可的前提下，对重点集镇或乡镇政府所在地进行数字化改造，“以点带面”发展、推广数字电视。同时，争取市与区县两级相关“数字兴农”政府配套扶持政策，待政策到位后即进行大规模推广，力争两年内建成全市农村“数字兴农”农村信息化工程。

将无线宽带城域网的覆盖区域向各区县推进，并扩大移动数字电视、移动多媒体的覆盖区域，积极推进公安、城管、旅游等行业部门在各无线平台的信息化应用，在杭州的农村地区形成“天地一体、有线无线互补、立体覆盖”的网络体系。

（四）加快“无线城市”网络建设

“无线城市”网络当前存在着覆盖面不够、移动性支持不好的特点，比较难以满足那些活动范围较广、移动性要求较高的业务需求。为了提升无线城市网络的覆盖面以及服务质量，后期无线网络建设将主要以宏蜂窝基站的技术实现较大范围的信号覆盖，以 WiDTV 技术为主，补充前期网络未覆盖的区域，并在 WiDTV 网络和 WiFi 网络交接处实现无缝切换，使 WiDTV 网络和现有 WiFi 网络结合形成完整的区域覆盖。

整个“无线城市”网络建设完成后，将基本实现点线面结合的大杭州全覆盖，达到宽带无线城市的整体建设目标。建成后的无线城市网络将以无所不在的综合无线信息网络平台支撑市政管理、公共安全、医疗卫生、应急联动、公共信息服务、商务旅游、生活学习等信息化应用。

五　结束语

经过十年的发展，华数的服务已经涵盖了宽带上网、数字电视、交互式网络电视（IPTV）、移动电视、综合信息服务等领域，业务也从杭州发展到浙江乃至全国，增值应用每年都在推陈出新以更好地满足各类用户的不同需求。华数将坚持“创新、执着、精致、和谐”的企业理念，以推动我国三网融合为己任，不断在数字媒体娱乐、信息服务、新通信领域取得新的突破。

B.15

低碳经济和绿色 ICT

高新民　赵 锋　李 洁*

摘　要： 低碳经济成为全球经济发展的一个重要方向，绿色逐渐成为信息通信产业的基础色，信息通信技术（ICT）对低碳经济既有来自设备制造、产品运行、废弃垃圾等环节的直接影响，又有对其他行业节能减排的间接影响，还有改变人类行为而带来的系统性影响。ICT 产业自身的绿色化应主要从数据中心、移动通信、终端、芯片等方面入手，降低网络及设备的能耗；同时，更应关注将 ICT 应用于其他行业所带来的能耗降低。

关键词： 低碳经济　信息通信技术　节能减排　数据中心　基站

一　低碳经济概述

（一）低碳经济

低碳经济是在可持续发展理念指导下，通过技术创新、制度创新、产业转型、新能源开发等多种手段，尽可能地减少煤炭石油等高碳能源消耗，减少温室气体排放，达到经济社会发展与生态环境保护双赢的一种经济发展形态。它的实质是能源高效利用、清洁能源开发以及追求绿色 GDP，从而实现能源技术和减排技术创新、产业结构和制度创新以及人类生存发展观念的根本性转变。

建设环境友好型的低碳经济模式，不仅有利于我国转变经济增长方式，保护

---

* 高新民，国家信息化专家咨询委员会委员；赵锋，工信部电信研究院高级工程师，硕士学位，专注于互联网及数据通信技术研究；李洁，工信部电信研究院工程师，博士学位，专注于信息通信技术及节能减排技术研究。

生态环境，实现资源的可持续利用，还有利于化解因全球变暖所产生的国际压力，也是我国承担国际义务，提高国际影响力的重大战略举措。综上所述，发展低碳经济是实现我国经济社会可持续发展的必然选择。

（二）ICT 产业促进低碳经济发展

ICT——信息通信技术，是人类社会 20 世纪下半叶，尤其是 20 世纪 90 年代以来最具影响力的技术。在此期间，不仅 ICT 的开发、制造及服务得到迅猛发展，而且 ICT 的应用越来越广泛。ICT 已经渗透到人类经济和社会生活的各个领域，促进了经济和社会发展以及人们生活水平的提高。在经济低碳化的时代，ICT 产业的绿色化也将对节能减排产生越来越重要的作用。

绿色 ICT 主要包括两层含义。

具有节能特性的 ICT 产品。如节能计算机、手机、通信网络设备等。

把 ICT 商品与技术运用于传统行业，极大地促进传统行业的节能减排。如智能电网、视频会议等。

ICT 产业对低碳经济既有来自设备制造、产品运行、废弃垃圾等环节的直接影响，又有对其他行业节能减排的间接影响，还有改变人类行为而带来的系统性影响。

1. 直接影响

2007 年，ICT 产业对全球 GDP 的贡献为 7%①，但在全球 41.5Gt 的 CO_2 排放量中，ICT 产业约占 2%②，与全球航空运输业相当（见表 1）。ICT 产业的 CO_2 排放量以每年约 4% 的速度递增，预计 2020 年将达到 1.43Gt③。

表 1　ICT 的 CO_2 排放情况*

2007 年	在全球 CO_2 排放中所占比例(%)
移动通信	0.2
固定通信	0.3
其他 ICT(PC、数据中心等)	1.5
总　　计	2

* ETSI 报告，ITU ICT 和气候变化专题研讨会，2008。

① ETSI 报告，ITU ICT 和气候变化专题研讨会，2008。

② Gartner, http://www.gartner.com/it/page.jsp? id=503867.

③ GeSI 报告，“SMART 2020: Enabling the Low Carbon Economy in the Information Age”，2008。

在 ICT 产业中，CO_2 的排放主要来自计算机（40%）、互联网（主要是数据中心占 23%）和固定、移动通信（共占 24%，主要是基站），如图 1 所示。

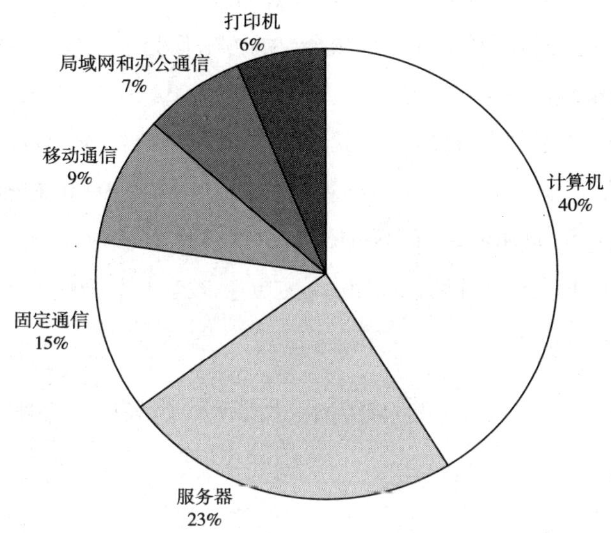

图 1　全球 ICT 排放 CO_2 情况（2007 年）

资料来源：Kumar，Rakesh and Mieritz，Lars（2007），"Conceptualizing Green IT and data centre power and cooling issues"，Gartner Research Paper No. G00150322，该数据分析不包括广播和 TV，2007.

ICT 产业排放 CO_2 的主要原因在于电力的生产和消耗，以中国为例，中国每生产消耗一度电相当于排放约一公斤 $CO_2$①。

2. 间接影响

在全球 CO_2 排放量中，ICT 产业占 2% 左右，如果提升技术改善 ICT 产品，那么就有 2% 的机会为全社会节能贡献力量。反过来，如果利用 ICT 产品去帮助其他产业节能减排，那么就有 98% 的机会助力全球节能。

信息通信技术在促进其他行业节能减排方面有很大的发展空间，如高能耗工业领域、建筑领域、电力领域、新能源领域、交通运输领域等。预计 2020 年 ICT 将助其他行业减少 7.8Gt CO_2。

---

① 国家发改委国家气候变化对策协调小组办公室。

3. 非实物化影响

信息通信技术在非实物化方面有很大的发展空间，一些关键应用，比如视频会议、视频监控、远程教学等，可获得显著的节能减排效果。

事实上，一些公司已经采取了视频会议的方法作为节能减排、减少运作成本的重要手段。比如沃达丰利用视频会议，每年减少13500次乘机飞行，相当于减少5000吨的碳排放。EDS绿色计划的第一步就是建立视频会议，5个月减少25%的出差；Scott Co. TN受惠于远距离教学，招生人数增加，每年减少19000美元的油费，并减少3124吨的碳排放；Swedish Customs Service每个月举行60次视频会议，相当于每个月减少排放7吨$CO_2$①。由此可见，视频会议、远程教学对节能减排具有显著成效。

二 国内外的反响及行动

（一）国际

1. 国际组织

（1）国际气候组织。国际气候组织在2008年发布了“SMART 2020：实现信息时代的低碳经济”研究报告。

报告称，信息通信技术（以下简称ICT）极大地改变了我们的生活和工作方式。无论是在发达国家还是在发展中国家，ICT对生产力的进步和经济的增长都发挥着巨大的推动作用。该报告对ICT行业本身的排放做了定量分析，同时也着眼于ICT在其他经济领域的应用带来的节能减排效益。

研究表明，到2020年，ICT共计能减少排放近78亿吨CO_2，相当于2020年基准情景下（BAU）排放总量的15%。从经济角度看，价值近6000亿欧元的（9465亿美元）成本得到节约。这是一个不容忽视的机会。

（2）ITU。国际电信联盟（ITU）是联合国负责国际电信事务的专门机构，ITU在全球范畴内为电信界举办世界性的活动，开发电信技术的全球标准，管理无线电频谱，设定现时和日后通信网络模式，并协助新兴市场发展信息通信

① Jeff Hurmuses，“The Role of Videoconferencing in Reducing Travel”，ITU ICT和气候变化专题研讨会，2008。

技术。

2008 年和 2009 年，ITU－T 分别在京都、伦敦、基多和汉城举行了四次有关 ICT 和气候变化的专题研讨会，这些专题讨论会汇集了这一领域的近 500 名专家，包括标准专家、工程师、设计师、政府官员等，以促进 ICT 在解决气候变化问题上做出贡献，重点在标准设计、环境监测、缓解气候变化等方面开展工作。

国际电联电信标准化顾问组（TSAG）2008 年 7 月在日内瓦举行的会议上成立了 ITU－T 有关 ICT 和气候变化的焦点组，主要对如何利用 ICT 减少 GHG 排放以及评估方法等开展研究。焦点组重点研究了根据温室气体 GHG 排放来计算信息通信技术 ICT 影响的标准化方法、ICT 部门的碳足迹最小化的方法、其他行业利用 ICT 来减少 GHG 排放的关键方法等。

2010 年 5 月，ITU 还成立了智能电网焦点组，重点工作包括是基于现有和未来的电信技术，确定智能电网解决方案，包括：①指令、控制、计量和计费；②讨论相关的需求和标准需求；③适用于电信系统的智能电网原则；④调查各国现有的国家标准，看其是否可用于国际标准；⑤分析和确定标准的需求和与其他标准的差距等。

（3）OECD。经合组织（Organisation for Economic Co-operation and Development，简称 OECD）在 2009 年发布了有关物联网技术促进绿色增长的研究报告“Smart Sensor Networks：Technologies and Applications for Green Growth”。

该报告描述了传感器及传感器网络应用及其在环境方面的影响，讨论了特定领域应用（这些领域有高可能性通过使用传感器及传感网来应对环境变化及减少温室气体排放）。

2010 年 7 月 8 日，OECD 发布有关绿色增长的最新发现研究报告《绿色增长战略中期报告：为拥有可持续的未来履行我们的承诺》。该报告指出，绿色增长为新型绿色产业、就业以及科学技术提供了各种机遇。该报告对各国如何达成绿色增长提供了一些初步见解，讨论了各国已经采取的步骤以及转变中遇到的一些障碍。该报告还为绿色增长战略提出了一个框架，用以确保进行高效转变，实现更能持续发展的经济。

2. 重点国家与地区

（1）美国。对于节能减排，美国政府采取的是各级政府明确分工、各司其职、权责落实的政策。美国政府最高的节能减排管理机构是联邦政府能源部和环

保总署。能源部负责研究开发重大节能技术，环保总署负责制定和实施水、空气和废物利用及其他与环境保护相关的全国性政策。州政府和地方政府层面都设置了能源工作委员会，负责当地节能减排政策的实施。

美国政府发挥市场机制在节能减排中的基础性作用，使排污企业有减排污染的内在动力，建立了碳排放权自愿交易制度，成立了芝加哥气候交易所，会员自愿承诺交易所要求的减排目标，通过交易平台，卖出超标减排量，获得额外利润。

美国的ICT产业也将经济复苏的希望寄托在"绿色"技术上。当全球各行各业都在不同程度地受到经济危机的影响而呈现出衰退或者放缓的趋势时，"绿色"技术却呈现出逆势上扬之势，例如硅谷2008年吸引的"绿色"技术风险投资比上年猛增94%，达到19亿美元。

（2）欧盟。2009年3月，欧盟计划借助ICT的各项应用实现节能减排。初步计划是，先从ICT部门开始，制定统一衡量能源消耗的标准，继而推广至其他部门，再推广到各成员国，从而改善能源效率，减少碳排放量。

欧盟当局已开始导入低碳、节能的政策，并号召各会员国的中央政府和地方政府驱动基于ICT的解决方案帮助各部门合作，将能源效率应用在各项服务的传递、基础建设的管理及乡村建设等计划上，并成立网站，让各公私企业及部门分享成功案例、经验及加速节能减排目标实现的相关信息。

在2007年启动的欧盟第七期科研架构计划（FP7）中，欧盟把ICT的相关应用列为优先项目，包括推动智能电网的解决方案、建筑物与交通运输和固态照明的研发等，提供资金支持各项提升能源效率的ICT应用[①]。

（3）日本。日本ICT产业界CO_2减排目标是，到2012年，排放量从目前的6800万吨减少到3800万吨，相当于1990年日本CO_2排放量[②]的3%。

2008年6月，日本富士通集团宣布了绿色政策创新计划，目标是在2007～2010年使二氧化碳排放量累计减少700万吨。

日本电信电话株式会社（NTT）制定了节能减排的公司政策，政策内容涉及

---

① 《节能减排，欧盟倚重ICT》，2009年5月13日《人民邮电报》。

② Yuji INOUE, "Climate change and ICT standardization", ITU ICT和气候变化专题研讨会，2008。

履行社会责任、减少环境负担、建立和保持环境管理机制、开发环境技术、推进日常环保工作和公开环境信息等，并制定了 2011 年二氧化碳减少 1000 万吨的总目标。

（二）国内

1. 政府

2006 年底，科技部、中国气象局、国家发改委、国家环保总局等六部委联合发布了我国第一部《气候变化国家评估报告》。

2007 年 6 月，中国正式发布了《中国应对气候变化国家方案》。

2008 年 4 月 1 日新修订的《中华人民共和国节约能源法》正式施行，从而将节能减排工作提升到了战略性的新高度。修改后的节约能源法明确规定，节约资源是我国的基本国策。我国还在《可再生能源中长期发展规划》中，提出到 2010 年使可再生能源消费量达到能源消费总量的 10%，到 2020 年达到 15% 左右。2009 年出台的经济刺激方案安排了 2100 亿元用于节能减排和生态工程，安排了 3700 亿元用于结构调整和技术改造。2009 年 11 月，联合国气候变化大会哥本哈根回合谈判前夕，我国正式对外宣布了 2020 年单位 GDP 的 CO_2 排放比 2005 年下降 40% ~45% 的减排承诺。

2009 年 8 月 12 日，国务院常务会议审议并原则通过《规划环境影响评价条例（草案）》。会议指出，下一阶段我国将大力发展绿色经济，紧密结合扩大内需促进经济增长的决策部署，培育以低碳排放为特征的新经济增长点。

2009 年 9 月底，在全国“十二五”规划编制前期工作电视电话会议上，确定“十二五”规划编制原则为统筹兼顾、创新驱动、绿色增长、共建共享，在“十二五”规划八大特征中将包含绿色发展规划特征和创新产业规划特征。

从上述举措可以看出，我国政府正从调整能源结构、发展低碳能源、建设低碳示范城市、实施节能和提高能效等方面着手，实施低碳发展战略。特别是最近一段时间以来，我国频出重拳，继工信部公布淘汰落后产能 2087 家企业名单后，发改委又发布了《关于开展低碳省区和低碳城市试点工作的通知》，确定首批低碳试点。这标志着中国经济将逐渐迈上低碳之路。

2010 年 5 月，国务院发布了《关于进一步加大工作力度确保实现“十一五”节能减排目标的通知》，通知要求加快实施节能减排重点工程，安排中央预算内投资333亿元、中央财政资金500亿元，重点支持十大重点节能工程建设、循环经济发展、落后产能淘汰、城镇污水垃圾处理、重点流域水污染治理以及节能环保能力建设等。

2. 企业

（1）电信运营商

电信运营商作为ICT产业链的重要成员，充分发挥产业链优势，在实现自身节能减排的同时，积极联合产业链合作伙伴，带动社会各方面以节能减排为中心降低资源消耗，运用移动通信技术促进社会资源消耗的降低。

通信运营企业的耗能主要包括生产运营用电和相关燃料消耗等。生产运营用电主要包括企业日常办公用电和通信网络用电两部分。燃料消耗则包括发电机组燃料消耗和车辆油耗等。

中国拥有世界上规模最大的移动和固定通信网络，2008年电信运营商年耗电近300亿千瓦时，远高于世界其他国家。作为中央的代表型企业，电信运营商在节能减排工作取得了相当好的成绩。2008年，三大运营商在业务保持高速增长的情况下，仍节约大约15亿千瓦时电能，同时利用自身优势带动了产业链的节能推进。

目前国内运营企业节能措施主要采取应用节能空调、智能通风等配套系统改造的方式，虽然在一定程度上能够取得良好节能效果，但还不足以解决快速发展带来的能耗问题。运营企业目前正逐步将节能减排措施系统化、标准化、制度化，积极应用节能新技术，因地制宜地实现可再生能源替代等。出于对网络改造安全的考虑，这些节能技术、措施目前只是在小区域应用，待技术成熟后会作进一步推广应用。

（2）设备供应商

在发展低碳经济、实现节能减排的背景下，各大运营商在对相关设备招标采购时，明确提出了节能减排等绿色硬性指标。因此，设备供应商也针对运营商的要求，不断进行技术创新，通过多种方式推出绿色产品和解决方案。

通信网络节能的根本是通信设备自身的节能。通信设备节能贯穿设备从设计、研发、生产到上网运行的各个环节。作为通信设备开发生产的承担者，通信制造企业在通信网络节能减排中发挥着重要的作用。在国家大力推动节能减排的政策背景下，国内通信制造企业近几年积极开展节能产品研发，配合运营企业的节能需求提出了相应的绿色解决方案。

3. 标准组织

我国相关的标准组织已经开始对 ICT 产业的节能减排进行深入研究，相应的标准已经或者即将陆续出台，但是在 ICT 应用于其他行业的标准体系方面，还没有展开系统研究。

中国通信标准化协会（CCSA）致力于开展通信标准的研究工作。目前，CCSA 对节能减排相关标准的研究主要包括通信节能基础、管理、方法，材料性能标准，机房环境的节能降耗，机房环境、设施布局、空调系统的有效性，新型节能降耗技术的使用以及通信设备的能效等。

CCSA 集中对节能减排相关技术和标准进行研究的主要是通信产品环保标准特设任务组（ST2）和通信电源与通信局站工作环境（TC4），其他组针对各自研究领域也展开了相关节能减排技术的研究工作。

ST2 主要对通信产品有毒有害物质污染控制、废旧及废弃通信产品的回收处理和综合利用、通信领域通用节能方面进行了研究。TC4 主要对通信设备电源、通信局站电源、机房、新能源等方面进行了研究。TC1 和 TC3 在核心网及网络设备节能减排方面进行了研究，例如路由器、交换机等的能效参数和测试方法研究。TC5 和 TC6 在无线基站产品、有线接入产品的节能减排方面进行了研究，例如移动基站能效参数和测试方法的研究等。

三　ICT 产业自身的绿色化

（一）数据中心

数据中心机房主要由服务器、存储设备、通信设备、供电系统、热交换系统、照明与太阳辐射、制冷系统（空调与新风）等相关设备及配套设施组成，它们是机房的主要能耗要素。只有提高机房高能耗设备的能源利用效率，才能有效提高机房的能源利用率。数据中心的组成设备在设计上都追求高效节能的设计理念，各种设备都具有独特而创新的节能方法，构成了整个数据中心的绿色环保特性。

目前数据中心机房的服务器由于地理位置、独立配置不能共享等原因造成利用率非常低，数据中心通过采用基于虚拟化计算与虚拟化存储技术的云计算平台，完成服务器、存储和网络的整合，可提高资源利用率，节省部署时间。

传统数据中心面临着异构网络、静态资源、复杂管理、高能耗等多方面的挑战，如图 2 所示。针对这些问题，一体化、虚拟化、自动化、绿色成为新一代数据中心发展的必然趋势。

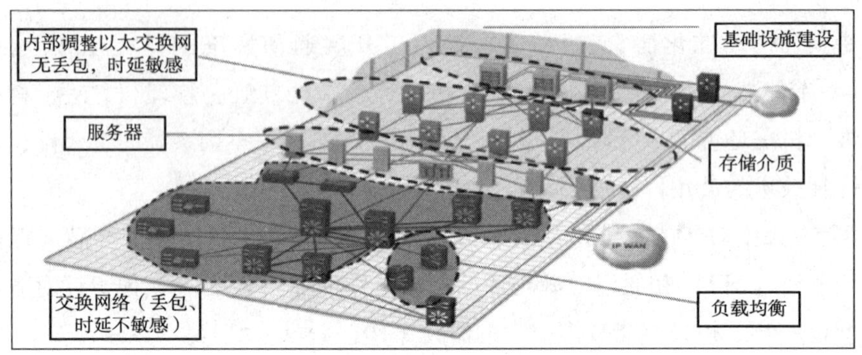

图 2　数据中心面临的挑战

资料来源：华为公司，《ICT 节能减排技术研究》，2009。

数据中心绿色化主要从三个方面入手：①合理布局，在数据中心设计时要考虑能耗规划和基础设施规划；②虚拟化（云计算），基于云计算平台的数据中心通过整合数据、计算、存储三张异构网络，实现数据中心网络一体化、绿色化；③设备节能，在服务器、存储设备、供电系统、制冷设备等方面应用节能新技术，降低数据中心各组成部分的能源消耗，从而实现数据中心整体的节能减排。

（二）通信网络

通信网络中的能耗主要来自移动通信网络，从移动通信网络的能耗结构看，相对核心网、传送网等，无线接入网位于整个网络金字塔的底层，约占总能耗的 75%。因此，无线接入的节能技术对于移动运营商的节能减排有着特别重要的意义，如图 3 所示。

1. 移动网网络节能技术

移动网络的节能技术主要集中于对现有网络的优化和新建网络的设计方面，包括智能关断技术、广覆盖技术、核心网共享技术、核心网设备集成技术、无线接入网 IP 化、无线接入网的本地交换等。

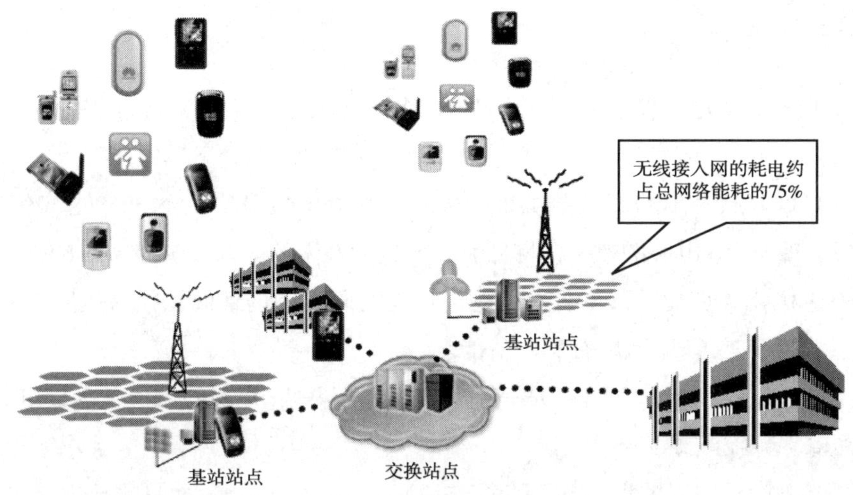

图 3　无线接入能耗示

2. 移动网设备节能技术

移动通信基站及其机房耗电量在网络总耗电量中的占比普遍在 60% ~70%左右，因此移动通信基站的节能降耗，对移动通信网络实现节能减排目标有着十分重要的意义。提升基站能效，主要提升射频效率，减少天馈损耗，使天线输入功率最大化，从而提升无线站点的基站能效。目前对基站节能技术的研究包括通过分布式基站来降低输出功率、节省馈线、节省塔放、节省机房，使用多载波和功放智能匹配技术提升功放效率等。

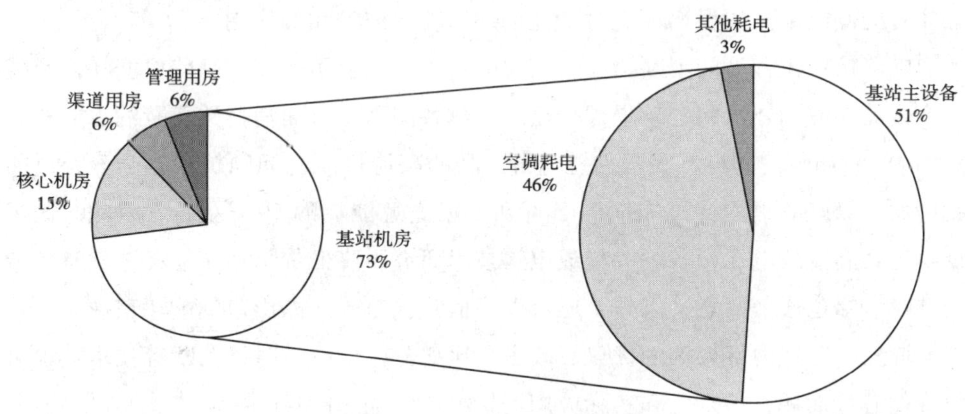

图 4　移动通信网络能耗构成

（三）终端

对于终端来说，节能减排应从终端的各个组成部分入手，通过节能组件的应用降低 PC 终端的能耗。

（1）LCD 代替 CRT，液晶屏幕与传统 CRT 屏幕相比，大约可节能 50%。

（2）改进 PC 电源的效率，将目前的 65% ~75% 的电源效率提高到 80% 以上。

（3）优化高性能图形卡，在得到高性能的同时，达到低能耗的效果。

（4）可变速 CPU 风扇有利于节能。

（5）SATA（Serial ATA）是一种完全不同于并行 ATA 的新型硬盘接口类型，可以高效地传输数据。

（6）主机板内置图形卡和声卡有效地减少了主板面积，而且集成电路可减少功率的损失，更加节能。

（四）芯片

功耗问题已经成为芯片系统设计的主要瓶颈。如果沿用目前的电路和结构，到 2018 年左右，微处理器芯片的功耗将超过封装功耗极限（200W/mm^2）的 4 倍（即达到 1kW/mm^2）。

从集成电路设计角度考量，在 0.13 微米之后晶体管工作电压难以随着工艺的进步而降低，虽然每个晶体管的功耗随着特征尺寸的缩小有所减少，但晶体管数目的增加以及主频的提高使得整个芯片的功耗大幅度增加。此外纳米级工艺中晶体管的漏电量大幅度增加更对功耗增加起着推波助澜的作用。

随着信息化程度的不断提高，家用电器等信息电子产品的高待机能耗以及随之产生的能源和环境问题越来越凸显。全球各国因待机而消耗的能量约占能耗总数的 3% ~13%。同样，我国信息电子产品的高待机能耗问题越来越凸显，目前我国城市家庭的平均待机能耗已经占到了家庭总能耗的 10% 左右。因此，进行低功耗及高能效电子设备中的集成电路技术研究，降低信息系统能耗，除具备节能减排、绿色通信的意义以外，还可以降低我国电子产品出口的能耗壁垒。

此外，芯片内部架构的优化、改进，比如分区供电、时钟关断等技术，也可以降低芯片能耗，特别是和实际应用场景相关的动态能耗。

目前的通信设备设计方案大多实现了套片化，由专用的芯片搭建起来，设备的竞争越来越决定于芯片的竞争。在芯片设计之初，就要确定好芯片的规格、资源以及外围配套信息，做到最低的静态功耗，更深幅度的动态功耗调整。

四 向低碳经济转型：ICT 的作用与贡献

（一）提高行业信息化水平

1. ICT 技术是抑制温室气体排放的有效手段

ICT 技术本身可以有效地帮助节能降耗，能够帮助全世界减少 15%～40% 的二氧化碳排放。目前很多企业都利用 ICT 来实现节能减排。例如，瑞典海关每月举行 60 次电视会议，直接减少 CO_2 排放 7 吨；澳大利亚 Telstra 对 26 家不同行业的使用 HSPA 网络的公司进行了调查，发现这些公司的公务旅行平均减少了 5%～10%，最多减少 17%。

以中国移动为例，自推行“绿色行动计划”以来，截至 2009 年底，中国移动用户数达 5.22 亿户，基站数超过 50 万；中国移动 2009 年的耗电量为 111.4 亿度，其中基站占 62%，通信机房占 25%，管理用房占 6%，渠道用房占 7%，实现全年单位业务量耗电较 2008 年下降 14%，节电 18 亿度，较 2005 年下降 49%，提前一年完成“十一五”下降 40% 的工作目标①。

2. ICT 技术是衡量其他行业节能减排效果的有效手段

通过监控与直接管理能源使用情况，ICT 可改善主要能源使用部门的使用效率，也可提供更具能源效率的商业模式、工作守则、生活模式。比如 ICT 可帮助欧盟实现电子商务、远程工作、电子政府等节能应用。此外，创新技术可协助减少能源浪费，如固态照明、精简型计算机、网格计算、虚拟化技术等。

（二）在特定领域的应用

1. 工业领域

工业活动是碳排放最大来源，2002 年工业活动碳排放量占全球排放总量的 23%。工业活动几乎耗费了全球总发电量的一半，而工业电机系统是最主要的方

---

① 陈国：《2010 绿色通信与节能创新研讨会》，2010。

面。目前，一些发达国家在积极尝试运用 ICT 技术增加工业电机系统的智能化。我国工业用能需求庞大，因此，努力开拓 ICT 在工业部门的应用，将是我们面临的一个重要课题。

钢铁、有色金属、化工、石油加工等高耗能行业是我国能源消费的大户。为了促进节能减排目标的实现，国家有关部委正加紧研究并实施一批对行业技术进步、管理升级、节能减排具有重要推动作用的工业节能减排技术改造重点工程。国家工业与信息化部和财政部近日也联合出台了《工业企业能源管理中心建设示范项目财政补助资金管理暂行办法》，该办法明确提出："根据我国工业企业节能及节能新技术发展等情况，在钢铁、有色、化工、建材等重点用能行业开展能源管理中心建设示范工作"。

2. 交通领域

"SMART 2020" 报告显示，人类活动的总排放量中，24% 来自电力部门，23% 来自工业部门，17% 来自农业和废弃物管理，14% 来自土地使用，14% 来自交通运输，8% 来自建筑业。制造业占终端能耗的 33%，交通运输占 26%，家庭占 29%（其余是其他服务和建筑，占 12%）。

交通运输行业作为主要的终端用能部门之一，其节能工作的成效对中国建立资源节约型社会、保证全国节能工作的有效实施具有重要意义。特别是由于交通用能以传统的石油及其燃料为主导技术模式，加大交通节能力度，将对节约石油资源、缓解石油消费增长压力、减少排放和提高环境质量等产生重大积极影响。

ICT 技术在交通领域的节能作用主要体现在以下的两个方面。

按照"客运高速化、货运物流化"的发展要求，在继续加快完善交通基础设施网络建设的同时，开发、推广、应用以 ICT 技术和现代信息网络为基础的智能交通系统，逐步提高运输系统效率，达到节约能源的目的。

智能交通技术（ITS），是指将先进的信息技术、数据通讯传输技术、电子控制技术、计算机处理技术等应用于交通运输行业而形成的一种信息化、智能化、社会化的新型运输系统，它使交通基础设施发挥最大效能。该技术于 20 世纪 80 年代起源于美国，随后各国都积极寻求在这一领域中的发展。智能交通包含的子系统大体可分为车辆控制系统、交通监控系统、运营车辆高度管理系统、旅行信息系统等几个方面。

3. 电力领域

智能电网能够有效整合通信基础设施资源和电力系统基础设施资源，提高电力系统信息化水平，改善现有电力系统基础设施的利用效率，实现低碳经济和绿色增长。

美国西北太平洋国家实验室（PNNL）发布的“The Smart Grid: An Estimation of the Energy and CO_2 Benefits”研究报告分析了美国智能电网节能减排途径对电力消费和与电力相关的二氧化碳排放的影响，如表 2 所示。

表 2　美国智能电网节能减排途径对二氧化碳排放的影响

序号	节能减排途径	直接效果(%)	间接效果(%)
1	用户信息和反馈系统	3	—
2	能效项目与需方响应联合推广	—	微弱
3	居民及中小商用建筑自动故障诊断	3	—
4	能效项目的计量及核证	1	0.5
5	电动汽车和混合动力汽车	3	—
6	负荷转移	< 0.1	—
7	节能电压调节和高级电压控制	2	—
8	风电及太阳能接入	< 0.1	5
合计		12	6

ICT 技术在智能电网中的应用，能够有效提高电力系统信息化水平。ICT 应用贯穿发电（水情预报与水库调度、新能源并网接入等）、输电（输电走廊保护、输电监测系统）、变电（变电生产管理系统、数字化变电站）、配电（配网自动化、电源质量检测）、用电（智能用电设备管理系统、多渠道智能缴费）、调度（实时监控与预警、节能发电调度）等各个环节，全面支撑智能电网。预计到 2020 年全球智能电网将节省 2.03Gt CO_2 的排放。2009 年 5 月，我国国家电网公司公布了“智能电网”发展计划，总投资规模约 4 万亿元，以期显著提高清洁能源发电量比例、电网资源配置能力、安全稳定水平等，在此过程中，信息通信技术将发挥重要作用。

4. 建筑领域

建筑能源消耗有两个驱动因素：能源强度和建筑物表面积。基于 ICT 的监控、反馈和优化工具能够被用于减少建筑生命周期每一个阶段的能耗，包括从设计、施工到使用和销毁。对全球来说，智能建筑技术能够潜在地减少排放达16.8亿吨CO_2，相当于1870亿欧元（2950亿美元）的能源节约以及290亿欧元（457亿美元）的碳成本节约。

目前我国正处于城镇化进程加快发展的阶段，到2025年，各城市将建设500万座建筑，相当于每年建设两座芝加哥城。城市数字化、能源节约、绿色建筑、资源有效利用具有广阔的发展空间，通过应用ICT技术实现能耗计量统计、智能控制，可以有效地将楼宇内能耗降低20%～30%。

目前在建筑领域中可以应用下列的一些ICT以促进节能减排：

灯光照明、LED照明控制系统；

公共场所视频监控系统；

传感器（人感、温度湿度、光照）；

空调改造；

配电室改造；

可视化集中控制监测（远程）；

IDC机房空调改造；

电力系统改造（智能化电表）。

五　小结

综上所述，ICT对低碳经济的发展有来自设备制造、产品运行、废弃垃圾等环节带来的直接影响（ICT产业自身能耗增长较快，节能减排压力不容忽视，ICT产业自身的绿色技术仍需深入研究）；更重要的是ICT产业可显著推动其他产业节能减排，在工业（如能源管理系统）、交通（如智能物流）、电力（如智能电网）、建筑（如智能建筑）等产业均已有所成效；ICT及其产品的应用亦可在非物质化方面促进社会能耗降低（如远程办公）。

ICT可对低碳经济的发展起到重大推动作用，这需要国家政策的引导和支持，国际上对ICT和低碳经济的发展持积极态度，我国应重视ICT产业自身的节能减排，并积极推动ICT产业在其他行业的应用，以促进我国低碳经济的发展。

参考文献

GESI 报告，“SMART 2020：Enabling the low carbon economy in the information age”，2008。

Jeff Hurmuses，“The Role of Videoconferencing in Reducing Travel”，ITU ICT 和气候变化专题研讨会，2008。

ETSI 报告，ITU ICT 和气候变化专题研讨会，2008。

Kumar，Rakesh and Mieritz，Lars（2007），“Conceptualizing Green IT and data centre power and cooling issues”，Gartner Research Paper No. G00150322”，2007.

Gartner，http：//www. gartner. com/it/page. jsp？ id = 503867.

《“两化”融合：节能减排的助推器》，中国信息产业网，2010。

杨天剑、胡一闻、郑平：《低碳通信方案在中国：减排贡献及减排潜力》，世界自然基金会，2010。

《节能减排，欧盟倚重 ICT》，人民邮电报，2009。

《ICT 节能减排技术研究》，华为，2009。

Yuji INOUE，“Climate change and ICT standardization”，ITU ICT 和气候变化专题研讨会，2008。

电子政务篇

Part Ⅴ

B.16 电子政务效益评价与对策建议

“电子政务发展若干问题研究”课题组*

摘　要： 进入21世纪以来，在国家信息化领导小组的统一部署下，我国电子政务建设稳步推进，已经成为建设服务型政府和提升公共管理服务能力不可缺少的重要手段。本文对近十年来我国电子政务发展的主要进展和成效进行了较为系统的梳理，并在总结分析存在的困难和问题的基础上，提出了推进电子政务健康有序发展的政策建议。

关键词： 电子政务　效益评价　政策建议

20世纪90年代以来，信息技术日新月异，信息化步伐不断加快，利用信息技术提高公共服务水平和效率，推动政府机构改革和建设，成为当今世界的潮

---

* 本课题为国家信息化专家咨询委员会研究课题。负责人：高新民、汪玉凯；成员包括王金平（中咨公司）、于施洋、杨道玲、王璟璇（国家信息中心）、张少彤（中国软件评测中心）。

流，电子政务已经成为政府管理创新的重要形式。

我国政府一直高度重视电子政务，将其作为带动国民经济和社会发展信息化的一项重要战略措施。经过十几年的努力，已经取得了显著成效。特别是新世纪以来，在国家信息化领导小组的正确领导和统一部署下，我国电子政务建设稳步推进，管理水平稳步提高，应用成效日益凸显，有力促进了政府职能转变，已经成为提升执政能力和建设服务型政府不可缺少的重要手段。“十二五”时期，电子政务发展将进入深化应用、突出实效、全面促进服务型政府建设的新阶段，应当紧扣行政体制改革和构建服务型政府这条主线，突出服务导向、以人为本和统筹协调，实现从注重建设向深化应用转变，促进政务与信息通信技术深度融合，充分发挥电子政务综合效益，切实把电子政务建设提高到一个新的水平。

一　中国电子政务建设的总体效益评价

（一）电子政务投入结构整体合理

近十年来，各级政府电子政务年度投资规模保持了连续增长，投入结构渐趋合理。

1. 电子政务资金投入规模逐年上升

全国电子政务年投资额从2001年的292亿元增长到2010年的986亿元，年均增长率近24%，十年电子政务投入累计约为6000亿元（见表1）。通过这6000亿的投资，我国电子政务基础设施建设已经基本完成，各项应用逐步深入。

表1　电子政务投资规模估算

年　　份	2001	2002	2003	2004	2005	2006	2007	2008	2009	2010	总计
市场规模（亿元）	292	343.8	426	511.6	603.2	630	656.7	730.8	870.5	986.5	6050
年增长率（%）	—	17	23.91	20.09	17.90	4.44	4.24	11.28	19.12	13.33	—

资料来源：赛迪顾问。

2. 电子政务投入结构渐趋合理

从投资结构上看，我国电子政务软件和服务投入比重从2003年的26%上升到目前的35%，硬件投入比重虽仍占65%的较高份额，但与前几年相比已有所降低，反映了电子政务正从基础设施建设为主向应用为主转变。随着电子政务应用的深化，软硬件投入正趋于4∶6的较合理比例。电子政务采购自主产品比重有所提高，比如中央级电子政务采购中，2003年以前国外进口产品占70%以上，目前国外进口产品约占48%，在我国生产的国外品牌产品占16%，完全自主品牌产品占36%。①

（二）电子政务建设和应用取得突破性进展

从总体上看，经过21世纪前十年的快速发展，我国电子政务以大规模基础设施建设为重点、以重要核心业务系统为突破口的电子政务应用已经取得了阶段性成果，电子政务建设在很多领域都实现了从无到有、从小到大、从起步向深入发展的重要突破。

1. 网络基础设施已基本覆盖

总体上看，电子政务网络已经覆盖了所有的省（自治区、直辖市）、90%以上的市和80%以上的县。各级政务部门的网络接入面很大，中央和省的局域网覆盖率也有较大提高。这些网络基础设施在支撑政府信息采集、传输、存储、加工等方面发挥着越来越重要的作用。

2007年，国家电子政务外网平台投入运行，初步具备了承载中央和地方政务部门业务应用的能力。目前国家电子政务外网已连接53个中央政务部门，连接31个省、自治区、直辖市和新疆生产建设兵团以及1169个省级政务部门，成为我国覆盖面最广、连接部门最多、规模最大的政务公用网络②。国家监察部、审计署、农业部、人力资源和社会保障部、国务院扶贫办、应急办等10多部门已开始利用政务外网开展相关业务工作，外网建设的集约化效应开始显现。2009年12月24日，国家电子政务外网一期工程建设项目正式通过竣工验收，标志着国家提出的"通过建设统一的政务外网平台，整合资源，节约建设和运维经费，促进网络互联互通、信息共享"的目标正在逐步实现，我国在跨部门、跨地区的大型电子政务基础设施建设方面迈出了坚实的一步。在加快推进国家政务外网

① 智库在线：《2007年中国电子政务行业研究报告》，2006年11月。

② 《国家电子政务外网已连接53个中央政务部门》，中央政府门户网站，2009年12月24日。http://www.gov.cn/jrzg/2009-12/24/content_1495867.htm。

建设的同时，中办、国办联合加快推进政务内网建设，制订了内网建设规划，推动互联互通。

中央国家机关各单位都建成了满足内部办公需要的局域网，多数单位建设了本系统专用网络，重要业务信息系统实现了从中央到地方的联网运行。这些网络基础设施的建设，已经能够基本满足业务应用的需要，为进一步整合网络资源、实现部门业务的纵向贯通和横向协同奠定了基础。

大多数省份已建成省、市、县三级电子政务网络。北京、上海、重庆、黑龙江、河北、青海、内蒙古、广东、陕西等省份均基本建成省、市、县三级电子政务网络。上海已基本形成全市基础网络平台，各区县的统一政务网络平台也已建成并接入市政务外网平台，覆盖市、区、街道三级的电子政务基础网络初步成型。河北省构建了全省统一的电子政务网络平台，电子政务网络横向连通所有省直部门，纵向贯穿省、市、县三级。广东省建立了全省统一的电子政务网络，基本上覆盖到县级单位。

2. 各级政务部门核心业务信息化覆盖率大幅提高

中央多数部门核心业务基本实现信息化支撑。自 2002 年以来中央投资建设了金宏、金财、金审、金卡、金盾、金保、金质、金土、金农等 40 多项电子政务工程项目。对中央 40 多个部委进行的调查显示，中央政府各部委办公业务信息化覆盖率从 2001 年的不到 10% 提高到 100%，海关、税务、公安、国土、金融监管、社会保障等有金字工程支撑的重点领域核心业务信息化覆盖率达到近 90%。有的部委如公安部、科技部、人民银行等已达到 100%。从总体来看，全部中央部委核心业务信息化覆盖率在 50% 左右。同时，对部分重大电子政务工程项目建设情况的统计分析表明，18 个国家级重大电子政务工程项目共建设 70 多个信息系统，支撑的政府核心业务超过 100 项，其中多数信息系统已经在政府宏观调控、市场监管、社会管理和公共服务方面发挥了不可替代的作用，关系国计民生的重大政府行政事务都在不同程度上得到电子政务的支撑，政务部门履行职能已经越来越离不开电子政务的支撑。

在国家政策引导和中央政府大力发展电子政务示范项目的带动下，地方政府围绕行政管理体制改革，以行政审批和行政监察业务为主线，建设了一大批业务信息系统。2006 年，国家信息化领导小组发布了《国家电子政务总体框架》，提出到 2010 年“50% 以上的行政许可项目能够实现在线处理”的发展目标，各省市积极落实中央的统一部署，大力推进行政许可事项相关业务信息系统建设，核心业务信息化比例明显上升。北京、上海、江苏、浙江、广东等省市行政许可项目网络化处理率普遍已经达到90%以上，有的省市已经接近100%。工业和信息化部2010年对部分省市电子政务发展水平进行的调查显示，省市级政府部门核心业务信息化水平都有较大幅度提高，特别是东部发达地区，省、市级政务部门核心业务信息化覆盖率较高，普遍在80%以上，区县达到50%；中西部省、市级政务部门核心业务信息化覆盖率接近50%，多数中西部地区区县电子政务业务系统处在起步阶段，覆盖率较低，大概在30%左右。

可以说，在核心业务信息化应用方面我们用十年时间走完了发达国家20～30年的路程。

3. 政务基本信息资源开发利用有较大进展

中央和地方各级政府围绕核心业务信息化建设，同步推进政务信息资源建设。目前绝大多数中央部委和省级政府部门的核心业务都有数据库支撑。国家建成了人口、企业法人等一批重要基础信息库，金融、税收、质检、社保、教育等关键领域也都建成了一大批信息库。这些信息库已经成为我国政府的重要基本信息资源。一些行业和地区建设了公共数据平台，在数据统一管理和利用模式方面进行了有益的探索。部分地方围绕人口、财税、信用、应急管理等重大经济社会问题积极推进信息共享试点，取得了一定的经济社会效益，积累了宝贵的成功经验。

4. 电子政务公共服务能力明显提升

政府网站基本普及，中央和省级政府网站普及率已达到100%，地市级政府网站普及率达到99.1%，区县级超过85%。全国建设的县级以上政务服务大厅（中心）有4500个，都实现了信息化支撑。“市民卡”工程在部分东部发达省市铺开，发卡量快速增长。政府各类呼叫中心广泛应用，移动政务应用开始起步。城市社区电子政务服务开始普及，涌现出了北京市东城区网络化管理和宁波市81890求助服务中心等成功典型。金农工程和农村党员远程教育系统推动了农村信息服务体系建设，目前，全国各类农村信息服务站总计逾100万个，覆盖率超过70%。总体而言，电子政务为民服务的能力明显提高。

5. 重要信息系统安全保障能力得到加强

重要信息系统安全保障能力得到加强。中央和省级各部门信息安全基础设施覆盖率达到100%，大多建设了统一的安全管理平台，信息安全管理规章制度和安全

基础设施正在逐步完善。大多数部委还建立了应急机制，等级保护日益受到重视，主要业务系统都按照等级保护的要求加强了安全防范。已建的电子政务工程项目均建立了等级保护、风险评估、应急预案和应急演练机制。据中咨公司调查显示，信息安全投入占电子政务总投入比重在10%以上。各省市多采用安全防护措施，配置防火墙、入侵检测、漏洞扫描等网络安全设备和软件，保障电子政务安全。

6. 电子政务组织和制度建设取得重大进展

各级政府都明确了电子政务主管部门，初步形成自上而下的电子政务推进和管理体制。大部分中央国家机关单位、95%的省级地方政府仿照中央成立了信息化领导小组，大多数地市、区县也建立了由行政一把手挂帅的信息化工作领导小组，设立了相应的办事机构。电子政务相关政策性文件陆续出台，政策法规体系建设取得突破性进展，发布了推动国家电子政务建设的指导意见，确定了电子政务发展战略，提出了电子政务总体框架，实施了电子签名法，颁布了政府信息公开条例，出台了信息资源开发利用、信息安全保障等一系列指导性文件，建设了统一电子政务网络，构建了标准化体系。电子政务知识的普及水平明显提升，公务员和电子政务从业人员信息能力有所提高，电子政务人才队伍不断壮大，电子政务持续健康发展的保障能力显著增强。

（三）我国电子政务发展总体成效明显

电子政务建设的成效可以从三方面来进行归纳总结，一是因电子政务应用而产生的直接和间接经济效益，二是由于电子政务应用产生的行政效能的提升，三是电子政务应用产生的社会效益。从总体上看，相比于近十年来的6000亿元总投入而言，电子政务促进政府行政效能实现了前所未有的提升，电子政务建设的经济和社会效益总体上是好的。

1. 电子政务的直接和间接经济效益十分明显

从电子政务建设产生的直接经济效益看，一些与金融、税收、海关、审计等经济运行管理直接相关的信息系统建设产生的经济效益十分显著。金税工程全面提高了税收征收率，增值税征收率由2000年的61%提高到现在的86%以上①，

① 工业和信息化部、监察部、国家预防腐败局：《依托电子政务平台，推进基层政务公开与公共服务经验交流会交流材料汇编》，2009年。

国税系统税收成本由5%以上降至3%左右，每年节约税收成本上百亿元。金税工程一期投入25亿元，当年就使税收增加250亿元。近十年来，金税工程为国家财政增加的税收额至少在七万亿元以上。“金关”工程是世界上最先进的海关信息系统之一，在利用信息化为国家“把好关”方面作出了重大的贡献。在金融监管中，截至目前，反洗钱系统向国家有关部门移送可疑交易线索达773份，办理提请633件协查案件，向反洗钱局提请1523份行政调查。该系统2009年发现的可疑资金交易就超过4000多万份，涉及金额超过800亿元。金审工程一期、二期建成后，审计工作较之传统手工作业审计方式发生质变，2007年与2002年相比，审计后上缴财政资金增长3倍，财政拨款减少补贴5倍以上，审计查处违规资金归还原渠道增长4.78倍。

从电子政务建设产生的间接经济效益看，一是通过电子政务提高行政效率、节约行政成本带来的效益。比如，在税务、工商等部门，十多年来业务量成倍增加，但公务员数量并没有明显增加。二是通过提高行政审批效率、提升企业运行效率、降低企业经营成本带来的效益。比如，企业工商登记、纳税、进出口报关等各项行政审批效率的提高，可以提升企业的竞争力，其带来的经济效益十分巨大。三是通过提高行政效率，减少居民办理各类行政管理类业务的时间和货币支出，这一经济效益也是十分巨大的。

2. 电子政务大大提高了政府行政效能

网络化行政审批、移动政务、网格化管理、视频监控、远程会议等新手段的应用使政府行政手段更加丰富，行政行为更加高效。如海关及其所有监管现场实现24小时联网运行，日均处理各类单证50余万份；金盾工程覆盖了90%的公安基层所队，公安机关侦查破案打击犯罪能力提高20%以上；金审工程一期的AO审计系统使审计覆盖面提高了1倍，工作效率普遍提高5倍，全国审计系统审计业务工作量较以往提高了数倍。据不完全统计，国家重点推进的电子政务业务系统促进各领域行政效率普遍提高2~3倍。

3. 电子政务建设产生了较为明显的社会效益

政府网站日益成为党和政府服务社会公众、拓宽群众参与、倾听群众呼声、沟通社情民意的重要渠道，树立了信息时代政府的新形象。中央、省、市级政府网站普及率分别达到96.1%、100%、99.1%，多数政府网站具备了信息公开、在线办事、政民互动等基本服务功能。各级政府积极贯彻落实《政府信息公开

条例》，网上政务信息公开的范围和质量稳步提高，政府网站逐步成为信息公开第一渠道。很多政府网站按照服务对象的实际需求，为公众提供教育、医疗、就业、交通、社会保障等服务，为企业提供纳税、年检、资质认证等服务，政府网站为民服务能力不断提高。北京、上海、广州等一批电子政务发展较快的城市行政许可项目在线处理的比率超过50%，在线服务事项均超过2000项。大多数部委均在网站上设立了政民互动的窗口和交流平台，绝大多数省区市都开通了领导电子信箱和热线电话，有些政府部门还开通了领导在线访谈，这些方式已经成为公众与政府直接沟通的重要手段，促进实现信息社会条件下的善治。

二　电子政务发展中的突出问题及原因分析

（一）电子政务发展中存在的突出问题

尽管21世纪以来我国电子政务取得了重大进展和显著成效，但是还存在一些突出问题。一是信息技术与政务业务融合度还不高。电子政务发展模式基本上是单纯技术推动型，这种模式已经走到尽头；业务系统多是原有政务流程的网络化复制，大部分业务应用为部门、局部的单项应用，真正以建设服务型政府为目标的流程再造、业务协同和模式创新的应用不多。二是政务信息资源开发不足，整合利用困难，信息资源跨部门共享利用整体水平很低，协同监管、一站式服务、决策支持等深层次信息服务较少，电子政务整体成效不能充分发挥。三是网络总体设计缺失。涉密网、内网、外网、专网之间网络功能边界不清晰，统一网络平台尚未形成，基础设施重复投入仍然较为严重，集约效应难以充分发挥。四是政府网站整体服务质量不高，前台网上窗口与后台部门业务脱节，网上信息公开的针对性、在线办事的有效性和政民互动的持续性都有待提升，网民满意度不高。五是在确保安全前提下发展电子政务的规律尚待总结，核心技术受制于人的问题尤为突出，电子政务自主可控发展能力不足。六是电子政务投资结构尚需调整优化，前期规划设计、需求分析的资金投入与后期绩效管理、运维资金投入相比，比例偏低。

（二）问题的原因分析

我国电子政务之所以会出现上述各种问题，主要原因在于以下三个方面。

一是管理体制机制仍有待健全。自2008年撤并国信办以后，没有一个负责电子政务统一推进的机构，缺乏常态化的协调机制来统筹中央部门间、地区间、中央和地方间的电子政务建设，这一问题越来越突出。在地方层面，电子政务管理机制五花八门，对部分地方省市的调查显示，电子政务主管部门49%在工信系统，33%在办公厅，7%在发改系统，其他还有在党委、科技、宣传等部门。由于缺乏强有力的组织管理体制，导致电子政务建设缺乏统一规划和统筹协调，部门之间各自为政、重复建设难以避免，建设效益不能充分发挥。

二是电子政务统筹管理水平不高。一方面电子政务投入管理流程不顺，相关部门之间缺乏有力协调；电子政务项目审批还普遍停留在就事论事的逐个项目审批的水平上，缺乏通盘统筹考虑，电子政务投资的随意性较大；电子政务投入审批仍然采取基建项目标准，不能适应电子政务建设的特殊需求。另一方面，电子政务项目实施部门管理能力也有待提高。目前大多数电子政务工程项目还是以信息技术部门驱动为主，政务业务部门没有常态化介入电子政务建设全过程的制度性安排，信息技术与政务业务融合的广度和深度都不够；电子政务工程建设中全生命周期管理水平不高，招标管理、运维管理、绩效管理等都还不足。

三是保障电子政务发展的技术和产业支撑体系发展不足。虽然十年间电子政务大规模投入对我国自主产业有一定拉动，但作用有限，政府主导与引进市场化运作还需进一步探索，尚未形成完整的电子政务产业支撑体系。电子政务相关领域国内信息技术企业普遍规模较小、实力不强，自主产品多集中在应用开发层次，操作系统、数据库等基础技术仍然被少数跨国公司把控。此外，国内还没有上规模、高水平的电子政务专业咨询机构和企业，专业化的电子政务运维服务企业也不多。

三　推进我国电子政务发展的政策建议

针对当前我国电子政务发展中面临的突出问题，我们建议从六个方面入手加以解决。

（一）健全电子政务推进机制

在电子政务决策、协调、管理、执行、监督、咨询六个环节中，目前最薄弱的环节就是协调。随着电子政务的深入发展，各个部门各自为政所导致的重复建设浪费、彼此无法互联互通、缺乏跨部门协作等问题已经很突出，建立统一的决策、协调和管理体系已经迫在眉睫。这个体系不是简单地依靠在各个部门之上建立一个权威机构，而是要通过战略规划、体系架构设计、项目管理和绩效考核等实现统一的规划、集中的控制和通用的标准。

建立国家电子政务推进机制的重点在于在分散资源的情况下实现适度集中，即如何既能发挥各个部门在垂直领域的专业优势和信息优势，又能保证电子政务的集中统一。将资源分散于各个部门，使各个部门拥有资源并负责执行，可以发挥各个部门的专业优势并促进信息技术和业务的一致性并对业务需求快速有效响应。同时，中央对电子政务进行集中控制，建立集中的决策和管理体系，进行统一的战略规划，建立统一的政府信息技术体系架构，制定并遵从统一的政策和标准，加强对电子政务投资项目的预算管理，制定绩效标准并进行监控和审计。

（二）理顺电子政务投资管理流程

要进一步理顺电子政务投资管理流程，提高电子政务投入效益。中央和地方各级政府都要在投资审批、规划制订、政策出台等方面建立清晰、规范的电子政务投资管理流程，特别是在电子政务投资审批方面，应当在有关部门之间建立一个稳定且行之有效的审批流程，统筹电子政务资金使用，避免重复投入和浪费。

此外，各级审计、监察部门要加强对电子政务投资项目的审计和监督。按照《国家建设项目审计准则》，由国家审计署相关部门对项目的活动用科学的方法和程序进行审核检查，包括对项目的文件记录、管理方法和程序、预算和支出情况以及项目完成情况等进行审计，判断其是否合法、合理和有效。同时，建立相关的责任追究制度，要在政府机构调整中，注意将电子政务的管理机构与监督机构职能分离，使二者之间既相互协调，又相互制约。

（三）强化政务业务部门在电子政务建设中的主导作用

强化政务业务部门在电子政务建设中的主导作用，实现电子政务建设由技术驱动向业务驱动的根本性转变。建议国家信息化领导小组明确由各级政务业务部门主要行政领导主抓和全面推动电子政务，各级信息中心、数据中心等信息技术部门做好业务需求分析、政务信息资源规划、项目管理、系统运维和技术支撑等保障性工作。

（四）制定和实施好“十二五”电子政务发展规划

做好电子政务“十二五”发展规划和年度工作计划，推动电子政务顶层设计工作。规划总的指导思想是要用大系统的观念，把电子政务扩展到公共服务和社会管理的各个领域，开始改变以机构为中心建设电子政务的局面。

建议明确要求各级政府部门做好电子政务五年期发展规划和年度工作计划。国家电子政务规划应当重点就当前电子政务发展中的突出矛盾和问题给出指导性意见，比如国家统一网络平台建设问题、政务信息资源共享的路径问题、电子政务管理中的协调机制问题、安全与发展的关系问题等。各级政府制订的年度电子政务工作计划中应包含电子政务年度发展目标、财务预算和电子政务重大项目计划，通过这些计划的审议和检查，以切实实现对电子政务推进工作的领导。国家电子政务主管部门应当组织做好电子政务规划进展的评估工作，开展电子政务发展水平评估，督促规划的落实推进，并根据实际情况适时动态调整规划内容。此外，尤为重要的是应当建立电子政务主管部门与电子政务投资审批部门之间在总体规划与重大工程规划方面的紧密协调关系，防止出现总体规划与工程建设规划之间的不衔接。

（五）加强电子政务绩效管理工作

绩效评估是推动电子政务健康发展的重要抓手，是衡量一个地区、一个部门电子政务发展水平和应用成效的有效手段，是目前世界电子政务发展水平较高国家的通行做法。如何准确理解电子政务发展目标，如何把电子政务目标实现程度客观反映到评估体系中，是评估优先需要注意的问题。一方面，在服务型政府理念的指导下，电子政务建设的服务功能更加凸显，“公共服务”成为政府改革关注的重点，因此电子政务绩效评估更要注重服务导向。另一方面，无论是从国际电子政务绩效评估的发展趋势来看，还是从我国电子政务绩效评估发展的需要来看，更加关注对电子政务实际建设效果的评估是今后的发展方向。

下一步加强电子政务绩效管理应当重点抓好以下几个方面工作。一是在全国各级政府强制推行电子政务工程项目绩效管理制度，国家有关电子政务工程项目管理部门（国家发改委、财政部、工信部）联合出台电子政务绩效管理指标体

系和工作指南，在全国推行电子政务工程项目绩效管理制度，并向社会公开绩效评估结果。二是要进一步调整优化各级各类政府网站评估工作，鼓励第三方专业评估机构开展特色政府网站评估，引导政府网站评估向强调服务成效和用户满意方向发展。三是要组织开展电子政务发展水平评估工作，建立电子政务发展水平评估指标体系和评估工作指南，建设发展水平评估数据收集、统计、报送和发布系统，鼓励专业研究机构开展第三方评估。

（六）建立电子政务安全治理的机制

建立认识、技术、管理、法规标准四位一体的电子政务安全治理机制。第一，在信息安全认识方面，必须认真贯彻“一手抓电子政务建设，一手抓网络和信息安全”的精神和中办发〔2003〕27 号文件关于信息安全保障工作的总体要求，充分认识加强信息安全体系建设的重要性和紧迫性，高度重视网络和信息安全。这是做好信息安全保障工作的前提条件。第二，在安全技术方面，应该加强核心技术的自主研发，并尽快使之产品化和产业化，尤其是操作系统技术和计算机芯片技术。在可能的情况下，应该优先采购国产化技术和国内公司的产品。同时，根据网络的重要性和应用系统的涉密程度、安全风险等因素，划分安全域，确定安全保护等级，搞好风险评估，提高安全技术保障能力。第三，在安全管理方面，逐步建立和完善信息安全组织体系。按照“谁主管谁负责、谁运行谁负责、谁使用谁负责”的原则，实行分类分级管理体制。明确各部门、各单位的信息安全管理职能，建立安全工作责任制。第四，在安全法规制度和标准层面，必须加强信息安全法制建设和标准化建设，要重视安全标准和规章制度的贯彻落实，严格按照规章制度和工作规范办事。

B.17 互联网与电子民主在中国的发展

陶文昭*

摘　要：2010年中国网民数量增长和结构变化，电子民主基础进一步充实。网民以多种途径参与政治，微博的兴起值得关注，制度化的途径初露端倪。网民热议一些重大政治事件，关注的焦点集中在民生、政风和民权问题。中国政府采取一些与网民互动的措施，各级领导表示重视网络民意，并且尝试多种吸纳网络民意的渠道。一些网民关注的事件得到处置。政府也强化了对网络的监管。中国电子民主的发展还在博弈中艰难前进。

关键词：互联网　民主　中国　发展

以互联网为代表的信息技术，不仅推动了中国经济社会的发展，也对中国民主政治产生了重要的影响。透过网络社会事件、网民关注焦点、政府吸纳民意以及互联网管理等，我们可以粗略观察2010年中国电子民主的进程。

一　网民

（一）网民基础

电子民主的基础是网民。2010年中国网民队伍有新的变化。

据2010年1月中国互联网络信息中心（CNNIC）发布的《第25次中国互联网络发展状况统计报告》，截至2009年底，中国网民规模达到3.84亿人，在总人口中的比重是28.9%。其中，手机网民规模2.33亿。而据2011年1月的《第

* 陶文昭，中国人民大学马克思主义学院教授，博士生导师。

27次中国互联网络发展状况统计报告》，2010年底中国网民总数达到4.57亿，互联网普及率攀升至34.3%，较2009年底提高5.4个百分点。全年新增网民7330万人，年增幅19.1%。其中，手机网民规模达3.03亿，较2009年底增加了6930万人。手机网民在总体网民中的比例进一步提高，从2009年末的60.8%提升至66.2%。农村网民规模达到1.25亿人，占整体网民的27.3%，与2009年相比增长16.9%。30岁以上各年龄段网民占比继续上升，从2009年底的38.6%攀升至41.8%。初中学历网民增加明显，占比从26.8%提升到32.8%；高中学历的网民占比首次下降，从40.2%下降到35.7%，降低了4.5个百分点。网民在家上网的比例仍显著高于其他地点，有89.2%的网民在家上网。在网吧、单位和学校上网的网民分别有35.7%、33.7%和23.2%，还有16.1%的网民在公共场所上网。网民的上网工具更加多元，各类上网设备使用率普遍上升。使用台式电脑上网的网民有78.4%，仍然居于首位。使用手机和笔记本电脑上网的网民分别为66.2%和45.7%。

以上数据表明，2010年中国网民变化的基本趋势是：①数量持续增加，网民超过总人口的1/3；②网民的结构更趋近于现实中公民的社会结构；③网民上网活动日趋生活化，越来越多的网民在生活和工作的场所上网。网民数量的增加和网民结构的变化，网民与公民的趋近使得网络民主具有更大的现实基础。

当然，在数量上，中国大部分民众还没有上网；在结构上，网民结构距离真实的社会结构还有差距。比如，中国还是农民占大多数，但网民中的城乡差距仍然比较大。农村互联网发展速度慢于城镇发展速度，互联网在城乡的差距在拉大。这些方面的因素表明，网民与公民还有相当的差别。以此为基础的网络民主与现实民主还有一定的区别。

（二）表达途径

网民参与政治和表达政见，有多种多样的途径和方式。2010年网民的表达呈现新的特点。

在表达途径上，微博异军突起。网民表达一般通过BBS、博客以及评论等，2010年除这些之外，一个突出的特点是微博的兴起。微博在2007年进入中国，2009年开始快速崛起，目前国内注册的微博产品已达20多款，其中各主要门户网站微博占据着绝大多数的市场份额。上海交通大学舆情研究实验室发布的《2010中国微博年度报告》指出，2010年作为微博发展元年，不仅搜狐、腾讯、网易等门户网站相继推出微博，新华网、人民网、凤凰网以及和讯财经等多家媒体网站也推出微博。很多知名网友的主要活动阵地向微博转移，截至2010年10月，中国微博服务的访问用户规模已达12521万人，活跃注册账户数突破6500万个。微博进一步拓展了民众表达权。2010年舆情热度靠前的50起重大舆情案例中，微博首发的有11起，占22%。越来越多的专家学者、社会名人和突发事件当事人开始使用微博，微博话题也从日常琐事转向社会事件，逐渐发展成为介入公共事务的新媒体，成为网络舆论中最具影响力的一种。网民通过微博为公众及时发布玉树地震、舟曲泥石流、西南大旱等最新消息，也更关注和推动宜黄强拆事件、王鹏被跨省追捕事件、河北李启铭事件的进展。江西宜黄的一家三口面临政府强拆愤而自焚，并没能讨回公道。但自焚者家属上访遇阻的情况在微博上现场直播，引发舆论强烈关注，最终使得宜黄县委书记和县长被双双问责。

2010年，网民尝试以更正式化和制度化的途径发挥政治作用。①电子提案。广州网民孙俊杰以发送电子邮件的方式向广东省政协递交了一份电子提案。没过多久，他提出的“在公共电扶梯上喷涂统一礼让标识”就出现在广东省政协的官方网站上。来自各行各业人员的电子提案，多反映与群众生活紧密相关的微观民生话题，议事具体，愿望真诚。②网民代表。网站论坛成为民意民智反映最集中最直接的地方，应该让网民有更好的渠道广泛参政议政。2010年，来自昆明理工大学的顾中国在旁听两会时建议，希望从网民中推选人大代表、政协委员，网民对一些热点难点问题直言不讳，一针见血，某种程度上代表了民意。的确一些地方两会上出现了类似于网民代表的群体。安徽省亳州市的两会上，“在亳一方”、“魏绍军”和“君子狐”等三位亳州知名的铁杆网民被增补为亳州市政协委员。网民“错爱的我”在红网岳阳论坛上收集民意向政府建言，2010年被增补为岳阳县政协委员参加政协会议。

（三）表达热潮

网络属于全时媒体，每周7天、每天24小时都有网民在线，每年365日都在众议纷纭。但是，网络议论也有相对高峰时期，一般是重大政治活动时期和突发事件时期。

两会是每年的政治例会，也是网民发表议论、提出意见的重要时段。2010年两会期间，网民借助网络平台大谈国事。2010年除了两会外，还有一个重大的事件是十七届五中全会开始筹划的“十二五”规划，国内人民网、新华网、央视网、中国网、中经网等官方网站以及新浪、搜狐、网易、腾讯四家商业网站，都设置公众网上建言献策的专栏。十二五规划以及其他各地区和部门的相关规划，成为2010年网民议政的又一热点。

2010年中国互联网上还有一些受到网民关注的具有较大社会影响的事件。对这些事件，一些媒体做了不同的总结。

《羊城晚报》等全国22家传媒共同推出“2010中国网络大事件年终盘点”，30365位网友投票评出2010年度十大网络事件，依照得票排名分别是：①李启铭撞人事件；②QQ大战360；③上海高层住宅大火；④虐兔门事件；⑤凤凰女跳楼事件；⑥菲警遭质疑；⑦产妇肛门被缝事件；⑧唐骏“学历门”；⑨局长“日记门”；⑩医院“回扣门”。

在2011年社会蓝皮书中，中国互联网舆情分析报告部分评出了2010年度20件网络热点事件。根据发帖情况排序的热点分别是：①腾讯与360互相攻击；②上海世博会；③网络红人“凤姐”；④李刚之子校园撞人致死；⑤富士康员工跳楼；⑥袁腾飞言论惹争议；⑦北京查封“天上人间”；⑧郭德纲弟子打记者事件；⑨唐骏“学历门”；⑩宜黄强拆自焚事件。其他热点还有诸如“方舟子遇袭”、“张悟本涉嫌虚假宣传”、“各地校园袭童案”、“安阳曹操墓真伪之辩”、“山西‘问题疫苗’”、“王家岭矿难救援”、“谷歌退出中国”、“唐福珍自焚”等。

（四）关注焦点

由于种种原因各媒体推出的网络热点事件相互之间有一定的差别，而且有些也不是政治性很强的事件。但是，互联网是现实生活的折射，网络热点事件所反映的正是社会中的热点。人民日报政治文化部和人民网曾就关系百姓生活的热点问题，联合在人民网开展名为“2010年全国两会调查：你最关注的十大热点问题是什么?”的专项调查。在调查中，人民网不分顺序列出了16个调查选项及其描述，请网友通过投票和留言框来表达自己的看法和选择理由。调查结果最受网友关注的前10个选项如下：①反腐倡廉；②贫富差距；③调控房

价；④医疗改革；⑤司法公正；⑥民主监督；⑦教育公平；⑧就业问题；⑨养老保险；⑩依法拆迁。这个调查反映了一定的普遍性，网民所关心的焦点问题主要如下。

一是民生问题。民生问题是中国社会转型中的焦点问题，也是网民议论的热点问题。2010 年，房价、收入、医疗、教育、就业等民生问题突出。物价上涨，与此相对网络上充满着调侃的词语，如“蒜你狠”、“豆你玩”、“姜你军”、“糖高宗”、“药你命”、“玉米疯”、“棉里针”等等，网民对农产品、生活产品，尤其是房价过高众说纷纭。有关网络搜索的统计数据表明，2010 年中国网民在网上搜索得最多的公众话题是住房问题，其次是物价，之后是食品安全、低碳生活、灾害频发、人口普查和大学生就业等。

二是政风问题。由于受长期封建传统的影响，政治体制改革相对滞后，相关法规政策不健全，加上执行不严、监管不力等，中国当前的政风问题比较突出。网民对政风不满由来已久，借助网络提供的便利且难以控制的途径，对政风的议论尤其是负面的批评，充斥着网络。人民网 2010 年 1 月进行的一项网上调查，参与调查的网民有 87.9% 非常关注网络监督，当遇到社会不良现象时，93.3% 的网民选择网络曝光。人民网发起名为《2010 年全国两会调查：你最关注的十大热点问题是什么?》的专项调查，结果显示，反腐倡廉得票第一。2010 年备受网民议论的涉及官员的问题此起彼伏。年初的 2 月，广西来宾市烟草专卖局原局长的日记在网上引起极大轰动。年末的 10 月，河北大学校园内发生的李启铭醉酒驾车撞人事件，以一句“我爸是李刚”在各大网站和论坛掀起大潮。多名“官二代”被非常规招聘为公务员、提拔为干部等，引起网民的关注，如山东新泰市被提拔的几名副局长和法院副院长，被质疑为凭借其特殊的干部家庭背景；温州市龙湾区被曝光曾经专场招录“副科级以上领导干部子女”等。还有各种天价政府采购也受到网民的质询，如辽宁抚顺市财政局把报价 2398 元一个的视听、游戏等功能齐全的 iPod Touch4 作为 U 盘采购；江苏苏州市交巡警支队采购 5999 元一个的 iPhone4 当警务通；黑龙江公安厅采购的笔记本电脑为每台 41000 元、一台激光打印机 30000 元等。

三是民权问题。网络有利于弱势群体发出自己的声音，是维护民权的利器。民权问题，最突出体现在征地拆迁等极端事件中。在四川，自唐福珍自焚后，峨眉山村民集体自焚；在河南，同样为征地问题，睢县乡长拘留农民，新郑市的镇

党委副书记拘留农妇；在江苏，东海县拆迁户父子自焚，宿迁拆迁户杀人；在河北，邢台铲车碾压拆迁户；在广西，北海市白虎头村委会主任带队，村民集体抵抗政府低价强征土地；在辽宁，抚顺少年为征地问题杀死截访者，庄河市千名村民因征地补偿和村干部涉嫌腐败问题到市政府大楼前集体下跪请求市长接见。诸如此类的问题通过网络途径得以曝光，一些问题引起高层的重视和解决。另外，2010 年劳资问题也频现于网络，劳工跳楼、劳工低薪、劳工维权等受到关注。

二 政府

互联网发生积极的政治效应，需要网民与政府的互动：一方面是网民的积极表达和参与，另一方面则是政府重视和吸纳民意。2010 年从政府层面，吸纳民意出现新气象。

中国各层级领导重视网络民意。在中央一级，人民网曾正式推出“直通中南海——中央领导人和中央机构留言板”。网民点击领导姓名或者中央机构，可以给他们留言。2010 年 2 月 27 日全国两会召开前夕，国务院总理温家宝与广大网友进行在线交流。在两个小时中，温家宝总理回答了其中的 22 个问题，内容涉及国计民生，从物价到房价，从教育到医改，从就业到收入分配等。在省部一级，多位省区市、中央部委领导纷纷谈及网络民意话题。上海市委书记俞正声说：我每天都会上网看看。上海市政府有自己的网页，每天收集很多信息。市委、市政府也有舆情收集机构，每天早晨都会把前一天网上对上海的批评意见送到我这里，并及时作出处置。上海市市长韩正说：非常注意媒体尤其是网络上的言论。上海每出台一个政策后，都会非常注意网上的评价，会适时对所有政策进行实事求是的评估。天津市委书记张高丽说：非常重视网民、网络对市委市政府工作的意见。重庆市委书记薄熙来说：我有时候也看看网络上的民意，注意到 95% 以上的网友都支持重庆“打黑”。山西省委书记袁纯清说：浏览大家给我的留言，凡对我的工作提出建议的，我会在工作中积极加以采纳，对我们的工作提出批评意见的，我会努力加以注意和改正，对反映的一些问题或生产生活中的困难，我已责成省委社情民意办公室和有关部门认真加以研处。安徽省委书记王金山说：网民所议所提虽是个人意见都能为决策提供有益的参考。领导干部上网，也是一种现代社会的微服私访。江西省委书记苏荣著文《“网络问政”是坚持党的群众路线的体现》，认为网络是各级党委和政府下情上达、上情下达的重要媒体。广东省委书记和省长汪洋、黄华华新年向网民拜年，省委办公厅探索建立了与网友良性互动机制，在南方网建立了网络问政平台，并指派网络信息资源处收集网友在各大网站的留言，通过日常办理和集中交办等方式，及时办理网友集中反映问题。地方其他各层级领导与网民交流沟通的事例更不胜枚举。

中国政府以各种渠道收集网民的意见。人民网舆情监测室发布的《2010年中国互联网舆情分析报告》指出，2010年各级党政机关都在持续探索通过互联网听取民意、汇集民智、排解民怨的方法和途径。山西、安徽、河南、广东、天津、云南、吉林、四川、辽宁、广西、浙江、江西、陕西、湖北、青海等以“红头文件”形式，建立起回复办理人民网“地方领导留言板”留言的固定工作机制。比如，2010年7月14日，辽宁省委下发《关于网友在人民网等网络媒体向省委主要领导留言办理工作的暂行规定》；7月27日，广西宣布成立自治区回复网友留言工作协调小组，负责人民网网友给自治区党委、政府主要负责同志留言的回复组织工作。2010年，人民网“地方领导留言板”全年接收各地网友留言34万条，帮助解决网民诉求1.53万项。河南省委办公厅把河南省办理网民留言总结为三大特点：一是数量多。2010年前11个月，人民网网民留言有关河南的约9万多条，其中给书记、省长留言6.7万条，占全国的1/10。经梳理有效留言1.07万条，办结1.01万条，办结率为94.8%。公开回复网民留言1619条，回复率为97.2%，占全国的13.3%。二是反应快。接收留言后3个工作日内完成甄别、分类、转发，一般留言10个工作日内完成上报或答复，紧急问题当天受理当天回复。三是标准高。各级党委督察部门坚持谁办理、谁负责，努力做到交必办、办必果、果必复；对办理过程，坚持台账管理，全程掌控，跟踪督办；对办理结果，坚持仔细核查，认真回访，努力做到件件有回音、事事有结果。

一些部门也充分发挥网络的作用。2010年国家预防腐败局，处理网民留言及电子邮件逾6万件。教育部“国家中长期教育改革和发展规划纲要”面向全社会公开征求意见，教育部相关负责人表示，对收集的意见、建议，无论是肯定意见，还是批评质疑，他们都给予同样的尊重，逐条梳理研究，对合理的意见、建议认真地吸纳。一些政府机构运用网络创新工作。《青海省教育厅网络舆情监测、处置办法（试行）》规定，各处室（单位）主要负责人作为网民留言办理的第一责任人，收集、整理国内重要网站上网民给省领导的留言，包括省教育厅门

户网站厅长信箱、青海新闻网青新论坛、人民网、新华网的留言来信及舆情信息等，在坚持原则、把握尺度的前提下，限期办结，一时难以解决的及时说明原因，保证网民留言办理及回复工作的时效性。2010 年 2 月，广东肇庆市公安局、佛山市公安局开通了公安微博，成为全国首批通过实名认证的公安微博。此后，各地公安微博群不断涌现。8 月 1 日，北京公安开通官方微博“平安北京”后，20 天内访问量突破 210 万人次。2010 年广州亚运会召开之际，10 名网民代表与广州市长及广州亚组委、市教育局、市经贸委、市建委、市城管委等相关领导，就文化软环境建设、迎亚运礼仪、振兴广州美食、道路管理等问题展开了讨论。根据网民所提出的建议要求相应部门牵头落实好各项工作，要求市政府办公厅每个季度开展一次网民座谈会，就各重大决策集纳民间智慧。

各级两会以及规划立法尤其强调吸纳民意。开门办两会，积极面对网络民意，是 2010 年地方两会中一道风景线。四川政协网开辟“两会民意直通车”，邀请网民一起提交两会提案、议案。浙江杭州市《政府工作报告》征求意见稿，在政府门户网站向社会进行为期一周的公示。《政府工作报告》在市两会前通过互联网向全体市民征求意见。广东惠州市尝试在网上征集两会旁听代表，网友可与政府和有关职能部门负责人面对面交流，所提的建议将汇总到相关部门，一些建设性建议将被吸纳到政协提案里。洛阳新安县在网上公开征集 2010 年政府工作和为民所办实事的建议，县信息化办公室通过在建言献策版块发布征求意见帖子、召开视频会议、在新安县党政门户网站发布新闻、在县电视台制作电视新闻、发布流动字幕、给各单位领导人大代表政协委员群发手机短信等多种形式，广泛宣传、积极策划县政府网上征集建议。一些两会代表委员用实名博客，将所关注的社情民意、两会议案提案等内容撰写成博文发表在网上。浙江开展“十二五”规划建言献策活动，公众可以登录浙江省人民政府网站、省发展和改革委员会网站、浙江在线、浙江经济信息网的相关专栏提交意见建议，通过网络留言、电子邮件等 4 种方式提交省“十二五”规划建言献策办公室。湖北省立法将日益重视网络民意，湖北就业促进条例立法中开门立法征集民意，条例二审稿在采纳网民建议的 17 处条款中，有一半是原原本本用网民的原话。

网络公开和网络监督取得一定成效。2010 年一些政府和部门尝试了网络公开。国土资源部、科技部、财政部、住房和城乡建设部都在各自网站公布 2010 年预算表格。四川巴中市白庙乡政府还公示了公务开支明细表，详细记录了每分钱公务花费，甚至招待上级官员烟酒都悉数公布，被网民称为“政府全裸第一例”。2010 年针对网民对政府奢侈采购的异议，一些行为得到制止。在网络舆论的压力下，抚顺财政局中止了 iPhone4 的采购，苏州交巡警支队的 iPhone4 采购项目也暂且搁置，新疆乌鲁木齐市水磨沟区法院采购两台豪华电动按摩椅也已叫停。同样由于网络曝光，福建屏南量身定做招聘的财政局长和人事局长，双双被免职。湖南省冷水江市财政局“官二代”招聘，也被取消聘用资格。而被网络曝光的广西烟草局长以及河北大学校园内醉酒驾车撞人的李君铭，都受到法律的制裁。

需要指出的是，政府一方面重视和吸纳网络民意，另一方面则对网民和网络舆论持谨慎态度，并且试图在多方面加强管理和调控。中国坚持依法管理、科学管理和有效管理互联网，努力完善法律规范、行政监管、行业自律、技术保障、公众监督和社会教育相结合的互联网管理体系。中国自 1994 年以来颁布了一系列与互联网管理相关的法律法规，中国坚持审慎立法、科学立法，为互联网发展预留空间。政府在互联网管理中发挥主导作用，政府有关部门根据法定职责，依法维护公民权益、公共利益和国家安全，积极倡导行业自律和公众监督。2010 年中国规制网络的措施不断强化。有关主管部门也已先后出台了多项有关网吧行业的管理办法，网吧从安全性到日常管理都已逐渐规范化。网络实名制开始推行，如重庆警方将启动网络实名制，QQ 群也将被纳入监管范围。针对网络水军问题，也在采取措施。

三　小结

中国网民已经 4 亿多，是世界第一网民大国。面对着这样巨型的网民社会，如何应对网络的政治效应，将是越来越重要的问题。2010 年中国网民积极参与，政府积极应对，电子民主取得一定的成效。但也要看到，这种民主进程与网络提供的潜力相比，与网民的愿望相比，还有很大的距离。要做到在战略上重视网络民主，在政策上鼓励网络民主，中国还需要作出困难的选择，还需要经历艰难的历程。

B.18

基于地理空间的政府信息资源共享服务体系

彭 凯 李 军 付 哲 陈桂红*

摘 要：在详细阐述“基于地理空间的政府信息资源”的相关概念、分级、分类等基本理论基础上，本文系统地介绍了基于地理空间的政府信息资源共享服务体系总体框架的相关内容及其在北京市的实践成果，可为其他城市建设基于地理空间的政府信息资源共享服务体系提供一定的参考和借鉴。

关键词：地理空间　政府信息资源　共享服务体系

基于地理空间的政府信息资源是一种在政府部门业务流程中产生的、与地球上空间位置直接或间接相关的战略性信息资源。这类资源在城市管理、园林绿化、环境保护、生态监测、土地与矿产管理、房屋建筑管理、地下空间管理、交通、农业、公共安全、应急指挥等领域应用十分广泛。然而，“重复建设现象严重、系统建设成功率低、业务数据整合困难”等诸多问题一直困扰着我国各级政府部门的地理空间信息应用。为此，开展基于地理空间的政府信息资源共享服务体系研究，不仅是电子政务建设的重要工作，而且对加快“数字城市”建设进程具有重要意义。

一 基于地理空间的政府信息资源

建设基于地理空间的政府信息资源共享服务体系是一个巨大而复杂的系统工

* 彭凯，北京市信息资源管理中心主任，主要研究方向为电子政务、信息资源管理、数字城市等。

程，为获得最佳的经济效益和社会效益，必须对基于地理空间的政府信息资源展开深入研究和分析，为其建立起一套科学、合理、实用的分级分类体系，才能对其实行有效的管理，并进行深入的开发利用。

（一）基本概念

1. 政府信息资源概述

政府信息资源是指政府部门为履行管理国家行政事务和社会公共事务的职责而采集、加工、使用的信息资源；由政府部门在业务过程中产生和生成的信息资源；由政府部门投资建设的信息资源以及由政府部门直接管理的信息资源。政府信息资源的内涵十分丰富，不仅囊括了图书、情报、档案、多媒体、资料等内容，随着信息化的发展，涉及内容更是从以往传统政府活动拓展到目前电子政务活动中形成的各类信息资源。

2. 基于地理空间的政府信息资源概念和特点

基于地理空间的政府信息资源是指与地球上空间位置直接或间接相关的政府信息资源，它是地理空间信息资源与政府信息资源的交集，兼有了两者的特性，这也是区别于其他信息资源的关键所在。

根据不同群体对信息资源的观察角度，可从不同的维度对同一个信息资源进行多重分类。按照信息自身的空间特性进行划分，可划分出地理空间信息资源以及非地理空间信息资源两类，通常来说，信息资源中至少有80%与空间位置有关；而按照信息的来源渠道进行划分，可以划分为政府信息资源、非政府信息资源（非政府机构拥有的，包括由非政府机构收集和生产的信息）；其中，政府信息资源约占80%～90%。由此，在从两个维度对信息资源进行定位分析研究的时候，即可衍生出基于地理空间的政府信息资源。

首先，基于地理空间的政府信息资源具有一定的地理空间特性，例如，直观可视性、多维性、海量丰富性、基础性、战略性等；其次，由于这类资源来源于政府工作，因此具有一些独特的数据需求特征和应用特性，例如权威性、共享性、现势性、标准性、集成性、安全性等。这种双重属性使基于地理空间的政府信息资源区别于传统意义上的“地理空间信息资源”，在其管理、共享、服务以及应用等多方面均有着独特的特征。

（二）基于地理空间的政府信息资源分级

基于地理空间的政府信息资源在共享分级上存在一定的特殊性，造成这一特殊性的根本原因是其自身的地理空间特性。基于地理空间的政府信息资源空间位置属性对整个国家安全来说至关重要，国家相关管理条例中对这类数据的政务公开存在严格的审核制度，因此，目前在电子政务实际应用中对于基于地理空间的政府信息资源公开、共享还存在一些限制。为在充分考虑安全性的前提下更好地促进资源共享，可将部门共享详细划分为基础共享类和主题共享类。综合考虑信息资源的保密级别、共享服务的需求程度等因素，可以将其分为政务公开、基础共享、主题共享和政务专用四级（如图 1 所示）。

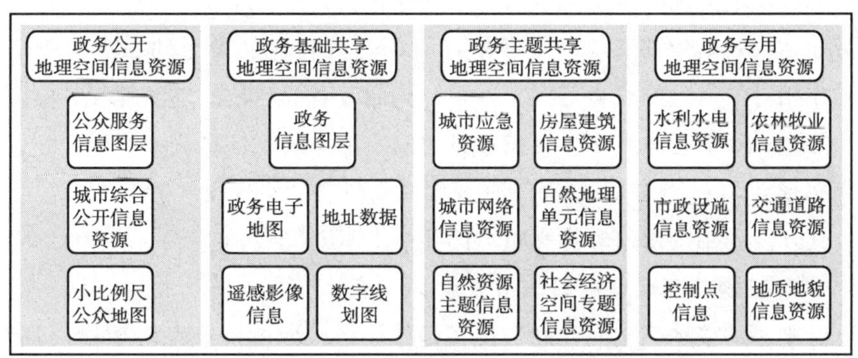

图 1　基于地理空间的政府信息资源共享分级示意

1. 政务公开地理空间信息资源

政务公开地理空间信息资源是指以适当的方式向人民群众和社会公开的不涉及党和国家机密的行政事务、社会公共事务类的基于地理空间的政府信息资源。这类资源具有广泛的社会公开共享性、明确的空间可视特性、较强的现势性等特点。

政务公开地理空间信息资源是政府信息公开的重要内容之一，这类资源的公益性开发和全社会共享应用不仅对信息社会中的“数字城市”建设起到促进作用，而且对整个社会政治、经济和文化的发展也具有重要的意义。政务公开地理空间信息资源在推动社会民主进程、促进公众参与国家管理、保障社会和谐稳定等方面起到了不可忽视的作用。通过政务公开地理空间信息资源的开发和共享，

充分利用政府门户网站、重点新闻网站等方式，使公众能够方便、快捷、及时地获取这些信息，建立起政府和公众沟通的新渠道和新模式。在2003年春夏之交防治SARS的过程中，我国政府通过向全社会公开以地理空间位置表示的SARS源、感染者位置、影响程度等政府地理信息的方式，始终与公众保持及时有效的沟通，保障了公众的知情权、参与权、监督权等，同时这也对稳定人心、使公众树立抗击病魔的信心起到了重要的作用。

2. 政府基础共享地理空间信息资源

政府基础共享地理空间信息资源是指政府部门可给所有政府部门履行行政职能和业务应用需要提供共享使用的那一类基础性地理空间信息资源。这类资源最大的应用特点是可以在政府部门间无偿共享，为政府部门提供统一的地理空间框架，在基础地理空间框架上增加可共享属性特征。

目前，政府基础共享地理空间信息资源是最有开发潜力的一类政府信息资源。它在相对低风险的安全等级条件下，拓展政府部门信息资源的服务范围，增强服务能力，降低行政成本，支持业务协同，推动政府信息资源的优化配置，打破“信息孤岛”和“信息垄断”，充分发挥信息资源在建设“服务型政府”中的作用，其开发利用的价值和意义重大。

3. 政府主题共享地理空间信息资源

政府主题共享地理空间信息资源，是指按照政府实际应用需要横向提取的，针对部分政府部门共享请求，向其提供的一类跨部门共享、面向某一主题的地理空间信息资源。与政府基础共享地理空间信息资源相比，它的共享范围是有限的，但这种适度共享机制，恰恰满足了部分政府部门跨部门之间的业务需求。

政府主题共享地理空间信息资源从整体上看，具有数据来源的跨部门分布性特征，而其真正的价值则充分体现在其“综合性”上。这类政府行政职能部门涉及数量庞大、类型复杂、结构多样的时空信息资源，它们数据来源渠道各异，有些是从日常办公业务中累积的，有些可能需要仪器采集，这些由不同部门不同时间生产的多源专题数据，彼此各成体系且又复杂相关，需要经过一系列复杂的处理技术和整合集成过程才能将其纳入同一个空间框架下进行共享应用。这种数据源面向业务协同的分布广泛、逻辑综合等特性成为它最典型的一个特征。集成、融合和共享后，政府主题共享地理空间信息资源的价值将呈现“倍增效应”，进而带来难以估量的巨大的社会效益和经济效益。

4. 政府专用地理空间信息资源

政府专用地理空间信息资源，是指部门业务依法专用的地理空间信息资源以及业务部门不需要公开或者有特殊需要不能公开的那部分信息。此类信息资源的内容范畴随着各级政府部门间信息共享意识的提高而动态变化。

由于行政管理的需要，政府部门遵照相关的法律、法规、规章、政策及其他依据，内部需要保留一些不能公开的保密数据或不需要公开的业务流程数据，这类信息资源作为一种不公开的“例外”情况，相对独立于其他公开或共享的政府信息资源。目前，对于基于地理空间的政府信息资源来说，这类不公开的专用数据大量存在。随着“信息公开”越来越成为社会民主透明的一种必然要求，政府专用地理空间信息资源的范围正在逐渐缩小，但这种数据专有、专用的需要仍会存在。

（三）基于地理空间的政府信息资源分类

基于地理空间的政府信息资源遵循与政府信息资源同样的分类方法，按照行业分类、主题分类、服务分类和资源形态分类四种方法来进行分类。行业分类和主题分类是基于地理空间的政府信息资源最常见和基础性的分类方法，资源形态分类是辅助性分类，服务分类能够体现面向用户提供的功能服务的划分。考虑到目前政府应用的深度和广度，基于地理空间的政府信息资源服务分类成为一种广泛应用的分类方法。

政府信息资源的服务分类通常采用面向公众服务的分类方法，考虑基于地理空间的政府信息资源自身的特殊性，根据目前为政府部门所提供服务的不同应用程度以及该数据和政府部门业务的相关程度，可以将服务分为三个层面：基础数据服务层面、政府支撑服务层面、政府应用服务层面。按照这种分层，也可以将基于地理空间的政府信息资源依次分为三大类型：基础数据服务类、政府支撑服务类、政府应用服务类（如图 2 所示）。

基础数据服务类主要包括那些最基础的地理空间框架数据，它们和政府部门的业务基本无关，主要为政府部门提供多种基础地物的空间表达形式，例如遥感影像数据为政府部门提供了最基础的“看图”服务，数字线划图提供了基本的地理空间“框架”服务，数字高程模型可以提供基本的“三维空间”构建服务等。

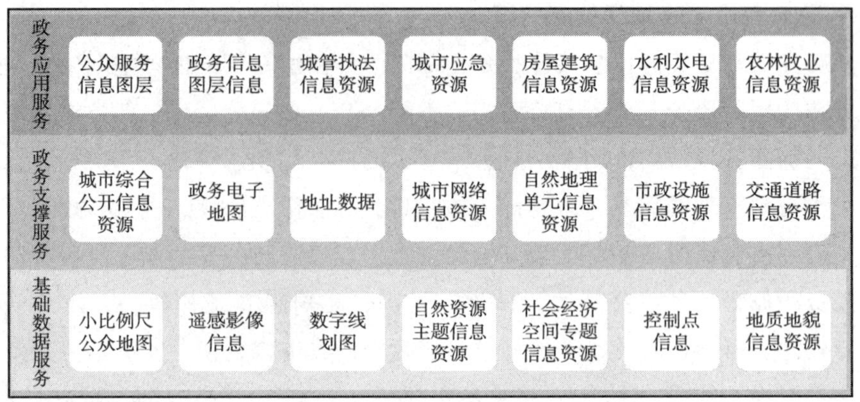

图2　基于地理空间的政府信息资源政府服务分类示意

政府支撑服务类主要包括那些能够支撑政府相关业务或者能辅助相关部门业务协同的一类信息资源，例如政府电子地图、地址数据库等。它与政府部门的相关业务存在一定关系，但还没有达到涉及核心业务的程度，可以起到一定的业务支撑作用。

政府应用服务类是指那些在政府部门核心业务中广泛存在的一类地理空间信息资源，例如地下管线数据、国土地籍数据、房屋建筑数据等，这些信息对相关政府部门来说，都属于其各自的核心业务，离开这些数据，部门的工作几乎无法开展，因此，这类资源是政府应用最深入最广泛的一种类别。

面向公众服务的分类是一种可以和共享分级相互结合的分类方法，共享分级体现了基于地理空间的政府信息资源可公开共享的程度，而服务分类体现了基于地理空间的政府信息资源本身能提供信息服务的深度，两者从两个维度分别刻画了基于地理空间的政府信息资源组织方式对政府某种特定职能提供服务的支撑作用，具有较强的实际应用价值。

二　基于地理空间的政府信息资源共享服务体系

（一）总体框架

基于地理空间的政府信息资源共享服务体系是在国家电子政务总体框架指导

下，对具有空间特征的一类特殊的政府信息资源进行开发利用的理论框架。基于地理空间的政府信息资源共享服务体系是国家电子政务总体框架在实际地理空间应用领域中的一个“缩影”。

按照国家电子政务总体框架的要求，基于地理空间的政府信息资源共享服务体系由服务、业务与应用系统、信息资源、基础设施、体制机制、法律法规与标准化体系等方面内容组成（如图 3 所示）。其中，服务是宗旨，是业务和应用的体现。应用是关键，是业务的信息化实现，因此要以政府业务为依托，以地理空间信息技术为手段，以电子政务空间业务应用系统为技术支撑，实现政务的空间可视化管理和辅助智能空间决策。基于地理空间的政府信息资源开发利用是主线，是开展业务活动的核心。基础设施是支撑，是应用系统运行的基本载体，对于基于地理空间的政府信息资源来说，测绘基准设施的建设也对整个体系起到重要支撑作用。法律法规、标准化体系、管理体制是保障，贯穿于基础设施、信息资源、应用与服务的各个层面，尤其是在体制机制中要明确组织领导、建立管理体制、摸清服务机制、培养人才队伍、注重技术创新，在具体项目实践中才能发挥整个体系的巨大应用潜力和实际价值。

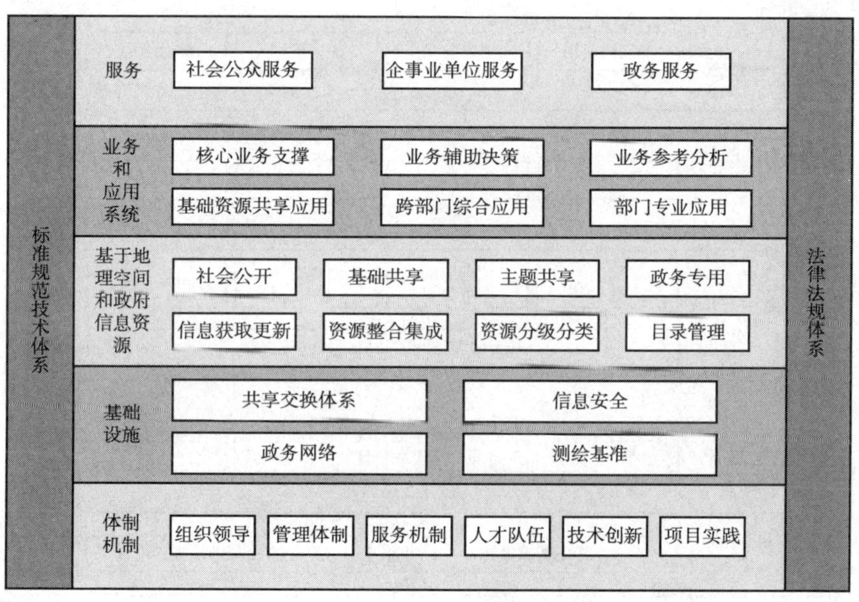

图 3　基于地理空间的政府信息资源共享服务体系总体框架

（二）技术总体框架

基于地理空间的政府信息资源共享服务体系技术总体框架从技术实现角度阐述了体系的总体构成以及各个组成内容之间的关系，它既明确了基于地理空间的政府信息资源共享服务应用工作在技术上的总体发展方向和未来蓝图，又为城市相关部门规划、设计和建设相关地理空间应用提供了技术参考模型。

从技术实现角度来看，基于地理空间的政府信息资源共享服务体系技术总体框架可划分成基础设施、基于地理空间的政府信息资源、基于地理空间的政府信息资源目录体系、基于地理空间的政府信息资源共享服务平台、业务应用系统以及门户六大内容层面和政策法规与标准规范体系、信息安全体系两大支撑手段（如图4所示）。其中，六大内容层面依次构成体系建设的阶段性目标，两大支撑手段是贯穿整个体系建设、应用以及推广的重要保障机制。

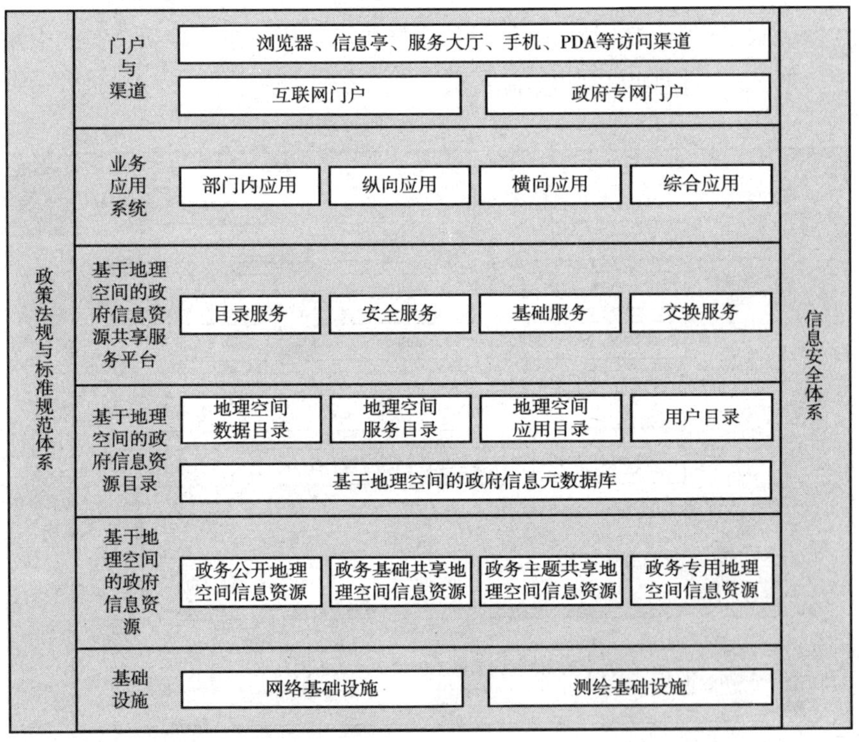

图4 基于地理空间的政府信息资源共享服务应用体系技术总体框架

（三）体系的多级架构

基于地理空间的政府信息资源共享服务体系是一个应用于各个政府部门的横向体系，这一体系通常由一个服务应用中心、多个信息分中心构成。在国家、省（市）、区（县）以及乡镇（街道办）的多级纵向行政体制中，这一体系同样适用于每个应用层面，因此，整个体系构成了“三级应用中心、服务四级应用”的多级架构（如图5所示）。

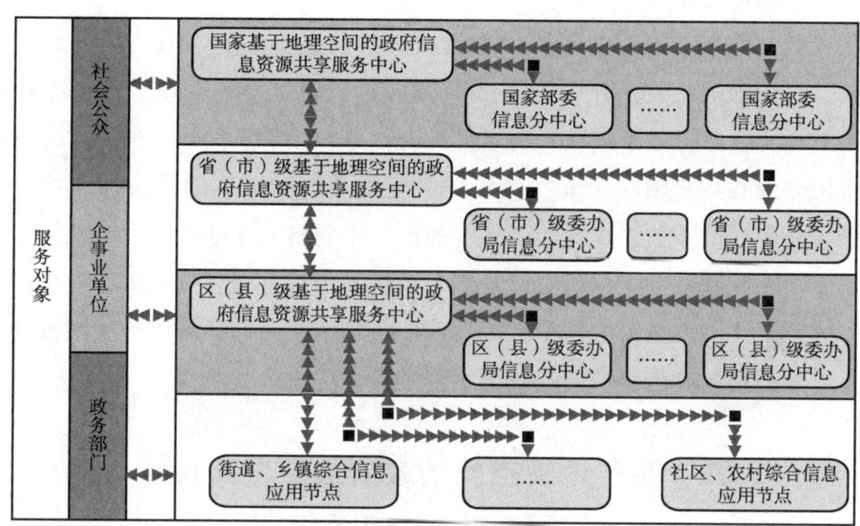

图5　基于地理空间的政府信息资源共享服务体系多级架构

基于地理空间的政府信息资源共享服务中心是整个体系的中转枢纽，负责为其他信息分中心提供该类资源的应用服务，具备政府基础共享地理空间信息资源和政府主题共享地理空间信息资源的管理、共享、交换职能。信息分中心是实现基于地理空间的政府信息资源管理、共享、服务以及应用的基本单元，与应用中心互联互通，具体负责本部门基于地理空间的政府信息资源管理、共享以及与其他部门的资源交换。

国家级基于地理空间的政府信息资源共享服务中心通常应采用“逻辑集中、物理分散”的资源建设模式：各国家部委信息分中心分别建设其子数据库，形成数据逻辑中心，国家级应用中心统一协调数据服务，形成多部门合作共同建设数据库的机制，通过数据逻辑中心提供资源服务，支撑委办局业务应用。

省（市）级基于地理空间的政府信息资源共享服务中心建议采用“适度物理集中、基础资源共享”的资源建设模式：由省（市）级政府相关部门牵头设立的基于地理空间的政府信息资源逻辑中心进行统筹规划，将各委办局信息分中心提供的可共享信息资源统一纳入政府基础共享地理空间信息资源数据库，通过提供多种资源共享服务，支撑各政府委办局应用共享信息资源开发其业务应用系统。这种适度集中模式着眼于目前政府实际应用现状，在技术上也存在一定基础，因此，具备较强的可行性。

区（县）级基于地理空间的政府信息资源共享服务中心较为特殊，它不仅支撑区（县）级委办局信息分中心的业务应用，而且支撑乡镇、街道办综合信息应用节点的业务。考虑到镇、街道办综合信息应用节点的实际情况，建议这一级的应用分中心宜采用“完全物理集中、提供共享服务”的资源建设模式，整合各信息分中心的业务需求，协调统一建设一个完整基于地理空间的政府信息资源数据库，在此基础上支撑所有区县级和乡镇、街道办级别的相关政府部门业务应用。这种模式不仅技术上易于实现，便于管理维护，而且可以最大限度地节约资金，有效利用各种信息资源，避免重复建设，促进区县应用。

三　基于地理空间的政府信息资源共享服务体系建设和实践

北京市按照上述规划，在“基础共享先行，专题应用推动，综合服务促进”的原则下，组织开展了基于地理空间的政府信息资源共享服务体系建设和实践，有力支撑了城市管理、应急指挥、地下管线、房屋管理等重大应用系统的建设，取得了显著的社会效益和经济效益。

（一）基于地理空间的政府信息资源的管理

1. 数据库规划

北京市基于地理空间的政府信息资源数据库建设过程中，始终遵循权威性、共享性、标准性、规划性等原则，从共享分级和服务分类角度出发，统一规划了全市“三横、四纵”的总体构成（如图6所示），优先重点组织建设了政府基础

共享地理空间信息资源数据库，在服务层面上提供了基础数据、政府支撑以及政府应用三种服务形式，以满足不同委办局的应用需求。

政务服务分类 / 资源共享分级	政务公开地理空间信息资源	政务基础共享地理空间信息资源	政务主题共享地理空间信息资源		政务专用地理空间信息资源	
政务应用服务	公众服务信息图层	政务信息图层	城市应急资源	房层建筑信息资源	水利水电信息资源	农林牧业信息资源
政务支撑服务	城市综合公开信息资源	政务电子地图；地址数据	城市网络信息资源	自然地理单元信息资源	市政设施信息资源	交通道路信息资源
基础数据服务	小比例尺公众地图	遥感影集信息；数字线划图	自然资源主题信息资源	社会经济空间专题信息资源	控制点信息	地质地貌信息资源

图 6　北京市基于地理空间的政府信息资源数据库基本构成

北京市政府基础共享地理空间信息资源数据库由遥感影像数据库、数字线划图数据库、政府电子地图数据库、地址数据库以及政府信息图层数据库构成，这五大数据库是开展基于地理空间的政府信息资源共享、服务以及应用所必需的基础性设施（如图 7 所示）。北京市自 2001 年起开始组织全市统一的五大基础共享数据库建设，并于 2007 年 1 月基本建成并投入实际应用。

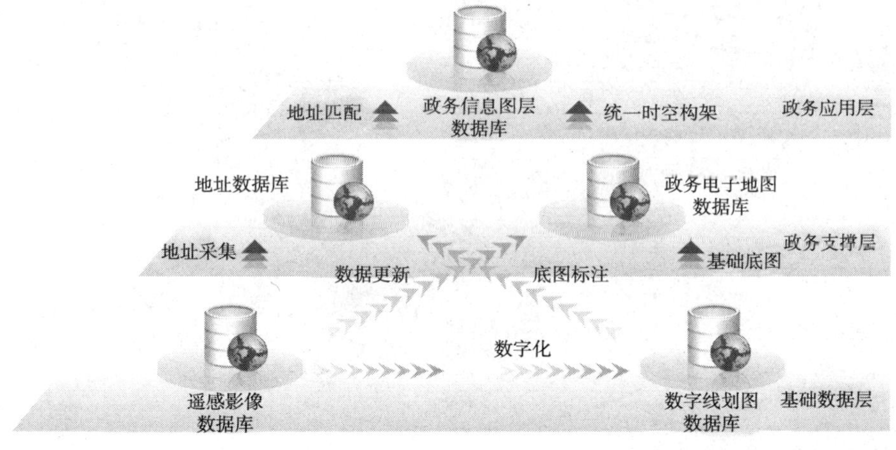

图 7　北京市政府基础共享地理空间信息资源数据库构成

2. 资源建设模式

北京市根据实际应用状况，综合考虑政策、技术方面的可行性，通过不断地摸索，按照“适度物理集中，基础资源共享”的资源建设模式进行构建：由北京市经济和信息化委员会（原北京市信息化工作办公室）统筹组织基于地理空间的政府信息资源的建设工作，将各部门可共享的信息资源统一纳入基础共享数据库中进行集成管理，再通过提供一系列的共享服务机制（如二次开发接口等），支撑各部门应用共享的信息资源开发其业务应用系统（如图 8 所示）。这套切实可行、可靠长效的数据库建设运行机制，既可满足现阶段各委办局对信息共享的应用需求，又能最大限度地节约资金，避免浪费和重复投入。实践证明，适度集中的模式比较适合北京市当前的信息化建设发展现状，具备较强的可行性。

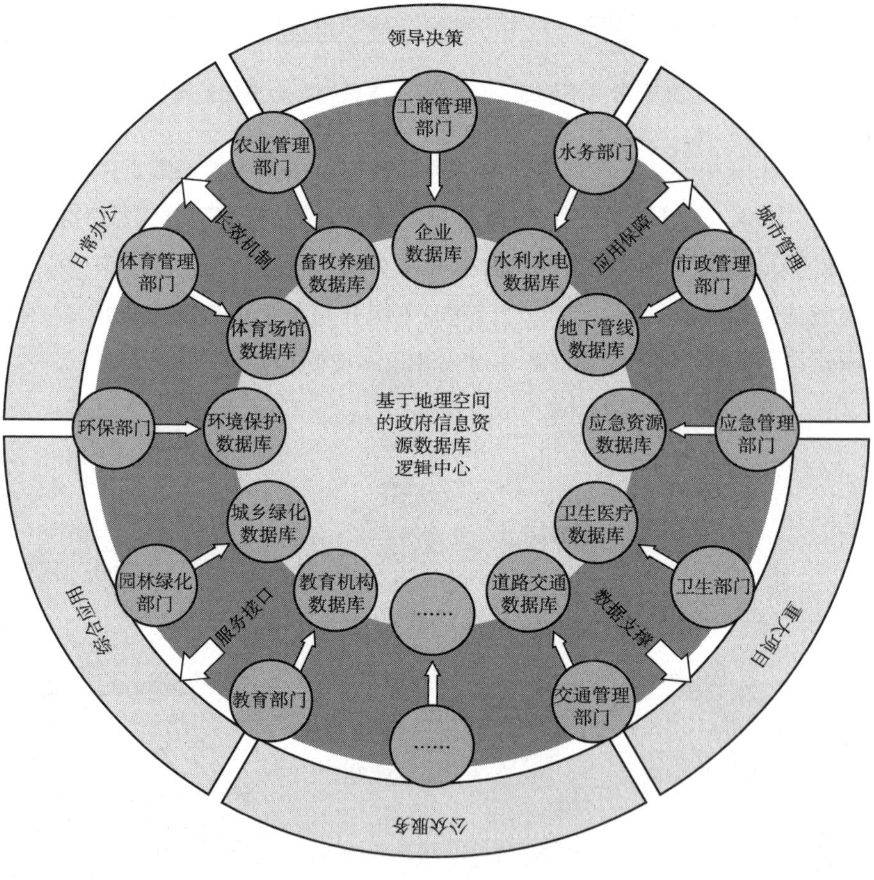

图 8　适度集中的资源管理模式

3. 获取与更新维护

按照“先基础再专用、先看图再业务”的技术路线，“统筹协调、沟通双赢”的建设机制，北京市从纵向的服务分类、横向的共享分级两个维度并行着手进行资源内容的获取和更新。

目前，北京市政府基础共享地理空间信息资源数据库已经管理了大量的资源。北京市遥感影像数据库按照“市财政统一支付，按需采购，政府各部门免费使用”的机制进行获取和更新，目前，该数据库中已有全市自2001年以来所获取的多源、多时相、多分辨率遥感影像数据（包括年度航拍影像、常用的卫星影像数据、“北京一号”小卫星影像等），数据量超过20TB，并向全市各部门提供了免费共享。对于数字线划图数据库，北京市已经建立了成熟完善的数字线划图获取机制。北京市政府电子地图的获取和更新充分考虑应用部门业务模式和应用需求，原则上每年更新一次，保证数据的准确性和现时性。

北京市地址数据库的获取和更新，由北京市经济和信息化委员会组织建设。目前，该数据库已采集了覆盖全市区域范围的各类门牌、楼名、街道等28类80多万条地址数据，并自主研发了国内首个通用、高效、实用的地址匹配引擎，实现了应用部门业务数据空间化工作的自动免费处理。地址库及匹配引擎已经具备了对全市2000多万人口进行自动化快速地图标绘的工作能力，可为北京的各类社会经济人文信息与地理空间信息整合提供强有力的支撑。

政府信息图层是指政府管理部门规划、管理、决策和服务中所需要的、可共享的地理空间信息资源。利用地址匹配工具，北京市已经完成了大量政府信息图层的制作，政府信息图层数据库中已有来自北京市教委、北京市科委、北京市交通委、北京市工商局等40多个政府部门提供的1000多个政府信息图层，涉及科研院所、医疗机构、道路交通、企业法人、体育场馆、宾馆饭店、旅游景点等大量信息，约300多万条。

4. 目录组织管理

北京市基于地理空间的政府信息资源目录体系建设总体目标是建立市区两级的资源管理体系。具体内容包括：①辅助委办局梳理部门基于地理空间的政府信息资源目录，协助支撑业务管理和系统建设；②提取基础共享资源目录，整理需求目录，为全市统一的政府基础共享地理空间信息资源建设服务；③按照相关跨部门的业务应用需求，逐步梳理重大应用主题资源目录；④通过确定资源责任部门，明确基础数据采集更新职责，确保全市基于地理空间的政府信息资源的鲜活性权威性；⑤形成北京市基于地理空间的政府信息资源建设更新和共享应用长效机制，实施绩效考评和信息安全管理。

北京市自2008年8月起，正式启动基于地理空间的政府信息资源目录体系研究；2009年6月，明确目录梳理方法、资源分类方法，形成目录体系总体框架，完成编目工具的软件；2009年11月至2010年5月，完成全市42家市级政府部门的实地调研；2010年8月，获得29家部门正式反馈的基于地理空间的政府信息资源现状和需求表，汇总形成全市2011年度基于地理空间的政府信息资源共享目录（含基础共享目录和公众服务目录），涉及科技、民政、司法、国土、环保、交通、水务、卫生、医药、园林、旅游等多个领域；2011年3月，正式发布基于地理空间的政府信息资源共享管理规范性文件，明确基于地理空间的政府信息资源责任方、需求方以及共享服务方等相关单位的职责和义务，以动态目录管理为手段实现其管理，实现基于地理空间的政府信息资源的完备性、准确性、及时性与安全性，初步建立了基于地理空间的政府信息资源建设更新的长效机制。

（二）基于地理空间的政府信息资源共享服务

在基于地理空间的政府信息资源共享服务方面，北京市从组织机制体制、共享服务模式等方面进行了一系列突破性创新和实践，取得了一系列阶段性成果。

在组织机制体制上，北京市成立了信息资源管理中心，积极推动北京市基于地理空间的政府信息资源管理、共享、交换和服务工作，实践证明，这一机构的设立，对打破“信息壁垒”，缩小“信息鸿沟”，整合“信息价值链”，实现部门间业务协同、信息共享和“一站式服务”起到了关键作用。该机构采用矩阵式管理模式，实行行政决策和技术决策相统筹的机制，凝聚了一批拥有扎实专业知识、具备良好业务理解能力的技术人才，为事业的健康可持续发展奠定了坚实的基础。

在共享服务模式上，为有效整合和管理海量地理空间资源，满足各政府部门对这类资源共享的强烈需求，北京市统一建设了基于地理空间的政府信息资源共享服务平台，它是国内首个真正实现多源海量地理空间信息管理和服务的大型信息共享平台，通过提供遵循OGC标准规范的二次开发接口，在国内率先实现了

异构 GIS 平台的数据互操作，满足了数字城市资源开放和共享的要求，并在探索基于地理空间的政府信息资源共享应用的关键技术、实现途径、管理模式以及长效机制等方面都取得了重要的突破。该平台集海量数据管理、资源展示应用、网络空间信息服务以及后台日志监控等功能于一身，全面考虑高效率、高并发、稳定、安全、开放等因素，为全市各部门提供高效、安全、可靠的地理空间信息服务。

目前，利用基于地理空间的政府信息资源共享服务平台提供的在线、实时、高效的空间信息服务接口，北京市各政府部门均可在政府专网上获取遥感影像、政府电子地图等基础数据以及地址匹配等共享服务，并可快速搭建其业务系统。截至目前，北京市已有 42 个政府部门的 68 个业务系统基于该平台进行建设，涉及市应急办、市发展改革委、市财政局、市住房城乡建设委、市国土局、市农委、市安全监管局、市园林绿化局等部门，对有地理空间应用需求的单位覆盖度达 90.5%，这些系统对共享服务平台的日访问次数约为 30 万次，节约了大量时间和资金投入成本。市工商局、市财政局等非传统的 GIS 应用部门利用这种模式，创新性地在业务流程中运用地理空间信息技术，实现了基于地理空间的业务管理，全面提升了首都相关政府部门的信息化水平。

为满足越来越多的政府部门需要向公众提供地理信息服务的应用需求，北京市统一组织了“地理空间信息资源公众服务平台”建设，为全市政府部门发布基于地理空间资源的公众服务网站，提供统一的地理空间资源接入服务，并通过“首都之窗”集中提供服务。目前，北京市信息资源管理中心已获得互联网地图甲级发布资质，并先后组织市园林绿化局、市文化局、市城管执法局、市卫生局等 20 多家单位基于该平台进行公众服务网站建设，提高了全市政府部门公众服务能力和水平。

（三）体系的应用推广

北京市通过组织和建设基于地理空间的政府信息资源共享服务体系，使全市初步形成了较为完整完善的基于地理空间的政府信息资源开发利用框架，推动了政府信息资源的共享、公开与应用。目前，这些资源已广泛应用于国土、林业、农业、交通、公安、环保、水务、规划等众多业务部门，增强了政府的管理能力、决策能力和应急处理能力，提高了政府的工作效率和公共服务水平，在政府日常管理、辅助决策支持、跨部门业务协同等方面发挥着不可或缺的重要作用，为“人文北京、科技北京、绿色北京”战略的实现奠定了坚实基础。

统筹规划建设基于地理空间的政府信息资源共享服务体系，不仅积累了海量的资源财富，节省了大量的财政资金，而且探索出了一条适合我国的基于地理空间的政府信息资源共享服务应用的新路子，先后获得工信部（原国信办）、国家测绘局等相关领导的高度关注和认可，并在国内“数字城市”建设领域引起强烈反响，许多省市相关部门纷纷前来访问、交流、参观，并相继开始类似体系的建设和研究（例如，山东、深圳、重庆、青岛等）。关于这一体系的理论研究和应用实践的成果，将为全国“数字城市”建设提供重要的参考和借鉴。

“基于地理空间的政府信息资源”是目前“数字城市”、电子政务等领域出现的一个全新概念，“基于地理空间的政府信息资源共享服务体系”是在对该资源进行管理、共享、应用过程中总结出来的一套完整理论框架。虽然这些概念和理论都还处在不断发展完善的过程之中，但通过北京市在城市规划、城市建设、城市管理、应急指挥、基础测绘、资源调查、环境监测、安全保障等几十个领域的深入应用，在奥运保障、建设社会主义首善之区工作中发挥着的重要作用，这一新生事物体现出了强大的生命力和广泛的适用性。我们相信，随着地理空间信息技术的不断发展，电子政务应用的不断深化以及“数字城市”的不断推进，基于地理空间的政府信息资源共享服务体系将会得到进一步的创新和完善，也将会被更为深入地应用于城市管理、日常办公、领导决策以及公众服务的方方面面。

比较研究篇

Part Ⅵ

𝔹.19

中国信息化发展的区域比较研究

张 彬　陈思祁　李 潇*

摘　要： 本文提出并使用具有多级指标体系的信息化水平指标测度了我国31个地区（港澳台除外）2005～2009年信息化水平的总体情况。结果显示，我国整体信息化水平逐年提高，但地区间信息化水平和信息化水平提高程度差异较大。文章还运用距离测度聚类对我国31个地区2005～2009年的区域信息化水平差异进行了分析，并进行了地区分类。研究表明，我国信息化水平呈现明显的东高西低现象，信息化水平较高的省份主要集中在东南沿海，中西部地区信息化水平较低。文章进一步

* 张彬，北京邮电大学经济管理学院教授，博士生导师，主要研究方向为信息与通信组织管理和信息社会发展水平测度等；陈思祁，北京邮电大学经济管理学院管理科学与工程在读博士，主要研究方向为信息化测评与管理、生产运营管理、企业发展战略、集团管控等；李潇，北京邮电大学经济管理学院工学博士，现任中国移动通信管理学院课程设计师，主要研究方向为信息产业政策与信息化水平测度、企业培训与人员测评等。

运用相关测度聚类从技术、经济、政府、教育和社会五方面根据信息化水平促进因素的不同将各地区进行分类。

关键词： 中国信息化　区域比较　测评　数字鸿沟

信息化对于人类社会和国家民族发展的重要性不言而喻。信息化推进生产力的发展，促进生产关系的变革，它所触发的经济、社会转型和由工业社会向信息社会的转变，不仅将重绘全球政治的版图，而且将影响每一个国家在人类历史长河中的重新定位，不论他们在工业化的历史竞争中曾经处于上游、中游或者下游。因此，认识信息化，驾驭信息化，以信息化谋发展，也成为每一个国家在信息时代必须关注的重大主题①。对于中国来说，千方百计地加快信息化进程是我国实现工业化和现代化的重要战略选择。信息化没有固定的模式，世界各国都是根据自身情况确定发展策略和优先领域的。就中国的信息化推进而言，最重要的是必须结合我国的实际情况进行思考②。

在我国，信息化带来的数字鸿沟广泛存在。根据研究对象的不同有“城乡数字鸿沟”、“性别数字鸿沟”、“地区数字鸿沟”等。我们认为，了解各地区信息化发展水平的差异，正确认识我国区域数字鸿沟，对于制定有针对性的信息化发展战略和衡量政策效果是必要且迫切的。

2008 年，我们对全国 31 个地区 2002 ~ 2008 年的信息化水平进行了比较研究。通过建立信息化指数模型、搜集整理数据、选择以层次聚类法为主的分析方法，我们得到了 2003 ~ 2008 年全国区域信息化水平的发展情况，为决策者提供了诸多政策建议，也收获了多位专家、读者的宝贵意见。

在新的信息化发展形势下，为更全面地反映我国区域信息化发展情况，本报告在 2010 年报告③的基础上改进了研究模型和研究方法，对中国 31 个地区 2005 ~ 2009 年的信息化发展水平进行了测度和分析。

---

① 周宏仁：《信息化论》，人民出版社，2008，第 2 页。

② 周宏仁：《信息化论》，人民出版社，2008，第 220 页。

③ 张彬、李潇：《中国信息化发展的区域比较研究》，《中国信息化形势分析与预测（2010）》，2010，第 329 ~ 365 页。

一　信息化水平指数和层次聚类分析法介绍

（一）信息化水平指数介绍

信息化水平指数（ILI，Informatization Level Index）从技术、经济、政府、教育和社会五个角度综合地测量和反映一个国家或地区的信息化发展总体水平①。在 2002 ~ 2008 年报告中，ILI 指标体系包含 5 个一级指标、11 个二级指标和 29 个三级指标。本报告在原有指标体系的基础上增加了“每百人互联网接入端口”、“个人计算机准备度”、“宽带接入普及率” 3 个三级指标，同时适当调整了各级指标的权重、指标体系和权重，如表 1 所示。

表 1　信息化水平指数各级指标权重

总指数	一级指标（I_1^i）	权重（W_2^i）	二级指标（I_2^j）	权重（W_2^j）	三级指标（I_3^k）	权重（W_3^k）	相对于总指数的权重（W^k）
信息化水平指数	1. 技术	0.2	1. 通信网承载能力	0.2	1. 每万人局用电话交换机容量	0.1353	0.00541
					2. 每千人公用电话数	0.0743	0.00297
					3. 每万人移动电话交换机容量	0.2412	0.00965
					4. 固定电话主线普及率	0.1353	0.00541
					5. 每百人互联网宽带接入端口	0.4137	0.01655
			2. 信息覆盖情况	0.4	6. 已通固定电话行政村比重	0.6333	0.05067
					7. 电视人口覆盖率	0.2605	0.02084
					8. 广播人口覆盖率	0.1062	0.00849
			3. 通信网线路建设	0.4	9. 接入网光缆线路密度	0.33	0.02667
					10. 每平方公里长途光缆线路长	0.33	0.02667
					11. 本地中继光缆线路密度	0.33	0.02667
	2. 经济	0.15	4. 居民 ICT 消费能力	0.83	12. 人均通信支出	0.6	0.07500
					13. 人均可支配收入	0.2	0.02500
					14. 人均 GDP	0.2	0.02500
			5. 通信行业贡献	0.17	15. 通信行业增加值占 GDP 比重	1	0.02500

① 张彬、李潇、Richard D. Taylor：《数字鸿沟测度理论与方法》，北京邮电大学出版社，2009，第 270 页。

续表

总指数	一级指标 (I_1^i)	权重 (W_2^i)	二级指标 (I_2^j)	权重 (W_2^j)	三级指标 (I_3^k)	权重 (W_3^k)	相对于总指数的权重(W^k)
信息化水平指数	3. 政府	0.10	6. 科教投入与创新	0.5	15. 人均教育经费投入	0.5714	0.02857
					16. 人均专利授权数	0.1429	0.00714
					17. 人均科学技术投入	0.2857	0.01429
			7. 政府 ICT 投入	0.5	18. 人均通信固定资产投资	0.5	0.025
					19. 人均信息设施投入	0.5	0.025
	4. 教育	0.15	8. 人力资源	0.67	20. 信息产业从业人数占总就业人数百分比	0.5	0.05
					21. 在校大学生数占总人口比重	0.5	0.05
			9. 人民文化素质	0.33	22. 15 岁以上人口非文盲比重	1.0	0.05
	5. 社会	0.40	10. ICT 应用水平	0.8	24. 人均电信业务总量	0.1347	0.043117
					25. 人均固定传统长途电话通话时长合计	0.0409	0.013102
					26. 人均移动电话通话时长合计	0.0743	0.023781
					27. 宽带接入普及率	0.125	0.04
					28. 互联网普及率	0.25	0.08
					29. 移动电话普及率	0.125	0.04
					30. 个人计算机准备度*	0.25	0.08
			11. 互联网本地内容	0.2	31. 每万人 CN 域名数	0.5	0.04
					32. 每人拥有 WWW 站点数	0.5	0.04

*对各地区城镇和农村家庭计算机拥有量进行加权处理。

在改善的指标体系中，信息化水平指数更强调考察社会因素，即信息化应用水平，其权重达到了 40%①，其中代表信息通信技术应用的三级指标“互联网普及率”以及“个人计算机准备度”相对于总指数的权重最高，均达到 0.08，这说明该指标体系尤其关注互联网应用的相关指标。除应用之外，该指标体系认为技术因素，即信息化基础设施和覆盖情况是影响信息化水平的第二大关键因素，其指标权重从原来的 11% 调高到 20%。

① 原指标体系中，社会指标权重为 37%。

（二）层次聚类分析法介绍

本报告使用层次聚类分析法对区域信息化发展水平和信息化促进因素进行了比较研究。

《易经·系辞上》有云："方以类聚，物以群分。"聚类，简单地说就是分类，就是将类似的对象归在一起。层次聚类法有时也称为系统聚类法，它是一种常用的聚类方法。根据聚类分析中相似性测度方法的不同，可以分为距离测度层级聚类分析和相关测度层次聚类分析。距离测度衡量的是样本之间综合的距离远近程度，而相关测度是衡量样本之间结构上的相似程度。①

在上一年的报告中，我们使用层次聚类分析法对我国31个地区2002～2008年的信息化水平指数及排名进行了层次聚类分析。通过对31个地区的信息化水平指数值的距离测度分析，我们将各地区信息化水平按高低进行了分类，并以分类为基础比较了各地区信息化水平的时间距离。通过对31个地区二级指标排名的相关测度分析，我们对各地区的信息化促进因素进行了归纳，发现可以将31个地区归纳为18种不同的信息化促进模式。在本报告中，我们使用改善后的信息化水平指数指标体系，沿用距离测度聚类和相关测度聚类的分析方法对2005～2009年31个地区的信息化发展水平进行了分析。由于我们对信息化指标体系进行了调整，同时由于样本量的大小差异，本次报告得到的分类类别与结果和上年度报告略有不同。具体情况我们将在下文相应的地方进行介绍。

二　2005～2009年我国整体信息化水平发展情况

（一）2005～2009年我国31个地区信息化水平指数测算

信息化水平指数的计算方法：先对三级指标的具体指标数据进行标准化，再加权即可计算出二级指标值，通过类似的再加权即可计算出一级指标值，最终加

① 张彬、李潇：《中国信息化发展的区域比较研究》，《中国信息化形势分析与预测（2010）》，2010，第334页。

权计算出总指数的值。在计算出三级指标相对于总指数的权重后，信息化水平指数的计算公式可简单地表示如下：

$$ILI = \sum_{k=1}^{32} I_3^k w^k$$

其中，I_3^k 代表标准化后的第 k 个三级指标值，w^k 代表第 k 个三级指标相对于 ILI 的权重，$k=1$，2，…，32。

32 个三级指标的原始数据来源于《中国统计年鉴》、《通信统计年鉴》、《信息统计年鉴》、《通信统计年度报告》和《互联网统计报告》等。

根据测算，我们得到了我国 31 个地区 2005～2009 年的信息化水平指数值，如表 2 所示。我们对 2005～2009 年五年间 31 个地区的所有原始数据运用均值化法进行了标准化处理，如果 5 年的总体信息化水平指数值为“1”，那么表 2 中各信息化指数值与“1”之差即表示其与五年总体信息化水平的差距。比如北京 2009 年的 4.3 则表示比总体水平高 3.3，而贵州 2009 年的 0.8 则表示比总体水平低 0.2，通过与 1 比较后的正负可以说明与总体水平相比的好与坏，其正负大小表明差异大小。这样的数据处理方式与指数介于 0～1 之间的数据处理方式有很大不同，本报告中各指数的上下阈值没有界限，可以充分在“1”上下分布；各指数值可以直接表示信息化水平的高低，方便进行比较，计算增长速度，如贵州由 2005 年的 0.44 到 2009 年的 0.81，说明其五年间增长 0.37，而北京五年间则增长 2.29，增速较快。

由于各地区和全国的信息化水平指数均呈逐年上升的趋势，因此表中所示的极差就表示了我国整体和各地区 2005～2009 年信息化水平指数增长的绝对值；离散系数则表明了五年间信息化水平指数的波动情况，离散系数越大则波动越大，信息化水平指数增长越明显，反之则相反。从表 2 可以看出，在 31 个地区中，北京的信息化水平指数增长最为明显，离散系数达到了 0.32。

表 2　2005～2009 年中国 31 个地区信息化水平指数比较

地　区	2005 年	2006 年	2007 年	2008 年	2009 年	极差	离散系数
安　徽	0.49837	0.56674	0.646645	0.728596	0.912084	0.413714	0.238984
北　京	2.008286	2.278914	3.140125	3.969428	4.300072	2.291786	0.320756
福　建	0.898984	0.991859	1.208434	1.468778	1.646992	0.748008	0.253385

续表

地　区	2005 年	2006 年	2007 年	2008 年	2009 年	极差	离散系数
甘　肃	0. 471157	0. 532523	0. 616572	0. 732279	0. 886101	0. 414944	0. 255311
广　东	1. 102188	1. 184615	1. 443876	1. 707227	1. 923391	0. 821203	0. 235102
广　西	0. 585448	0. 614462	0. 703287	0. 822395	0. 99889	0. 413441	0. 227316
贵　州	0. 435943	0. 503018	0. 586713	0. 669574	0. 809246	0. 373303	0. 24276
海　南	0. 615951	0. 683525	0. 786905	0. 968658	1. 113784	0. 497832	0. 246397
河　北	0. 585006	0. 654863	0. 7305	0. 893442	1. 065924	0. 480917	0. 246863
河　南	0. 523354	0. 591902	0. 665561	0. 778393	0. 900433	0. 377079	0. 216867
黑龙江	0. 636576	0. 700355	0. 789461	0. 968164	1. 078585	0. 442009	0. 221446
湖　北	0. 616925	0. 687704	0. 783149	0. 950658	1. 070455	0. 45353	0. 227561
湖　南	0. 563423	0. 618816	0. 711725	0. 858519	1. 006343	0. 44292	0. 240687
吉　林	0. 640532	0. 722272	0. 827883	0. 957058	1. 169578	0. 529046	0. 241105
江　苏	0. 771535	0. 88981	1. 08432	1. 276672	1. 50989	0. 738355	0. 267854
江　西	0. 568385	0. 617447	0. 725466	0. 810687	0. 946474	0. 378089	0. 20683
辽　宁	0. 724253	0. 819213	0. 946801	1. 218108	1. 363266	0. 639012	0. 265481
内蒙古	0. 539091	0. 612161	0. 749062	0. 913749	1. 129548	0. 590457	0. 301941
宁　夏	0. 563957	0. 633092	0. 725713	0. 890078	1. 037866	0. 47391	0. 250884
青　海	0. 46375	0. 542196	0. 637861	0. 825004	0. 979977	0. 516226	0. 305889
山　东	0. 646965	0. 729817	0. 830896	0. 995794	1. 137077	0. 490112	0. 228986
山　西	0. 620096	0. 716013	0. 831626	1. 062321	1. 191084	0. 570988	0. 269239
陕　西	0. 644326	0. 724703	0. 816188	0. 963508	1. 173602	0. 529276	0. 242442
上　海	1. 630053	1. 882022	2. 81448	2. 912387	3. 046078	1. 416025	0. 265068
四　川	0. 524004	0. 584563	0. 676464	0. 787234	0. 982239	0. 458236	0. 255077
天　津	1. 06003	1. 19576	1. 340761	1. 724409	1. 755135	0. 695105	0. 220922
西　藏	0. 606011	0. 553625	0. 683056	0. 807412	0. 962318	0. 408693	0. 227819
新　疆	0. 614253	0. 661011	0. 797223	0. 992407	1. 058259	0. 444005	0. 238337
云　南	0. 524564	0. 576754	0. 647736	0. 727547	0. 885669	0. 361105	0. 210486
浙　江	1. 07411	1. 193618	1. 465867	1. 750373	1. 974991	0. 900881	0. 251796
重　庆	0. 66643	0. 768156	0. 855638	0. 968242	1. 160066	0. 493636	0. 215353
平均值						0. 606576	0. 246418

（二）我国信息化水平发展情况整体分析

5 年间所有省的 ICT 接入和应用水平综合指数平均值为“1”，而分年度的平均值则在“1”上下波动，可反映信息化水平的增长情况。对于信息化水平差异的测度，本文采用平均差分析法，即对于每一年，将某地区的信息化水平指数值减去该年全国信息化水平指数平均值，即得该地区与全国水平在该年的差异，对各地区将此差异（取绝对值）求和后对各地区取平均，则反映了该年全国信息化发展水平的绝对差距。

全国信息化发展水平的绝对差距即平均差的计算模型：

$$\text{信息化水平绝对差距} = \frac{1}{n}\sum_{i=1}^{n}\left| ILI^{i} - \overline{ILI} \right|$$

式中，ICI^{i} 为 i 省的信息化水平指数，$\overline{ILI}$为全国信息化水平指数，n 为所考虑省的个数，这里 n 为 31。

而平均差/平均值则反映了全国信息化发展水平的相对差距。

整体来看，我国信息化水平在逐年提高，但地区间信息化水平的差距却在扩大。对全国 31 个地区 2005 ~ 2009 年的信息化水平指数值进行逐年统计分析，可以得到各地区信息化水平指数逐年变化的情况，如表 3 所示：

表 3　2005 ~ 2009 年中国 31 个地区信息化水平指数比较

年　份	2005	2006	2007	2008	2009
平均值	0. 723354	0. 807469	0. 976451	1. 164487	1. 328239
绝对差距	0. 440739	0. 498466	0. 616692	0. 764312	0. 844786
相对差距	0. 609299	0. 61732	0. 631564	0. 656351	0. 636019

从 2005 年到 2009 年，全国信息化水平指数的平均值从 0. 72 增长到 1. 33，年均增长率超过 16%，这说明我国整体信息化水平在过去五年一直在稳步上升。

各地区信息化水平指数平均差从 0. 44 扩大到 0. 84，这说明 2005 ~ 2009 年全国区域间信息化水平绝对差距在逐年扩大。

另外，对比平均差/平均值可以发现，全国区域间信息化水平的相对差距也在扩大，2009 年接近 0.64，高于 2005 年的 0.61，说明信息化水平的不均衡程度在加剧。但与此同时，数据也显示出了信息化水平的不均衡程度呈现先加剧后缓解的态势。2005 ~2008 年，全国信息化水平指数相对差距一直扩大，2009 年比 2008 年却有所下降。

从表 2 中信息化水平指数极差与极差均值来看，东部发达地区，包括北京、上海、天津、浙江、广东、福建、江苏等地信息化发展极为迅速，尤其是北京和上海的信息化水平指数的增长均高于全国平均水平，而其他地区则低于全国平均水平。图 1 详细显示了过去 5 年各地区信息化水平指数发展不均衡的情况。

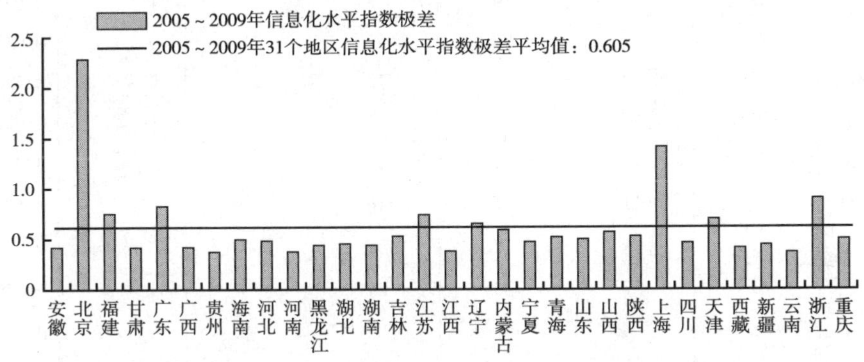

图 1　2005 ~2009 年全国 31 个地区信息化水平指数增长情况比较

三　区域信息化发展水平比较

（一）各地区信息化水平指数排名

根据信息化水平指数的测算结果，我们可以得到 2005 ~2009 年全国 31 个地区信息化水平指数排名，如表 4 所示。从 2005 ~2009 年 31 个地区信息化水平指数的排名和排名变动情况来看，新疆、西藏、内蒙古的排名极差都达到了 8 以上，说明其在这五年中排名变动较大。大部分省份的排名相对稳定，其中北京和上海五年中一直保持在第一和第二的位置，广东、天津、浙江也保持了较高的水平。

表4　2005～2009年全国31个地区信息化水平指数排名

地　区	2005年	2006年	2007年	2008年	2009年	极差	离散系数
安　徽	28	27	29	28	27	2	0.030096
北　京	1	1	1	1	1	0	0
福　建	6	6	6	6	6	0	0
甘　肃	30	30	30	30	30	0	0
广　东	3	5	4	4	4	2	0.176777
广　西	20	21	23	22	22	3	0.052786
贵　州	31	31	31	31	31	0	0
海　南	14	15	16	13	14	3	0.079179
河　北	19	19	19	18	18	1	0.029447
河　南	27	24	26	27	28	4	0.057446
黑龙江	12	14	15	15	17	5	0.124424
湖　北	17	16	17	17	16	1	0.032995
湖　南	24	22	22	21	21	3	0.05567
吉　林	11	11	11	16	12	5	0.177701
江　苏	7	7	7	7	7	0	0
江　西	22	23	20	24	24	4	0.074041
辽　宁	8	8	8	8	8	0	0
内蒙古	23	20	18	20	15	8	0.153624
宁　夏	21	17	21	19	20	4	0.085373
青　海	29	28	27	25	25	4	0.066748
山　东	9	10	12	10	13	4	0.152145
山　西	15	12	10	9	9	6	0.231774
陕　西	13	13	13	14	11	3	0.085582
上　海	2	2	2	2	2	0	0
四　川	25	25	25	26	23	3	0.044171
天　津	4	3	5	5	5	2	0.203279
西　藏	18	29	24	23	26	11	0.169251
新　疆	16	18	14	11	19	8	0.205728
云　南	26	26	28	29	29	3	0.054948
浙　江	5	4	3	3	3	2	0.248452
重　庆	10	9	9	12	10	3	0.122474
平均值						3.032258	0.087552

（二）2005～2009年各地区信息化发展水平汇总聚类

在上一年的报告中，我们对全国31个地区2002～2008年信息化水平指数汇总数据进行了距离测度聚类分析，将所有数据划分成24类。在本报告中，我们对2005～2009年5年间31个地区的信息化水平指数共155个样本进行距离测度聚类分析，保留15类的聚类结果①，并根据样本间距离对样本进行排名，如表5所示。表中“北京9”代表北京2009年的信息化水平，由于其排名最高，被聚在了第一类；“上海9”代表上海2009年的信息化水平，与北京2007年的信息化水平相当，聚为同一类（第三类）；其他类推。

从表5中可以看出31个地区各年信息化水平的差异。北京、上海在信息化水平上处于绝对的领先地位；浙江、广东、天津、福建紧随其后；甘肃、青海、贵州信息化水平较低；其余各省处于中间水平。从全部数据分类排名表中我们也可以近似地对各地区的信息化水平情况做时间距离上的分析。例如第6类中包括“北京5，广东9”，我们可以近似地认为广东2009年的信息化水平达到了北京2005年的水平，即广东与北京的信息化水平的差距近似为4年。

表5　2005～2009年31个地区信息化水平指数层次聚类分类排名结果

分类排名	地　　区
1	北京9
2	北京8
3	北京7,上海9
4	上海8,上海7
5	北京6
6	北京5,浙江9,广东9,上海6
7	天津9,浙江8,天津8,广东8,福建9,上海5
8	江苏9,福建8,浙江7,广东7
9	辽宁9,天津7,江苏8
10	辽宁8,福建7,天津6,浙江6,山西9,广东6,陕西9,吉林9,重庆9
11	山东9,内蒙古9,海南9,广东5,江苏7,黑龙江9,浙江5,湖北9,河北9,天津5,山西8,新疆9,宁夏9

① 综合考虑到分类的有效性和可读性两个方面的因素，我们在多个分类结果中选择了15类的分类结果

续表

分类排名	地区
12	湖南9,广西9,山东8,福建6,新疆8,四川9,青海9,海南8,重庆8,黑龙江8,陕西8,西藏9,吉林8,湖北8,辽宁7,江西9,内蒙古8,安徽9,河南9,福建5,河北8,宁夏8,江苏6,甘肃9,云南9,湖南8,重庆7
13	山西7,山东7,吉林7,青海8,广西8,辽宁6,陕西7,江西8,贵州9,西藏8,新疆7,黑龙江7,四川8,海南7,湖北7,河南8,江苏5,重庆6,内蒙古7,甘肃8,河北7,山东6,安徽8,云南8,宁夏7,江西7,陕西6,辽宁5,吉林6,山西6,湖南7,广西7,黑龙江6
14	湖北6,海南6,西藏7,四川7,贵州8,重庆5,河南7,新疆6,河北6,云南7,山东5,安徽7,陕西5,吉林5,青海7,黑龙江5,宁夏6,山西5,湖南6,江西6,湖北5,甘肃7,海南5,广西6,新疆5,内蒙古6,西藏5,河南6,贵州7,广西5,河北5,四川6,云南6,江西5,安徽6,宁夏5,湖南5,西藏6,青海6,内蒙古5,甘肃6,云南5,四川5,河南5,贵州6,安徽5
15	甘肃5,青海5,贵州5

各地区各年所属分类排名如表6所示，从中我们可以清晰地看出各地区在5年中分类排名的变动情况。从地区分类排名来看，各地区大体上都呈上升趋势，因此这里的极差就显示了各地区2009年分类排名比2005年分类排名上升的情况，极差越大的地区信息化水平提高越多。

表6　31个地区2005~2009年15类排名变动

地　区	2005年	2006年	2007年	2008年	2009年	极差	离散系数
安　徽	14	14	14	13	12	2	0.066748
北　京	6	5	3	2	1	5	0.609895
福　建	12	12	10	8	7	5	0.232689
甘　肃	15	14	14	13	12	3	0.083836
广　东	11	10	8	7	6	5	0.246862
广　西	14	14	13	13	12	2	0.063383
贵　州	15	14	14	14	13	2	0.050508
海　南	14	14	13	12	11	3	0.101863
河　北	14	14	13	12	11	3	0.101863
河　南	14	14	14	13	12	2	0.066748
黑龙江	14	13	13	12	11	3	0.09049
湖　北	14	14	13	12	11	3	0.101863
湖　南	14	14	13	12	12	2	0.076923

续表

地　区	2005 年	2006 年	2007 年	2008 年	2009 年	极差	离散系数
吉　林	14	13	13	12	10	4	0. 122304
江　苏	13	12	11	9	8	5	0. 195627
江　西	14	14	13	13	12	2	0. 063383
辽　宁	13	13	12	10	9	4	0. 15935
内蒙古	14	14	13	12	11	3	0. 101863
宁　夏	14	14	13	12	11	3	0. 101863
青　海	15	14	14	13	12	3	0. 083836
山　东	14	13	13	12	11	3	0. 09049
山　西	14	13	13	11	10	4	0. 134686
陕　西	14	13	13	12	10	4	0. 122304
上　海	7	6	4	4	3	4	0. 342327
四　川	14	14	14	13	12	2	0. 066748
天　津	11	10	9	7	7	4	0. 203279
西　藏	14	14	14	13	12	2	0. 066748
新　疆	14	14	13	12	11	3	0. 101863
云　南	14	14	14	13	12	2	0. 066748
浙　江	11	10	8	7	6	5	0. 246862
重　庆	14	13	12	12	10	4	0. 121577

（三）2009 年各地区信息化发展水平单年聚类

分年距离聚类就是把每一年的数据单独放在一起进行聚类。在本次报告中，我们沿用上一年报告的做法，选择了 12 类的分类结果，将全国 31 个地区分为四个大类，12 个小类，并按照各地区的信息化排名从高到低排列，形成如下的分类方式。

一类地区：信息化水平很高；

二类地区：信息化水平较高；

三类地区：信息化水平中等；

四类地区：信息化水平较低。

同时，我们还将每类地区中的地区分为三类，分别代表在这类地区中信息化水平的三个等级：高、中、低。

根据2005～2009年各年的信息化水平指数，我们可以得到这5年分类的总表，如表7所示。

表7　2005～2009年数字鸿沟情况分类

分类	类别内细分	2005年	2006年	2007年	2008年	2009年
一类地区	高	北京	北京	北京	北京	北京
	中	上海	上海	上海	上海	上海
	低	广东，天津	天津	浙江，广东	浙江，天津，广东	浙江，广东
二类地区	高	浙江	浙江，广东	天津	福建	天津
	中	福建	福建	福建	江苏	福建
	低	江苏	江苏	江苏	辽宁	江苏
三类地区	高	辽宁	辽宁	辽宁	山西	辽宁
	中	山东，重庆，吉林，黑龙江，陕西，海南，山西，新疆，湖北，西藏	重庆，山东，陕西，吉林，山西	重庆，山西，吉林	山东，新疆，重庆，海南，陕西，黑龙江，吉林，湖北	山西，陕西，吉林，重庆，山东，海南
	低	河北，广西，宁夏，江西，内蒙古，湖南	黑龙江，湖北，海南，宁夏，新疆，河北	山东，陕西，新疆，黑龙江，海南，湖北，内蒙古	内蒙古，河北，宁夏，湖南	内蒙古，湖北，黑龙江，河北，新疆
四类地区	高	四川，云南，河南	内蒙古，广西，湖南，江西	河北，江西，宁夏，湖南，广西，西藏	青海，广西，江西，西藏，四川，河南	宁夏，湖南，广西，四川
	中	安徽，青海，甘肃	河南，四川，云南，安徽，青海，西藏	四川，河南，青海，云南，安徽	甘肃，安徽，云南	江西，青海，西藏，安徽，河南，云南，甘肃
	低	贵州	甘肃，贵州	甘肃，贵州	贵州	贵州

从以上分类来看，我国信息化水平呈现明显的东高西低的现象，信息化水平较高的省份主要集中在东南沿海，中西部地区信息化水平较低。我们将表8中对2009年的聚类情况绘制成图2，可以更清晰地看出我国整体区域信息化水平的发展情况：信息化水平发展较好的地区所占比例较少，多数地区都集中在三类和四类地区；信息化水平发展较好的地区多数集中在东南沿海省份，而信息化水平发展较差的地区多集中在西南和中部地区。

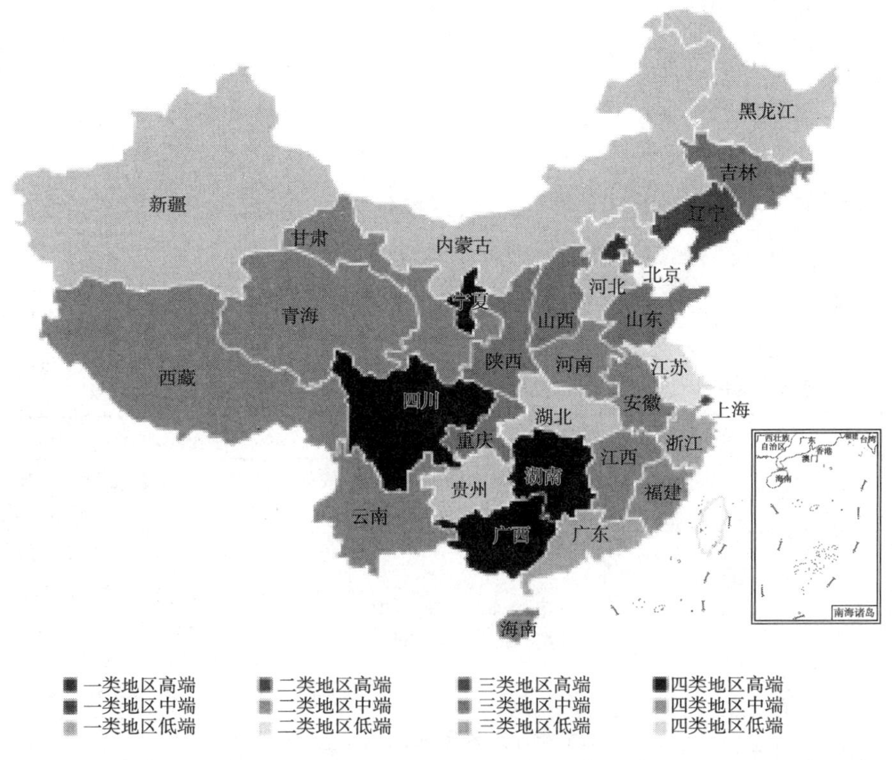

图 2　2009 年我国区域信息化水平分类

四　2005 ~ 2009 年区域信息化发展促进因素聚类分析

根据本报告建立的信息化水平指数指标体系，信息化水平的最直接影响因素是经济、技术、政府、教育和社会。通过对这五大因素的相关测度聚类分析，我们能够找出不同地区信息化的主要促进因素。

我们对 31 个地区 2005 ~ 2009 年的一级指标，即技术指标、经济指标、政府指标、教育指标、社会指标的排名情况进行了分析。① 以各地区五大指标排名数据为基础进行了相关测度聚类分析。

在上年针对 2002 ~ 2008 年的数据分析报告中，我们将全国 31 个地区从 2002

① 各地区一级指标排名详见附录。

年到2008年共5年的五大指标排名数据汇总，对其进行相关聚类分析，得到了18类的分类结果，然后对各个分类进行了解释。按照信息化促进因素的不同将各个地区归为“技术促进型”、“经济促进型”、“政府促进型”、“教育促进型”、“社会促进型”、“技术－经济促进型”等18个类型。

在本报告中，我们使用同样的方法，根据改善后的指标体系得到的测算数据，得出了16类的聚类结果，并根据信息化促进因素的不同进行命名。2005～2009年各地区一级指标排名相关测度分类结果及所属类别名称如表8所示。

表8 2005～2009年中国31个地区信息化发展水平相关测度聚类结果

类别	名称	特点	包含地区
1	技术促进型	技术指标排名表现突出，其他指标排名表现较弱	安徽6,安徽7,安徽8,安徽9,广西5,广西6,广西7
2	经济促进型	经济指标排名表现平均，其他指标排名表现较弱	广西8,广西9,贵州5,贵州6,贵州7,贵州8,贵州9,河南5,河南6,河南7,河南8,河南9,湖南5,湖南6,湖南7,湖南8,湖南9,四川7,四川8,四川9,云南5,云南6,云南7,云南8,云南9
3	政府促进型	政府指标排名表现平均，其他指标排名表现较弱	宁夏5,宁夏8,宁夏9
4	教育促进型	教育指标排名表现突出,其他指标排名表现较为平均	甘肃9,吉林5,吉林7,江西5,江西6,江西7,江西8,江西9,山西5
5	技术－教育促进型	技术、教育指标排名表现突出,政府指标排名表现相对较弱	山西6,山西7,山西8,陕西5,陕西6,陕西7,陕西8,陕西9,河北9
6	经济－教育促进型	经济和教育指标排名表现平均,其他指标排名表现较弱	内蒙古5,内蒙古6,内蒙古7,内蒙古8
7	经济－政府促进型	经济和政府指标排名表现突出,其他指标排名表现较弱	西藏5,西藏6,西藏7,西藏8,西藏9
8	教育－社会促进型	教育和社会指标表现均衡,其他方面较弱	湖北5,湖北6,湖北7,湖北8,湖北9
9	技术－经济－社会促进型	技术、经济、社会指标表现较为突出,政府和教育指标排名表现较弱	山东5,山东6,山东7,山东8,山东9,重庆6,重庆7,重庆8,重庆9,山西9
10	技术－政府－教育促进型	技术、政府指标表现较为平均,其他指标较弱	黑龙江9,新疆5,新疆6,新疆7,新疆8

续表

类别	名称	特点	包含地区
11	技术－政府－社会促进型	技术、政府和社会指标较为平均，其他指标较弱	新疆9
12	经济－政府－社会促进型	经济、政府和社会指标较为平均，其他指标较弱	海南6，海南7，海南8，海南9，宁夏6，重庆5
13	经济－政府－教育	经济、政府、教育指标较为突出，其余较弱	内蒙古9
14	政府－教育－社会促进型	政府、教育和社会指标排名表现突出，其他指标排名表现较为平均	黑龙江5，黑龙江6，黑龙江7，黑龙江8，辽宁5，辽宁6，辽宁7，辽宁8，吉林6，吉林8，吉林9
15	技术－经济－政府－社会促进型	除教育指标外，其他指标都表现突出	福建5，福建6，福建7，福建8，福建9，广东5，广东6，广东7，广东8，广东9，浙江5，浙江6，浙江7，浙江8，浙江9，江苏5，江苏6，江苏7，江苏8，江苏9
16	均衡型	各方面指标都表现平均。目前来看，均衡型分两种不同的情况，或者各指标都很突出，如北京、上海、天津等，或各指标都比较弱，如安徽、甘肃、宁夏、青海等	北京5，北京6，北京7，北京8，北京9，上海5，上海6，上海7，上海8，上海9，天津5，天津6，天津7，天津8，天津9，辽宁9
			安徽5，甘肃5，甘肃6，甘肃7，甘肃8，海南5，河北5，河北6，河北7，河北8，宁夏7，青海5，青海6，青海7，青海8，青海9，四川5，四川6

这里描述每类的特点时，所谓在某项分指标上“表现突出”是指排名相对于其他指标较靠前；某项分指标“表现较为平均”是指比“表现突出”的指标排名差一些，但差得较少；某项分指标“表现相对较弱”则是指比“表现突出”的指标排名差得较多，具体差多少视聚类结果而定。

根据各地区每年不同的“促进型”分类，我们可以得出促成该地区信息化水平现状的主要促进因素和削弱因素，再结合相关测度得出的“促进型”分类、信息化水平指数值和层次聚类的其他结果，可以为促进信息化水平提高找到突破口，也可为制定相关政策提供依据。

五　区域信息化发展情况总结

由于我国各地区的信息化发展水平参差不齐，主要促进因素也各不相同，在

制定政策和策略时需要具体问题具体对待，因此，在以上分析的基础上，结合对各指标全部原始数据的细致分析，我们对全国31个省市在2005～2009这5年间的信息化发展水平及相关政策建议进行了分析总结。

（一）各地区评估

北京、上海作为信息化的领先地区，五年中一直处于一类，且都属于均衡发展的类型。北京在技术和经济方面略输于上海，但在教育、社会方面明显高于上海。而我们的指标体系更看重ICT应用等社会方面指标。因此，在最终排名中，北京位列第一，上海位列第二，分别位于一类地区高端和一类地区中端。

其次是浙江、广东和天津，它们都在一类地区低端和二类地区高端徘徊。天津也属于均衡发展的类型，但整体发展水平低于北京、上海，尤其是在通信行业贡献方面相对较低。目前天津与广东的信息化水平相当，都在最近几年被浙江超越。但浙江的信息化促进模式与广东相同，所不足的都是在ICT人力资源和人民文化素质方面，而其他方面则都位于全国前列。同样信息化促进模式的还有福建，其信息化水平指数排名一直排在全国第六，比广东略低。整体来看，福建还需要重视政府科教投入与ICT投入，从而促进信息化水平的提高。

江苏紧随福建之后，在过去五年中信息化水平发展比较平稳，常年位于第7位，且大多数指标表现较为突出。但江苏的政府ICT投入占比却处于全国最低的水平，一直表现为技术－经济－教育－社会促进型。从表面的分析结果来看，提升江苏的政府ICT投入是提升江苏信息化水平的重要途径。但这个问题我们仍要具体分析，可能存在如下两种情况：一是江苏的信息基础设施建设已经达到一定水平，无需政府再给予过多的投入；二是江苏的信息基础设施建设没有达到一定的水平，需要加大政府ICT投入。因此，“促进型”的划分只是用于协助决策者寻找信息化发展“可能的”突破口，但在政策制定时还要具体问题具体分析，不能盲目决断。

辽宁的地区分类排名也很稳定，五年中都位于第八位，地区分类排名则位于二类地区低端和三类地区高端。根据“促进型”分类，辽宁在通信行业贡献、通信网线路建设方面相对较弱，需要进一步加强。

除上述省市外，我国大部分地区位于三类地区中端与四类地区中端之间，

他们的信息化促进模式大相径庭。这些地区包括山西、重庆、陕西、吉林、山东、海南、内蒙古、湖北、黑龙江、河北、新疆、宁夏、湖南、广西、四川。

山西在过去五年中信息化指数排名上升明显，其在信息覆盖状况与互联网本地内容方面表现较弱，而其他指标则表现平均。该省最突出的是教育指标，人力资源和人民文化素质都较高。近年来，山西在通信网线路建设方面有显著提高，因此山西正在由单纯的教育促进型转向技术－经济－教育－社会同时促进的类型。

重庆的信息化水平指数排名略低于山西，地区分类一直位于三类地区。重庆除 ICT 人力资源较弱以外，各项指标都比较平均，因此，五年中经济、政府、技术、教育、社会都曾经成为较为突出的信息化促进因素。2009 年，重庆与山西一致表现为技术－经济－教育－社会促进型。

陕西的信息化发展水平在最近两年略逊于重庆，但 2009 年有较大的提升。整体来看，陕西的各项指标表现都比较均衡，教育指标中“在校大学生占总人口比重”和技术指标中的“通信网线路建设”表现比较突出。因此，陕西表现为“技术－教育促进型”。

吉林 2008 年和 2009 年的信息化水平指数排名有所下降。五年中，吉林的 ICT 人力资源和人民文化素质一直表现比较突出，而在政府 ICT 投入和 ICT 应用方面都表现均衡。该省在信息网建设和居民 ICT 消费方面的表现有所下降导致了整体信息化水平指数排名的下降。

山东的信息化水平指数排名在 2009 年略有下降，但在地区分类排名上主要稳定在三类地区中端的位置。五年来山东在政府 ICT 投入和通信行业贡献方面都相对较弱。

海南在五年中的表现比较平稳，从地区分类来看，海南在三类地区低端和中端之间起伏。海南的旅游经济提高了其 ICT 应用水平，提高了通信行业对 GDP 的贡献值，同时，海南政府在 ICT 投入方面也比较高，因此海南主要表现为经济－政府－社会促进型，而在教育、技术方面则表现较弱。

内蒙古的信息化水平指数排名在五年中表现出稳步上升的态势。在所有指标中，其经济指标表现最好，其中人均可支配收入和人均 GDP 一直比较突出。内蒙古的教育和社会指标整体表现也较为均衡，但信息覆盖、通信网线路建设、政

府 ICT 投入、本地互联网内容则相对较弱。

湖北在人力资源，尤其是“大学生比重”方面表现较为突出，其 ICT 应用表现比较平均，其他指标则表现相对较弱。因此，湖北主要表现为教育促进型。

河北的信息化水平指数排名略低于湖北，各方面都不突出，因此河北主要显现为较弱的均衡型，但近年来河北在信息覆盖和通信网线路建设、ICT 人力资源方面均有显著的提高。

黑龙江信息化水平指数排名下降趋势明显，其信息化促进模式主要表现为政府-教育-社会促进型。但也正是在教育、政府方面，五年中黑龙江呈明显下降趋势，因此其信息化水平指数排名有明显的下降趋势。

新疆地区信息化指数排名波动较大，主要原因是技术、教育指标的排名波动较大。但新疆的网络承载能力、通信网络建设和人民文化素质等指标的排名相对较高，并且在政府 ICT 投入方面一直表现较突出。此外，近年来新疆在互联网、宽带等方面的 ICT 应用水平也表现较为突出。因此，新疆虽然是西部地区，但信息化水平并不太差。

宁夏、湖南、广西、四川在 2009 年被划为四类地区高端。从过去几年的发展情况来看，湖南、四川的信息化水平指数有小幅度的上升趋势，而宁夏、广西则停滞不前。总体来看，这四个省份的信息化水平指数排名的波动都不太明显。

宁夏较弱的方面在通信网线路建设、人民文化素质等方面。近两年，政府 ICT 投入和科教投入与创新有所提高，表现最为突出。

湖南的人均通信支出相对比较突出，因此表现为经济促进型。但湖南在通信网承载能力、信息覆盖情况、ICT 应用水平等方面比较弱。

广西整体信息化水平不高，但在通信网线路建设方面表现比较平均，且近年来，广西在居民 ICT 消费能力方面有显著的改善，所以由技术促进型转向经济促进型。

四川各项指标都比较弱。只有政府 ICT 投入、通信行业贡献这两项指标略显平均。因此四川表现为较弱的均衡型。近年来四川在人均通信支出方面有显著提高，因此转为经济促进型。

四类中端和低端的地区是信息化水平最低的地区，主要由我国中西部省区构成：中部省区有江西、安徽、河南，西部省区有青海、西藏、云南、甘肃、贵

州。从排名上看，中部省区又高于西部省区。

过去五年江西的排名在20～24名之间变动，安徽在27～29名之间变动，河南在24～28名之间变动，其排名波动都不大。

江西大部分指标都表现较弱。2008年以来，江西的信息化发展水平在全国的排名有明显的下降，主要是因为政府ICT投入、科教投入与创新、居民ICT消费能力、通信行业贡献、ICT应用水平、互联网本地内容等指标排名均有明显的下降，只有教育指标保持在一个较为均衡的水平。

安徽在信息覆盖和通信网络建设方面表现较为平均，其他方面都比较弱，因此主要表现为技术促进型。

河南在居民ICT消费能力方面比较均衡，在通信网线路建设、政府ICT投入、社会应用方面比较弱，因此表现为经济促进型。

西藏的信息化水平指数排名波动较大。2005年西藏的信息化指数排名在第18位，但2006年突然降低到第29位，其后三年又有明显的回升。西藏在信息覆盖状况、通信网线路建设、人力资源、人民文化素质等方面都处于全国最落后的位置。但西藏的通信行业贡献、居民ICT消费能力较为平均，政府ICT投入和科教投入也位于全国前列，主要表现为经济－政府促进型。

青海的信息化排名在过去五年从第29位缓慢上升到第25位，大部分指标均表现较弱，表现为较弱的均衡型，因此青海需要全方位地加强信息化建设。

贵州、甘肃是我国信息化水平最不发达的地区，一直处于倒数第一、第二的位置。贵州在通信行业贡献方面相对较为突出，除此之外在各方面都处于较低的水平，因此贵州表现为经济促进型。

甘肃在各方面均表现较弱，因此属于较弱的均衡型，位于四类地区中低端，且最近五年来没有太大的改善。

如何提升信息化水平是一个复杂的系统的问题。针对大部分处于中间位置的地区，提高信息化水平的办法在于因地制宜，发挥其信息化发展的有利因素，综合提高信息覆盖、居民ICT消费、政府科教投入、人力资源、ICT应用等多方面的水平，从而实现信息化水平的稳步提升。在解决信息化发展问题上还应注重以下三个方面：一是要遵循信息化发展的规律，具体问题具体分析，在经济发展、人民教育水平提升和夯实信息基础设施建设的基础上进一步促进信息应用水平的提升，从而提升信息化水平；二是要实现均衡发展，既要保持信息化水平的优势，也要尽快弥补信息化短板；三是要重视新兴科学技术和应用，尤其是要重视互联网技术与应用在提升信息化水平方面的重要作用和意义。

（二）结论

测评结果显示，我国整体信息化水平逐年稳步提升，但地区间信息化发展不平衡的情况仍较为严重。

本报告解释了造成区域信息化水平差距扩大的原因，展示了不同地区在信息化发展水平上的时间差距，还展示了我国信息化水平区域分布的特征，即东高西低、中西部地区亟待发展等。

比较研究发现，各地区的信息化发展促进方式有所不同。根据各地区在技术、经济、政府、教育、社会五大方面情况的差异，可以将五年来31个地区的信息化水平增长模式分为技术促进型、经济促进型、政府促进型、教育促进型、社会促进型，技术－经济促进型等16类，并结合二级指标进行详细的解释。

通过以上测度分析和总结，本报告可以为政策制定者进一步了解影响信息化水平的因素及其影响程度提供依据，也为制定有针对性的政策策略以及对政策效果进行评价提供突破口和出发点。需要说明的是，如何推动信息化发展是一个复杂的系统问题，在分析和运用此报告的结果时，要注意结合实际情况具体问题具体分析，遵循信息化发展的规律，在保持优势的同时弥补短板，实现均衡发展，避免出现顾此失彼的情况。同时，在信息科技日新月异的今天，还要注重信息化新科技和新应用在信息化发展中的重要作用，因地制宜，寻找促进和实现信息化发展的多种途径。

附录

表1　2005～2009年中国31个地区技术指标排名

地　区	2005年	2006年	2007年	2008年	2009年	极差	离散系数
安　徽	19	13	13	13	12	7	0.202031
北　京	2	2	3	3	3	1	0.210663
福　建	4	5	6	6	6	2	0.165635
甘　肃	28	26	20	18	22	10	0.181899

续表

地　区	2005 年	2006 年	2007 年	2008 年	2009 年	极差	离散系数
广　东	5	6	5	5	5	1	0. 086003
广　西	14	14	16	21	20	7	0. 195096
贵　州	31	30	27	28	30	4	0. 056273
海　南	11	25	26	25	26	15	0. 287781
河　北	20	18	23	23	13	10	0. 214398
河　南	22	19	22	22	23	4	0. 070212
黑龙江	18	16	19	20	16	4	0. 100497
湖　北	21	21	17	17	19	4	0. 105263
湖　南	23	24	25	26	27	4	0. 063246
吉　林	16	15	15	15	17	2	0. 057335
江　苏	6	4	4	4	4	2	0. 203279
江　西	15	20	18	16	18	5	0. 112032
辽　宁	8	9	9	9	9	1	0. 05082
内蒙古	27	27	29	29	24	5	0. 075345
宁　夏	24	23	21	19	21	5	0. 090248
青　海	30	29	30	30	29	1	0. 018504
山　东	10	10	12	12	15	5	0. 173677
山　西	12	8	7	7	7	5	0. 264384
陕　西	13	11	11	11	11	2	0. 078459
上　海	1	1	1	1	1	0	0
四　川	26	28	28	27	25	3	0. 048651
天　津	7	7	8	8	8	1	0. 072069
西　藏	29	31	31	31	31	2	0. 02923
新　疆	9	17	10	10	14	8	0. 282597
云　南	25	22	24	24	28	6	0. 089061
浙　江	3	3	2	2	2	1	0. 228218
重　庆	17	12	14	14	10	7	0. 194603
平　均						4. 322581	0. 129274

表2　2005～2009年中国31个地区经济指标排名

地　区	2005年	2006年	2007年	2008年	2009年	极差	离散系数
安　徽	29	23	27	23	23	6	0.113137
北　京	2	2	2	2	2	0	0
福　建	5	5	5	5	6	1	0.086003
甘　肃	28	29	30	31	31	3	0.043753
广　东	3	4	3	3	3	1	0.139754
广　西	21	31	28	11	14	20	0.411016
贵　州	23	15	16	27	21	12	0.244116
海　南	20	17	14	13	16	7	0.171163
河　北	22	25	22	19	18	7	0.130891
河　南	19	18	18	22	24	6	0.132836
黑龙江	27	27	29	29	28	2	0.035714
湖　北	26	26	23	24	25	3	0.052574
湖　南	12	13	15	14	20	8	0.210438
吉　林	15	21	19	26	26	11	0.220668
江　苏	9	8	7	8	7	2	0.107264
江　西	30	28	24	28	29	6	0.082027
辽　宁	11	11	8	7	8	4	0.20787
内蒙古	14	12	12	17	13	5	0.152474
宁　夏	18	20	26	15	22	11	0.205311
青　海	31	30	31	30	30	1	0.018017
山　东	13	9	10	9	11	4	0.160896
山　西	17	16	21	18	15	6	0.132309
陕　西	16	14	20	20	19	6	0.150746
上　海	1	1	1	1	1	0	0
四　川	25	22	17	21	9	16	0.328756
天　津	7	6	6	6	5	2	0.117851
西　藏	6	19	11	10	10	13	0.425397
新　疆	24	24	25	25	27	3	0.04899
云　南	10	10	13	16	17	7	0.24781
浙　江	4	3	4	4	4	1	0.117688
重　庆	8	7	9	12	12	5	0.23981
平　均						5.774194	0.152751

表 3　2005～2009 年中国 31 个地区政府指标排名

地　区	2005 年	2006 年	2007 年	2008 年	2009 年	极差	离散系数
安　徽	31	31	29	28	25	6	0. 086458
北　京	1	1	2	1	2	1	0. 39123
福　建	7	9	7	7	8	2	0. 117688
甘　肃	28	29	26	27	26	3	0. 047935
广　东	5	5	6	6	6	1	0. 097808
广　西	27	30	30	30	23	7	0. 110079
贵　州	29	28	28	26	28	3	0. 039405
海　南	14	14	13	13	10	4	0. 128372
河　北	23	23	25	22	31	9	0. 146499
河　南	30	26	31	31	30	5	0. 070056
黑龙江	11	10	9	9	11	2	0. 1
湖　北	18	16	22	21	24	8	0. 158106
湖　南	24	21	24	23	21	3	0. 067105
吉　林	16	13	17	17	16	4	0. 103998
江　苏	9	8	10	10	7	3	0. 148164
江　西	21	25	21	29	29	8	0. 16
辽　宁	8	7	8	8	9	2	0. 088388
内蒙古	19	20	12	16	14	8	0. 206583
宁　夏	13	17	18	12	13	6	0. 185058
青　海	25	22	19	19	17	8	0. 153456
山　东	20	19	20	20	22	3	0. 05423
山　西	17	18	16	14	15	4	0. 098821
陕　西	15	15	14	18	19	5	0. 133824
上　海	2	2	1	2	1	1	0. 342327
四　川	26	27	27	24	20	7	0. 118935
天　津	3	3	3	3	3	0	0
西　藏	6	6	5	5	5	1	0. 10143
新　疆	10	11	11	11	12	2	0. 064282
云　南	22	24	23	25	27	5	0. 079485
浙　江	4	4	4	4	4	0	0
重　庆	12	12	15	15	18	6	0. 174304
平　均						4. 096774	0. 121743

表 4　2005～2009 年中国 31 个地区教育指标排名

地　区	2005 年	2006 年	2007 年	2008 年	2009 年	极差	离散系数
安　徽	28	27	29	28	24	5	0.070718
北　京	1	1	1	1	1	0	0
福　建	17	15	15	17	18	3	0.081807
甘　肃	24	28	27	24	21	7	0.111891
广　东	10	9	10	16	8	8	0.29533
广　西	26	24	26	26	25	2	0.035214
贵　州	31	31	31	31	31	0	0
海　南	15	17	17	13	19	6	0.140762
河　北	19	18	18	18	14	5	0.112032
河　南	27	26	28	25	29	4	0.058561
黑龙江	6	7	5	5	12	7	0.416497
湖　北	9	6	12	7	11	6	0.283279
湖　南	22	22	21	22	17	5	0.104228
吉　林	4	4	4	6	5	2	0.194441
江　苏	11	11	11	11	9	2	0.08438
江　西	13	13	14	14	10	4	0.128372
辽　宁	5	5	6	4	6	2	0.160896
内蒙古	14	12	9	10	7	7	0.259793
宁　夏	23	23	23	21	23	2	0.039576
青　海	20	20	20	23	20	3	0.065128
山　东	21	21	22	20	27	7	0.124995
山　西	8	10	8	9	15	7	0.291548
陕　西	7	8	7	8	4	4	0.241642
上　海	3	3	3	2	3	1	0.159719
四　川	25	25	25	27	26	2	0.034939
天　津	2	2	2	3	2	1	0.203279
西　藏	29	29	24	30	22	8	0.132974
新　疆	12	16	16	12	30	18	0.431958
云　南	30	30	30	29	28	2	0.030423
浙　江	16	14	13	19	13	6	0.169967
重　庆	18	19	19	15	16	4	0.104402
平　均						4.516129	0.147379

表 5　2005～2009 年中国 31 个地区社会指标排名

地　区	2005 年	2006 年	2007 年	2008 年	2009 年	极差	离散系数
安　徽	29	28	29	30	31	3	0.038781
北　京	1	1	1	1	1	0	0
福　建	6	6	5	5	5	1	0.10143
甘　肃	30	29	30	29	29	1	0.01863
广　东	3	3	3	3	3	0	0
广　西	18	19	21	23	21	5	0.095557
贵　州	31	31	31	31	30	1	0.01452
海　南	11	11	12	10	11	2	0.064282
河　北	16	17	17	15	14	3	0.082522
河　南	27	27	26	27	25	2	0.03388
黑龙江	14	18	19	20	20	6	0.136812
湖　北	13	15	13	14	12	3	0.085088
湖　南	23	23	22	19	19	4	0.096669
吉　林	12	13	11	17	16	6	0.187568
江　苏	7	7	7	7	7	0	0
江　西	25	24	23	26	26	3	0.052574
辽　宁	8	8	8	8	8	0	0
内蒙古	22	21	18	21	18	4	0.093541
宁　夏	19	12	20	22	22	10	0.217006
青　海	28	25	25	18	23	10	0.155519
山　东	9	9	10	9	9	1	0.04861
山　西	15	16	14	12	13	4	0.112938
陕　西	17	14	16	16	15	3	0.073088
上　海	2	2	2	2	2	0	0
四　川	21	22	24	25	24	4	0.070826
天　津	5	5	6	6	6	1	0.097808
西　藏	24	30	27	24	27	6	0.095075
新　疆	20	20	15	13	17	7	0.181306
云　南	26	26	28	28	28	2	0.040274
浙　江	4	4	4	4	4	0	0
重　庆	10	10	9	11	10	2	0.070711
平　均						3.032258	0.073065

B.20

中国信息化发展水平的国际比较研究

杨京英　何 强*

摘　要:《国民经济和社会发展信息化“十一五”规划》从国家信息化总体发展水平角度确立了中国“十一五”时期信息化发展的目标，即国家信息化总水平在“十一五”时期再上新的台阶，到2010年中国信息化发展指数（IDI）要达到0.7以上。为了对国家信息化规划中的信息化发展指数（IDI）目标完成情况进行评估，我们对“十一五”时期中国信息化发展指数（IDI）以及中国与世界主要国家和地区的信息化发展水平进行了测算、比较与分析。结果表明，“十一五”期间中国信息化发展取得了显著的进展，中国成为全球信息化发展指数增长较快的国家之一，但仍属信息化发展中等偏低水平的国家，与发达国家相比尚有较大差距。

关键词: 信息化　信息化发展指数　统计测评　国际比较

进入21世纪以来，世界迈入信息社会的步伐加快。信息化发展水平已经成为决定国家生产力发展水平、衡量国家综合国力和国际竞争力的重要标志。随着信息化的发展，国际社会要求对信息化进行监测和定位的呼吁不断加强。从2003年以来，国际电信联盟（ITU）、联合国贸发会议（UNCTAD）、联合国教科文组织（UNESCO）、世界银行（WB）和世界经济论坛（WEF）等多个国际组织，系统地开展了对信息化综合评价指数的理论研究和测算比较，为各个国家和地区科学地分析自身的信息化发展实力以及制定切实可行的信息化发展战略提供

---

* 杨京英，国家统计局统计科学研究所正司长级高级统计师，研究方向为信息化统计调查与综合评价等，被首届中国信息界学术大会评为中国信息化百名学术与管理带头人；何强，经济学博士，现工作于国家统计局统计科学研究所，研究方向为信息化统计与宏观经济统计。

了重要的支持。

中国政府高度重视信息化工作，把信息化发展作为覆盖现代化建设全局的战略举措，并在《国民经济和社会发展信息化“十一五”规划》中引入国家统计局有关部门研究制定的信息化发展指数（IDI_{CN}）[①] 来综合评价和监测国家信息化发展的进程及总体目标的实现。该指数从信息化发展的基础设施、使用、知识、环境与效果、信息消费五个方面解读国家信息化的总体水平（指标体系见附件1）。

为了对“十一五”时期中国信息化发展水平在世界中的地位和发展情况进行比较与评估，研究组根据可收集到的数据，选取了57个主要样本国家和地区测算信息化发展指数（IDI_{CN}）。样本选取的原则是：①分布于世界各大洲，对全球各个地区有代表性；②具有经济发展程度的代表性，包括世界银行按人均GDP划分的高收入国家、中高收入国家、中低收入国家和低收入国家；③有信息化发展水平的代表性，包括按国际电信联盟信息化发展指数（IDI_{ITU}）划分的信息化高水平、中高水平、中低水平和低水平国家。

实际测算中，选取的经济发达国家要相对多一些，这是由于这类国家的信息化统计基础相对更加完善，数据的可得性、准确性和及时性较高。

为了更加完整地考察世界和中国信息化发展的特征，本研究在相关部分采用了国际电信联盟（ITU）在2010年发布的《衡量信息社会发展2010》中的数据和分析资料，ITU的报告应用信息化发展指数（IDI_{ITU}）比较了全球159个国家和地区在2007～2008年期间的信息化发展情况（IDI_{ITU}的指标体系见附件2）。

据最新的统计数据资料测算，“十一五”期间（2006～2010年）中国信息化发展水平与世界主要国家和地区相比较呈现出新的特点。

一　世界信息化发展指数（IDI_{CN}）逐年上升

（一）世界信息化发展指数（IDI_{CN}）预计达到0.693

世界信息化发展总水平逐年提高，2006～2008年信息化发展指数（IDI_{CN}）

① 为与国际电信联盟信息化发展指数 IDI_{ITU} 相区别而缩写为 IDI_{CN}，下同。

分别为0.651、0.663和0.672，延续了2001～2005年以来的稳步上升态势。根据2000～2008年世界信息化发展指数（IDI_{CN}）中各指标的时间序列走势推算，预测2009年和2010年世界信息化发展指数（IDI_{CN}）将分别达到0.681和0.693（见表1）。

表1　世界信息化发展指数（IDI_{CN}）与分类指数比较

指　数	"十五"时期					"十一五"时期				
	2001年	2002年	2003年	2004年	2005年	2006年	2007年	2008年	2009年*	2010年*
信息化发展指数	0.584	0.597	0.608	0.621	0.633	0.651	0.663	0.672	0.681	0.693
一、基础设施指数	0.223	0.228	0.247	0.279	0.305	0.336	0.364	0.377	0.400	0.423
二、使用指数	0.769	0.804	0.820	0.838	0.849	0.865	0.879	0.894	0.901	0.910
三、知识指数	0.688	0.697	0.707	0.707	0.707	0.716	0.716	0.725	0.725	0.734
四、环境与效果指数	0.748	0.748	0.751	0.750	0.756	0.779	0.785	0.782	0.787	0.791
五、信息消费指数	0.487	0.496	0.499	0.510	0.514	0.517	0.523	0.531	0.537	0.544

*表示该年份数据为预测数。

世界各个国家和地区的信息化发展指数（IDI_{CN}）呈现出逐年稳步提高的趋势，这与国际电信联盟的研究结论相吻合，国际电信联盟测算的159个国家和地区2007～2008年IDI_{ITU}得分均有所提高，揭示了信息化在世界范围不断深化及向信息社会过渡的整体态势（见附件3、附表5）。

（二）世界信息化使用分类指数值最高达到0.910

世界信息化发展指数（IDI_{CN}）在五个分类指数方面呈现非均衡发展的特征（见图1）。

在世界信息化发展指数（IDI_{CN}）的五个分类指数中，使用指数最高，2008年为0.894，预测2009～2010年该指数值将分别为0.901和0.910。

环境与效果指数、知识指数紧随其后，分别为0.782和0.725。预测2009年这两个指数分别为0.787和0.725，2010年它们分别为0.791和0.734。

信息消费指数排在第四位，2008年指数值为0.531。预测2009～2010年该指数将分别为0.537和0.544。

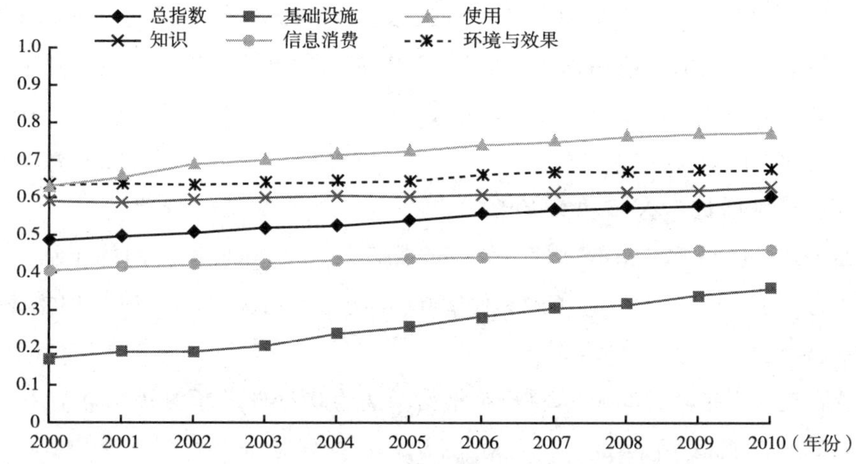

图1　世界信息化发展指数（IDI_{CN}）与分类指数比较

最后是基础设施指数，2008 年指数值仅为 0.377。预测 2009～2010 年该指数值将分别为 0.400 和 0.423。

（三）世界信息化发展指数（IDI_{CN}）上升较快

“十一五”时期前三年（2006～2008 年）世界信息化发展水平快速提高，信息化发展指数（IDI_{CN}）年均增长 6.60%，但比 2001～2005 年期间的平均增长速度低了 1.49 个百分点。预测 2009 年和 2010 年世界信息化发展指数（IDI_{CN}）的增速将分别为 3.54% 和 4.33%（见表 2）。

表 2　世界信息化发展指数（IDI_{CN}）与分类指数增长速度比较

单位：%

指　数	年均增长速度		2006 年	2007 年	2008 年	2009 年*	2010 年*
	“十五”时期	2006～2008 年					
信息化发展指数	8.09	6.60	9.29	6.20	4.58	3.54	4.33
一、基础设施指数	9.83	7.50	11.45	8.29	3.29	5.80	5.40
二、使用指数	19.97	13.93	14.77	12.87	14.17	5.79	8.40
三、知识指数	0.53	0.86	1.30	0.00	1.28	0.00	1.27
四、环境与效果指数	1.95	4.80	12.13	3.97	-0.98	2.66	2.52
五、信息消费指数	1.44	1.07	0.47	1.18	1.57	1.13	1.21

* 表示该年份数据为预测数。

2006～2008 年，世界信息化五个分类指数（IDI_{CN}）的年平均增长速度并不一致，其中，最高的为使用指数，达到 13.93%，预测该指数 2009～2010 年将分别增长 5.79% 和 8.40%。

其次为基础设施指数，2006～2008 年年均增长 7.50%，预测该指数 2009～2010 年将分别增长 5.80% 和 5.40%。

再次为环境与效果指数、信息消费指数，2006～2008 年它们的年均增长速度分别为 4.80% 和 1.07%，预测它们 2009 年将分别增长 2.66% 和 1.13%，2010 年将分别增长 2.52% 和 1.21%。

最后是知识指数，2006～2008 年年均增速为 0.86%，预测该指数 2010 年将增长 1.27%（见图 2）。

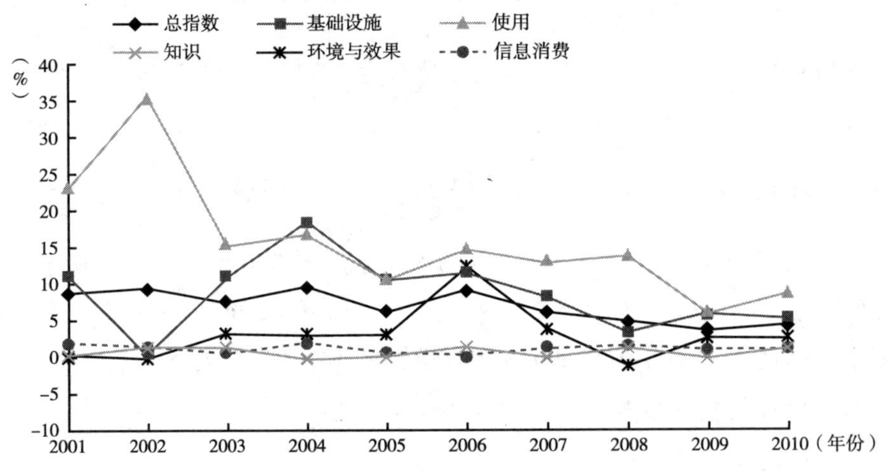

图 2　世界信息化发展指数（IDI_{CN}）及分类指数增长速度比较

国际电信联盟《衡量信息社会发展 2010》报告指出，越来越多的国家和地区正朝着更加广泛地使用信息通信技术的方向发展，2007～2008 年使用指数的增速比其他分类指数变得相对较大，在很大程度上是宽带使用不断普及的结果。此期间在使用指数方面上升最快的国家和地区包括巴林、格鲁吉亚、希腊、哈萨克斯坦、老挝、卢森堡、中国澳门等，其主要原因是互联网使用以及固定或移动宽带普及大幅增加。

中国信息化发展指数（IDI_{CN}）增长速度较快。2006～2008 年中国信息化发

展指数（IDI_{CN}）年均增长速度为13.30%，居世界第5位，是世界平均增长水平的2倍。预测2009年和2010年中国信息化发展指数（IDI_{CN}）的增速将分别为10.90%和11.94%。中国五个分类指数的年均增长速度多数居世界前列，其中知识指数年均增长速度为1.66%，居第3位；使用指数年均增长速度为38.27%，居第5位；环境与效果指数年均增长速度为9.63%，居第10位；基础设施指数年均增长速度为6.77%，居第22位；信息消费指数的年均增长速度下降2.18%，居第56位。信息消费指数增长速度下降的原因并不是居民信息消费的绝对量在此期间持续减少，而是居民的其他消费增加得比信息消费更快，导致居民信息消费所占比例走低。

国际电信联盟《衡量信息社会发展2010》对中国的研究也得出与之相近的结论。2007～2008年中国IDI_{ITU}的得分从3.03增长到3.23，是全球IDI_{ITU}指数增长较快的国家之一。中国在信息化可接入性和使用方面，是全球进步最快的国家，全球固定线路的平均年增长率仅为3.4%，而中国的年增长率为11%，这主要是由于中国对无线本地环路（WLL）的大量投入。中国固定宽带用户的普及率为5%，是亚太地区同等经济收入水平国家中最高的地区。

二　中国位于世界信息化发展中等水平行列

（一）中国与主要国家和地区信息化发展指数（IDI_{CN}）位次比较

从2000年以来，瑞典的信息化发展指数（IDI_{CN}）一直稳居世界57个国家和地区的首位。2008年，瑞典信息化发展指数（IDI_{CN}）达到1.048，继续排在世界第一位；英国信息化发展指数（IDI_{CN}）为1.009，居第二位；荷兰为0.967，居第三位；丹麦和挪威分别居第四位和第五位。

信息化发展指数（IDI_{CN}）排位最后的三个国家分别是尼日利亚、巴基斯坦和孟加拉国，他们的信息化发展指数（IDI_{CN}）分别只有0.441、0.415和0.302。

2008年，中国信息化发展指数（IDI_{CN}）为0.645，居世界第42位（见表3及图3）。

表 3　2008 年中国与世界信息化发展指数（IDI_{CN}）前十位国家的比较

国　家	2000 年	2001 年	2002 年	2003 年	2004 年	2005 年	2006 年	2007 年	2008 年	排名
瑞　典	0.896	0.949	0.966	0.988	1.001	1.016	1.025	1.036	1.048	1
英　国	0.832	0.853	0.871	0.888	0.916	0.943	0.962	1.008	1.009	2
荷　兰	0.851	0.853	0.855	0.870	0.902	0.925	0.941	0.960	0.967	3
丹　麦	0.877	0.902	0.910	0.928	0.941	0.946	0.952	0.940	0.960	4
挪　威	0.828	0.856	0.894	0.924	0.931	0.937	0.946	0.955	0.960	5
美　国	0.893	0.907	0.905	0.913	0.923	0.931	0.934	0.935	0.942	6
瑞　士	0.873	0.894	0.895	0.907	0.918	0.924	0.924	0.934	0.942	7
德　国	0.822	0.842	0.850	0.865	0.881	0.894	0.903	0.917	0.925	8
奥地利	0.822	0.847	0.838	0.855	0.872	0.888	0.900	0.910	0.921	9
冰　岛	0.864	0.884	0.891	0.897	0.899	0.904	0.898	0.905	0.913	10
中　国	0.478	0.501	0.534	0.560	0.576	0.591	0.612	0.630	0.645	42

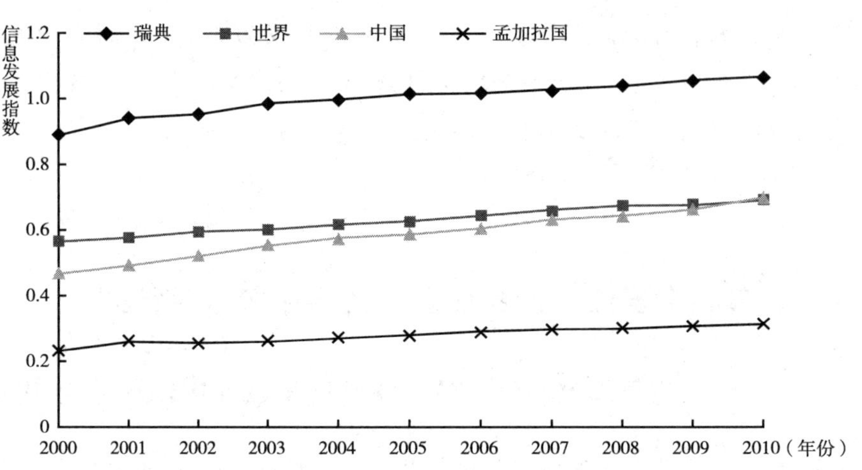

图 3　中国与世界、瑞典和孟加拉国的信息化发展指数（IDI_{CN}）比较

根据国际电信联盟（ITU）《衡量信息社会发展 2010》对 IDI_{ITU} 指数进行测算得出的结果，2008 年排名前十位的国家分别是瑞典、卢森堡、韩国、丹麦、荷兰、冰岛、瑞士、日本、挪威和英国。除韩国和日本两个国家外，其余国家均来自在信息化基础设施和服务普及方面处于世界领先的欧洲地区。2008 年，中国的 IDI_{ITU} 指数水平在 157 个国家和地区中位于第 79 位，相比 2007 年下降了两位。

ITU 报告指出，大多数欧洲国家的移动电话普及率超过 100%，近 2/3 的欧洲人使用互联网。整体而言，IDI_{ITU} 排名靠前的国家一般是发达国家，而 IDI_{ITU} 排名最后的大部分国家为最不发达国家中的低收入国家。同时，有些国家在2007～2008 年的 IDI_{ITU} 得分急剧攀升，其中相当一部分为发展中国家，最显著的是巴林、中国、马其顿、尼日利亚和越南等。尽管有些国家 IDI_{ITU} 排名仍然较低，如尼日利亚和越南，但其得分的攀升充分显示了这些国家在信息化发展上所取得的进步。

（二）中国与主要国家和地区信息化五个分类指数（IDI_{CN}）位次比较

1. 瑞典居基础设施指数首位

2008 年，瑞典的基础设施指数值为 1.416；预测 2009 和 2010 年其指数值将分别达到 1.465 和 1.512，将继续位居世界各国家和地区首位。同年，中国的基础设施指数值为 0.409，居世界第 43 位。

2. 冰岛居使用指数首位

2008 年，冰岛的使用指数值为 1.047，该指数居世界首位；预测 2009 和 2010 年其指数值将分别达到 1.046 和 1.050。同年，中国的使用指数值为 0.887，居世界第 44 位。

3. 爱尔兰居知识指数首位

2008 年，爱尔兰的知识指数值为 0.882，该指数居世界首位；预测 2009 和 2010 年将继续保持领先地位。同年，中国的知识指数值为 0.794，居世界第 42 位。

4. 瑞典居环境与效果指数首位

2008 年，瑞典的环境与效果指数值为 0.967，该指数居世界首位；预测 2009 和 2010 年其指数值将分别达到 0.968 和 0.969。同年，中国的环境与效果指数值为 0.555，居世界第 41 位。

5. 挪威居信息消费指数首位

2008 年，挪威的信息消费指数值为 0.801，该指数居世界首位；预测 2009 和 2010 年其指数值将分别达到 0.806 和 0.811。同年，中国的信息消费指数值为 0.516，居世界第 38 位。

通过比较分析可以看出，在中国信息化发展指数（IDI_{CN}）的五个分类指数中，信息消费指数居世界的位次相对较高，而信息化应用所居位次较低。

（三）根据信息化发展水平划分的五类国家和地区

通过比较分析，研究组将所选择的57个国家和地区依据2008年的信息化发展指数（IDI_{CN}）划分为以下五个类型（见表4）。

第一类国家和地区（信息化发展高水平国家和地区），包括瑞典、英国、荷兰、丹麦、挪威、美国、瑞士、德国、奥地利、冰岛、澳大利亚、加拿大、日本和卢森堡共14个国家和地区。2008年，这14个国家和地区的信息化发展指数（IDI_{CN}）平均为0.943，是世界平均水平的1.4倍，他们的信息化发展水平在世界居于领先地位。

该类国家和地区的主要特点是：五个分类指数均远高于世界平均水平，尤其是基础设施指数达到世界平均水平的2.96倍，这说明该类国家和地区信息化基础设施建设完备，对信息化发展具有强大的支撑作用。

第二类国家和地区（信息化发展中高水平国家和地区），包括法国、中国香港、芬兰、爱尔兰、新加坡、爱沙尼亚、新西兰、韩国、比利时、意大利、西班牙、斯洛文尼亚、捷克、拉脱维亚和希腊共15个国家和地区。2008年，这15个国家和地区信息化发展指数（IDI_{CN}）平均为0.853，是世界平均水平的1.27倍，相当于信息化发展高水平国家和地区的90%。

该类国家和地区的主要特点是：①除环境与效果指数外，其他分类指数的平均水平均高于世界平均水平，基础设施和信息化应用水平较高；②与第一类国家和地区相比，基础设施指数和环境与效果指数的差距较为突出，表明该类国家和地区应加强基础设施建设，更加注重经济发展的质量，以推动信息化的发展。

第三类国家和地区（信息化发展中等水平国家和地区），包括匈牙利、立陶宛、斯洛伐克、葡萄牙、保加利亚、俄罗斯、波兰、白俄罗斯、巴西、马来西亚、乌克兰、阿根廷、中国、哥伦比亚、委内瑞拉、泰国和墨西哥共17个国家和地区。2008年，这17个国家和地区信息化发展指数（IDI_{CN}）平均为0.704，是世界平均水平的1.05倍，相当于信息化高水平国家和地区的75%。

该类国家和地区的主要特点是：①环境与效果指数明显低于世界平均水平；②与第二类国家和地区相比，基础设施指数差距较大；③处于信息化发展中等水平

的国家和地区最多，说明世界大部分国家和地区的信息化建设潜力仍有待开发。

第四类国家和地区（信息化发展中低水平国家和地区），包括吉尔吉斯斯坦、危地马拉、蒙古、菲律宾、洪都拉斯、阿塞拜疆、斯里兰卡、印度、尼日利亚和巴基斯坦，共10个国家和地区。2008年，这10个国家和地区信息化发展指数（IDI_{CN}）平均为0.503，相当于世界平均水平的75%和信息化高水平国家和地区的53%。

该类国家和地区的主要特点是：①五个分类指数的平均水平均低于世界平均水平；②与第三类国家和地区相比，除环境与效果指数的水平比较接近外，基础设施指数、使用指数、知识指数以及信息消费指数的差距均较大。

第五类国家和地区（信息化发展低水平国家和地区）为孟加拉国。2008年，该国家信息化发展指数（IDI_{CN}）为0.302，相当于世界平均水平的45%以及信息化高水平国家和地区的32%。

该类国家的主要特点是：基础设施指数和信息消费指数与世界平均水平及其他各类国家和地区的差距较明显；信息消费指数在各类指数中是最低的。

表4　2008年世界信息化五类国家和地区的总指数与分类指数比较

区　　域	基础设施指数	使用指数	知识指数	环境与效果指数	信息消费指数	总指数
世界平均水平	0.377	0.894	0.725	0.782	0.531	0.672
第一类国家和地区	1.118	1.030	0.846	0.854	0.665	0.943
第二类国家和地区	0.858	1.004	0.850	0.772	0.625	0.853
第三类国家和地区	0.557	0.935	0.808	0.583	0.528	0.704
第四类国家和地区	0.207	0.789	0.684	0.465	0.247	0.503
第五类国家和地区	0.094	0.409	0.416	0.455	0.024	0.302

从以上数据可以发现，目前中国位于信息化中等发展水平国家和地区的行列。

三　中国与发达国家信息化差距仍然较大

（一）国家和地区之间信息化五个分类指数差距较大

对2008年世界信息化五个分类指数进行国家和地区之间的比较，可以看出国家和地区之间信息化发展水平差距较大（见图4）。

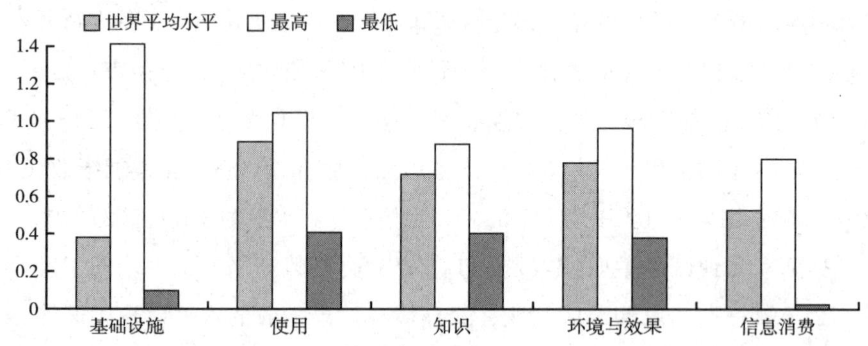

图4　2008 年信息化分类指数的世界平均、最高和最低水平比较

1. 信息消费指数差距

2008 年，信息消费指数最高的是挪威，它与末位的尼日利亚和孟加拉国之间的信息消费指数之比为 100∶3。挪威和捷克用于通信、信息类商品和服务的支出占居民消费总支出的比重（即信息消费系数）达到 16% 左右，而尼日利亚和孟加拉国等国家不足 0.5%。

2. 基础设施指数差距很大

2008 年，基础设施指数最高的国家是瑞典，它与末位的孟加拉国之间的基础设施指数之比为 100∶7。从具体指标来看，挪威和瑞典等北欧国家电视机拥有率已达到 180% 以上，而尼日利亚每百人电视机拥有量还不到 7 台；德国、瑞士的固定电话拥有率达到了每百人 66 部以上，而孟加拉国每百人还不到 1 部；立陶宛、英国和中国香港的移动电话拥有率达到每百人 160 部以上，而印度、孟加拉国每百人还不足 20 部；加拿大、荷兰和瑞典的计算机拥有率达到了每百人 100 台以上，而巴基斯坦每百人还不到 1 台。信息化基础设施建设在国家间的差距巨大。

3. 使用指数差距排第三

2008 年，使用指数最高的国家是冰岛，它与该指数最低的孟加拉国之间的指数比值为 100∶39。从具体指标看，冰岛每百人中互联网用户达到 90 人，瑞典和荷兰每百人中有 87 人是互联网用户，而最低的孟加拉国平均每百人中只有 1 人是互联网用户，差距非常明显。

4. 环境与效果指数差距排第四

环境与效果指数最高的国家是瑞典，它与该指数最低的阿塞拜疆之间的指数比值为 100∶40。从具体指标看，中国香港、卢森堡、法国、美国、希腊、比利时和英国等国家和地区2008年第三产业增加值占国内生产总值的比重达到75%以上，而尼日利亚还不到24%；瑞典、日本、芬兰的研发经费占国内生产总值比重达到3.5%左右，而阿塞拜疆、哥伦比亚、菲律宾、委内瑞拉、洪都拉斯和危地马拉等国还不足0.2%；卢森堡、挪威的人均国内生产总值已经超过9万美元，而巴基斯坦、吉尔吉斯斯坦、孟加拉国不足1000美元，其中最低的孟加拉国仅为497美元。

5. 知识指数差距较小

2008年，知识指数最高的是爱尔兰，它与末位的巴基斯坦之间的知识指数之比为100:45。在联合国《2010年人类发展报告》公布的教育指数中，发达国家教育指数基本都达到0.95以上，而巴基斯坦只有0.466。

（二）中国信息化发展水平仍然偏低

中国信息化的五个分类指数与最高水平国家和地区比较仍存在较大差距。2008年，中国基础设施指数、环境与效果指数分别相当于瑞典的28.9%和57.4%，信息消费指数相当于挪威的64.4%，使用指数相当于冰岛的84.7%，知识指数相当于爱尔兰的90.1%。不难看出，中国信息化发展的突出问题是信息化基础设施建设的力度还亟待加强，信息化发展环境和效果仍存在比较大的改善空间，信息消费水平也有待进一步提升。

国际电信联盟的研究报告也指出了类似问题，尽管中国信息化建设取得了很大进步，但也面临着一些挑战。例如，在移动宽带业务方面比较落后，农村地区的信息和通信技术水平仍然很低。不过，中国在2009年初颁布了3G许可证，并调整了市场结构，增加了提供有线和无线服务运营商之间的竞争，这些将可能推动中国移动宽带的发展，进一步提高其在信息通讯领域的普及水平。

综上所述，“十一五”期间（2006~2010年）中国信息化发展取得了显著的进展，但与发达国家比较尚有较大差距，特别是在信息化基础建设、信息化发展环境与效果、信息化技术应用等方面的差距较为突出。目前中国属于信息化发展中等水平的国家，为了迎接全球化、信息化的挑战，加快中国信息化发展的步伐，应继续加大对信息化基础建设的投入，加快实现电信网、广播电视网、互联网“三网融合”，有效推进第三代移动通信技术（3G）的应用，构建宽带、融

合、安全的下一代国家信息基础设施。要充分发挥信息化的辐射效应，在促进经济保持稳定快速增长的同时，注重经济结构调整，加快产业结构升级，转变经济发展方式，提高对信息产业研究与开发的投入，鼓励信息技术创新，改善信息化的发展环境，提高信息化发展效果。积极推进农村信息化、城市与社区信息化、企业信息化和物流信息化建设，缩小城乡之间、地区之间的数字鸿沟，抓住全球信息化发展的机遇，尽快缩小与发达国家信息化发展水平之间的差距，以促进中国国家竞争力和综合国力的快速提高。

附件1：

信息化发展指数（IDI_{CN}）指标体系及计算方法

信息化发展指数（IDI_{CN}，Informatization Development Index）从信息化基础设施建设、信息化应用水平和制约环境以及居民信息消费等方面综合性地测量和反映一个国家或地区的信息化发展总体水平。

信息化发展指数（IDI_{CN}）由5个分类指数和10个具体指标构成。指标体系如附表1-1所示：

附表1-1　信息化发展指数（IDI_{CN}）指标体系

总指数	分类指数	指标	
信息化发展总指数	一、基础设施指数	1.	电视机拥有率（台/百人）
		2.	固定电话拥有率（部/百人）
		3.	移动电话拥有率（部/百人）
		4.	计算机拥有率（台/百人）
	二、使用指数	5.	每百人互联网用户数（户/百人）
	三、知识指数	6.	教育指数（国外：成人识字率×2/3＋综合入学率×1/3 国内：成人识字率×2/3＋平均受教育年限×1/3）①
	四、环境与效果指数	7.	信息产业增加值占国内生产总值（GDP）比重（%）②
		8.	信息产业研究与开发经费占国内生产总值（GDP）比重（%）③
		9.	人均国内生产总值（GDP）（美元/人）
	五、信息消费指数	10.	信息消费系数（%）

注：国外的教育指数通过中国相应数据调整而得；
用第三产业增加值占国内生产总值（GDP）比重代替；
用全部研究与开发经费占国内生产总值（GDP）比重代替。

信息化发展指数（IDI_{CN}）的计算方法：先对10个具体指标数据进行标准化，采用算术平均方法加总计算出信息化发展指数（IDI_{CN}）的5个分类指数值，再进一步对这5个分类指数加权计算出总指数。计算公式为：

$$IDI = \sum_{i=1}^{n} W_i \left(\sum_{j=1}^{m} \frac{1}{m} P_{ij} \right)$$

其中，P_{ij}为10个指标标准化后的得分，W_i为5个分类指数的相应权重：基础设施指数和使用指数直接反映信息化应用的状况，其权重均为25%；知识指数、环境与效果指数制约信息化的发展，其权重均为20%；信息消费指数反映居民支出中用于信息方面的消费，其权重为10%。

附件2：

国际电信联盟信息化发展指数（IDI_{ITU}）的指标体系

国际电信联盟开发信息化发展指数（IDI_{ITU}）的主要目的包括四个方面：一是度量和跟踪世界各国的信息通信技术发展进程；二是对世界各个国家和地区信息化水平进行测算和比较，即指数是全球性的，既反映发达国家也反映发展中国家；三是衡量数字鸿沟，即反映不同信息化发展水平国家间的差距；四是衡量信息化发展潜力，反映一个国家能在多大程度上根据现有能力和技能来使用信息通信技术以促进经济增长和社会发展。

为此，国际电信联盟为信息化发展指数（IDI_{ITU}）构造了包含3个分类指数、11个具体指标的指标体系（见附表2-1）。

附表2-1　国际电信联盟信息化发展指数（IDI_{ITU}）指标体系

总指数	分类指数	指标	
信息化发展指数	信息化接入指数	1.	每百居民固定电话线长
		2.	每百居民移动电话用户数
		3.	每用户国际互联网带宽
		4.	家庭计算机拥有率
		5.	家庭接入互联网比重

续表

<table>
<tr><th>总指数</th><th>分类指数</th><th colspan="2">指标</th></tr>
<tr><td rowspan="6">信息化发展指数</td><td rowspan="3">信息化应用指数</td><td>6.</td><td>每百居民互联网用户数</td></tr>
<tr><td>7.</td><td>每百居民固定互联网用户数</td></tr>
<tr><td>8.</td><td>每百居民移动互联网用户数</td></tr>
<tr><td rowspan="3">信息化技能指数</td><td>9.</td><td>成人识字率</td></tr>
<tr><td>10.</td><td>初中毛入学率</td></tr>
<tr><td>11.</td><td>高中毛入学率</td></tr>
</table>

附件3：

附　　表

附表3－1　2005～2008年世界主要国家和地区信息化发展指数（IDI_{CN}）比较

国家和地区	2005年		2006年		2007年		2008年	
		排名		排名		排名		排名
世界	0.633		0.651		0.663		0.672	
瑞典	1.016	1	1.025	1	1.036	1	1.048	1
英国	0.943	3	0.962	2	1.008	2	1.009	2
荷兰	0.925	6	0.941	5	0.960	3	0.967	3
丹麦	0.946	2	0.952	3	0.940	5	0.960	4
挪威	0.937	4	0.946	4	0.955	4	0.960	5
美国	0.931	5	0.934	6	0.935	6	0.942	6
瑞士	0.924	7	0.924	7	0.934	7	0.942	7
德国	0.894	9	0.903	8	0.917	8	0.925	8
奥地利	0.888	11	0.900	9	0.910	9	0.921	9
冰岛	0.904	8	0.898	10	0.905	10	0.913	10
澳大利亚	0.888	10	0.888	13	0.895	13	0.908	11
加拿大	0.879	13	0.889	11	0.899	12	0.906	12
日本	0.879	14	0.887	14	0.891	14	0.903	13
卢森堡	0.877	15	0.886	15	0.901	11	0.903	14
法国	0.860	16	0.874	16	0.885	16	0.899	15
中国香港	0.839	18	0.855	17	0.878	17	0.891	16
芬兰	0.887	12	0.888	12	0.890	15	0.891	17
爱尔兰	0.830	21	0.855	18	0.873	18	0.890	18
新加坡	0.834	20	0.842	21	0.863	19	0.866	19

续表

国家和地区	2005 年		2006 年		2007 年		2008 年	
		排名		排名		排名		排名
爱沙尼亚	0.804	24	0.821	24	0.844	22	0.858	20
新西兰	0.836	19	0.843	20	0.851	21	0.855	21
韩国	0.841	17	0.844	19	0.853	20	0.854	22
比利时	0.828	22	0.832	22	0.839	23	0.843	23
意大利	0.806	23	0.824	23	0.835	24	0.832	24
西班牙	0.801	25	0.815	25	0.823	25	0.832	25
斯洛文尼亚	0.799	26	0.808	26	0.816	26	0.828	26
捷克	0.782	27	0.794	27	0.802	28	0.823	27
拉脱维亚	0.769	28	0.789	28	0.802	27	0.819	28
希腊	0.762	29	0.775	29	0.787	29	0.808	29
匈牙利	0.752	30	0.765	30	0.785	30	0.795	30
立陶宛	0.734	32	0.749	32	0.765	31	0.784	31
斯洛伐克	0.730	33	0.730	33	0.758	33	0.774	32
葡萄牙	0.746	31	0.754	31	0.763	32	0.768	33
保加利亚	0.689	35	0.712	35	0.737	34	0.750	34
俄罗斯	0.678	36	0.704	36	0.717	37	0.744	35
波兰	0.707	34	0.722	34	0.731	35	0.742	36
白俄罗斯	0.639	40	0.661	40	0.729	36	0.716	37
巴西	0.656	38	0.682	37	0.700	38	0.708	38
马来西亚	0.662	37	0.669	39	0.686	40	0.693	39
乌克兰	0.651	39	0.682	38	0.695	39	0.684	40
阿根廷	0.633	41	0.654	41	0.677	41	0.679	41
中国	0.591	42	0.612	42	0.630	42	0.645	42
哥伦比亚	0.569	45	0.590	45	0.617	44	0.632	43
委内瑞拉	0.576	44	0.601	43	0.628	43	0.630	44
泰国	0.559	46	0.573	46	0.603	46	0.612	45
墨西哥	0.590	43	0.595	44	0.606	45	0.609	46
吉尔吉斯斯坦	0.504	49	0.526	49	0.555	48	0.558	47
危地马拉	0.502	50	0.528	47	0.560	47	0.555	48
蒙古	0.508	48	0.518	50	0.537	50	0.548	49
菲律宾	0.517	47	0.528	48	0.538	49	0.540	50
洪都拉斯	0.470	52	0.494	51	0.519	51	0.514	51
阿塞拜疆	0.483	51	0.488	52	0.498	53	0.507	52
斯里兰卡	0.446	53	0.465	53	0.499	52	0.503	53
印度	0.422	54	0.451	54	0.463	54	0.454	54
尼日利亚	0.376	56	0.401	55	0.412	56	0.441	55
巴基斯坦	0.377	55	0.394	56	0.417	55	0.415	56
孟加拉国	0.280	57	0.293	57	0.303	57	0.302	57

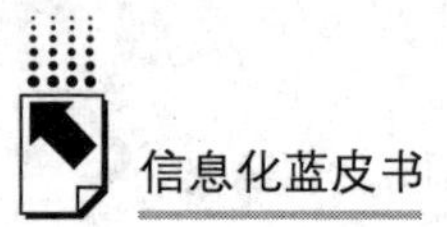

附表 3－2　2008 年世界主要国家和地区信息化五个分类指数（IDI_{CN}）比较

国家和地区	基础设施指数		使用指数		知识指数		环境与效果指数		信息消费指数	
		排名		排名		排名		排名		排名
世界	0. 377		0. 894		0. 725		0. 782		0. 531	
瑞典	1. 416	1	1. 044	2	0. 842	24	0. 967	1	0. 719	11
英国	1. 393	2	1. 027	8	0. 830	31	0. 812	16	0. 756	5
荷兰	1. 209	4	1. 043	3	0. 856	15	0. 798	18	0. 737	8
丹麦	1. 139	6	1. 038	4	0. 869	3	0. 875	7	0. 673	14
挪威	1. 223	3	1. 037	5	0. 866	7	0. 709	25	0. 801	1
美国	1. 153	5	1. 027	10	0. 839	27	0. 887	6	0. 523	35
瑞士	1. 109	7	1. 027	9	0. 825	33	0. 936	2	0. 556	32
德国	1. 108	8	1. 026	12	0. 819	36	0. 848	13	0. 578	27
奥地利	1. 017	12	1. 020	16	0. 840	26	0. 851	11	0. 738	7
冰岛	0. 940	16	1. 047	1	0. 861	12	0. 899	5	0. 648	16
澳大利亚	1. 006	14	0. 999	25	0. 863	11	0. 809	17	0. 728	9
加拿大	1. 022	11	1. 026	13	0. 864	9	0. 794	19	0. 621	20
日本	0. 899	19	1. 026	14	0. 829	32	0. 924	3	0. 711	12
卢森堡	1. 012	13	1. 032	7	0. 845	22	0. 855	10	0. 521	36
法国	0. 968	15	1. 014	19	0. 859	13	0. 850	12	0. 612	22
中国香港	1. 049	9	1. 013	20	0. 776	44	0. 822	14	0. 560	31
芬兰	0. 819	22	1. 037	6	0. 863	10	0. 913	4	0. 720	10
爱尔兰	1. 025	10	1. 005	23	0. 882	1	0. 751	20	0. 562	30
新加坡	0. 858	20	1. 017	17	0. 812	38	0. 859	9	0. 630	17
爱沙尼亚	0. 934	17	1. 011	21	0. 850	20	0. 711	24	0. 593	25
新西兰	0. 851	21	1. 020	15	0. 854	16	0. 705	28	0. 753	6
韩国	0. 779	27	1. 027	11	0. 868	5	0. 859	8	0. 577	28
比利时	0. 809	24	1. 015	18	0. 841	25	0. 818	15	0. 549	33
意大利	0. 915	18	0. 958	35	0. 845	23	0. 735	21	0. 477	41
西班牙	0. 813	23	0. 991	30	0. 865	8	0. 735	23	0. 606	24
斯洛文尼亚	0. 733	30	0. 991	29	0. 869	4	0. 735	22	0. 759	4
捷克	0. 747	29	0. 996	27	0. 838	28	0. 706	27	0. 788	2
拉脱维亚	0. 798	25	1. 001	24	0. 851	18	0. 687	30	0. 621	21

续表

国家和地区	基础设施指数		使用指数		知识指数		环境与效果指数		信息消费指数	
		排名		排名		排名		排名		排名
希腊	0.779	26	0.962	33	0.873	2	0.702	29	0.573	29
匈牙利	0.712	31	0.997	26	0.848	21	0.679	31	0.624	19
立陶宛	0.759	28	0.989	31	0.859	14	0.637	32	0.478	40
斯洛伐克	0.710	32	1.011	22	0.808	39	0.600	36	0.626	18
葡萄牙	0.707	33	0.959	34	0.797	41	0.707	26	0.510	39
保加利亚	0.673	35	0.937	38	0.817	37	0.587	39	0.673	15
俄罗斯	0.689	34	0.927	40	0.853	17	0.636	33	0.424	43
波兰	0.617	36	0.977	32	0.831	30	0.625	35	0.525	34
白俄罗斯	0.588	37	0.928	39	0.867	6	0.526	42	0.585	26
巴西	0.434	41	0.946	37	0.799	40	0.631	34	0.766	3
马来西亚	0.495	39	0.992	28	0.749	48	0.516	44	0.687	13
乌克兰	0.586	38	0.800	52	0.838	29	0.589	38	0.521	37
阿根廷	0.493	40	0.913	41	0.851	19	0.577	40	0.424	44
中国	0.409	43	0.887	44	0.794	42	0.555	41	0.516	38
哥伦比亚	0.391	46	0.949	36	0.765	46	0.523	43	0.392	46
委内瑞拉	0.392	45	0.902	42	0.782	43	0.446	54	0.610	23
泰国	0.417	42	0.894	43	0.748	49	0.474	51	0.400	45
墨西哥	0.397	44	0.886	45	0.737	50	0.596	37	0.221	53
吉尔吉斯斯坦	0.219	51	0.849	46	0.822	35	0.455	53	0.360	48
危地马拉	0.291	48	0.835	48	0.632	53	0.507	47	0.456	42
蒙古	0.235	50	0.820	50	0.825	34	0.433	55	0.331	50
菲律宾	0.292	47	0.739	53	0.756	47	0.481	50	0.344	49
洪都拉斯	0.211	52	0.736	54	0.712	51	0.482	49	0.387	47
阿塞拜疆	0.274	49	0.820	49	0.769	45	0.384	57	0.025	54
斯里兰卡	0.210	53	0.731	55	0.693	52	0.509	45	0.273	51
印度	0.123	54	0.703	56	0.608	55	0.504	48	0.248	52
尼日利亚	0.096	56	0.847	47	0.625	54	0.390	56	0.024	56
巴基斯坦	0.120	55	0.806	51	0.396	57	0.507	46	0.025	55
孟加拉国	0.094	57	0.409	57	0.416	56	0.455	52	0.024	57
希腊	0.779	26	0.962	33	0.873	2	0.702	29	0.573	29
匈牙利	0.712	31	0.997	26	0.848	21	0.679	31	0.624	19

附表 3-3　2006~2008 年世界主要国家和地区信息化五个分类指数（IDI_{CN}）年均增速比较

单位：%

国家和地区	基础设施指数	使用指数	知识指数	环境与效果指数	信息消费指数	总指数
世界	7.50	13.93	0.86	4.80	1.07	6.60
尼日利亚	11.29	61.01	1.71	10.26	-0.68	20.40
斯里兰卡	20.84	50.58	-1.94	7.78	4.69	19.49
哥伦比亚	14.40	54.74	-0.86	5.41	1.40	18.34
泰国	9.37	61.51	-1.05	3.98	-1.96	18.11
中国	6.77	38.27	1.66	9.63	-2.18	13.30
吉尔吉斯斯坦	22.17	15.50	-0.24	11.43	11.32	12.79
俄罗斯	7.78	27.95	-0.43	10.81	0.60	11.07
巴基斯坦	16.28	18.76	0.00	10.27	0.00	10.81
洪都拉斯	19.06	18.92	0.76	2.51	3.16	10.46
委内瑞拉	10.62	26.96	-0.25	1.77	3.70	10.07
危地马拉	11.10	21.72	0.70	2.90	5.72	9.50
巴西	7.70	22.10	-0.08	5.82	4.80	9.08
保加利亚	8.97	20.18	-0.76	7.63	3.30	8.99
孟加拉国	22.82	10.42	0.90	1.05	-0.68	8.63
蒙古	13.17	7.20	0.12	11.19	9.81	8.33
希腊	3.90	25.14	-0.11	4.24	1.41	8.23
白俄罗斯	14.11	6.74	0.14	7.48	12.08	7.94
阿塞拜疆	6.56	15.95	-1.19	12.72	0.00	7.93
捷克	2.65	21.80	-0.28	8.09	-0.17	7.66
印度	16.18	6.02	2.78	3.20	7.34	7.48
拉脱维亚	6.41	12.90	-0.66	12.65	2.30	7.45
阿根廷	6.59	16.65	-0.50	8.29	0.60	7.43
立陶宛	4.40	16.95	-0.50	9.20	1.32	7.21
爱尔兰	6.13	19.22	-0.56	4.39	0.06	7.11
匈牙利	7.71	16.50	-0.66	5.45	-0.82	6.93
波兰	7.09	11.86	-1.10	5.96	-1.36	5.57
法国	4.50	16.27	-1.06	2.66	0.14	5.53

续表

国家和地区	基础设施指数	使用指数	知识指数	环境与效果指数	信息消费指数	总指数
斯洛伐克	6.49	9.67	-0.97	6.82	-0.21	5.19
菲律宾	11.64	3.81	-1.91	5.42	3.09	4.87
中国香港	3.77	10.21	-0.30	5.41	2.63	4.78
爱沙尼亚	6.30	3.93	-0.92	10.38	-1.05	4.35
西班牙	5.03	7.98	-0.98	5.37	-0.62	4.07
墨西哥	6.50	6.84	-1.24	3.86	-0.37	3.82
马来西亚	4.92	4.30	-0.40	6.00	3.90	3.82
奥地利	4.14	8.99	-1.28	4.11	-0.58	3.79
葡萄牙	3.26	9.60	-1.54	3.66	1.07	3.75
斯洛文尼亚	2.60	5.82	-0.42	6.09	2.18	3.46
英国	7.32	4.82	-1.78	1.75	1.15	3.15
德国	4.91	5.11	-1.65	3.20	-0.91	2.72
新加坡	2.40	4.51	-0.33	5.13	-1.91	2.50
荷兰	5.18	3.26	-1.36	3.03	0.48	2.49
比利时	3.59	5.50	-1.57	2.84	-1.13	2.41
卢森堡	3.14	4.71	-0.24	2.65	-1.00	2.35
加拿大	4.12	3.46	-1.17	3.11	-0.29	2.25
日本	3.26	4.12	-0.99	1.58	0.81	2.04
新西兰	3.63	3.70	-1.40	2.14	0.04	1.98
瑞典	3.97	2.68	-1.57	2.58	-0.14	1.85
瑞士	2.16	2.75	-1.14	3.93	0.06	1.79
丹麦	1.68	2.67	-1.05	3.38	0.65	1.62
芬兰	0.21	4.15	-1.28	3.61	0.33	1.59
挪威	2.61	1.04	-1.09	3.35	0.92	1.45
韩国	1.62	1.35	-0.64	4.15	-2.66	1.18
美国	2.07	3.21	-1.47	0.99	-0.82	1.14
澳大利亚	3.30	-1.94	-1.28	5.24	-0.77	1.06
乌克兰	10.53	-15.08	-0.71	9.71	1.69	0.83
冰岛	1.95	1.53	-0.84	0.19	-1.67	0.57
意大利	5.01	-4.66	-0.78	3.08	-0.93	0.46

附表 3－4　2008 年世界主要国家和地区信息化五个分类指数（IDI_{CN}）年增速比较

单位：%

国家和地区	基础设施指数	使用指数	知识指数	环境与效果指数	信息消费指数	总指数
世界	3.29	14.17	1.28	－0.98	1.57	4.58
尼日利亚	5.19	134.96	1.96	9.53	0.00	37.33
俄罗斯	6.24	51.45	－0.70	10.99	0.47	16.53
哥伦比亚	12.42	46.83	－1.29	4.43	1.16	15.56
斯洛伐克	1.10	53.79	－1.22	6.30	－0.32	14.71
中国	4.81	41.19	1.70	16.19	－6.00	14.48
斯里兰卡	－7.23	44.25	－2.39	8.99	6.86	11.26
希腊	4.36	30.64	－0.23	6.03	1.06	10.02
泰国	1.36	37.22	－1.84	1.37	1.78	9.73
法国	2.57	32.69	－1.49	2.00	2.09	9.12
阿塞拜疆	8.79	14.99	－1.41	16.18	0.00	8.90
捷克	6.39	18.00	－0.71	8.09	0.21	7.59
冰岛	1.01	33.93	－1.15	－5.77	－0.38	7.31
保加利亚	7.69	12.00	－1.33	9.31	4.83	7.00
中国香港	2.52	21.96	－0.39	2.95	2.19	6.85
蒙古	5.46	4.08	－0.12	14.05	5.92	5.76
委内瑞拉	－0.92	24.08	－0.51	－1.94	2.35	5.53
立陶宛	4.20	11.00	－0.69	8.52	1.06	5.47
拉脱维亚	4.94	9.89	－1.16	6.78	6.25	5.46
波兰	5.03	11.34	－1.54	7.18	0.00	5.22
吉尔吉斯斯坦	－7.03	14.10	－0.72	14.98	4.65	5.09
澳大利亚	4.10	10.04	－1.71	7.95	0.28	4.81
爱尔兰	4.75	10.00	－0.90	2.34	3.60	4.34
匈牙利	2.27	12.52	－0.93	3.93	－0.64	4.23
日本	4.73	9.16	－1.54	4.49	0.50	4.11
白俄罗斯	－3.34	10.66	－0.06	8.87	5.12	4.10
阿根廷	1.09	8.45	－0.93	8.59	0.47	3.96
丹麦	8.98	2.89	－1.47	3.75	1.13	3.54

续表

国家和地区	基础设施指数	使用指数	知识指数	环境与效果指数	信息消费指数	总指数
斯洛文尼亚	4.09	5.08	-0.46	4.59	2.64	3.38
巴西	1.08	6.59	-0.99	5.06	5.95	3.33
瑞典	3.78	9.62	-2.09	1.56	-0.28	3.22
奥地利	3.75	6.28	-1.87	5.29	-0.61	3.13
墨西哥	5.25	6.80	-1.99	2.27	-0.23	3.04
西班牙	2.77	6.54	-1.48	4.88	0.25	3.03
爱沙尼亚	5.47	3.50	-1.28	4.85	0.25	2.98
瑞士	2.13	4.59	-1.55	5.91	0.63	2.62
葡萄牙	2.95	5.33	-1.97	3.06	0.89	2.38
巴基斯坦	1.14	4.31	0.25	4.65	0.00	2.34
德国	3.47	4.83	-2.03	3.53	-0.86	2.29
马来西亚	4.09	0.23	-0.93	4.32	3.54	2.11
菲律宾	2.63	3.15	-2.58	3.78	2.84	1.97
加拿大	2.78	3.16	-1.71	3.99	-0.08	1.94
荷兰	2.40	3.55	-1.83	4.04	-0.87	1.84
美国	3.54	4.62	-1.87	0.20	-1.14	1.59
芬兰	-0.20	4.41	-1.71	4.51	-0.55	1.56
比利时	3.08	1.64	-2.10	3.04	-1.26	1.24
孟加拉国	-1.60	9.38	0.00	-4.45	0.00	1.05
英国	1.60	5.58	-2.35	-2.12	1.41	1.04
洪都拉斯	1.93	0.84	0.56	0.18	0.91	0.93
卢森堡	1.08	1.55	-0.35	2.07	-1.14	0.89
新西兰	2.83	1.97	-1.95	-1.32	0.00	0.55
挪威	2.66	-2.92	-1.59	2.99	0.65	0.28
新加坡	-1.96	-0.50	-0.49	5.00	-2.93	-0.01
韩国	1.00	-0.67	-1.03	0.66	-2.78	-0.27
危地马拉	3.31	-12.95	0.16	2.44	3.64	-1.53
意大利	2.20	-23.15	-0.94	3.24	0.00	-4.78
印度	4.00	-34.49	1.50	-1.13	2.06	-7.34
乌克兰	1.60	-51.29	-1.18	10.14	14.77	-9.15

附表 3－5　世界各国家和地区按国际电信联盟信息化发展指数（IDI_{ITU}）排名结果

国家和地区	2008 年		2007 年		国家和地区	2008 年		2007 年	
	指数	排名	指数	排名		指数	排名	指数	排名
瑞典	7.85	1	7.27	1	意大利	6.15	28	5.91	24
卢森堡	7.71	2	6.98	6	阿联酋	6.11	29	5.20	33
韩国	7.68	3	7.23	2	希腊	6.03	30	5.28	31
丹麦	7.53	4	7.18	3	马耳他	5.82	31	5.48	29
荷兰	7.37	5	7.06	5	葡萄牙	5.77	32	5.32	30
冰岛	7.23	6	7.06	4	巴林	5.67	33	4.95	35
瑞士	7.19	7	6.83	8	匈牙利	5.64	34	5.18	34
日本	7.12	8	6.89	7	立陶宛	5.55	35	5.22	32
挪威	7.11	9	6.78	9	克罗地亚	5.53	36	4.95	37
英国	7.07	10	6.70	12	捷克	5.45	37	4.92	39
中国香港	7.04	11	6.78	10	斯洛伐克	5.38	38	4.86	41
芬兰	7.02	12	6.70	11	塞浦路斯	5.37	39	4.91	40
德国	6.95	13	6.60	13	波兰	5.29	40	4.95	36
新加坡	6.95	14	6.47	15	拉脱维亚	5.28	41	4.95	38
澳大利亚	6.90	15	6.51	14	文莱	5.07	42	4.77	42
新西兰	6.81	16	6.38	16	保加利亚	4.87	43	4.42	43
奥地利	6.72	17	6.25	19	罗马尼亚	4.73	44	4.11	48
法国	6.55	18	6.09	22	卡塔尔	4.68	45	4.25	45
美国	6.54	19	6.33	17	圣文森特和格林纳丁斯	4.59	46	4.10	49
爱尔兰	6.52	20	6.14	20	黑山	4.57	47	4.36	44
加拿大	6.49	21	6.30	18	俄罗斯	4.54	48	4.13	46
爱沙尼亚	6.41	22	5.86	25	阿根廷	4.38	49	4.13	47
比利时	6.36	23	6.10	21	乌拉圭	4.34	50	3.96	51
中国澳门	6.29	24	5.73	28	马其顿	4.32	51	3.40	63
西班牙	6.27	25	5.84	26	沙特阿拉伯	4.24	52	3.76	54
斯洛文尼亚	6.26	26	5.77	27	塞尔维亚	4.23	53	3.85	52
以色列	6.19	27	5.93	23	智利	4.20	54	3.99	50

续表

国家和地区	2008年		2007年		国家和地区	2008年		2007年	
	指数	排名	指数	排名		指数	排名	指数	排名
白俄罗斯	4.07	55	3.77	53	黎巴嫩	3.17	82	3.02	78
马来西亚	3.96	56	3.66	55	阿尔巴尼亚	3.12	83	2.74	84
土耳其	3.90	57	3.63	56	伊朗	3.08	84	2.73	86
乌克兰	3.87	58	3.56	58	突尼斯	3.06	85	2.74	83
特里尼达和多巴哥	3.83	59	3.61	57	越南	3.05	86	2.61	93
巴西	3.81	60	3.49	61	厄瓜多尔	2.95	87	2.73	85
委内瑞拉	3.67	61	3.33	66	亚美尼亚	2.94	88	2.66	89
巴拿马	3.66	62	3.39	64	多米尼加	2.91	89	2.73	87
哥伦比亚	3.65	63	3.27	69	菲律宾	2.87	90	2.61	95
波黑	3.65	64	3.38	65	斐济	2.81	91	2.69	88
科威特	3.64	65	3.54	59	南非	2.79	92	2.64	91
塞舌尔群岛	3.64	66	3.44	62	叙利亚	2.76	93	2.65	90
牙买加	3.54	67	3.52	60	巴拉圭	2.75	94	2.46	98
马尔代夫	3.54	68	3.11	72	蒙古	2.71	95	2.61	94
哈萨克斯坦	3.47	69	3.17	70	埃及	2.70	96	2.44	100
哥斯达黎加	3.46	70	3.31	67	摩洛哥	2.68	97	2.33	103
阿曼	3.45	71	3.17	71	古巴	2.66	98	2.62	92
毛里求斯	3.44	72	3.30	68	吉尔吉斯斯坦	2.65	99	2.52	96
摩尔多瓦	3.37	73	3.11	73	阿尔及利亚	2.65	100	2.47	97
约旦	3.33	74	2.98	78	玻利维亚	2.62	101	2.39	101
秘鲁	3.27	75	3.03	74	佛得角	2.62	102	2.27	107
泰国	3.27	76	3.03	75	萨尔瓦多	2.61	103	2.45	99
墨西哥	3.25	77	3.03	76	危地马拉	2.53	104	2.35	102
利比亚	3.24	78	2.92	79	斯里兰卡	2.51	105	2.32	104
中国	3.23	79	3.03	77	洪都拉斯	2.50	106	2.32	105
格鲁吉亚	3.22	80	2.87	80	印度尼西亚	2.46	107	2.15	108
阿塞拜疆	3.18	81	2.77	82	土库曼斯坦	2.38	108	2.27	106

续表

国家和地区	2008年		2007年		国家和地区	2008年		2007年	
	指数	排名	指数	排名		指数	排名	指数	排名
博茨瓦纳	2.30	109	2.08	110	科特迪瓦	1.45	135	1.37	133
乌兹别克斯坦	2.25	110	2.06	113	赞比亚	1.42	136	1.26	142
塔吉克斯坦	2.25	111	2.11	109	孟加拉	1.41	137	1.34	137
尼加拉瓜	2.18	112	2.08	112	喀麦隆	1.40	138	1.37	132
加蓬	2.16	113	2.08	111	安哥拉	1.40	139	1.31	138
纳米比亚	2.04	114	1.95	114	多哥	1.36	140	1.27	140
斯威士兰	1.90	115	1.78	115	贝宁	1.35	141	1.20	146
加纳	1.75	116	1.54	119	尼泊尔	1.34	142	1.27	141
印度	1.75	117	1.62	116	海地	1.31	143	1.24	143
老挝	1.74	118	1.60	117	马达加斯加	1.31	144	1.27	139
缅甸	1.71	119	1.60	118	乌干达	1.30	145	1.21	144
柬埔寨	1.70	120	1.53	120	马拉维	1.28	146	1.20	145
肯尼亚	1.69	121	1.52	121	马里	1.19	147	1.08	149
尼日利亚	1.65	122	1.36	134	卢旺达	1.19	148	1.11	148
不丹	1.62	123	1.48	124	坦桑尼亚	1.17	149	1.05	151
冈比亚	1.62	124	1.50	123	刚果(金)	1.16	150	1.13	147
吉布提	1.57	125	1.48	125	巴布亚新几内亚	1.08	151	1.06	150
毛里塔尼亚	1.57	126	1.43	128	厄立特里亚	1.08	152	1.03	152
苏丹	1.57	127	1.50	122	莫桑比克	1.05	153	0.97	154
巴基斯坦	1.54	128	1.45	127	埃塞俄比亚	1.03	154	0.97	153
也门	1.52	129	1.48	126	布基纳法索	0.98	155	0.93	155
津巴布韦	1.51	130	1.43	129	几内亚比绍	0.97	156	0.88	156
塞内加尔	1.49	131	1.34	136	几内亚	0.93	157	0.85	158
刚果	1.48	132	1.36	135	尼日尔	0.90	158	0.86	157
莱索托	1.46	133	1.40	131	乍得	0.79	159	0.73	159
科摩罗	1.46	134	1.41	130					

图书在版编目（CIP）数据

中国信息化形势分析与预测．2011/周宏仁主编．—北京：社会科学文献出版社，2011.7
（信息化蓝皮书）
ISBN 978－7－5097－2553－5

Ⅰ．①中…　Ⅱ．①周…　Ⅲ．①信息技术－研究报告－中国－2011
Ⅳ．①G202

中国版本图书馆 CIP 数据核字（2011）第 137407 号

信息化蓝皮书
中国信息化形势分析与预测（2011）

主　　编／周宏仁
副 主 编／徐　愈

出 版 人／谢寿光
总 编 辑／邹东涛
出 版 者／社会科学文献出版社
地　　址／北京市西城区北三环中路甲 29 号院 3 号楼华龙大厦
邮政编码／100029

责任部门／皮书出版中心（010）59367127　　责任编辑／高雷业　安　蕾
电子信箱／pishubu@ ssap. cn　　责任校对／王洪强
项目统筹／邓泳红　桂　芳　　责任印制／岳　阳
总 经 销／社会科学文献出版社发行部（010）59367081　59367089
读者服务／读者服务中心（010）59367028

印　　装／三河市文通印刷包装有限公司
开　　本／787mm×1092mm　1/16　　印　　张／24.25
版　　次／2011 年 7 月第 1 版　　字　　数／403 千字
印　　次／2011 年 7 月第 1 次印刷
书　　号／ISBN 978－7－5097－2553－5
定　　价／98.00 元

广视角·全方位·多品种